HACKERS
TOEFL
ACTUAL TEST
READING

해커스 어학연구소

HACKERS TOEFL ACTUAL TEST READING 200% 활용법

토플 보카 외우기

이용방법 고우해커스(goHackers.com) 접속 ▶
상단 메뉴 [TOEFL → 토플보카외우기] 클릭하여 이용하기

토플 스피킹/라이팅 첨삭 게시판

이용방법 고우해커스(goHackers.com) 접속 ▶
상단 메뉴 [TOEFL → 스피킹게시판/라이팅게시판] 클릭하여 이용하기

토플 공부전략 강의

이용방법 고우해커스(goHackers.com) 접속 ▶
상단 메뉴 [TOEFL → 토플공부전략] 클릭하여 이용하기

토플 자료 및 유학 정보

이용방법 유학 커뮤니티 고우해커스(goHackers.com)에 접속하여
다양한 토플 자료 및 유학 정보 이용하기

고우해커스 바로 가기 ▶

단어암기&지문녹음 MP3

이용방법 해커스인강(HackersIngang.com) 접속 ▶
상단 메뉴 [토플 → MP3/자료 → 무료 MP3/자료] 클릭하여 이용하기

MP3/자료 바로 가기 ▶

iBT 리딩 실전모의고사

이용방법 해커스인강(HackersIngang.com) 접속 ▶
상단 메뉴 [토플 → MP3/자료 → 무료 MP3/자료] 클릭 ▶
본 교재의 실전모의고사 프로그램 이용하기

MP3/자료 바로 가기 ▶

최신 토플 경향을 반영한

토플 리딩, 최고의 마무리 실전서

『Hackers TOEFL Actual Test Reading』을 내면서

해커스 토플은 토플 시험 준비와 함께 여러분의 영어 실력 향상에 도움이 되고자 하는 마음에서 시작되었습니다. 해커스 토플을 처음 출간하던 때와 달리, 이제는 많은 토플 책들을 서점에서 볼 수 있지만, 그럼에도 해커스 토플이 여전히 **독보적인 베스트셀러**의 자리를 지킬 수 있는 것은 늘 **처음과 같은 마음**으로 더 좋은 책을 만들기 위해 고민하고, **최신 경향을 반영하기 위해 끊임없이 노력**하기 때문입니다.

이러한 노력의 결실로, 새롭게 변경된 토플 시험에서도 학습자들이 영어 실력을 향상하고 토플 고득점을 달성하는 데 도움을 주고자 **최신 토플 경향을 반영한** 『Hackers TOEFL Actual Test Reading』을 출간하게 되었습니다.

토플 리딩 고득점을 위한 확실한 마무리!

문제 유형에 따른 맞춤형 전략, 정확한 지문 해석 및 해설, 취약점 공략을 위한 취약 유형 분석표 등 보다 체계적이고 논리적인 학습을 통해 토플 Reading 영역 고득점을 위한 확실한 마무리가 가능합니다.

완벽한 실전 대비, 이보다 더 철저할 순 없다!

총 10회분의 실전모의고사 중 1회분을 해커스인강(HackersIngang.com)에서 실전모의고사 프로그램으로 제공하여, 실제 토플 시험과 동일한 환경에서 문제를 풀어볼 수 있도록 하였습니다. 또한, 최신 토플 경향을 반영한 문제를 수록하여 실전에 완벽하게 대비할 수 있도록 하였습니다.

『Hackers TOEFL Actual Test Reading』이 여러분의 토플 목표 점수 달성에 확실한 해결책이 되고, 영어 실력 향상, 나아가 **여러분의 꿈을 향한 길에 믿음직한 동반자**가 되기를 소망합니다.

해커스 어학연구소

CONTENTS

문제집 (책속의 책)

TEST 01~09

실전모의고사 (온라인)

TEST 10

*해커스인강(HackersIngang.com) 접속
 → [MP3/자료] 클릭 → [실전모의고사 프로그램] 클릭

TOPIC LIST

*다음의 TOPIC LIST는 교재에 수록된 모든 지문을 주제별로 구분하여
 목록으로 구성한 것이다.

주제	세부 주제	TEST
Humanities	Anthropology	TEST 06 P2 TEST 08 P1
	Art	TEST 01 P2
	History	TEST 03 P1 TEST 05 P2 TEST 06 P1 TEST 10 P2
Social Science	Economics	TEST 09 P2
Natural Science	Astronomy	TEST 05 P1 TEST 10 P1
	Biology	TEST 01 P1 TEST 02 P1 TEST 04 P1 TEST 07 P2 TEST 08 P2 TEST 09 P1
	Earth Science	TEST 02 P2 TEST 03 P2 TEST 04 P2 TEST 07 P1

*P: Passage

해커스 토플로 실전 Reading 완벽 대비!

I 실전 TOEFL Reading 완벽 대비

최신 출제 경향 반영
최신 TOEFL Reading 시험 경향을 모든 테스트에 완벽히 반영하여 학습자들이 실전 감각을 익히고 실제 시험에 효과적으로 대비할 수 있도록 하였다.

실전과 동일한 문제 유형으로 구성
시험에 자주 출제되는 문제 유형뿐만 아니라 새로운 유형의 문제들을 함께 수록하여 학습자들이 TOEFL Reading 영역에 보다 철저하게 대비할 수 있도록 하였다.

온라인 실전모의고사 프로그램 제공
교재에 수록된 9회분의 테스트 외에 해커스인강(HackersIngang.com)에서 1회분의 테스트를 추가로 제공하여, 학습자들이 실전과 같은 환경에서 문제를 풀어봄으로써 iBT TOEFL Reading을 미리 경험해보고 실전을 위한 최종 마무리를 할 수 있도록 하였다.

2 고득점 달성을 위한 확실한 해결책

문제 유형에 따른 맞춤형 전략 제시
READING STRATEGIES에서 문제 유형별로 맞춤화된 전략과 전략 적용 방법을 제시하여, 학습자들이 모든 유형에 대한 체계적인 학습을 통해 고득점을 달성할 수 있도록 하였다.

고난도의 지문 및 문제 구성
높은 난도의 지문과 문제로 구성된 본 교재를 학습함으로써 학습자들이 실제 시험에서 고득점을 달성할 수 있도록 하였다.

정확한 해석 및 상세한 해설 제시
정확한 지문 해석 및 지문 구조도를 제시하여 교재의 내용을 명확하게 이해할 수 있도록 하였고, 상세한 해설과 정답단서를 통해 논리적으로 문제를 풀 수 있도록 하였다.

3 체계적인 학습으로 실전 마무리

학습 플랜과 학습 플랜 활용법 제시

학습자 개개인의 수준에 맞게 제시된 기간별 학습 플랜을 통해 체계적으로 시간 관리를 할 수 있도록 하였고, 학습 플랜 활용법을 상세하게 제시하여 교재를 더욱 효과적으로 학습할 수 있도록 하였다.

학습 상황을 스스로 점검할 수 있는 체크 시스템 제공

테스트 전 확인사항과 SELF-CHECK LIST를 제공하여, 학습자들이 목표 의식을 유지하고 스스로 설정한 목표를 달성할 수 있도록 하였다.

취약 유형 분석표를 통한 취약점 공략 시스템 제공

취약 유형 분석표를 통해 자신이 취약한 문제 유형을 스스로 파악한 후, 해설집의 문제 유형별 READING STRATEGIES를 학습함으로써 취약점을 집중적으로 공략할 수 있도록 하였다.

4 점수를 올려주는 다양한 학습자료 제공

단어암기 및 지문녹음 MP3 무료 제공

온라인 교육 종합 포털 해커스인강(HackersIngang.com)에서 교재에 수록된 VOCABULARY LIST의 단어암기 MP3와 지문녹음 MP3를 제공하여 학습 효과를 극대화할 수 있도록 하였다.

고우해커스(goHackers.com)를 통한 정보 공유

학습자들은 온라인 토론과 정보 공유의 장인 고우해커스(goHackers.com)에서 교재에 대한 의견과 다양한 무료 학습자료를 공유할 수 있으며, TOEFL 시험 및 유학에 대한 풍부한 정보 또한 얻을 수 있다.

유료 동영상 강의 제공

온라인 교육 종합 포털 해커스인강(HackersIngang.com)에서 제공되는 본 교재의 유료 동영상 강의를 통해 학습자들이 교재의 학습 효과를 높일 수 있도록 하였다.

교재 학습 가이드

1 유형별 전략과 실전 Test 학습

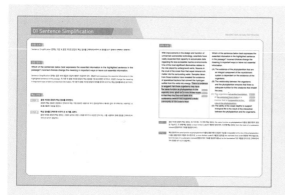

READING STRATEGIES 익히기

iBT TOEFL Reading 문제를 효과적으로 해결할 수 있도록 문제 유형별 전략과 이 전략을 단계별로 적용한 예시를 제공하였다. 테스트를 시작하기 전에 유형별 전략을 익히고, 테스트가 끝난 후에 취약한 유형을 다시 한번 점검할 수 있다.

테스트 전 확인하기

각 테스트를 풀기 전에 '테스트 전 확인사항 리스트'를 통해 자신이 시험을 볼 준비가 되었는지 확인할 수 있다.

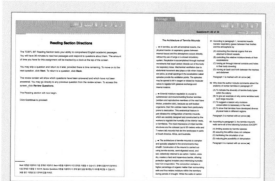

TEST 풀기

실제 iBT TOEFL Reading 시험과 유사한 화면으로 구성된 테스트 10회분(온라인 실전모의고사 프로그램 1회분 포함)을 풀어보며 실전 감각과 문제 풀이 능력을 동시에 높일 수 있다.

2 실전 Test 복습

SELF-CHECK LIST
/ ANSWER KEYS & 취약 유형 분석표

각 테스트를 마친 후에는 'SELF-CHECK LIST'를 활용하여 자신의 테스트 진행 과정 및 개선할 점을 점검할 수 있다. 또한 자신이 어떤 문제 유형을 틀렸는지 확인할 수 있도록 모든 정답 옆에 문제 유형을 표시하였고, 각 문제 유형당 맞은 개수를 기입하여 자신의 취약 유형을 파악할 수 있도록 하였다.

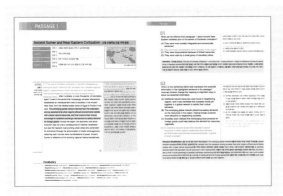

지문, 해석 및 해설로 심화학습하기

매 테스트를 풀어본 후 이를 심화학습할 수 있도록 모든 지문에 대한 정확한 해석과 상세한 해설, 지문 구조도, 정답단서 및 어휘 리스트를 제공하였다.

＊지문, 해석 및 해설의 자세한 예는 pp.10~11 참고

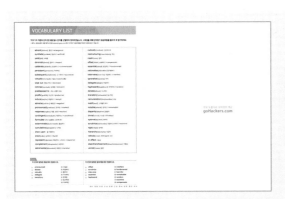

VOCABULARY LIST 학습하기

매 테스트에 등장한 어휘 중 토플 필수 어휘만을 따로 선별하여 리스트로 제공하였다. 효율적으로 단어를 학습할 수 있도록, 어휘 암기 여부를 표시할 수 있는 체크 박스와 퀴즈를 함께 제공하였다.

1 지문 구조도·사진

Ancient Sumer and Near Eastern Civilization | 고대 수메르와 근동 지역 문명

INTRO	단락 1	수메르 문명의 발생과 지역 간 상호연결 발달
POINT 1	단락 2 단락 3	국제 교역의 발달
POINT 2	단락 4	관리 기구로서 신전궁의 역할
POINT 3	단락 5 단락 6	자원에 대한 국가 간의 경쟁으로 인한 무력 대립

고대 수메르와 근동 지역

3 정답단서

INTRO
단락 1
수메르 문명의 발생과 지역 간 상호연결 발달

1 ⁰¹⁸The rise of Sumerian civilization in Southern Mesopotamia during the fourth millennium BC coincided with a broader regional pattern, a phenomenon where socioeconomic and political mechanisms began to influence the lives of people living in disparate areas, often hundreds, or even thousands, of kilometers apart. It was in this period that increasingly complex interactions established an interdependent web of societies in the Ancient Near East, from the Mediterranean lands of Egypt to Persia in the east. This emerging global network derived from the realization among societies that other regions offered environments replete with unique natural resources, and that it was to their mutual advantage to establish exchange mechanisms to satisfy demand for foreign goods. Across the region, the economic and social evolution was not only a consequence of material necessities

⁰¹⁸기원전 3,000년대에 메소포타미아 남부에서의 수메르 문명 발생은 더 욱넓어진 지역적 양상, 즉 사회 경제적 체제와 정치적 체제가 종종 수백 혹은 수천 킬로미터나 떨어져 있는 서로 다른 지역 사람들의 삶에 영향을 미치기 시작했던 현상과 동시에 일어났다. 바로 이 시기에 더욱 복잡한 상호작용 덕분에 이집트의 지중해 연안부터 동쪽의 페르시아에 이르는 고대 근동 지역의 상호의존적인 사회 조직망이 수립되었다. 새롭게 떠오른 이러한 국제적 조직망은 다른 지역이 특유의 천연자원이 풍부한 환경을 가지고 있으며 외국 상품에 대한 수요를 충족시키기 위해 교역 메커니즘을 확립하는 것이 상호이익이라는 사회 인식에서 비롯되었다. 전 지역에 걸친 경제적·사회적 발전은 물질적 필요뿐 아니라 명성을 위해 외국산 사치품을 모으면서 경쟁한 도시 최상류층 사람들 간의 초기의 경쟁 관계에의

2 해석

Vocabulary

4 Vocabulary

1 coincide[kòuinsáid] 동시에 일어나다 phenomenon[finámənàn] 현상 (=occurrence) socioeconomic[sòusiæekanámik] 사회 경제적인
disparate[dísparət] 다른 interaction[ìntərǽkʃən] 상호작용 interdependent[ìntərdipéndənt] 상호의존적인
Mediterranean[mèdətəréiniən] 지중해 연안에 있는 derive from ~에서 비롯되다 replete[riplíːt] 풍부한 mutual[mjúːtʃuəl] 상호의

---

1 지문 구조도 · 사진

핵심 내용을 요약한 지문 구조도와 사진을 통해 지문의 전체적인 흐름을 파악할 수 있다.

2 해석

보는 지문의 매끄러운 해석을 읽으며 지문의 내용을 명확하게 이해할 수 있다.

3 정답단서

파란색으로 표시된 정답의 근거를 스스로 분석하며 보다 능동적인 학습을 할 수 있다.

4 Vocabulary

지문에 사용된 어휘의 뜻과 발음을 학습할 수 있다.

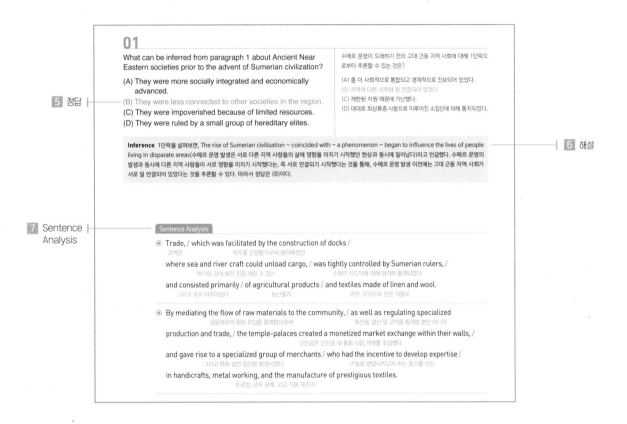

01

What can be inferred from paragraph 1 about Ancient Near Eastern societies prior to the advent of Sumerian civilization?

(A) They were more socially integrated and economically advanced.
(B) They were less connected to other societies in the region.
(C) They were impoverished because of limited resources.
(D) They were ruled by a small group of hereditary elites.

수메르 문명이 도래하기 전의 고대 근동 지역 사회에 대해 1단락으로부터 추론할 수 있는 것은?

(A) 좀 더 사회적으로 통합되고 경제적으로 진보되어 있었다.
(B) 지역의 다른 사회와 덜 연결되어 있었다.
(C) 제한된 자원 때문에 가난했다.
(D) 대대로 최상류층 사람으로 이루어진 소집단에 의해 통치되었다.

Inference 1단락을 살펴보면, The rise of Sumerian civilization ~ coincided with ~ a phenomenon ~ began to influence the lives of people living in disparate areas(수메르 문명 발생은 서로 다른 지역 사람들의 삶에 영향을 미치기 시작했던 현상과 동시에 일어났다)라고 언급했다. 수메르 문명의 발생과 동시에 다른 지역 사람들이 서로 영향을 미치기 시작했다는, 즉 서로 연결되기 시작했다는 것을 통해, 수메르 문명 발생 이전에는 고대 근동 지역 사회가 서로 덜 연결되어 있었다는 것을 추론할 수 있다. 따라서 정답은 (B)이다.

Sentence Analysis

◉ Trade, / which was facilitated by the construction of docks /
교역은   부두를 건설함으로써 용이해졌던

where sea and river craft could unload cargo, / was tightly controlled by Sumerian rulers, /
바다와 강의 배가 짐을 내릴 수 있는   수메르 지도자에 의해 엄격히 통제되었다

and consisted primarily / of agricultural products / and textiles made of linen and wool.
그리고 주로 이루어졌다   농산물과   리넨, 모직으로 만든 직물로

◉ By mediating the flow of raw materials to the community, / as well as regulating specialized
공동체로의 원료 유입을 중재함으로써   특산품 생산 및 교역을 통제할 뿐만 아니라

production and trade, / the temple-palaces created a monetized market exchange within their walls, /
신전궁은 신전궁 내 통화 시장 거래를 조성했다

and gave rise to a specialized group of merchants / who had the incentive to develop expertise /
그리고 특화 상인 집단을 발생시켰다   기술을 발달시키고자 하는 동기를 가진

in handicrafts, metal working, and the manufacture of prestigious textiles.
수공업, 금속 공예, 고급 직물 제조의

---

5 정답

파란색으로 표시된 문제의 정답을 자신의 정답과 비교해볼 수 있다.

6 해설

문제 유형에 따른 해설을 통해 정답을 찾는 과정을 학습할 수 있다.

7 Sentence Analysis

구조가 복잡한 문장의 끊어 읽기와 끊어 해석하기를 학습하며 문장의 구조를 파악할 수 있다.

실전모의고사 프로그램 100% 활용법

해커스인강(HackersIngang.com)에서는 해커스 어학연구소에서 자체 제작한 실전모의고사 프로그램을 제공한다. 이 프로그램에는 iBT TOEFL Reading 시험과 동일한 방식으로 문제를 풀 수 있는 테스트 1회분이 수록되어 있다.

* 온라인 실전모의고사 프로그램 이용 경로
  해커스인강(HackersIngang.com) 접속 → [MP3/자료] 클릭 → [실전모의고사 프로그램] 클릭

▮ 프로그램의 기본 구성

■ 메인 화면

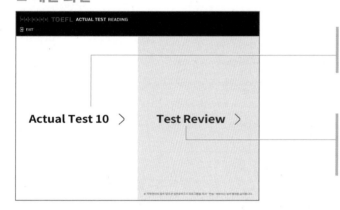

Actual Test (TEST 10)
테스트 버튼을 클릭하면 실제 시험과 동일한 방식으로 테스트를 진행할 수 있다.

Test Review (TEST 10)
리뷰 버튼을 클릭하면 지문·해석, 문제·해석·해설을 확인할 수 있으며, 모든 지문문제와 해석 및 해설을 출력할 수 있다.

■ Actual Test (TEST 10)

테스트 진행

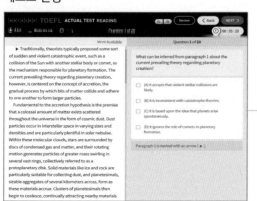

실제 시험과 유사한 화면 구성과 진행 방식으로 문제를 풀어볼 수 있다. 36분의 시간이 주어진다.

■ Test Review (TEST 10)

채점표

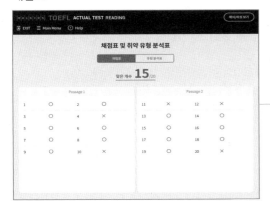

각 문제의 정·오답 여부를 확인할 수 있다.

취약 유형 분석표

문제 유형별로 맞은 개수가 그래프로 표시되어 자신이 취약
한 유형을 확인할 수 있다.

문제 · 해석 · 해설

'해석/해설 보기' 버튼을 클릭하면 지문·해석·정답단서,
문제·정답·해석·해설을 확인 및 출력할 수 있다.

iBT TOEFL 소개 및 시험장 Tips

▊ iBT TOEFL이란?

iBT(Internet-based test) TOEFL(Test of English as a Foreign Language)은 종합적인 영어 실력을 평가하는 시험으로 읽기, 듣기, 말하기, 쓰기 능력을 평가하는 유형의 문제 외에도, 듣기-말하기, 읽기-듣기-말하기, 읽기-듣기-쓰기와 같이 각 능력을 연계한 통합형 문제가 출제된다. iBT TOEFL은 Reading, Listening, Speaking, Writing 영역의 순서로 진행되며, 4개의 시험 영역 모두 노트테이킹을 허용하므로 문제를 풀 때 노트테이킹한 내용을 참고할 수 있다.

▊ iBT TOEFL 구성

시험 영역	출제 지문 및 문항 수	시험 시간	점수 범위	특징

Reading	· 2개 지문 출제
	  지문당 길이: 약 700단어
	  지문당 10문항 출제
		36분	0~30점	· 지문 길이가 길고, 다양한 구조의 지문이 출제됨
				· 사지선다 형태, 지문 클릭(지문에 문장 삽입하기) 형태, 또는 정보를 분류하여 요약표나 정보 분류표에 넣는 형태 등이 출제됨

Listening	· 2개 대화 출제
	  대화당 길이: 약 3분
	  대화당 5문항 출제
	· 3개 강의 출제
	  강의당 길이: 3~5분
	  강의당 6문항 출제
		41분	0~30점	· 대화 및 강의의 길이가 길고, 실제 상황에 가까움
				· 사지선다 형태, 다시 듣고 푸는 형태, 정보를 분류해 표 안에 넣거나 순서대로 배열하는 형태 등이 출제됨

Speaking	· 독립형 1문항 출제 · 통합형 3문항 출제	17분 준비: 15~30초 답변: 45~60초	0~30점	· 독립형 문제 (1번) - 특정 주제에 대해 의견 말하기 · 통합형 문제 (2~4번) - 읽고 들은 내용에 기초하여 말하기
Writing	· 통합형 1문항 출제 · 토론형 1문항 출제	35분	0~30점	· 통합형 문제 - 읽고 들은 내용에 기초하여 글쓰기 · 토론형 문제 - 토론 주제에 대해 글쓰기
		2시간 내외	총점 120점	

iBT TOEFL 접수 및 성적 확인

실시일	ETS Test Center 시험은 1년에 60회 이상 실시되며, 홈에디션 시험은 일주일에 약 4~5일 정도 실시됨
시험 장소	ETS Test Center에서 치르거나, 집에서 홈에디션 시험으로 응시 가능 (홈에디션 시험 응시 가능한 장비 및 환경 요건은 ETS 토플 웹사이트에서 확인 가능)
접수 방법	ETS 토플 웹사이트 또는 전화상으로 접수
시험 비용	(2024년 현재 기준이며, 가격 변동 있을 수 있음) · 시험 접수 비용 US $220 · 추가 리포팅 비용 US $25 (대학당) · 시험일 변경 비용 US $60 · 취소한 성적 복원 비용 US $20 · 추가 접수 비용 US $40 · Speaking/Writing 재채점 비용 US $80 (영역당) 　(응시일로부터 2~7일 전에 등록할 경우)
시험 당일 주의사항	· 공인된 신분증 원본 반드시 지참하며, 자세한 신분증 규정은 ETS 토플 웹사이트에서 확인 가능 · 홈에디션 시험에 응시할 경우, 사전에 ProctorU 프로그램 설치하여 정상 작동 여부 확인 · 홈에디션 시험에 응시할 경우, 휴대폰 또는 손거울, 화이트보드 또는 투명 시트와 지워지는 마카 지참 　(일반 종이와 필기구, 헤드폰 및 이어폰은 사용 불가)
성적 및 리포팅	· 시험 응시 후 바로 Reading/Listening 영역 비공식 점수 확인 가능 · 시험 응시일로부터 약 4~8일 후에 온라인으로 성적 확인 가능 · 시험 접수 시, 자동으로 성적 리포팅 받을 기관 선택 가능 · MyBest Scores 제도 시행 (최근 2년간의 시험 성적 중 영역별 최고 점수 합산하여 유효 성적으로 인정)

시험장 Tips

1. **입실 절차** 고사장에 도착한 순서대로 번호표를 받아 입실하고, 입실 순서대로 시험을 시작한다.
2. **신분 확인** 신분증 확인 후 성적표에 인쇄될 사진을 찍은 다음 감독관의 안내에 따라 시험을 볼 자리에 앉는다.
3. **필기 도구** 연필과 종이는 감독관이 나누어주므로 따로 챙겨갈 필요가 없다. 부족한 경우 조용히 손을 들고 요청하면 된다.
4. **헤드폰 음량 및 마이크 음량 조절** 헤드폰 음량은 Listening, Speaking, Writing 영역 시작 전이나 시험 중간에 화면의 음량 버튼을 이용하여 조절할 수 있다. 적절한 크기로 하되 주위에 방해가 되지 않는 크기로 설정한다. 마이크 음량은 시험 시작 직후와 Speaking 영역을 시작하기 전에 조절할 수 있다. 평소 말하는 톤으로 음량을 조절한다.
5. **주의 집중** 응시자들의 시험 시작 시간이 달라 고사장이 산만할 수 있으나, 집중하도록 노력한다. 특히 Listening이나 Writing 영역 시험을 보고 있을 때 다른 응시자의 Speaking 답변 소리가 들리더라도 자신의 시험에 집중한다.

iBT TOEFL Reading 미리보기

iBT TOEFL Reading 영역은 대학 교재 수준의 학술적인 지문에 대한 학생들의 이해도를 평가한다. 다양한 분야의 지문이 등장하지만, 문제에 답하는 데 필요한 모든 정보는 지문에서 찾을 수 있으므로, 해당 지문에 관한 특별한 전문 지식이 필요하지는 않다. 그러나 짧은 시간 내에 긴 지문을 읽고 많은 문제를 풀어야 하므로, 지문을 빨리 읽고 정확하게 이해하며 정리하는 능력이 요구된다.

iBT TOEFL Reading 구성

■ 지문 구성
총 2개의 지문으로 구성되며, 지문당 10문항이 출제된다. 지문당 길이는 약 700단어이다.

■ 문제 형식
크게 사지선다, 지문 클릭(지문에 문장 삽입하기), 또는 주요 정보를 분류하여 요약표(Summary)나 정보 분류표(Category Chart)에 넣기 등 3가지 형태의 문제가 출제된다.

iBT TOEFL Reading 특이사항

· **노트테이킹**
시험을 치르는 동안 노트테이킹이 가능하다.

· **지문의 제목**
지문 상단에 해당 지문의 제목이 제시된다.

· **Glossary 기능**
전문 용어나 해당 토픽 내에서 특별한 의미를 가지고 있는 어휘의 뜻을 보여주는 Glossary 기능이 있다. 지문에 파란색으로 밑줄이 그어져 있고, 이 단어를 클릭하면 해당 어휘의 definition(정의)이 화면에 나타난다.

· **Review 기능**
현재 풀고 있는 모든 문제의 답 체크 어부(Answered, Not Answered, Not Viewed)를 한눈에 확인할 수 있는 Review 기능이 있다.

iBT TOEFL Reading 문제 유형 소개

문제 유형		유형 소개	배점	지문당 문항 수
Identifying Details 지문 내용에 대한 기본적인 이해를 요하는 문제	Sentence Simplification	주어진 문장의 핵심 정보를 가장 정확하고 간결하게 바꾸어 쓴 것을 선택하는 유형	1점	0~1개
	Fact & Negative Fact	지문의 세부 정보를 찾아 지문과 일치(Fact) 또는 불일치(Negative Fact)하는 내용을 선택하는 유형	1점	2~5개
	Vocabulary	주어진 표현과 가장 유사한 의미의 어휘를 찾는 유형	1점	1~2개
	Reference	지시어가 가리키는 대상을 찾는 유형	1점	0~1개
Making Inference 지문 내용의 기저에 놓인 실질적인 의미를 파악하는 문제	Rhetorical Purpose	작가의 수사적 의도를 가장 잘 나타낸 것을 선택하는 유형	1점	0~3개
	Inference	지문에 명백하게 드러나 있지는 않지만 제시된 정보로 추론이 가능한 것을 선택하는 유형	1점	0~2개
Recognizing Organization 지문 전체 또는 일부 내용을 종합해서 풀어야 하는 문제	Insertion	지문에 지정되어 있는 4개의 [■] 중에서 주어진 문장을 삽입하기에 가장 적절한 곳을 찾는 유형	1점	1개
	Summary	6개의 보기 중, 지문의 주요 내용을 언급하고 있는 3개를 골라 지문 요약을 완성시키는 유형	2점 (부분 점수 있음)	0~1개
	Category Chart	지문에서 비교·대조되고 있는 정보들을 각 범주에 맞게 분류하는 유형	3~4점 (부분 점수 있음)	Summary 문제가 출제되지 않는 경우에 한해 1개 출제

iBT TOEFL Reading 화면 구성

Reading Direction 화면

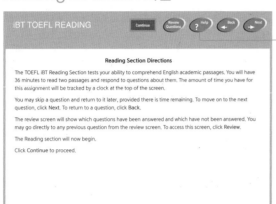

Reading 영역의 전반적인 시험 진행 방식에 대한 설명이 나오고, Tool Bar 이용에 관한 간단한 설명이 이어진다.

■ 시험 도중에 Help 버튼을 누르면 시험 진행 과정과 관련된 정보를 볼 수 있다. 이때 시험 시간은 계속해서 카운트 된다.

지문과 문제 화면

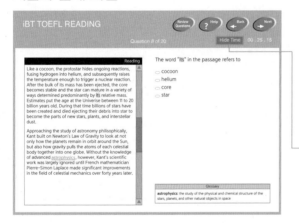

처음에는 지문만 화면에 등장하며, 스크롤을 내려 지문 전체를 한 번 읽은 후 Next 버튼을 눌러야 문제로 넘어갈 수 있다. 문제 간 이동을 하려면 Next 버튼과 Back 버튼을 사용한다. 또한, 지문에 파란색으로 밑줄이 그어져 있는 단어를 클릭하면 우측 하단에 Glossary로 해당 단어의 의미가 나타난다.

■ Hide Time 버튼을 누르면 시간 카운트가 창에서 사라지고 Show Time 버튼이 나타나며, Show Time 버튼을 누르면 시간 카운트가 Hide Time 버튼과 함께 창에 다시 나타난다.

Summary 문제 화면

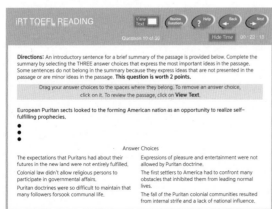

Summary 문제가 나오면 지문이 사라지고 문제만 화면에 나온다. 상단의 View Text 버튼을 누르면 지문이 나오고, View Question 버튼을 누르면 문제로 돌아간다. 답을 선택할 때는 Answer Choices 아래 있는 보기를 정답 자리에 끌어오고, 답을 바꿀 때는 선택한 보기를 한 번 더 클릭하면 정답 자리에서 사라진다.

Category Chart 문제 화면

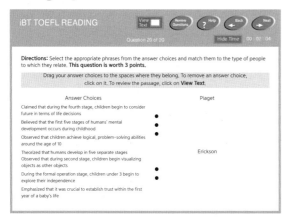

Category Chart 문제가 나올 때 역시 화면에서 지문이 사라지고, 문제가 화면 전체에 나타난다. Summary 문제와 동일한 방식으로, 지문을 보기 위해서는 ▣ View Text 버튼을, 문제를 보기 위해서는 ▣? View Question 버튼을 클릭해야 하며, 답을 선택할 때는 Answer Choices 아래 있는 보기를 정답 자리에 끌어오면 된다.

Review 화면

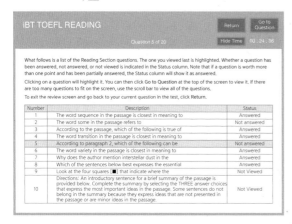

문제 화면에서 ● Review Questions 버튼을 누르면 현재 풀고 있는 문제 목록이 나타나며, 문제별 답 체크 여부가 다음과 같은 3가지 형태로 나타난다.

• 문제의 답을 클릭하고 넘어간 경우 – Answered
• 문제의 답을 클릭하지 않고 넘어간 경우 – Not Answered
• 아직 문제를 보지 않은 경우 – Not Viewed

목록에 있는 각 문제를 클릭한 상태에서 ▣ Go to Question 버튼을 누르면 해당 문제로 바로 이동하며, ▣ Return 버튼을 누르면 직전의 화면으로 이동한다.

시험이 끝났을 때 나오는 화면

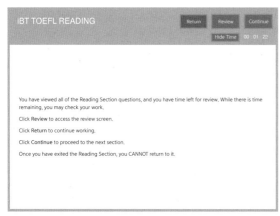

시험이 끝나고 나오는 디렉션 화면에서 ▣ Continue 버튼을 누르면 다음 영역으로 넘어가고, 리딩 영역으로 **다시 되돌아갈 수 없다.** 따라서 다음 영역으로 넘어가기 전에 ▣ Review 버튼을 활용하여 리딩 영역의 모든 문제에 답했는지를 반드시 확인해야 한다.

1주/2주/3주 완성 학습 플랜

TEST 01을 풀고 난 후 맞은 개수에 따라 학습 플랜을 선택하여 효과적으로 학습한다.

1주 학습 플랜 맞은 개수: 17~20개 하루에 2회씩, 1주 동안 10회분의 테스트를 학습한다.

	DAY 1	DAY 2	DAY 3	DAY 4	DAY 5
WEEK 1	TEST 01 & 02 진행 및 심화학습	TEST 03 & 04 진행 및 심화학습	TEST 05 & 06 진행 및 심화학습	TEST 07 & 08 진행 및 심화학습	TEST 09 & 10 (온라인) 진행 및 심화학습

2주 학습 플랜 맞은 개수: 13~16개 하루에 1회씩, 2주 동안 10회분의 테스트를 학습한다.

	DAY 1	DAY 2	DAY 3	DAY 4	DAY 5
WEEK 1	TEST 01 진행 및 심화학습	TEST 02 진행 및 심화학습	TEST 03 진행 및 심화학습	TEST 04 진행 및 심화학습	TEST 05 진행 및 심화학습
WEEK 2	TEST 06 진행 및 심화학습	TEST 07 진행 및 심화학습	TEST 08 진행 및 심화학습	TEST 09 진행 및 심화학습	TEST 10 (온라인) 진행 및 심화학습

3주 학습 플랜 맞은 개수: 12개 이하 사흘에 2회씩, 3주 동안 10회분의 테스트를 학습한다.

	DAY 1	DAY 2	DAY 3	DAY 4	DAY 5
WEEK 1	TEST 01 진행 및 심화학습	TEST 02 진행 및 심화학습	TEST 01 & 02 복습	TEST 03 진행 및 심화학습	TEST 04 진행 및 심화학습
WEEK 2	TEST 03 & 04 복습	TEST 05 진행 및 심화학습	TEST 06 진행 및 심화학습	TEST 05 & 06 복습	TEST 07 진행 및 심화학습
WEEK 3	TEST 08 진행 및 심화학습	TEST 07 & 08 복습	TEST 09 진행 및 심화학습	TEST 10 (온라인) 진행 및 심화학습	TEST 09 & 10 (온라인) 복습

학습 플랜 활용법

테스트 진행

1. 학습 플랜을 따라 매일 정해진 분량의 테스트를 진행한다.

2. 테스트를 마치면 SELF-CHECK LIST를 활용하여 전반적인 테스트 진행 과정을 점검한다.

심화학습

1. Answer Keys로 답을 확인한 후 해설집의 해석·해설을 통해 틀린 문제를 반드시 확인한다. 지문의 내용을 정확하게 파악하기 위해 지문 해석과 구조도를 통해 지문을 분석한다.

2. 지문에 모르는 어휘나 표현이 사용되었을 경우에는 해설집에서 제공하는 VOCABULARY LIST를 학습한 후, Quiz를 풀며 다시 한번 점검한다. 해커스인강(HackersIngang.com)에서 제공하는 무료 단어암기 MP3를 다운로드받아 단어의 정확한 발음을 반복해서 청취하면, 단어를 보다 쉽고 효율적으로 암기할 수 있다.

3. 취약 유형 분석표를 통해 자신이 취약한 유형을 파악하고, Reading Strategies에서 해당 유형의 전략을 다시 한번 복습한 후 다음 테스트로 넘어간다.

4. 해커스인강(HackersIngang.com)에서 제공하는 무료 지문녹음 MP3를 통해 교재에 수록된 지문을 원어민 발음으로 들으면서 Listening 실력을 향상할 수도 있다.

HACKERS TOEFL ACTUAL TEST READING

READING
STRATEGIES

실전에 유용한 독해 전략

1. 지문은 제목만 확인하고 바로 문제 풀기로 들어간다.

실전에서 지문 전체를 다 읽고 문제를 풀기에는 시간이 턱없이 부족하다. 지문은 제목만 간단히 확인하고 Continue 버튼을 눌러 바로 문제 풀기에 들어가도록 한다. (Continue 버튼을 누르기 전에 스크롤을 지문 맨 아래까지 내려야만 문제 화면으로 이동할 수 있다.)

2. Scanning(정보 찾아 읽기)으로 지문을 읽고 문제를 해결한다.

제한된 시간 안에 정확한 답을 고르기 위해서는 무엇보다 Scanning 기술, 즉 긴 지문에서 필요한 정보만을 빠르게 찾아 읽는 기술이 필요하다. 토플 리딩에서 대부분의 문제는 어느 단락에서 어떤 내용을 찾아야 하는지 명시해주므로, 문제를 꼼꼼히 읽은 뒤 Scanning을 통해 필요한 정보를 지문에서 신속히 찾아 주어진 문제에 답할 수 있도록 한다.

3. 문제를 풀며 지문의 주요 흐름을 파악한다.

토플 리딩에서 대부분의 문제는 지문에서 중점적으로 논의되는 내용을 주로 묻기 때문에 문제를 풀면서 지문의 주요 흐름을 파악하는 것이 가능하다. 따라서 문제를 풀 때 조금 더 주의를 기울여 지문의 흐름을 미리 파악해두면 지문 전체 내용을 종합해서 풀어야 하는 Summary 문제 및 Category Chart 문제를 푸는 데 드는 시간을 크게 절약할 수 있다.

01 Sentence Simplification

Sentence Simplification 문제는 지문 속 음영 처리된 문장의 핵심 정보를 간략하게 바꾸어 쓴 문장을 보기 중에서 선택하는 유형이다.

질문 형태

Which of the sentences below best expresses the essential information in the highlighted sentence in the passage? *Incorrect* choices change the meaning in important ways or leave out essential information.

Sentence Simplification 문제는 질문 속에 정답과 오답의 형태가 언급되어 있다. 정답은 best expresses the essential information in the highlighted sentence in the passage, 즉 지문 속 음영 처리된 문장의 핵심 정보를 가장 잘 표현한 보기이고, 오답은 change the meaning in important ways or leave out essential information, 즉 지문 속 음영 처리된 문장의 의미를 현저히 바꾸거나 핵심 정보를 빠뜨린 보기이다.

핵심 전략

STEP 1 **음영 처리된 문장의 핵심 정보를 파악한다.**
문장의 핵심 정보란 문장에서 전하고자 하는 가장 중요한 내용으로 부가 정보(동격이나 예시와 같이 추가적이거나 세부적인 내용)를 제외한 부분을 뜻한다.

STEP 2 **핵심 정보를 간략하게 바꾸어 쓴 보기를 고른다.**
음영 처리된 문장의 핵심 정보는 그대로 살리되, 문장 구조를 바꾸거나 비슷한 단어 또는 구를 사용하여 원래 문장을 간략하게 바꾸어 쓴 보기가 정답이다.

전략 적용

With improvements in the design and function of unmanned submersible technology, scientists have vastly expanded their capacity to accumulate data regarding the less-accessible marine environments. One of the most significant discoveries relates to the role played by underground vents, fissures in the crust of the ocean floor that expel mineral-rich matter into the surrounding water. Samples taken from these locations have revealed the existence of specialized bacteria that convert the hydrogen sulfide from the vents into energy. There is evidence to suggest that these organisms may have the same function as phytoplankton in the 핵심정보 ① euphotic zone, albeit on a more limited scale, 핵심정보 ② in that they may form the basis of a 핵심정보 ③ sustenance network that supports a biotic community on the ocean's floor.

Which of the sentences below best expresses the essential information in the highlighted sentence in the passage? *Incorrect* choices change the meaning in important ways or leave out essential information.

(A) The existence of the phytoplankton that are an integral component of the nourishment system is dependent on the existence of the organisms.

(B) The relationship between the organisms and the phytoplankton ensures that there is adequate nutrition for the creatures that inhabit the area.

(C) The organisms ③act as the foundation 핵심정보 ③ of ②the restricted food chain in a 핵심정보 ② manner that is ①comparable to the 핵심정보 ① role of the phytoplankton.

(D) The ability of the ocean depths to support biological life is the result of the interaction between the phytoplankton and the organisms.

STEP 1 음영 처리된 문장의 핵심 정보는 세 가지이다. 첫 번째 핵심 정보는 the same function as phytoplankton(식물성 플랑크톤과 동일한 기능)이고, 두 번째 핵심 정보는 a more limited scale(더 제한된 범위)이며, 세 번째 핵심 정보는 form the basis of a sustenance network(영양조직의 기초를 형성한다)이다.

STEP 2 핵심 정보의 the same function as phytoplankton(식물성 플랑크톤과 동일한 기능)을 comparable to the role of the phytoplankton(식물성 플랑크톤의 역할과 유사한)으로, a more limited scale(더 제한된 범위)을 the restricted food chain(제한된 먹이사슬)으로, form the basis of a sustenance network(영양조직의 기초를 형성한다)를 act as the foundation(기초 역할을 한다)으로 간략하게 바꾸어 표현한 보기 (C)가 정답이다.

02 Fact & Negative Fact

Fact & Negative Fact 문제는 지문의 세부 정보에 대해 묻는 질문에 가장 정확하게 답을 한 보기를 선택하는 유형이다. Fact 문제의 경우 지문의 내용과 일치하는 보기를 선택해야 하며, Negative Fact 문제의 경우 지문의 내용과 일치하지 않는 보기를 선택해야 한다.

질문 형태

Fact

According to paragraph #, which of the following is true of _____?
According to paragraph #, what/why/when/where/how _____?

Negative Fact

According to paragraph #, all of the following are mentioned EXCEPT

Fact & Negative Fact 문제는 매우 다양한 형태로 제시되는데, 문제에서 묻고 있는 내용을 지문에서 빨리 찾아 정확히 파악하고 이해하면 대부분의 문제를 풀 수 있다.

핵심 전략

STEP 1 **문제의 키워드가 언급된 부분을 지문에서 찾는다.**

문제의 키워드란 문제에서 묻고 있는 내용 중 핵심이 되는 말이다. 문제의 키워드는 보통 지문에 그대로 나와 있거나 같은 의미를 가진 다른 단어 또는 구로 바뀌어 있다. 이러한 문제의 키워드를 잘 이용하면 문제의 답이 되는 내용을 신속하게 지문에서 찾을 수 있다.

STEP 2 **지문에서 확인한 정보를 제대로 바꾸어 쓴 보기를 고른다.**

문제가 묻고 있는 정보를 찾았다면 그 다음엔 그 정보와 일치하는 보기를 찾아야 한다. 정답은 원문의 의미는 그대로 살리되 문장 구조를 바꾸거나 비슷한 단어 또는 구를 사용한 보기이다. Fact 문제의 경우 지문의 내용을 제대로 바꾸어 쓴 보기가 정답이지만, Negative Fact 문제의 경우 지문의 내용과 다르거나 지문에서 언급되지 않은 내용의 보기가 정답이다.

전략 적용

➡ The open ocean, termed the pelagic region by oceanographers, consists of all nonlittoral marine areas, and comprises roughly sixty-five percent of the total volume of the world's oceans. Although the region lacks the biotic density and diversity [문제 키워드] of the coastal waters, primarily because of the absence of complex forms of vegetation [정답의 단서] and suitable surfaces for the formation of coral reefs, it is inhabited by a wide variety of species that are able to thrive in this unique ecosystem.

Fact

According to paragraph 1, what limits the [문제 키워드] variety of biological organisms in the open ocean?

(A) The absence of advanced forms of marine flora
(B) The reduced assortment of aquatic animals
(C) The moderate extent of the geographic area
(D) The close proximity of more suitable aquatic habitats

Paragraph 1 is marked with an arrow [➡].

STEP 1 문제의 키워드 limits the variety of biological organisms(생물체의 다양성을 제한한다)를 지문에서 찾아보면, 같은 의미인 the region lacks the biotic ~ diversity(그 지역은 생물체의 다양성이 부족하다)가 언급되어 있다.

STEP 2 문제의 키워드가 언급된 부분의 주변을 지문에서 살펴보면, the region lacks the biotic ~ diversity ~ because of the absence of complex forms of vegetation(복합형태 식물의 부재 때문에 그 지역은 생물체의 다양성이 부족하다)이라는 것을 알 수 있다. 따라서 지문에서 확인한 정보의 의미는 그대로 살리되 문장 구조를 바꾸고 비슷한 단어 또는 구를 사용한 보기 (A)는 지문의 내용과 일치하므로 정답이다.

➡ The firefly squid is an example of a species that utilizes this technique, as it has photophores, [문제 키워드] light-producing organs, located on its body surface and tentacles. It has been suggested that the ones on its tentacles [(A)] serve as lures to attract prey, while those on the body allow the squid to [(B)] camouflage itself in water with varying light levels. Some scientists have even posited that [정답의 단서] bioluminescence may [(C)] serve a role in sexual attraction and selection, as well as in communication with other members of the species.

Negative Fact

According to paragraph 5, the light [문제 키워드] generated by firefly squid may be connected to all of the following EXCEPT

(A) predation
(B) concealment
(C) mating
(D) self-defense

Paragraph 5 is marked with an arrow [➡].

STEP 1 문제의 키워드 the light generated by firefly squid(발광 오징어가 발생시키는 빛)를 지문에서 찾아보면, 같은 의미인 it has photophores, light-producing organs(빛을 생산하는 기관인 발광기를 가지고 있다)가 언급되어 있다.

STEP 2 문제의 키워드가 언급된 부분의 주변을 지문에서 살펴보면, 보기 (A)는 지문의 serve as lures to attract prey(먹이를 유인하기 위한 미끼로 사용된다)와 일치하고, 보기 (B)는 지문의 camouflage itself in water with varying light levels(다양한 조도의 빛으로 수중에서 위장한다)와 일치하며, 보기 (C)는 지문의 serve a role in sexual attraction and selection(성적 매력과 자웅 선택의 역할을 한다)과 일치한다. 따라서 보기 (A), (B), (C)는 지문의 내용과 일치하므로 오답이다. 그러나 보기 (D)는 지문에 언급되지 않은 내용이므로 정답이다.

03 Vocabulary

유형 소개

Vocabulary 문제는 지문 속 음영 처리된 단어와 가장 유사한 뜻을 가진 단어 또는 구를 보기에서 선택하는 유형이다.

질문 형태

The word "⬛⬛⬛⬛" in the passage is closest in meaning to
The phrase "⬛⬛⬛⬛" in the passage is closest in meaning to

Vocabulary 문제는 문제와 지문에 동의어를 골라야 하는 단어 또는 구가 음영 처리되어 있다.

핵심 전략

STEP 1　**음영 처리된 단어의 동의어를 보기에서 추려낸다.**
4개의 보기 중에서 음영 처리된 단어와 유사한 의미를 갖는다고 예상되는 보기를 추려낸다.

STEP 2　**지문에 대입하여 문맥이 자연스러운지 확인한다.**
예상 답을 지문의 음영 처리된 단어 자리에 대입하여 문맥이 자연스러운지 확인한다.

전략 적용

Extending from the surface of the ocean to a depth of approximately two hundred meters is the euphotic zone, also known as the sunlight zone because it defines the limit to which solar radiation sufficient for photosynthesis can penetrate. As a result, the area includes over ninety percent of all aquatic life in the pelagic region, supporting a wide range of organisms from microscopic bacteria to massive organisms such as whales and sharks. The biotic potential of this section of the ocean is further enhanced by the relatively high temperature and low pressure of the water.

The word "sufficient" in the passage is closest in meaning to

(A) scarce
(B) abundant
(C) adequate
(D) extensive

STEP 1   보기 중에서 음영 처리된 단어 sufficient(충분한)의 동의어인 adequate(적당한)를 찾는다.

STEP 2   음영 처리된 단어 sufficient의 자리에 adequate(적당한)를 대입해 보면, solar radiation adequate for photosynthesis(광합성을 하는 데 적당한 태양광선)라는 내용이 되어 문맥이 자연스럽게 연결된다. 따라서 정답은 (C)이다.

04 Reference

Reference 문제는 지문 속 음영 처리된 지시어가 가리키는 대상이 무엇인지를 보기에서 선택하는 유형이다.

질문 형태

The word "⬛⬛⬛⬛" in the passage refers to
The phrase "⬛⬛⬛⬛" in the passage refers to

Reference 문제는 문제와 지문에 해당 지시어가 음영 처리되어 있다.

핵심 전략

STEP 1 **지시어가 가리키는 지시 대상을 추려낸다.**

지시어가 가리키는 대상을 지시 대상이라고 하며, 지시어보다 앞에 언급된다. 지시 대상이 언급된 부분을 읽고 정답이라고 예상되는 보기를 추려낸다. 자주 출제되는 지시어에는 인칭대명사(it, his, they, their, them), 지시대명사(this, that, those, these), 부정대명사(some, others, one, another), 관계대명사(who, which, that) 등이 있다.

STEP 2 **지문에 대입하여 문맥이 자연스러운지 확인한다.**

예상 답을 지문의 음영 처리된 지시어 자리에 대입하여 문맥이 자연스러운지 확인한다.

전략 적용

The firefly squid is an example of a species that utilizes this technique, as it has photophores, light-producing organs, located on its body surface and tentacles. It has been suggested that the ones on its tentacles serve as lures to attract prey, while those on the body allow the squid to camouflage itself in water with varying light levels. Some scientists have even posited that bioluminescence may serve a role in sexual attraction and selection, as well as in communication with other members of the species.

The word "those" in the passage refers to

(A) tentacles
(B) lures
(C) photophores
(D) species

STEP 1   보기의 지시 대상이 언급된 부분을 지문에서 읽고 지시 대상으로 예상되는 photophores(발광기)를 추려낸다.

STEP 2   음영 처리된 지시어 those의 자리에 photophores(발광기)를 대입해 보면, photophores on the body allow the squid to camouflage itself(몸에 있는 발광기는 오징어가 자신을 숨길 수 있도록 한다)라는 내용이 되어 문맥이 자연스럽게 연결된다. 따라서 정답은 (C)이다.

05 Rhetorical Purpose

Rhetorical Purpose 문제는 글쓴이가 글에서 사용한 특정 표현의 의도를 가장 잘 나타낸 보기를 선택하는 유형이다. 주로 지문에 쓰인 특정 단어 또는 구의 문맥적 기능이나 목적을 묻거나 특정 단락의 기능을 묻는 문제가 출제된다.

질문 형태

Why does the author mention "▨▨▨▨▨" in paragraph #[in the passage]?
What is the purpose of paragraph # in the overall discussion?

Rhetorical Purpose 문제는 종종 문제와 지문에 특정 표현이 음영 처리되어 글쓴이가 왜 이 표현을 언급했는지 묻는다.

핵심 전략

STEP 1 **문제에 제시된 특정 표현이 지문에서 어떤 기능을 하는지 파악한다.**

문제에 제시된 특정 단어나 구 또는 절이 언급된 부분을 지문에서 찾아 전후 문맥을 살펴보고, 이러한 표현이 지문에서 어떠한 기능을 하는지 파악한다. 특정 단락의 기능을 묻는 문제의 경우, 지문의 전체 흐름에 비추어 해당 단락이 하는 기능을 판단하도록 한다.

특정 표현이나 단락의 대표적인 기능에는 다음과 같은 것이 있다.

설명	to illustrate / to explain
예시	to provide an example of
비교/대조	to compare / to contrast
강조	to emphasize
주장	to suggest
증명	to demonstrate / to show

STEP 2 **보기의 내용이 지문과 일치하는지 확인한다.**

특정 표현이나 단락의 기능을 파악한 후에, 보기의 내용이 지문과 일치하는지 확인하여 정확한 답을 고르도록 한다.

전략 적용

Only a fraction of the sunlight from the upper level penetrates through to the transitional stratum that begins at a depth of two hundred meters. Although the dysphotic zone is unable to support photosynthesis, it is occupied by a range of aquatic organisms that have developed specialized adaptations to cope with the less-than-optimal conditions. Many resident species of fish compensate for the limited amount of nutrients that results from the lack of plant life by rising to the upper regions of the ocean to feed on phytoplankton. However, those species that are unable to make the transition 정답의 단서 have evolved in such a way that they are able to make efficient use of the limited sustenance available. One such method is bioluminescence, the use of physiological processes to generate light, most commonly as a means to attract prey.

Why does the author mention "bioluminescence"?

(A) To illustrate the influence of an evolutionary process
(B) To give an explanation for a migratory pattern of a species
(C) To demonstrate the importance of a type of predatory behavior
(D) To provide an example of an advantageous adaptation

STEP 1 음영 문구 bioluminescence(생물발광)가 언급된 부분의 전후 문맥을 살펴보면, species that are unable to make the transition have evolved in such a way ~ to make efficient use of the limited sustenance available(층을 오갈 수 없는 종이 제한적인 영양분을 효율적으로 활용하기 위한 방식으로 진화했다)과 One such method is bioluminescence(그 방법 중 하나가 생물발광이다)를 언급하고 있다. 즉 One such method를 통해 글쓴이가 bioluminescence를 언급한 이유는 제한적인 영양분을 효율적으로 활용할 수 있는 방법의 한 예를 들기 위해서라는 것을 알 수 있다.

STEP 2 예를 들기 위한 것이라는 기능을 나타낸 보기는 (D)로, an advantageous adaptation(이로운 적응)이라는 내용은 지문의 evolved in such a way ~ to make efficient use of the limited sustenance available(영양분을 효율적으로 활용하기 위한 방식으로 진화했다)이라는 내용과 일치한다. 따라서 정답은 (D)이다.

유형 소개

Inference 문제는 지문에 직접적으로 또는 명확하게 언급되어 있진 않지만, 지문의 내용을 근거로 하여 추론이 가능한 답을 보기 중에서 선택하는 유형이다.

질문 형태

According to paragraph #, what can be inferred about _____?
It can be inferred from paragraph # that _____

Inference 문제는 추론할 대상을 문제에서 명시해준다.

핵심 전략

STEP 1 **문제의 키워드가 언급된 부분을 지문에서 찾는다.**

Inference 문제는 Fact & Negative Fact 문제와 마찬가지로 지문 내용을 바탕으로 답을 선택해야 하므로, 문제의 키워드를 통해 문제에서 묻고 있는 내용을 지문에서 빨리 찾는 것이 중요하다. 문제의 키워드는 보통 지문에 그대로 나와 있거나 같은 의미를 가진 다른 단어나 구로 바뀌어 있다.

STEP 2 **지문에서 확인한 정보를 바탕으로 추론이 가능한 보기를 답으로 선택한다.**

해당 내용을 지문에서 찾았다면 그 내용을 바탕으로 추론이 가능한 보기를 찾는다. 정답은 지문의 한 문장을 바탕으로 추론하는 것도 있지만, 2~3문장 혹은 단락 전체 내용을 종합적으로 이해해야 추론이 가능한 것도 있다. 따라서 무엇보다 키워드와 관련된 모든 지문 내용을 꼼꼼히 파악하고 이해하는 것이 중요하다. 또한 정답은 항상 지문에 근거를 두고 있으므로, 반드시 지문 내용을 바탕으로 객관적인 논리와 추론을 통해 답을 선택해야 한다. 지문에 언급되지 않은 개인적인 지식이나 상상을 바탕으로 추론하지 않도록 한다.

전략 적용

➡ The deepest regions of the ocean are distinguished by a complete lack of light, extremely high pressures, and almost freezing water temperatures. The only nutrients that reach the aphotic zone are found in the detritus that trickles down from the upper levels of the ocean. These harsh conditions severely curtail both the 정답의 단서 range and number of biological organisms that it can support. One of the dominant forms of life at these depths is echinoderms, the order of 문제 키워드 animals that includes starfish and sea cucumbers, which continually move along the ocean floor scavenging for organic materials that have descended from the shallower levels.

According to paragraph 6, what can be inferred about the echinoderms? 문제 키워드

(A) They traverse extensive areas very quickly.
(B) They require large volumes of biological matter to survive.
(C) They have adapted to the environmental extremes.
(D) They are able to migrate to the other zones.

Paragraph 6 is marked with an arrow [➡].

STEP 1   문제의 키워드 echinoderms(극피동물)를 지문에서 찾아보면 동일하게 언급되어 있다.

STEP 2   문제의 키워드가 언급된 부분의 주변을 지문에서 살펴보면, These harsh conditions severely curtail both the range and number of biological organisms that it can support. One of the dominant forms ~ echinoderms(이러한 혹독한 환경은 이곳에서 살 수 있는 생물학적 유기체의 범위와 수를 극심하게 제한한다. 주요 생명체 중 하나는 극피동물이다)라고 언급하고 있다. 이러한 혹독한 환경에도 불구하고 극피동물이 주요 생명체로서 살아가고 있다는 내용을 통해 이들이 극한의 환경에 적응했다는 것을 추론할 수 있다. 따라서 정답은 (C)이다.

07 Insertion

유형 소개

Insertion 문제는 지문에서 빠져있는 한 문장, 즉 삽입 문장을 문제로 제시하고, 이 문장을 지문의 원래 위치에 넣는 유형이다.

질문 형태

Look at the four squares [■] that indicate where the following sentence could be added to the passage.

삽입 문장

Where would the sentence best fit?

Click on a square [■] to add the sentence to the passage.

Insertion 문제에서는 지문에 네 개의 ■가 표시되어, 삽입 문장이 들어갈 위치를 직접적으로 명시해준다. 실제 시험에서 이 중 하나의 ■를 클릭하면 삽입 문장이 그 위치로 들어가게 된다.

핵심 전략

STEP 1 **삽입 문장을 읽고 삽입 문장 내에서 단서를 찾는다.**
삽입 문장에는 지문 속 삽입 문장이 들어갈 위치를 판단하는 데 도움을 주는 단서가 있다. 특정 표현이나 지시어(this, that), 연결어(however, therefore), 관사(a, the) 등이 단서가 될 수 있다.

STEP 2 **■가 표시된 부분의 주변 문장을 읽으며, 단서를 근거로 답을 찾는다.**
■가 표시된 부분의 주변 문장을 읽으며, 삽입 문장 내의 단서를 이용하여 삽입 문장이 들어갈 위치를 찾는다. 삽입 문장에 언급된 특정 표현이 지문에서 언급되지 않았는지, 삽입 문장의 단서가 가리키는 것은 무엇인지, 또는 흐름상 삽입 문장 전후에 와야 할 내용은 무엇인지 등을 확인한다.

STEP 3 **삽입 문장을 대입하여 문맥의 흐름이 논리적인지 확인한다.**
지문의 ■를 클릭하여 삽입 문장을 넣은 후, 앞뒤 문장과 논리적으로 연결되는지 다시 한번 확인한다.

전략 적용

Only a fraction of the sunlight from the upper level penetrates through to the transitional stratum that begins at a depth of two hundred meters.
■ Although the dysphotic zone is unable to support photosynthesis, it is occupied by a range of aquatic organisms that have developed specialized adaptations to cope with the less-than-optimal conditions. ■ Many resident species of fish compensate for the limited amount of nutrients that results from the lack of plant life by rising to the upper regions of the ocean to feed on 정답의 단서 phytoplankton. ■ However, those species that are unable to make the transition have evolved in such a way that they are able to make efficient use of the limited sustenance available. ■ One such method is bioluminescence, the use of physiological processes to generate light, most commonly as a means to attract prey.

Look at the four squares [■] that indicate where the following sentence could be added to the passage.

삽입 문장 단서
This activity usually occurs at night, as the limited visibility reduces exposure to predators.

Where would the sentence best fit?

Click on a square [■] to add the sentence to the passage.

STEP 1 삽입 문장에는 지시어와 단어로 이루어진 This activity(이러한 활동)가 단서로 주어져 있다. 그리고 삽입 문장의 내용을 통해, This activity가 포식자를 피해 밤에 이루어지는 활동이라는 것을 알 수 있다.

STEP 2 지문의 ■ 주변을 읽어보면, 포식자를 피해 밤에 이루어져야 할 This activity가 세 번째 ■ 앞 문장의 rising to the upper regions of the ocean to feed on phytoplankton(식물성 플랑크톤을 먹기 위해 해양 상층부로 올라감)을 가리키고 있다는 것을 알 수 있다.

STEP 3 세 번째 ■에 삽입 문장을 넣어보면, 많은 종의 물고기가 해양 상층부로 올라가 영양을 보충하는데, 제한된 가시거리가 포식자에게 노출되는 것을 줄여주므로 이 활동은 대개 밤에 이루어진다는 내용이 되어 문맥이 논리적으로 연결된다. 따라서 정답은 세 번째 ■이다.

08 Summary

유형 소개

Summary 문제는 지문의 중심 내용(Major idea)을 잘 담고 있는 보기 세 개를 선택하여 전체 지문의 요약문을 완성하는 유형이다.

질문 형태

Directions: An introductory sentence for a brief summary of the passage is provided below. Complete the summary by selecting the THREE answer choices that express the most important ideas in the passage. Some sentences do not belong in the summary because they express ideas that are not presented in the passage or are minor ideas in the passage. **This question is worth 2 points.**

Drag your answer choices to the spaces where they belong.
To remove an answer choice, click on it. To review the passage, click **View Text**.

[Introductory Sentence]
-
-
-

Answer Choices	
(A)	(D)
(B)	(E)
(C)	(F)

Summary 문제는 요약문의 도입 문장에 해당하는 Introductory Sentence를 제시해준다. 또한 디렉션에서 정답과 오답의 형태가 언급되어 있다. 정답은 answer choices that express the most important ideas, 즉 가장 중요한 내용을 설명하는 보기이고, 오답은 ideas that are not presented in the passage or minor ideas in the passage, 즉 지문에 언급되지 않은 내용이나 사소한 정보를 담고 있는 보기이다.
이 문제 유형은 2점 만점이며 부분점수가 있다. (정답 맞힌 개수 3개 – 2점, 2개 – 1점, 0~1개 – 0점)

핵심 전략

STEP 1 Introductory Sentence를 참고하여 보기를 읽으면서 중심 내용(Major idea)을 고른다.

Summary 문제에 제시된 Introductory Sentence는 종종 지문 전체의 중심 내용을 나타내므로, 지문의 Major idea를 고르는 데 큰 도움이 된다. 앞서 문제를 풀며 머리 속으로 또는 노트에 정리한 지문의 구조와 함께, Introductory Sentence를 참고하여 지문의 중심 내용을 확인하고, Major idea를 담고 있는 보기 세 개를 고른다.

STEP 2 혼동이 되는 보기는 지문의 내용과 비교하면서 중심 내용(Major idea)인지 확인한다.

정답 구분이 쉽지 않은 보기는 보기의 키워드를 지문에서 찾아 보기의 내용이 Major idea인지를 확인한다. 디렉션에서 명시된 바와 같이 지문에 언급되지 않은 내용이나 사소한 정보(Minor idea)를 정답으로 선택하지 않도록 한다. Summary 문제에서는 지문과 문제를 동시에 볼 수 없고 **View Text** 버튼을 눌러야 지문을 따로 볼 수 있다. **View Text** 버튼을 눌러 지문이 뜨면 스크롤 바를 이용해 원하는 부분을 확인한다.

Ocean Zones

1 The open ocean, termed the pelagic region by oceanographers, consists of all nonlittoral marine areas, and comprises roughly sixty-five percent of the total volume of the world's oceans. Although the region lacks the biotic density and diversity of the coastal waters, primarily because of the absence of complex forms of vegetation and suitable surfaces for the formation of coral reefs, it is inhabited by a wide variety of species that are able to thrive in this unique ecosystem.

2 As with terrestrial species, marine life is dependent on sunlight for its existence, with photosynthesis by phytoplankton – single-celled aquatic plants – serving as the basis of the oceanic food chain. However, as water refracts and absorbs solar radiation, which produces its distinctive bluish-green hue, the depth to which sunlight is able to penetrate is limited. This has led researchers to divide the pelagic region into distinct strata based on the volume of available light.

3 Extending from the surface of the ocean to a depth of approximately two hundred meters is the euphotic zone, also known as the sunlight zone because it defines the limit to which solar radiation sufficient for photosynthesis can penetrate. As a result, the area includes over ninety percent of all aquatic life in the pelagic region, supporting a wide range of organisms from microscopic bacteria to massive organisms such as whales and sharks. The biotic potential of this section of the ocean is further enhanced by the relatively high temperature and low pressure of the water.

4 Only a fraction of the sunlight from the upper level penetrates through to the transitional stratum that begins at a depth of two hundred meters. Although the dysphotic zone is unable to support photosynthesis, it is occupied by a range of aquatic organisms that have developed specialized adaptations to cope with the less-than-optimal conditions. Many resident species of fish compensate for the limited amount of nutrients that results from the lack of plant life by rising to the upper regions of the ocean to feed on phytoplankton. However, those species that are unable to make the transition have evolved in such a way that they are able to make efficient use of the limited sustenance available. One such method is bioluminescence, the use of physiological processes to generate light, most commonly as a means to attract prey.

5 The firefly squid is an example of a species that utilizes this technique, as it has photophores, light-producing organs, located on its body surface and tentacles. It has been suggested that the ones on its tentacles serve as lures to attract prey, while those on the body allow the squid to camouflage itself in water with varying light levels. Some scientists have even posited that bioluminescence may serve a role in sexual attraction and selection, as well as in communication with other members of the species.

6 The deepest regions of the ocean are distinguished by a complete lack of light, extremely high pressures, and almost freezing water temperatures. The only nutrients that reach the aphotic zone are found in the detritus that trickles down from the upper levels of the ocean. These harsh conditions severely curtail both the range and number of biological organisms that it can support. One of the dominant forms of life at these depths is echinoderms, the order of animals that includes starfish and sea cucumbers, which continually move along the ocean floor scavenging for organic materials that have descended from the shallower levels.

7 With improvements in the design and function of unmanned submersible technology, scientists have vastly expanded their capacity to accumulate data regarding the less-accessible marine environments. One of the most significant discoveries relates to the role played by underground vents, fissures in the crust of the ocean floor that expel mineral-rich matter into the surrounding water. Samples taken from these locations have revealed the existence of specialized bacteria that convert the hydrogen sulfide from the vents into energy. There is evidence to suggest that these organisms may have the same function as phytoplankton in the euphotic zone, albeit on a more limited scale, in that they may form the basis of a sustenance network that supports a biotic community on the ocean's floor.

1단락
깊은 수심 때문에 생물 다양성이 부족하나 다양한 종이 살고 있는 원양 지역

INTRODUCTION
원양 지역의 특성과 분류

2단락
빛의 투과량에 따라 세 가지 층으로 구분되는 원양 지역

3단락
플랑크톤이 살기에 충분한 빛 덕분에 수중 생물 중 90% 이상이 살고 있는 해저층

POINT 1
진관층의 위치와 생물 특징

4단락
부족한 빛 때문에 층을 오가거나 생물발광으로 먹이를 얻는 생물이 사는 약광층

POINT 2
약관층의 위치와 생물 특징

5단락
생물발광을 하는 생물의 예, 발광 오징어

6단락
빛이 없는 황폐한 환경에서 해저 바닥에 깔린 무기물을 주 먹이원으로 하는 생물이 사는 무광층

POINT 3
무광층의 위치와 생물 특징

7단락
심해탐사 기술 발달과 해저 바닥의 박테리아

CONCLUSION
해저 바닥의 특수 박테리아

Directions: An introductory sentence for a brief summary of the passage is provided below. Complete the summary by selecting the THREE answer choices that express the most important ideas in the passage. Some sentences do not belong in the summary because they express ideas that are not presented in the passage or are minor ideas in the passage. **This question is worth 2 points.**

Drag your answer choices to the spaces where they belong.
To remove an answer choice, click on it. To review the passage, click **View Text**.

The pelagic region is divided into three distinct zones that each possess unique characteristics.

-
-
-

Answer Choices

(A) The euphotic zone is the only area to receive sufficient sunlight for photosynthesis and support most of aquatic organisms.

(B) Many of the organisms that dwell in the euphotic zone foray into the deeper water in search of sustenance once the sun sets.

(C) The limited sunlight in the dysphotic zone has led to a range of specialized adaptations by resident organisms.

(D) Despite the inhospitable conditions that result from the complete darkness, organisms are able to survive in the aphotic zone.

(E) As the dysphotic zone is not conducive to photosynthesis, its resident phytoplankton population is small.

(F) The low level of light necessitates that all organisms in the aphotic zone congregate around volcanic openings.

STEP 1 Introductory Sentence에 제시된 지문의 중심 내용은 The pelagic region is divided into three distinct zones that each possess unique characteristics(원양 지역은 각각 독특한 특징을 가지는 세 개의 특유의 층으로 구분된다)이다. 이를 참고하여 지문의 중심 내용을 확인해보면 1~2단락은 Introduction으로 원양 지역의 특성과 분류에 대해 언급하고 있으며, 3단락은 지문의 첫 번째 Point인 진광층의 위치와 생물 특징에 대해, 4~5단락은 두 번째 Point인 약광층의 위치와 생물 특징, 6단락은 세 번째 Point인 무광층의 위치와 생물 특징을 언급하고 있다. 마지막으로 7단락은 Conclusion으로 해저 바닥의 특수 박테리아에 대해 언급하고 있다. 이를 바탕으로 Major idea를 담고 있는 보기 세 개를 고른다.

STEP 2 보기 (A)는 지문의 3단락의 내용인 플랑크톤이 살기에 충분한 빛 덕분에 수중 생물 중 90% 이상이 살고 있는 해저층과 일치하고, 보기 (C)는 지문의 4단락의 내용인 부족한 빛 때문에 층을 오가거나 생물발광으로 먹이를 얻는 생물이 사는 약광층과 일치하며, 보기 (D)는 6단락의 내용인 빛이 없는 황폐한 환경에서 해저 바닥에 깔린 무기물을 주 먹이원으로 하는 생물이 사는 무광층과 일치한다. 따라서 정답은 (A), (C), (D)이다.

Category Chart 문제는 제시된 항목(category)에 해당하는 지문의 정보를 분류하여 표를 완성하는 유형이다.

Directions: Select the appropriate phrases from the answer choices and match them to the type of _____ to which they relate. TWO of the answer choices will NOT be used. **This question is worth 3 points.**

Drag your answer choices to the spaces where they belong.
To remove an answer choice, click on it. To review the passage, click **View Text**.

Answer Choices	Category 1
(A)	
(B)	
(C)	
(D)	Category 2
(E)	
(F)	
(G)	

Category Chart 문제는 세부 정보를 파악해야 하는 항목을 질문에서 명시해준다. 보기의 개수는 정답의 개수보다 많이 주어진다.
정답의 개수에 따라 3점 또는 4점 만점이며 부분점수가 있다.
· 정답이 5개인 표의 경우: 정답 맞힌 개수 5개 – 3점, 4개 – 2점, 3개 – 1점, 0~2개 – 0점
· 정답이 7개인 표의 경우: 정답 맞힌 개수 7개 – 4점, 6개 – 3점, 5개 – 2점, 4개 – 1점, 0~3개 – 0점

핵심 전략

STEP 1 **Note를 이용하여 보기의 내용이 몇 단락에 나오는지 찾는다.**
각 보기의 내용을 지문에서 확인하기 위해, 보기와 비슷한 내용이라고 생각되는 Note를 보고 그 보기가 몇 단락에 해당하는 내용인지 확인한다.

STEP 2 **찾은 단락에서 보기가 지문의 내용과 일치하는지 확인한다.**
보기의 내용이 몇 단락에서 언급되었는지 확인했다면, 그 보기가 지문의 내용과 일치하는지 확인한다. 지문의 내용이 종종 같은 의미를 가진 다른 단어나 구, 또는 다른 구조의 문장으로 바뀌어 보기에 나와 있으므로, 지문에서 보기에 나온 것과 같은 단어만을 찾기 보다는 비슷한 내용으로 생각되는 부분이 있는지도 확인한다. Category Chart 문제에서는 지문과 문제를 동시에 볼 수 없고 View Text 버튼을 눌러야 지문을 따로 볼 수 있다. View Text 버튼을 눌러 지문이 뜨면 스크롤바를 이용해 원하는 단락을 확인한다.

Orcas

1 The orca, or killer whale as it is commonly known, is the largest member of the Delphinidae family of cetaceans, a classification of aquatic mammals that includes all oceanic dolphins. It is a versatile and efficient predator that combines its vast size and incredible speed with cooperative group strategies to maintain its position at the pinnacle of the food chain.

2 Orcas are divided into two distinct populations, known as residents and transients, who do not interbreed because they react with extreme hostility towards each other. Although comprising a single species, scientists estimate that they have been isolated from each other for over 100,000 years. One theory suggests that the behavioral idiosyncrasies related to predatory activities and social relations that differentiate each classification may in fact be manifestations of an ongoing process of speciation that will eventually result in a genetic incompatibility.

3 Residents are distinguished from transients by the fact that they primarily inhabit coastal waters and _(C) usually remain within the same area year-round, although their dependence on a diet composed exclusively of squid and fish requires that they continually traverse their territory in search of nourishment, sometimes traveling as many as 100 kilometers in a day.

4 When hunting, residents engage in a series of concerted maneuvers to achieve their goals. In order to locate prey, individual orcas spaced evenly along an extended line will move forward slowly in the same direction, _(A) employing echolocation, a series of clicking noises that act as a biologically generated form of sonar. If one orca discovers a school of fish or squid, it communicates vocally with the others to make them aware of the presence of food. At this point, the group may employ a number of strategies, including circling the school of fish in order to force it into a tight ball, or maneuvering the fish into shallow water for easy consumption.

5 The degree of social interaction required to engage in these complex predatory activities is a dominant behavioral trait of residents, who spend their entire lives in closely-knit groups. The fundamental social unit is the family, which is both matrilineal and matriarchal, and consists of a mother and her children. As orcas have been known to live for up to ninety years, a matriline may be comprised of up to five generations, with the offspring of the female members continually adding to the numbers of the group. Several matrilines may coalesce to form a pod, a loose aggregation of family units that use the same dialect when vocalizing and are all related through the maternal line. The final level is the clan, which consists of two or more pods that occupy the same geographical region and are connected both genetically and linguistically.

6 While the social organization of transients closely resembles that of the residents, _(B) it is much less rigid, particularly with regards to the behavior of the males. In general, transients usually travel and live in small groups that rarely reach the same size as the resident matriline, due to the likelihood that male offspring will disperse after adolescence. While the first son will almost always remain with his mother after reaching adulthood, _(F) subsequent sons will frequently leave their families when grown to live a solitary existence.

7 Despite the relatively fractured social structure, scattered groups and individuals frequently join together when engaged in predatory activities. The dietary staple of transients is large aquatic sea mammals, such as dolphins, porpoises, sea lions, seals and occasionally whales, and the search for sufficient quantities of prey forces the orcas to travel vast distances, encompassing a geographic range that extends from Alaska to the southern extremities of California. Once a food source has been located, a highly-coordinated hunt that may last as long as several hours commences. This will often involve several families, as well as related solitary males, and in the case of large creatures such as whales, super-pods may be formed temporarily. While close cooperation is required to successfully complete a hunt, vocal communication is rare, as the sounds emitted during this process are easily detectable by the prey. For the same reason echolocation is avoided, and the hunt is therefore conducted in silence.

1단락
고래류에 속하는
범고래

2단락
Resident,
Transient 두가지
개체로 분류되는
범고래

INTRODUCTION
Orca의 정의와
분류

3단락
Resident의
서식지와 먹이
습성

4단락
Resident의
사냥활동

POINT 1
Residents의
특징

5단락
Resident의
사회적 상호작용과
가족 생활단위

6단락
Transient의
파편적 사회구성

7단락
Transient의
먹이와 그에 따른
사냥활동

POINT 2
Transients의
특징

Directions: Select the appropriate phrases from the answer choices and match them to the type of orcas to which they relate. TWO of the answer choices will NOT be used. **This question is worth 3 points.**

Drag your answer choices to the spaces where they belong.
To remove an answer choice, click on it. To review the passage, click **View Text**.

Answer Choices	Residents
(A) Rely on audio information to hunt their prey	● (A) Rely on audio information to hunt their prey
(B) Have a flexible community structure	● (C) Do not commonly depart from a specific region
(C) Do not commonly depart from a specific region	**Transients**
(D) Often hunt organisms larger than themselves	
(E) Live primarily in family units known as clans	● (B) Have a flexible community structure
(F) Include males unassociated with a group	● (D) Often hunt organisms larger than themselves
(G) Are unable to use vocal forms of social interaction	● (F) Include males unassociated with a group

STEP 1

Notes

	Residents	Transients
단락3	habitat, diet	
단락4	hunting	
단락5	social interation	
단락6		social organization, habitat
단락7		diet, hunting

STEP 2 보기 (A), (C)는 Residents의 특징으로, 보기 (A)의 먹이를 사냥하기 위해 음성 정보에 의존한다는 내용은 4단락의 employing echolocation ~ form of sonar(생물학적으로 생긴 수중 음파 탐지기의 역할을 하는 일련의 딸깍거리는 소리인 반향 위치 탐지법을 사용)와 일치하고, 보기 (C)의 일반적으로 특정 지역으로부터 이탈하지 않는다는 내용은 3단락의 usually remain within the same area (보통 같은 지역 내에 머무른다)와 일치한다.

보기 (B), (D), (F)는 Transients의 특징으로, 보기 (B)의 융통성 있는 군집 구조를 가진다는 내용은 6단락의 it is much less rigid(Transients 의 군집 구조는 훨씬 덜 고정적이다)와 일치하고, 보기 (D)의 종종 자신보다 더 큰 생물을 사냥한다는 내용은 7단락의 The dietary staple of transients is large aquatic sea mammals(Transients의 주된 먹이는 커다란 수생 해양 포유동물이다)와 일치하며, 보기 (F)의 무리 와 연관되지 않은 수컷을 포함한다는 내용은 6단락의 subsequent sons ~ solitary existence(다음 수컷부터는 다 자랐을 때 종종 가족 을 떠나서 고립된 생활을 할 것이다)와 일치한다.

따라서 정답은 Residents: (A), (C), Transients: (B), (D), (F)이다.

HACKERS TOEFL ACTUAL TEST READING

TEST 01

SELF-CHECK LIST

ANSWER KEYS & 취약 유형 분석표

해석 · 해설

VOCABULARY LIST

SELF-CHECK LIST

이번 테스트는 어땠나요?
다음 체크리스트로 자신의 테스트 진행 내용을 점검해 볼까요?

1 나는 36분 동안 완전히 테스트에 집중하였다.　　　　　　　　☐ Yes ☐ No
   집중하지 못했다면, 그 이유는?

2 나는 주어진 36분 동안 20문제를 모두 풀었다.　　　　　　　　☐ Yes ☐ No
   문제를 모두 풀지 못했다면, 그 이유는?

3 유난히 어렵게 느껴지는 지문이 있었다.　　　　　　　　　　☐ Yes ☐ No
   있었다면, 어려웠던 지문과 그 이유는? (글의 주제, 글의 흐름, 문법, 어휘 등)

4 유난히 어렵게 느껴지는 문제가 있었다.　　　　　　　　　　☐ Yes ☐ No
   있었다면, 어려웠던 문제의 유형과 그 이유는?

5 개선해야 할 점과 이를 위한 구체적인 학습 계획

ANSWER KEYS & 취약 유형 분석표

01 (C) Fact		11 (C) Fact	
02 (C) Rhetorical Purpose		12 (C) Vocabulary	
03 (C) Negative Fact		13 (A) Negative Fact	
04 (D) Inference		14 (B) Fact	
05 (A) Fact		15 (C) Reference	
06 (B) Sentence Simplification		16 (D) Vocabulary	
07 (D) Fact		17 (A) Inference	
08 (A) Vocabulary		18 (A) Rhetorical Purpose	
09 2nd ■ Insertion		19 4th ■ Insertion	
10 (A), (C), (D) Summary		20 (B), (E), (F) Summary	

■ 각 문제 유형별 맞힌 개수를 아래에 적어 보세요.

문제 유형	맞힌 답의 개수
Sentence Simplification	/ 1
Fact & Negative Fact	/ 7
Vocabulary	/ 3
Reference	/ 1
Rhetorical Purpose	/ 2
Inference	/ 2
Insertion	/ 2
Summary	/ 2
Total	**/20**

* 자신이 취약한 유형은 READING STRATEGIES(p.22)를 통해 다시 한번 점검하시기 바랍니다.

The Architecture of Termite Mounds | 흰개미 집의 구조

INTRO	단락 1	흰개미의 호흡 방법
POINT 1	단락 2	흰개미 집 내부의 습도 조절
	단락 3	
POINT 2	단락 4	흰개미 집 내부의 공기 순환 조절
	단락 5	
POINT 3	단락 6	흰개미 집 내부의 온도 조절
CONCLUSION	단락 7	흰개미 집의 응용 가능성

흰개미 집

INTRO

단락 1

기관과 기문을 통한 흰개미의 호흡

1 In termites, as with all terrestrial insects, the physical transfer of respiratory gases between internal tissues and the atmosphere occurs directly, without the use of lungs or a closed circulatory system. [01C]Respiration is accomplished through tracheal movements that expel carbon dioxide out of the body via respiratory tubes. Mechanical ventilation due to abdominal movement also plays a role when insects are active, as [01C]small openings in the exoskeleton called spiracles provide the ventilation points. The spiracles may be opened to let in oxygen or closed by muscular valves to regulate both gaseous exchange and internal moisture.

모든 육생 곤충과 마찬가지로 흰개미에 있어, 체내 조직과 대기 간 호흡 공기의 물리적 이동은 폐 또는 폐쇄순환계를 사용하지 않고 직접적으로 일어난다. [01C]호흡은 호흡관을 통해 이산화탄소를 체외로 방출하는 기관의 움직임에 의해 이루어진다. 복부 움직임으로 일어나는 기계적 환기도 곤충이 활동 중일 때 제 기능을 하는데, [01C]외골격에 있는 기문이라 불리는 작은 구멍들이 환기점을 제공한다. 기문은 산소를 들여보내기 위해 열리거나 공기 교환과 체내 수분을 모두 조절하기 위해 근육 판막에 의해 닫힌다.

POINT 1

단락 2

흰개미 집 내부의 습도 조절

2 [02C]External moisture regulation is crucial to subterranean and mound-building worker termites (soldiers and reproductive members of the nest have thicker, protective skin), because as soft-bodied organisms, their thin cuticles make them particularly prone to desiccation. This anatomical feature in part dictates the configuration of termite mounds, which are carefully designed and constructed by the workers to regulate the humidity of the interior nests, or termitaries. The most impressive of intact termite structures are the colossal (up to 30 meters wide and 7 meters

[02C]지하에 살며 집을 짓는 일꾼 흰개미(개미굴의 병정 흰개미와 생식 흰개미는 더 두꺼운 보호 외피를 가졌다)에게 체외 수분 조절은 중요한데, 이는 일꾼 흰개미가 부드러운 몸을 가진 생물로서 얇은 표피 때문에 특히 탈수되기 쉽기 때문이다. 이 해부학적 특징은 흰개미 집의 배치에 부분적으로 영향을 주는데, 흰개미 집은 개미굴 내부, 즉 개미탑의 습도를 조절하기 위해 일꾼 흰개미에 의해 신중하게 설계되고 건축된다. 완전한 흰개미 집 구조에서 가장 인상적인 것은 거대한(폭이 30미터, 높이

Vocabulary

1 terrestrial[təréstriəl] 육생의   respiratory[réspərətɔ̀ːri] 호흡의   closed circulatory system 폐쇄순환계   tracheal[tréikiəl] (곤충 등의) 기관의
ventilation[vèntəléiʃən] 환기   abdominal[æbdámənl] 복부의   exoskeleton[èksouskélətn] 외골격   spiracle[spírəkl] (곤충 등의) 기문
valve[vælv] 판막
2 subterranean[sʌ̀btəréiniən] 지하의 (=underground)   prone to ~하기 쉬운   desiccation[dèsikéiʃən] 탈수   anatomical[æ̀nətámikəl] 해부의
configuration[kənfìgjuréiʃən] 배치   termitary[tə́ːrmətèri] 개미탑, 흰개미 집   colossal[kəlásəl] 거대한 (=huge)

tall) mounds that dot the landscape in parts of South America, Africa, and Australia.

가 7미터에 이르는) 흰개미 집으로 남미, 아프리카, 호주 지역 도처에 산재한다.

단락 3
재료와 주변 토양에 의한 흰개미 집 내부의 습도 조절

3 The architecture of termite mounds is complex and specially adapted to the environments they inhabit. Construction of the mound is carried out using termite excreta, semi-digested wood, and soil, collectively referred to as carton. Carton, once dry, creates a hard and impervious barrier, [03A]offering protection against invaders and [03D]minimizing humidity loss from evaporation. The concoction contains a higher percentage of organic matter than surrounding soils and thus retains moisture within the termitary [04D]during periods of drought. While the walls of carton [03B]protect the interior and prevent the mound from caving in, the freely draining mineral soils beyond the mound help control moisture levels [04D]during rainy periods, as poorly drained soils could create boggy conditions that would be toxic to the mound's residents. The setting and structure of the mounds thus combine to help maintain relatively stable internal humidity levels. However, the structure must be able to conserve moisture while simultaneously allowing for proper ventilation.

흰개미 집 건축물은 복잡하며 흰개미가 서식하는 환경에 맞게 특별히 적응되었다. 개미집의 건축은 흰개미의 배설물과 반 정도 소화된 나무, 그리고 흙으로 만들어지는데, 이는 집합적으로 carton이라 일컬어진다. carton이 마르면 단단한 불침투성의 장벽이 되어, [03A]침략자로부터 보호해 주고 [03D]증발로 인한 수분 손실을 최소화 해준다. 이 조합물은 주변 토양보다 높은 비율의 유기물을 포함하고 있어 [04D]가뭄 기간 동안 개미탑 내에 수분을 유지한다. carton으로 된 벽이 [03B]내부를 보호하고 흰개미 집이 함몰되는 것을 막는 한편, 흰개미 집 바깥의 배수가 잘 되는 무기 토양은 [04D]우기 동안 수분 수위 조절을 도와주는데, 이는 배수가 잘 안 되는 토양이 흰개미 집의 거주자에게 치명적일 수 있는 습지 환경을 조성할 수 있기 때문이다. 그래서 흰개미 집의 환경과 구조가 함께 비교적 안정된 내부 습도 유지를 도와준다. 그러나 그 구조는 적당한 환기를 가능하게 하면서 동시에 수분을 보존할 수 있어야 한다.

POINT 2

단락 4
도관과 통풍관을 통한 흰개미 집 내부의 공기 순환 조절

4 Although individual termites do not consume large volumes of oxygen, termites within a particular colony often number in the millions, resulting in a collective demand that is substantial. [05A]In order to make certain that adequate oxygen and carbon dioxide levels are maintained, termite mounds include a complex system of channels and ducts through which air circulation is facilitated. The entire structure is the result of a homeostatic process, wherein termites work together to balance the metabolic oxygen exchange with the ventilation oxygen exchange, the former representing oxygen consumed within the nest and the latter, atmospheric oxygen replacing it.

각각의 흰개미가 많은 양의 산소를 소비하지는 않지만, 특정 집단 내의 흰개미는 종종 그 수가 수백만에 달하여 상당한 집합적 수요를 초래한다. [05A]적절한 수준의 산소와 이산화탄소가 유지되도록 흰개미 집은 복잡한 체계의 도관과 통풍관을 포함하고 있으며, 이를 통해 공기 순환이 촉진된다. 전체 구조는 항상성 과정의 결과로, 흰개미는 그 안에서 협력하여 물질대사를 위한 산소 교환과 환기를 위한 산소 교환의 균형을 맞추는데, 전자는 개미굴 내에서 소비되는 산소를 나타내며 후자는 이를 대체하는 대기 중의 산소를 나타낸다.

단락 5
공기 상태의 변화에 대응하기 위한 흰개미 집의 지속적인 구조 변경

5 Termites must continually make adjustments to the configuration of the mound to account for changes in air quality resulting from variations in both outside weather conditions and the activities within the colony. Scientists estimate that termites incorporate

흰개미는 외부 기상 조건과 집단 내 활동 모두의 변동으로 일어나는 공기 상태의 변화에 대응하기 위해 지속적으로 흰개미 집의 형태를 수정해야 한다. 과학자는 흰개미가 연간 대략 1세제곱미터의

Vocabulary

2 dot the landscape 도처에 산재하다

3 excreta[ikskríːtə] 배설물   impervious[impɔ́ːrviəs] 불침투성의 (=impenetrable)   concoction[kɑnkɑ́kʃən] 조합물
retain[ritéin] 유지하다 (=maintain)   cave in 함몰하다   drain[drein] 배수하다   boggy[bɑ́gi] 습지의   toxic[tɑ́ksik] 치명적인
simultaneously[sàiməltéiniəsli] 동시에 (=concurrently)

4 substantial[səbstǽnʃəl] 상당한   channel[tʃǽnl] 도관   duct[dʌkt] 통풍관   facilitate[fəsílətèit] 촉진하다 (=enable)
homeostatic[hòumiəstǽtik] 항상성의   metabolic[mètəbɑ́lik] 물질대사의

approximately one cubic meter of soil into the mound annually, with natural erosion accounting for an equivalent amount lost during the same period. The nature of the ongoing construction is determined by the requirements of the colony; if there is insufficient air circulation, or if oxygen demands have increased, the insects extend the mound higher to enable a greater volume of air to enter the structure. Near the top of the windward face, a series of openings provide access to fresh air, while similar ports on the bottom of the leeward side allow for the expulsion of carbon dioxide. Because wind speed generally increases with altitude, the great height of the structure guarantees that the pressure of the incoming air is sufficient to circulate oxygen throughout the nest.

토양을 흰개미 집에 사용하며, 같은 기간 동안 자연적인 침식 때문에 동일한 양의 토양이 손실되는 것으로 추정한다. 이 지속적인 건축 작업의 성향은 집단의 필요 요건에 따라 결정되는데, 공기 순환이 충분하지 않거나 산소 요구량이 증가했을 경우, 흰개미는 더 많은 양의 공기가 집 안으로 들어올 수 있도록 개미집을 더 높게 확장한다. 바람이 불어오는 쪽의 꼭대기 근처에는 일련의 통로를 통해 신선한 공기가 유입되며, 바람이 불어가는 쪽의 아랫부분에는 유사한 통풍구가 이산화탄소의 배출을 가능하게 한다. 고도가 높아질수록 바람의 속도는 일반적으로 증가하기 때문에, 개미집의 거대한 높이는 개미굴 전체에 산소를 순환시킬 만큼 유입되는 공기의 압력이 충분하도록 보장한다.

POINT 3

단락 6

생체 작용과 개미집의 방향을 통한 흰개미 집 내부의 온도 조절

6 Efforts to ensure adequate oxygen levels must be balanced against the need to maintain a consistent temperature range within the termitary, on average somewhere between 25°C and 35°C throughout the year. Some thermoregulation is achieved through biotic processes, perhaps the most significant of which is the heat generated by the termites' own metabolism. Some termites, such as *Macrotermes* species, also benefit from symbiotic fungi. ■ 07DLocated in the lowest portion of the nest, these organisms produce heat through the continual fermentation of plant matter, which the termites then ingest. As the warm air rises, it gradually fills the rest of the termitary until it is eventually forced up through a large corridor that runs vertically through the center of the nest, serving as a chimney. ■ **As a primary corridor, it plays an essential role in heat distribution by connecting to smaller ventilation passages in the mound.** Thermoregulation may also be reinforced through the solar orientation of the mound: Compass Termites (*Amitermes meridionalis*) of Australia construct mounds that are thinner along the north-south axis (minimizing the exposure to solar energy in summer) and thicker along the east-west axis. ■ The thicker walls maximize the thermal energy the structure receives in winter, when the sun is at a low angle. ■

적절한 산소 수준을 확보하려는 노력은 개미탑 내부에 일년 내내 평균 약 섭씨 25~35도 사이의 일정한 온도 범위를 유지해야 하는 필요와 균형을 이루어야 한다. 어떤 경우 온도 조절은 생물적 작용을 통해 이뤄지는데, 그 중에서 가장 큰 부분은 아마도 흰개미 자신의 물질대사로 발생하는 열일 것이다. 또한 Macrotermes 종처럼 일부 흰개미는 공생관계에 있는 진균류로부터 이득을 얻는다. 07D개미굴의 가장 낮은 곳에 위치하는 이 생명체는 지속적으로 식물 성분을 발효시켜 열을 내고, 흰개미는 그 발효된 식물 성분을 섭취한다. 따뜻한 공기는 상승하면서 개미굴 중앙에 수직으로 나 있어 굴뚝 구실을 하는 커다란 통로를 통해 결과적으로 위로 올라가 빠져나갈 때까지 흰개미 집의 나머지 부분을 점차적으로 채운다. 주요 통로로서, 그것은 흰개미 집 안에 있는 더 작은 환기 통로로 연결되어 열을 배분하는 데 필수적인 역할을 한다. 또한 온도 조절은 태양에 대한 흰개미 집의 방향을 통해 강화될 수도 있다. 호주의 Compass 흰개미(Amitermes meridionalis)는 남북 축으로는 얇고(여름에 태양 에너지에 노출되는 것을 최소화 하도록) 동서 축으로는 두꺼운 흰개미 집을 세운다. 두꺼운 벽은 겨울에 태양이 낮게 떴을 때 개미집이 받는 열에너지를 극대화한다.

Vocabulary

5 **approximately**[əpráksəmətli] 대략 (=roughly) **cubic meter** 세제곱미터 **equivalent**[ikwívələnt] 동일한
windward[wíndwərd] 바람이 불어오는 쪽의 **port**[pɔːrt] 통풍구 **leeward**[líːwərd] 바람이 불어가는 쪽의 **expulsion**[ikspʌ́lʃən] 배출
6 **thermoregulation**[θə̀ːrməregjuléiʃən] 온도 조절 **fungus**[fʌ́ŋgəs] 진균류 **fermentation**[fə̀ːrmentéiʃən] 발효 **corridor**[kɔ́ːridər] 복도
passage[pǽsidʒ] 통로 **reinforce**[rìːinfɔ́ːrs] 강화하다 (=strengthen)

CONCLUSION
단락 7
흰개미 집의
인간 거주
환경에의
응용 가능성

7 The thermoregulation of the mound is closely connected to the ventilation system used to maintain air quality and humidity, with adjustments to one affecting the function of the others. Scientists have found it useful to conceptualize the termite mound as a process, and have recently begun to consider whether the aspects of this structure that result in stable climatic conditions may be incorporated into human buildings.

흰개미 집의 온도 조절은 공기 상태와 습도를 유지하는 데 사용되는 환기 체계에 밀접하게 연관되어, 하나를 수정하면 다른 것의 기능에 영향을 준다. 과학자는 흰개미 집을 하나의 공정으로 개념화하는 것이 유용하다는 것을 깨달았고, 최근에는 안정된 기후 조건을 야기하는 이러한 개미집의 특성이 인간의 건축물에 통합될 수 있을지에 대해 고려하기 시작했다.

Sentence Analysis

◉ While the walls of carton / protect the interior / and prevent the mound from caving in, /
　carton으로 된 벽이 ~하는 한편　　　내부를 보호한다　　　그리고 흰개미 집이 함몰되는 것을 막는다

the freely draining mineral soils / beyond the mound / help control moisture levels /
배수가 잘 되는 무기 토양은　　　흰개미 집 바깥의　　　수분 수위 조절을 도와준다

during rainy periods, / as poorly drained soils / could create boggy conditions /
우기 동안　　　배수가 잘 안 되는 토양은 ~하기 때문에　　습지 환경을 조성할 수 있다

that would be toxic to the mound's residents.
흰개미 집의 거주자에게 치명적일 수 있는

◉ The entire structure / is the result of a homeostatic process, / wherein termites work together /
전체 구조는　　　항상성 과정의 결과이다　　　그 안에서 흰개미들은 협력한다

to balance the metabolic oxygen exchange / with the ventilation oxygen exchange, /
물질대사를 위한 산소 교환의 균형을 맞추기 위해　　　환기를 위한 산소 교환과

the former representing / oxygen consumed within the nest / and the latter, atmospheric oxygen /
전자는 ~을 나타낸다　　　개미굴 내에서 소비되는 산소를　　　그리고 후자는 대기 중의 산소를

replacing it.
이를 대체하는

Vocabulary

7 conceptualize[kənséptʃuəlàiz] 개념화하다　result in ~을 야기하다　incorporate[inkɔ́ːrpərèit] 통합하다

01

According to paragraph 1, terrestrial insects transfer respiratory gases between their bodies and the atmosphere by

(A) contracting the internal organs that are attached to blood vessels
(B) controlling the relative moisture levels of their exoskeletons
(C) forcing air through internal conduits and holes in their body covering
(D) moving air back and forth between the trachea and abdomen

1단락에 따르면, 육생 곤충은 자신의 신체와 대기 사이의 호흡 공기를 _____으로써 이동시킨다.

(A) 혈관에 붙어 있는 내부 기관을 수축함으로써
(B) 외골격의 상대습도를 조절함으로써
(C) 내부 도관과 신체 외피에 있는 구멍을 통해 공기를 지나가게 함으로써
(D) 기관과 복부 사이에서 공기를 앞뒤로 움직임으로써

Fact 문제의 키워드 terrestrial insects(육생 곤충)가 언급된 부분의 주변을 지문에서 살펴보면, Respiration is accomplished through ~ respiratory tubes(호흡은 호흡관을 통해 이루어진다)와 small openings in the exoskeleton ~ provide the ventilation points(외골격에 있는 작은 구멍들이 환기점을 제공한다)라는 것을 알 수 있다. 따라서 보기 (C)는 지문의 내용과 일치하므로 정답이다.

02

Why does the author include comments about the anatomy of worker termites in paragraph 2?

(A) To indicate the diversity of termite body types within the colony
(B) To give an example of why some termites build such large mounds
(C) To suggest a reason why moisture conservation is necessary in the nest
(D) To show that termites have developed diverse physical traits in different regions

2단락에서 글쓴이는 왜 일꾼 흰개미의 해부학적 구조에 관한 설명을 언급했는가?

(A) 집단 내에서 흰개미의 다양한 신체 형태를 나타내기 위해
(B) 일부 흰개미는 왜 그렇게 커다란 집을 짓는지 예를 들기 위해
(C) 개미굴 내에서 수분 보존이 왜 필요한지 이유를 제시하기 위해
(D) 흰개미가 다양한 지역에서 다양한 신체적 특징을 발달시켰음을 보여주기 위해

Rhetorical Purpose 문제의 키워드 the anatomy of worker termites(일꾼 흰개미의 해부학적 구조)와 같은 의미인 This anatomical feature(이 해부학적 특징)가 언급된 부분의 주변을 살펴보면, External moisture regulation is crucial ~ because as soft-bodied organisms, their thin cuticles make them particularly prone to desiccation(일꾼 흰개미에게 체외 수분 조절은 중요한데, 이는 부드러운 몸을 가진 생물로서 얇은 표피 때문에 특히 탈수되기 쉽기 때문이다)이라고 언급했다. 즉, 지문에서 일꾼 흰개미의 해부학적 구조에 관한 설명은 개미굴 내에 수분 보존이 필요한 이유를 제시하기 위해 언급되었다. 따라서 정답은 (C)이다.

03

According to paragraph 3, the termite mound's walls serve all of the following functions EXCEPT

(A) limiting access by harmful species
(B) assuring the edifice does not collapse
(C) facilitating the circulation of air
(D) reducing the possibility of dehydration

3단락에 따르면, 다음 중 흰개미 집의 벽이 하는 기능이 아닌 것은?

(A) 해로운 종의 접근을 제한하는 것
(B) 건축물이 무너지지 않게 하는 것
(C) 공기 순환을 촉진하는 것
(D) 탈수의 가능성을 줄이는 것

Negative Fact 문제의 키워드 the termite mound's walls(흰개미 집의 벽)와 같은 의미인 barrier(장벽)가 언급된 부분의 주변을 지문에서 살펴보면 다음을 알 수 있다.
보기 (A)는 지문의 offering protection against invaders(침략자로부터 보호해 준다)와 일치한다.
보기 (B)는 지문의 protect the interior and prevent the mound from caving in(내부를 보호하고 흰개미 집이 함몰되는 것을 막는다)과 일치한다.
보기 (D)는 지문의 minimizing humidity loss from evaporation(증발로 인한 수분 손실을 최소화 해준다)과 일치한다.
따라서 (A), (B), (D)는 지문의 내용과 일치하므로 오답이다. 그러나 보기 (C)는 지문에 언급되지 않은 내용이므로 정답이다.

04

Which of the following can be inferred from paragraph 3 about the habitat in which termites live?

(A) Its climate sometimes produces storms that threaten the survival of the colony.
(B) It is characterized by impermeable ground where standing water can accumulate.
(C) Its soils have a low nutrient value due to the lack of organic content.
(D) It experiences varying amounts of precipitation throughout the year.

(A) 그곳의 기후는 때때로 집단의 생존을 위협하는 폭풍을 만들어낸다.
(B) 그곳은 지수가 축적될 수 있는 불침투성의 땅으로 특징지어진다.
(C) 그곳의 토양은 유기물 함량 부족 때문에 영양분이 낮다.
(D) 그곳은 연중 강우량이 다양하다.

Inference 3단락에서 문제의 키워드 the habitat in which termites live(흰개미가 사는 서식지)에 대해 언급된 부분을 살펴보면, during periods of drought(가뭄 기간 동안)와 during rainy periods(우기 동안)가 언급되어 있다. 즉, 건기와 우기가 존재한다는 것을 통해 흰개미가 사는 서식지는 연중 강우량이 다양함을 추론할 수 있다. 따라서 정답은 (D)이다.

05

According to paragraph 4, the construction of channels and ducts by the termites results in

(A) an equilibrium between the supply and consumption of oxygen in the nest
(B) an increased rate of respiration among members of the colony
(C) a reduction in the amount of atmospheric carbon dioxide entering the mound
(D) a concentration of oxygen within the nest that inhibits population growth

4단락에 따르면, 흰개미가 도관과 통풍관을 만드는 것은 ＿＿＿을 야기한다.

(A) 개미굴 내 산소의 공급과 소비 사이의 평형
(B) 집단 구성원 사이에서의 증가된 호흡률
(C) 흰개미 집으로 유입되는 대기 중 이산화탄소 양의 감소
(D) 개체 수 증가를 막는 개미굴 내 산소 집중

Fact 문제의 키워드 channels and ducts(도관과 통풍관)가 언급된 부분을 지문에서 살펴보면, In order to make certain that adequate oxygen and carbon dioxide levels are maintained, termite mounds include ~ channels and ducts through which air circulation is facilitated(적절한 수준의 산소와 이산화탄소가 유지되도록 흰개미 집은 도관과 통풍관을 포함하고 있으며, 이를 통해 공기 순환이 촉진된다)라는 것을 알 수 있다. 따라서 보기 (A)는 지문의 내용과 일치하므로 정답이다.

06

Which of the sentences below best expresses the essential information in the highlighted sentence in the passage? *Incorrect* choices change the meaning in important ways or leave out essential information.

(A) Discrepancies between weather and interior mound conditions change the air quality, causing termites to adjust their behaviors.

(B) Fluctuations in external and internal conditions necessitate ongoing structural modification of the mound to preserve air quality.

(C) Periodic alterations of the mound's air quality are a response to the termites' activities both inside and outside the colony.

(D) Divergences between the air currents within the mound and the surrounding environment affect the quality of the structure.

아래 문장 중 지문 속의 음영된 문장의 핵심 정보를 가장 잘 표현하고 있는 것은 무엇인가? 오답은 문장의 의미를 현저히 왜곡하거나 핵심 정보를 빠뜨리고 있다.

(A) 날씨와 흰개미 집 내부 환경 사이의 불일치가 공기 상태를 변화시켜 흰개미가 자신의 행동을 조절하게 한다.

(B) 외부와 내부 환경의 변동은 공기 상태를 보존하기 위해 흰개미 집의 지속적인 구조 변경을 필요로 한다.

(C) 흰개미 집의 주기적인 공기 상태 변경은 집단 내부와 외부 모두에서의 흰개미의 활동에 대한 반응이다.

(D) 흰개미 집과 주위 환경의 기류 차이는 건축물의 질에 영향을 준다.

Sentence Simplification 음영 표시된 문장 전체가 핵심 정보로서 Termites must continually make adjustments to the configuration of the mound(흰개미는 지속적으로 흰개미 집의 형태를 수정해야 한다)를 necessitate ongoing structural modification of the mound(흰개미 집의 지속적인 구조 변경을 필요로 한다)로, to account for changes in air quality(공기 상태의 변화에 대응하기 위해)를 to preserve air quality(공기 상태를 보존하기 위해)로, resulting from variations in both outside weather conditions and the activities within the colony(외부 기상 조건과 집단 내 활동 모두의 변동으로 일어나는)를 Fluctuations in external and internal conditions(외부와 내부 환경의 변동)로 간략하게 바꾸어 표현한 보기 (B)가 정답이다.

07

According to paragraph 6, how do fungi contribute to the thermoregulation of the nest?

(A) They insulate the nest by increasing the amount of vegetation.

(B) They raise the body temperatures of the termites by providing food.

(C) They force warm air to ascend by emitting a type of gas.

(D) They generate warmth by breaking down organic substances.

6단락에 따르면, 진균류는 개미굴의 온도 조절에 어떻게 기여하는가?

(A) 식물의 양을 증가시켜 개미굴을 단열한다.

(B) 음식을 제공하여 흰개미의 체온을 높인다.

(C) 기체의 일종을 배출하여 따뜻한 공기가 상승하게 한다.

(D) 유기 물질을 분해하여 열기를 만들어낸다.

Fact 문제의 키워드 fungi(진균류)가 언급된 부분의 주변을 지문에서 살펴보면, Located in the lowest portion of the nest, these organisms produce heat through the continual fermentation of plant matter(개미굴의 가장 낮은 곳에 위치하는 이 생명체는 지속적으로 식물 성분을 발효시켜 열을 낸다)라는 것을 알 수 있다. 따라서 보기 (D)는 지문의 내용과 일치하므로 정답이다.

08

The word "incorporated" in the passage is closest in meaning to

(A) integrated
(B) interspersed
(C) intertwined
(D) interconnected

지문의 단어 "incorporated"와 의미상 가장 유사한 것은?

(A) 통합된
(B) 산재된
(C) 서로 얽힌
(D) 상호 연결된

Vocabulary 지문의 incorporated(통합된)는 integrated(통합된)와 동의어이므로 정답은 (A)이다.

09

Look at the four squares [■] that indicate where the following sentence could be added to the passage.

As a primary corridor, it plays an essential role in heat distribution by connecting to smaller ventilation passages in the mound.

Where would the sentence best fit? 2nd ■

네 개의 네모[■]는 다음 문장이 삽입될 수 있는 부분을 나타내고 있다.

주요 통로로서, 그것은 흰개미 집 안에 있는 더 작은 환기 통로로 연결되어 열을 배분하는 데 필수적인 역할을 한다.

이 문장은 어느 자리에 들어가는 것이 가장 적절한가? 두 번째 ■

Insertion 삽입 문장에서 정답의 단서는 a primary corridor(주요 통로)로, 두 번째 ■ 앞에서 언급된 a large corridor(커다란 통로)를 가리킨다. 두 번째 ■에 삽입 문장을 넣어보면, 따뜻한 공기는 상승하면서 개미굴 중앙에 수직으로 나 있어 굴뚝 구실을 하는 커다란 통로를 통해 위로 올라가 빠져나갈 때까지 흰개미 집의 나머지 부분을 점차적으로 채우는데, 이것은 주요 통로로서 흰개미 집 안에 있는 더 작은 환기 통로로 연결되어 열을 배분하는 데 필수적인 역할을 한다는 내용이 되어 글의 흐름이 자연스럽다. 따라서 정답은 두 번째 ■이다.

10

Directions: An introductory sentence for a brief summary of the passage is provided below. Complete the summary by selecting the THREE answer choices that express the most important ideas in the passage. Some sentences do not belong in the summary because they express ideas that are not presented in the passage or are minor ideas in the passage. **This question is worth 2 points.**

지시: 지문 요약을 위한 도입 문장이 아래에 주어져 있다. 지문의 가장 중요한 내용을 나타내는 보기 3개를 골라 요약을 완성하시오. 어떤 문장은 지문에 언급되지 않은 내용이나 사소한 정보를 담고 있으므로 요약에 포함되지 않는다. 이 문제는 2점이다.

The mound provides a stable environment in which termites can work and live.

- (A) Maintenance of optimal humidity levels within the nest is essential to termite survival, and is reflected in the design and placement of the mound.
- (C) The strategic placement of ventilation passages ensures the diffusion of gases and that air is able to circulate correctly within the mound.
- (D) Temperature regulation of the nest is achieved by the physical processes of the residents and the orientation of the mound.

(B) The external walls ensure that harmful species are unable to enter and threaten the colony or damage the nest.

(E) The height of the mound structure limits the force of the air entering the nest, thus protecting the termites from strong winds.

(F) Some features of termite mounds are very efficient, but they are not applicable to climate-control functions in human residences.

흰개미 집은 흰개미가 일하고 살아갈 수 있는 안정된 환경을 제공한다.

- (A) 개미굴 내의 최적의 습도 유지는 흰개미의 생존에 필수적이며 이는 흰개미 집의 설계와 배치에 반영된다.
- (C) 환기 통로의 전략적 배치는 공기의 배출과 흰개미 집 안에서 공기가 제대로 순환하는 것을 보장해준다.
- (D) 개미굴의 온도 조절은 거주자의 물리적 작용과 흰개미 집의 방향에 의해 이루어진다.

(B) 외벽은 해로운 종이 들어와 집단을 위협하거나 개미굴에 손상을 입히지 않도록 해준다.

(E) 흰개미 집의 높이는 개미굴로 들어오는 공기의 힘을 제한하여, 강한 바람으로부터 흰개미를 보호해준다.

(F) 흰개미 집의 일부 특징은 매우 효율적이지만, 인간 거주지의 기후 조절 기능에는 적용될 수 없다.

Summary 지문의 중심 내용은 흰개미 집이 흰개미가 일하고 살아갈 수 있는 안정된 환경을 제공한다는 것이다. 보기 (A)는 2~3단락의 중심 내용인 흰개미집 내부의 습도 조절과 일치하고, 보기 (C)는 4~5단락의 중심 내용인 흰개미 집 내부의 공기 순환 조절과 일치하며, 보기 (D)는 6단락의 중심 내용인 흰개미 집 내부의 온도 조절과 일치한다. 따라서 정답은 (A), (C), (D)이다.

Dadaism as a Revolutionary Art Movement | 혁명적 예술 운동으로서의 다다이즘

INTRO	단락 1	다다이즘의 기원과 그 명칭의 유래
	단락 2	
POINT 1	단락 3	다다이즘의 반(反) 예술 활동
	단락 4	
	단락 5	
POINT 2	단락 6	다다이즘 예술의 새로운 형태인 행위예술
POINT 3	단락 7	다다이즘 예술가 뒤샹의 뉴욕에서의 예술 활동과 그 영향

모나리자 엽서

INTRO

단락 1
다다이즘의
기원

1 The origins of the Dada movement can be traced back to the establishment of Cabaret Voltaire, a Zurich-based club owned by German poet and exile Hugo Ball. [11C]Because of its free-spirited atmosphere and positioning in accessible Switzerland, the club attracted a wide range of people, many of whom had fled their native countries to escape persecution prior to the First World War. When regular poetry readings began there in the early 1900s, the events brought together a loosely organized group comprising visual artists and performers who were experimenting with bizarre art forms and dedicated to expanding the definition and the understanding of art itself.

단락 2
다다이즘이란
명칭의 뜻과
유래

2 As numbers visiting the club swelled, Ball quickly decided that the group needed to find a name that would identify themselves to other artists across the continent and entice others to join. Although there are several stories about how the name of the group was chosen, the most likely account is that Ball chose it at random from a copy of the German dictionary by stabbing the book with a knife. The tip of the knife landed on the German word *dada*, meaning "hobby," a serendipitous choice that aptly reflected the purposefully amateurish works associated with the club.

다다이즘의 기원은 취리히에 기반을 둔 클럽인 카바레 볼테르의 설립으로 거슬러 올라가는데, 이곳은 독일 출신의 시인이자 망명자인 후고 발이 소유하고 있었다. [11C]클럽은 자유로운 분위기와 접근이 용이한 스위스에 위치해 있다는 점 때문에 다양한 사람들을 끌어들였는데, 그들 대부분은 제1차 세계 대전 전에 박해를 피하기 위해 자국에서 망명한 사람들이다. 1900년대 초에 그 클럽에서 정기적인 시 낭송이 시작되었을 때, 이 행사는 기괴한 예술 형식을 실험하고 예술 자체의 정의와 이해를 확장하는 데 힘쓴 시각 예술가와 연기자를 포함하는 느슨하게 조직된 단체를 불러 모았다.

클럽을 방문하는 사람의 수가 증가하면서, 발은 대륙 전체의 다른 예술가들에게 그들을 알리고 다른 이들이 가입하도록 유도할 수 있는 단체의 명칭이 필요하다고 신속히 결정하였다. 단체의 명칭이 어떻게 지어졌는지에 대해서 여러 가지 설이 있지만 가장 그럴듯한 이야기는 발이 칼로 독일어 사전을 찔러서 명칭을 무작위로 선택하였다는 것이다. 칼의 끝부분이 '취미'를 뜻하는 독일어 단어인 dada를 가리켰고, 이는 이 클럽을 연상시키는, 의도적으로 아마추어적인 작품을 적절히 반영한 우연한 선택이었다.

Vocabulary

1 origin[ɔ́:rədʒin] 기원 (=source) trace back ~까지 거슬러 올라가다 exile[égzail] 망명자 accessible[æksésəbl] 접근이 용이한 flee[fli:] 피하다
persecution[pə̀:rsikjú:ʃən] 박해 bring together 불러 모으다, 맺어주다 loosely[lú:sli] 느슨하게 comprise[kəmpráiz] 포함하다
bizarre[bizáːr] 기괴한 (=odd)

2 swell[swel] 증가하다, 부풀다 entice[intáis] 꾀다, 유도하다 (=allure) account[əkáunt] 이야기 stab[stæb] 찌르다
serendipitous[sèrəndípətəs] 우연한 aptly[ǽptli] 적절히 (=appropriately) purposefully[pə́:rpəsfəli] 의도적으로

POINT 1

단락 3
관례와 제도에
반대하는
다다이즘 정신

3 The Dada philosophy represented a break from cultural and educational standards that were prevalent at the time; adherents even went so far as to challenge the very foundations and institutions that make up human society. In fact, this sense of nihilistic idealism and rebellion against proper education was the overarching theme that characterized Dadaism, which promoted dissent from the conventions of modern art.

단락 4
현대 예술의
상업화에
반대하는
다다이즘

4 Even prior examples of experimental art styles—such as the cubist and surrealist art that arose around the turn of the century— were not immune to Dadaist criticisms. Some fringe members of the Dada movement derided the commercial success of other modern artists, such as the cubist Pablo Picasso, accusing them of "selling out." Accomplished modern artists were alleged to be self-absorbed, greedy, and preoccupied with fame, and accused of abandoning their creative integrity. Dadaists viewed them as unauthentic examples of revolutionaries and began to stress "antiart" as a way to combat the confines of modern art; a true Dadaist represented everything that was opposite to art. [13D]Aesthetics were ignored, interpretation was left solely in the hands of the viewer, and [13C]concerns for mainstream ideas were entirely abandoned. The group strove to offend, rather than placate, in order to [13B]combat what they believed was the commercialization of the creative process. This desire was perhaps best explained by one of the group's central figures, Marcel Duchamp, who once stated, "Dada is the nonconformist spirit that has existed in every century, every period since man is man."

단락 5
예술 제도에
반대한
다다이즘
작품의 예

5 Duchamp, for instance, made a name for himself by recreating cherished pieces of art and distorting them to show the absurdity of tradition. The most famous example of this is his Mona Lisa postcard, where he drew a moustache and goatee on the face of the celebrated subject. According to Duchamp, [14B]it poked fun at the institution of art. This image has since become a symbol of anarchistic art, and one of the more famous examples of the Dada movement.

다다이즘 철학은 그 시대에 일반적인 문화적·교육적 표준에서 벗어나는 것을 의미하였고 지지자들은 심지어 인류사회를 구성하는 근간과 제도 자체에 도전하기까지 하였다. 사실상 정규 교육에 맞서는 이러한 허무적 이상주의와 반항 정신은 다다이즘을 특징짓는 중요한 주제로, 이는 현대 예술의 관례에 대한 불찬성을 촉진했다.

세기가 바뀔 즈음에 생겨난 입체파 예술이나 초현실주의 예술과 같은 이전의 실험적인 예술 양식도 다다이즘의 비판에 영향을 받지 않을 수 없었다. 다다이즘의 극단론자인 일원들은 '팔아먹는다'라는 이유로 입체파 예술가인 파블로 피카소와 같은 현대 예술가의 상업적 성공을 조롱했다. 이들은 성공한 현대 예술가들이 이익에 밝고 탐욕적이고 명성에 사로잡혀 있다고 주장했으며, 창조적인 고결함을 포기한다고 비난했다. 다다이스트는 그들을 혁명의 가짜 예라고 간주하였고 현대 예술 영역에 도전하는 방법으로 '반(反) 예술'을 강조했다. 진정한 다다이스트는 예술에 반하는 모든 것을 대변하였다. [13D]미학은 무시되었고 해석은 전적으로 감상자에게 맡겨졌으며 [13C]주류 사상에 대한 관심은 철저히 무시되었다. 이 단체는 [13B]창조적인 과정의 상업화라고 생각했던 것에 대항하기 위해 달래기보다 불쾌하게 하려고 노력했다. 이러한 욕망은 아마도 단체의 주요 인물 중 하나인 마르셀 뒤샹에 의해 가장 잘 설명되는데, 그는 일찍이 '인간이 인간인 이래로 다다이즘은 불순응적인 정신으로서 항상 존재했다'라고 말했다.

예를 들어 뒤샹은 소중한 예술 작품을 재해석하고 전통의 부조리를 보여주기 위해 그것을 왜곡하는 것으로 유명했다. 이것의 가장 유명한 예는 유명한 모나리자 얼굴에 코밑수염과 염소수염을 그린 모나리자 엽서이다. 뒤샹에 따르면, [14B]그러한 행동은 예술 제도를 조롱한 것이었다. 이 그림은 그 후로 무정부주의 예술의 상징이 되었고, 다다이즘의 보다 유명한 예 중 하나가 되었다.

Vocabulary

3 prevalent[prévələnt] 일반적인 adherent[ædhíərənt] 지지자 nihilistic[nàiəlístik] 허무의 idealism[aidí:əlìzm] 이상주의
  overarching[òuvərá:rtʃiŋ] 중요한 dissent[disént] 불찬성, 의견 차이 convention[kənvénʃən] 관례 (=tradition)
4 cubist[kjú:bist] 입체파의 surrealist[sərì:əlíst] 초현실주의자 immune[imjú:n] ~에 영향을 받지 않는 fringe[frindʒ] 극단론자
  deride[diráid] 조롱하다 (=mock) allege[əlédʒ] 주장하다 self-absorbed[sèlfæbsɔ́:rbd] 자기 이익에 밝은 preoccupy[pri:ákjupài] 사로잡다
  integrity[intégrəti] 고결함 strive[straiv] 노력하다 (=endeavor) placate[pléikeit] 달래다 nonconformist[nɑ̀nkənfɔ́:rmist] 불순응적인
5 cherish[tʃériʃ] 소중히 하다 (=treasure) absurdity[æbsɔ́:rdəti] 부조리 poke fun at ~을 조롱하다 anarchistic[ænərkístik] 무정부주의의

POINT 2

단락 6
예술과
일상생활의
경계를
무너뜨린
다다이즘의
행위예술

6 The Dadaists also employed a previously unexplored art form, the performance, which involved an act that was designed to draw attention from the public. Many historians describe this concept as an offshoot of the poetry readings that took place at Cabaret Voltaire, but as the influence of Dada spread outward to Paris, the performance adapted to the styles and talents of those involved, whether it was spoken word, visual art, or an alternative. Members literally took their work to the streets, taking over public spaces even at the risk of being arrested by the authorities. Gatherings of sketch artists would draw intricate chalk illustrations on the sidewalks, only to have the rain wash them away, and shops found their windows covered by Dada works displaying images of banal or mundane objects. [17A]The key to a successful performance was to act spontaneous, to do something outrageous, and to involve the audience as much as possible. Hence, the boundaries between art and life were stripped away.

다다이스트는 또한 예전에는 시도하지 않았던 예술형태인 행위예술을 도입했는데, 이는 대중의 관심을 끌기 위해 고안된 연기를 수반했다. 많은 역사가들은 이러한 구상이 카바레 볼테르에서 이루어진 시 낭송의 파생적 결과라고 설명하고 있지만, 다다이즘의 영향력이 파리까지 퍼지면서 행위예술은, 그것이 구술이든 시각 예술이든 혹은 전혀 다른 방식이든 간에, 참여한 사람의 스타일과 능력에 맞추어졌다. 일원들은 당국에 체포될 수 있는 위험에도 불구하고 공공장소를 차지하며 말 그대로 그들의 작품을 거리로 들고 나갔다. 스케치 예술가로 이루어진 무리는 결국 비에 씻겨 없어질 복잡한 분필삽화를 인도에 그렸고, 상점 창문은 진부하거나 평범한 물건을 그린 다다이즘 작품으로 뒤덮였다. [17A]성공적인 행위예술을 위한 비결은 충동적으로 행동하는 것, 괴이한 일을 하는 것과 관중을 최대한 참여시키는 것이었다. 따라서 예술과 삶의 경계가 없어졌다.

POINT 3

단락 7
다다이즘
예술가 뒤샹의
예술 활동과
그 영향

7 Within a few years, talk of these performances inspired many European artists to explore Dada, but the movement did not reach America until Duchamp relocated to New York City in 1915. ■ Upon landing, he met another artist, Man Ray, who was experimenting with innovative camera techniques, and the two formed an immediate friendship. ■ While Man Ray's photographs showed the juxtaposition of the human figure with everyday objects—a woman's hips and a violin, for example—Duchamp continued to focus on the mundane objects themselves, such as in his famous *Fountain*, an ordinary manufactured urinal placed on its side and signed "R. Mutt 1917." ■ [18A]Despite its simplicity, the object remains one of his most famous works and is still heralded as a breakthrough in the discipline. ■ **Ironically, an art movement that originated as a reaction to mainstream culture began to increasingly find public acceptance.**⊙ Duchamp, Man Ray, and other burgeoning artists frequently exhibited their work, garnering both critical and popular acclaim from fellow New Yorkers, and managed to stimulate an entire generation of artists to test the boundaries of art, as well as Dadaist self-identity.

불과 몇 년 사이에 이러한 행위예술에 대한 이야기는 많은 유럽예술가들이 다다이즘을 탐구하도록 고무했지만, 뒤샹이 1915년에 뉴욕으로 이동하고 나서야 다다이즘이 미국에 전파되었다. 미국에 도착하자 그는 혁신적인 카메라 기술을 실험하고 있던 만 레이라는 예술가를 만났고, 이 둘은 급격히 친해졌다. 만 레이의 사진이 여성의 엉덩이와 바이올린처럼 인간의 모습과 일상에서 쓰이는 물건과의 병렬을 보여주었던 반면에, 뒤샹은 그의 유명한 작품인 Fountain(샘), 즉 측면으로 배치되어 'R. Mutt 1917'이라고 사인된 일상적으로 제조된 소변기와 같이 평범한 물건 자체에 중점을 두었다. [18A]단순함에도 불구하고 그 물건은 그의 가장 유명한 작품 중 하나로 남아 있고 예술 분야에서 여전히 큰 성과로 알려지고 있다. 모순되게도, 주류 문화에 대한 반발로서 시작된 예술 운동이 점차 대중에게 받아들여지기 시작했다. 뒤샹, 만 레이, 그리고 다른 신흥 예술가들은 뉴욕 사람으로부터 비판적이고 대중적인 갈채를 모두 받으며 그들의 작품을 자주 전시하였고, 동시대의 모든 예술가들이 다다이스트의 정체성과 더불어 예술의 범위를 시험하도록 고무시켰다.

Vocabulary

6 offshoot[ɔ́:fʃùːt] 파생적 결과 literally[lítərəli] 말 그대로 intricate[íntrikət] 복잡한 (=complicated) banal[bənǽl] 진부한
mundane[mʌndéin] 평범한 (=ordinary) spontaneous[spɑntéiniəs] 충동적인 outrageous[autréidʒəs] 괴이한 strip away ~을 없애다
7 relocate[rìːloukéit] 이동하다 (=move) innovative[ínəvèitiv] 혁신적인 juxtaposition[dʒʌ̀kstəpəzíʃən] 병렬 urinal[júərənl] 소변기
herald[hérəld] 알리다 breakthrough[bréikθrùː] 큰 성과, 발전 (=advance) burgeoning[bə́ːrdʒəniŋ] 신흥의, 급성장하는 garner[gɑ́ːrnər] 얻다
stimulate[stímjulèit] 고무시키다 (=provoke)

◉ In fact, / this sense of nihilistic idealism and rebellion / against proper education /
　　사실상　　　　　　이러한 허무적 이상주의와 반항 정신은　　　　　　정규 교육에 맞서는

was the overarching theme / that characterized Dadaism, / which promoted dissent /
　　중요한 주제였다　　　　　　다다이즘을 특징짓는　　　　　　이것은 불찬성을 촉진했다

from the conventions of modern art.
　　현대 예술의 관례에 대한

◉ Duchamp, Man Ray, and other burgeoning artists / frequently exhibited their work, /
　　뒤샹, 만 레이, 그리고 다른 신흥 예술가들은　　　　　　그들의 작품을 자주 전시하였다

garnering both critical and popular acclaim / from fellow New Yorkers, / and managed to stimulate
　　비판적이고 대중적인 갈채를 모두 받으며　　　　　　뉴욕 사람으로부터　　　　　그리고 동시대의 모든 예술가들을

an entire generation of artists / to test the boundaries of art, / as well as Dadaist self-identity.
　　고무시켰다　　　　　　예술의 범위를 시험하도록　　　　　다다이스트의 정체성과 더불어

11

According to paragraph 1, Cabaret Voltaire drew a wide array of patrons because

(A) its owner was a celebrated author and refugee
(B) its activities appealed to those interested in composing strange texts
(C) it offered an unconstrained environment in a convenient location
(D) it provided a place for many artists to collaborate

1단락에 따르면, 카바레 볼테르는 _____ 때문에 다양한 고객을 끌어들였다.

(A) 그곳의 주인은 유명한 작가 겸 망명자였기 때문에
(B) 그곳에서의 활동은 색다른 글을 쓰는 데 관심이 있는 사람들의 흥미를 끌었기 때문에
(C) 그곳은 편리한 위치에서 자유로운 환경을 제공했기 때문에
(D) 그곳은 많은 예술가들이 공동으로 일할 수 있는 장소를 제공했기 때문에

Fact 문제의 키워드 Cabaret Voltaire drew ~ patrons(카바레 볼테르는 다양한 고객을 끌어들였다)와 같은 의미인 the club attracted a wide range of people(클럽은 다양한 사람들을 끌어들였다)이 언급된 부분을 지문에서 살펴보면, Because of its free-spirited atmosphere ~ in accessible Switzerland, the club attracted a wide range of people(클럽은 자유로운 분위기와 접근이 용이한 스위스에 위치해 있다는 점 때문에 다양한 사람들을 끌어들였다)이라는 것을 알 수 있다. 따라서 보기 (C)는 지문의 내용과 일치하므로 정답이다.

12

The word "prevalent" in the passage is closest in meaning to

(A) habitual
(B) ascendant
(C) common
(D) valuable

지문의 단어 "prevalent"와 의미상 가장 유사한 것은?

(A) 습관적인
(B) 상승하는
(C) 일반적인
(D) 귀중한

Vocabulary 지문의 prevalent(일반적인)는 common(일반적인)과 동의어이므로 정답은 (C)이다.

13

According to paragraph 4, all of the following are aspects of Dadaism EXCEPT

(A) a focus on abstract subjects
(B) a critical stance toward the commerce of art
(C) a hostility toward conventional tastes
(D) a disregard for beauty

4단락에 따르면, 다음 중 다다이즘의 특징이 아닌 것은?

(A) 추상적인 주제에 대한 집중
(B) 예술 산업에 대한 비판적 태도
(C) 틀에 박힌 기호에 대한 적개심
(D) 미에 대한 경시

Negative Fact 보기 (B)는 지문의 combat what they believed was the commercialization of the creative process(창조적인 과정의 상업화라고 생각했던 것에 대항하다)와 일치한다.
보기 (C)는 지문의 concerns for mainstream ideas were entirely abandoned(주류 사상에 대한 관심은 철저히 무시되었다)와 일치한다.
보기 (D)는 지문의 Aesthetics were ignored(미학은 무시되었다)와 일치한다.
따라서 보기 (B), (C), (D)는 지문의 내용과 일치하므로 오답이다. 그러니 보기 (A)는 지문에 언급되지 않은 내용이므로 정답이다.

14

According to paragraph 5, Marcel Duchamp created the Mona Lisa postcard because

(A) he felt that it would make a humorous piece of art
(B) he wanted to illustrate the silliness of prevalent customs
(C) he took great pleasure in the Mona Lisa
(D) he wanted to become famous

5단락에 따르면, 마르셀 뒤샹은 _____ 때문에 모나리자 엽서를 만들었다.

(A) 그것이 재미있는 예술 작품이 될 것이라고 생각했기 때문에
(B) 일반적인 관습의 어리석음을 보여주고 싶었기 때문에
(C) 모나리자 그림을 많이 좋아했기 때문에
(D) 유명해지고 싶었기 때문에

Fact 문제의 키워드 Mona Lisa postcard(모나리자 엽서)가 언급된 부분의 주변을 지문에서 살펴보면, it poked fun at the institution of art(그러한 행동은 예술 제도를 조롱한 것이었다)라는 것을 알 수 있다. 따라서 보기 (B)는 지문의 내용과 일치하므로 정답이다.

15

The word "them" in the passage refers to

(A) Gatherings
(B) artists
(C) illustrations
(D) sidewalks

지문의 단어 "them"이 가리키는 것은?

(A) 무리
(B) 예술가
(C) 삽화
(D) 인도

Reference 보기 중에서 지시어 them에 대입하여 해석했을 때 가장 자연스러운 단어는 illustrations(삽화)이므로 정답은 (C)이다.

16

The word "spontaneous" in the passage is closest in meaning to

(A) in unison
(B) convulsive
(C) unsophisticated
(D) without planning

지문의 단어 "spontaneous"와 의미상 가장 유사한 것은?

(A) 일치하여
(B) 발작적인
(C) 단순한
(D) 무계획적인

Vocabulary 지문의 spontaneous(충동적인)는 without planning(무계획적인)과 동의어이므로 정답은 (D)이다.

17

What can be inferred about the Dada performances mentioned in paragraph 6?

(A) Performers sought to bring art into the everyday realm.
(B) Participation was limited to those who could draw.
(C) Contributors lacked a true understanding of fashion.
(D) Spectators enjoyed partaking in them.

6단락에서 언급된 다다이즘의 행위예술에 관하여 추론할 수 있는 것은?

(A) 행위예술가는 예술을 일상영역으로 가져오려고 노력하였다.
(B) 참여는 그림을 그릴 수 있는 사람에게만 한정되었다.
(C) 공헌자는 패션에 대한 진정한 이해가 부족하였다.
(D) 구경꾼은 행위예술에 참여하는 것을 즐겼다.

Inference 6단락을 살펴보면, The key to a successful performance was ~ to involve the audience as much as possible. Hence, the boundaries between art and life were stripped away(성공적인 행위예술을 위한 비결은 관중을 최대한 참여시키는 것이었다. 따라서 예술과 삶의 경계가 없어졌다)라고 언급했다. 즉, 관중을 최대한 참여시켰고 그 결과 예술과 삶의 경계가 없어졌다는 것에서, 다다이즘 행위예술가들이 예술을 일상영역으로 가져오려고 노력했다는 것을 추론할 수 있다. 따라서 정답은 (A)이다.

18

Why does the author mention "*Fountain*" in paragraph 7?

(A) To provide an example of a piece of Dadaist art that revolutionized the art world
(B) To illustrate how Marcel Duchamp earned respect by employing commonplace items
(C) To demonstrate how the Dada philosophy did not require the artist to be skilled
(D) To show how most of Duchamp's pieces were intrinsically elementary

7단락에서 글쓴이는 왜 "Fountain"을 언급하는가?

(A) 예술 세계에 변화를 가져온 다다이즘 예술 작품의 예를 보여주기 위해
(B) 마르셀 뒤샹이 평범한 물건을 이용하여 어떻게 존경을 받았는지 설명하기 위해
(C) 다다이즘 철학이 어떻게 숙련된 예술가를 필요로 하지 않았는지 설명하기 위해
(D) 대부분의 뒤샹의 작품이 어떻게 본질적으로 단순했는지 보여주기 위해

Rhetorical Purpose 음영 문구 Fountain(샘)이 언급된 부분의 뒷 내용을 살펴보면, Despite its simplicity, the object remains ~ breakthrough in the discipline(단순함에도 불구하고 그 물건은 예술 분야에서 여전히 큰 성과로 알려지고 있다)이라고 언급했다. 또한, 음영 문구 앞의 such as(~와 같은)는 어떤 것의 예를 보여줄 때 사용하는 표현이다. 즉, Fountain은 예술 세계에 변화를 가져온 다다이즘 예술 작품의 예를 보여주기 위해 언급되었다. 따라서 정답은 (A)이다.

19

Look at the four squares [■] that indicate where the following sentence could be added to the passage.

Ironically, an art movement that originated as a reaction to mainstream culture began to increasingly find public acceptance.

Where would the sentence best fit? 4th ■

네 개의 네모[■]는 다음 문장이 삽입될 수 있는 부분을 나타내고 있다.

모순되게도, 주류 문화에 대한 반발로서 시작된 예술 운동은 점차 대중에게 받아들여지기 시작했다.

이 문장은 어느 자리에 들어가는 것이 가장 적절한가? 네 번째 ■

Insertion 삽입 문장에서 정답의 단서는 public acceptance(대중에게 받아들여짐)로, 네 번째 ■ 뒤에서 언급된 garnering both critical and popular acclaim from fellow New Yorkers(뉴욕 사람으로부터 비판적이고 대중적인 갈채를 모두 받다)를 가리킨다. 네 번째 ■에 삽입 문장을 넣어 보면, 주류 문화에 반항하기 위해 시작된 예술 운동은 점차 대중에게 받아들여지기 시작했는데, 뉴욕 사람으로부터 비판적이고 대중적인 갈채를 모두 받았다는 내용이 되어 글의 흐름이 자연스럽다. 따라서 정답은 네 번째 ■이다.

20

Directions: An introductory sentence for a brief summary of the passage is provided below. Complete the summary by selecting the THREE answer choices that express the most important ideas in the passage. Some sentences do not belong in the summary because they express ideas that are not presented in the passage or are minor ideas in the passage. **This question is worth 2 points.**

> **The Dada movement, which began in the early twentieth century, involved a number of artists who challenged the long-held traditions of art.**
>
> - (B) Followers of the movement fought against the conventions of art by purposefully creating works that violated these traditions.
> - (E) Artists working in New York collaborated to introduce Dadaist principles and presented normal objects as art.
> - (F) Participation in public shows involving random forms of dissent was intended to blur the lines between creativity and everyday experiences.

(A) Friendships among artists were based on similar ideas, exploration of cutting-edge methods, and showcasing pieces at shared displays.

(C) Acclaimed pieces of art were damaged to bring about a greater awareness of the nonsensical nature of customs.

(D) The name of the group was chosen arbitrarily by using a knife to stab a German dictionary.

지시: 지문 요약을 위한 도입 문장이 아래에 주어져 있다. 지문의 가장 중요한 내용을 나타내는 보기 3개를 골라 요약을 완성하시오. 어떤 문장은 지문에 언급되지 않은 내용이나 사소한 정보를 담고 있으므로 요약에 포함되지 않는다. 이 문제는 2점이다.

> 20세기 초에 시작된 다다이즘 운동에는 오랫동안 유지된 예술 관례에 도전하는 다수의 예술가들이 참여하였다.
>
> - (B) 이 운동의 지지자들은 의도적으로 전통에 반하는 작품을 창조하면서 예술 관습에 대항하여 싸웠다.
> - (E) 뉴욕에서 일했던 예술가들은 다다이즘 사조를 소개하기 위하여 공동으로 일했고 일반 사물을 예술로 표현하였다.
> - (F) 무작위 형태의 이의를 포함하는 대중의 쇼에 참여하는 것은 창조성과 일상 경험의 경계선을 없애기 위함이었다.

(A) 예술가 사이의 우정은 비슷한 생각과 최첨단 방법을 개발하고 공동으로 작품을 전시하는 것에 기초를 두었다.

(C) 유명한 예술 작품은 관습의 부조리한 본질에 대한 큰 자각을 불러 일으키기 위해 망가졌다.

(D) 단체의 명칭은 칼로 독일어 사전을 찔러서 무작위로 선택되었다.

Summary 지문의 중심 내용은 20세기 초에 시작된 다다이즘 운동에 오랫동안 유지된 예술 관례에 도전하는 다수의 예술가들이 참여했다는 것이다. 보기 (B)는 3~5단락의 중심 내용인 다다이즘의 반(反) 예술 활동과 일치하고, 보기 (E)는 7단락의 중심 내용인 다다이즘 예술가 뒤샹의 뉴욕에서의 예술 활동과 그 영향과 일치하며, 보기 (F)는 6단락의 중심 내용인 다다이즘 예술의 새로운 형태인 행위예술과 일치한다. 따라서 정답은 (B), (E), (F)이다.

TEST 01 지문의 단어 중 토플 필수 단어를 선별하여 정리하였습니다. 고득점을 위해 단어암기 음성파일을 들으며 꼭 암기하세요.

* 해커스 동영상강의 포털 해커스인강(HackersIngang.com)에서 단어암기 음성파일을 무료로 다운로드할 수 있습니다.

☐ terrestrial[təréstriəl] 육생의	☐ stab[stæb] 찌르다
☐ respiratory[réspərətɔ̀:ri] 호흡의	☐ serendipitous[sèrəndípətəs] 우연한
☐ ventilation[vèntəléiʃən] 환기	☐ aptly[ǽptli] 적절히 (=appropriately)
☐ subterranean[sÀbtəréiniən] 지하의 (=underground)	☐ prevalent[prévələnt] 일반적인
☐ desiccation[dèsikéiʃən] 탈수	☐ adherent[ædhíərənt] 지지자
☐ anatomical[æ̀nətámikəl] 해부의	☐ idealism[aidí:əlìzm] 이상주의
☐ configuration[kənfìgjuréiʃən] 배치	☐ dissent[disént] 의견 차이, 불찬성
☐ colossal[kəlásəl] 거대한 (=huge)	☐ convention[kənvénʃən] 관례 (=tradition)
☐ impervious[impə́:rviəs] 불침투성의 (=impenetrable)	☐ immune[imjú:n] ~에 영향을 받지 않는
☐ retain[ritéin] 유지하다 (=maintain)	☐ deride[diráid] 조롱하다 (=mock)
☐ drain[drein] 배수하다	☐ self-absorbed[sèlfæbsɔ́:rbd] 자기 이익에 밝은
☐ simultaneously[sàiməltéiniəsli] 동시에 (=concurrently)	☐ integrity[intégrəti] 고결함
☐ equivalent[ikwívələnt] 동일한	☐ strive[straiv] 노력하다 (=endeavor)
☐ expulsion[ikspÁlʃən] 배출	☐ placate[pléikeit] 달래다
☐ fermentation[fə̀:rmentéiʃən] 발효	☐ cherish[tʃériʃ] 소중히 하다 (=treasure)
☐ corridor[kɔ́:ridər] 복도	☐ absurdity[æbsɔ́:rdəti] 부조리
☐ reinforce[rì:nfɔ́:rs] 강화하다 (=strengthen)	☐ offshoot[ɔ́:fʃù:t] 파생적 결과
☐ conceptualize[kənséptʃuəlàiz] 개념화하다	☐ intricate[íntrikət] 복잡한 (=complicated)
☐ trace back ~까지 거슬러 올라가다	☐ mundane[mʌndéin] 평범한 (=ordinary)
☐ flee[fli:] 피하다	☐ spontaneous[spɑntéiniəs] 충동적인
☐ persecution[pə̀:rsikjú:ʃən] 박해	☐ outrageous[autréidʒəs] 괴이한
☐ comprise[kəmpráiz] 포함하다	☐ strip away ~을 없애다
☐ bizarre[bizá:r] 기괴한 (=odd)	☐ breakthrough[bréikθrù:] 큰 발전 (=advance)
☐ entice[intáis] 꾀다 (=allure)	☐ burgeoning[bə́:rdʒəniŋ] 급성장하는
☐ account[əkáunt] 이야기	☐ garner[gá:rnər] 얻다

Quiz

각 단어의 알맞은 뜻을 찾아 연결하시오.

01 absurdity	ⓐ 배치
02 placate	ⓑ 배출
03 colossal	ⓒ 지하의
04 fermentation	ⓓ 거대한
05 configuration	ⓔ 발효
	ⓕ 부조리
	ⓖ 달래다

각 단어의 알맞은 동의어를 찾아 연결하시오.

06 reinforce	ⓐ concurrently
07 mundane	ⓑ appropriately
08 simultaneously	ⓒ endeavor
09 strive	ⓓ advance
10 breakthrough	ⓔ strengthen
	ⓕ maintain
	ⓖ ordinary

ⓓ 0L ⓓ 60 ⓒ 80 ⓐ L0 ⓔ 90 ⓐ S0 ⓔ ⓣ0 ⓔ ℇ0 ⓖ Z0 ⓕ L0

HACKERS TOEFL ACTUAL TEST READING

TEST 02

SELF-CHECK LIST

ANSWER KEYS & 취약 유형 분석표

해석 · 해설

VOCABULARY LIST

SELF-CHECK LIST

이번 테스트는 어땠나요?
다음 체크리스트로 자신의 테스트 진행 내용을 점검해 볼까요?

1 나는 36분 동안 완전히 테스트에 집중하였다.　　　　　　　　　　☐ Yes　☐ No
　　집중하지 못했다면, 그 이유는?

2 나는 주어진 36분 동안 20문제를 모두 풀었다.　　　　　　　　　☐ Yes　☐ No
　　문제를 모두 풀지 못했다면, 그 이유는?

3 유난히 어렵게 느껴지는 지문이 있었다.　　　　　　　　　　　　☐ Yes　☐ No
　　있었다면, 어려웠던 지문과 그 이유는? (글의 주제, 글의 흐름, 문법, 어휘 등)

4 유난히 어렵게 느껴지는 문제가 있었다.　　　　　　　　　　　　☐ Yes　☐ No
　　있었다면, 어려웠던 문제의 유형과 그 이유는?

5 이전 테스트에서 발견된 문제점이 모두 개선되었다.　　　　　　　☐ Yes　☐ No
　　개선되지 않았다면, 그 이유는?

6 개선해야 할 점과 이를 위한 구체적인 학습 계획

ANSWER KEYS & 취약 유형 분석표

01 (C) Inference

02 (D) Fact

03 (B) Sentence Simplification

04 (A) Fact

05 (C) Rhetorical Purpose

06 (A) Fact

07 (B) Fact

08 (A) Vocabulary

09 4th ■ Insertion

10 (C), (D), (E) Summary

11 (B) Vocabulary

12 (C) Vocabulary

13 (D) Reference

14 (C) Fact

15 (B) Fact

16 (A) Fact

17 (B) Inference

18 (D) Fact

19 2nd ■ Insertion

20 (C), (D), (F) Summary

■ 각 문제 유형별 맞힌 개수를 아래에 적어 보세요.

문제 유형	맞힌 답의 개수
Sentence Simplification	/ 1
Fact & Negative Fact	/ 8
Vocabulary	/ 3
Reference	/ 1
Rhetorical Purpose	/ 1
Inference	/ 2
Insertion	/ 2
Summary	/ 2
Total	**/20**

＊자신이 취약한 유형은 READING STRATEGIES(p.22)를 통해 다시 한번 점검하시기 바랍니다.

The Theory of Ecological Succession | 생태 천이 이론

INTRO	단락 1	생태 군락의 가변성
POINT 1	단락 2	1차 천이 및 천이 계열
	단락 3	
POINT 2	단락 4	클레멘츠의 극상군락 이론
POINT 3	단락 5	생태 군락의 주기적 순환성
	단락 6	
CONCLUSION	단락 7	인간의 간섭이 생태계에 끼칠 영향에 대한 우려

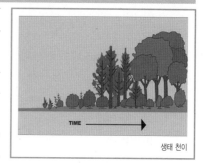

생태 천이

INTRO

단락 1
생태 군락의 가변성

1 The composition of any group of interacting organisms living together in a specific habitat is neither permanent nor rigid. ^{01C}The species structure of a particular ecological community changes over time, and the sequence in which it occurs is most apparent after a disturbance, such as the movement of glaciers or a volcanic eruption, strips away the soil. Transitions in species composition of a disturbed area represent a process called ecological succession.

특정한 서식지에 함께 살며 교류하는 모든 개체 집단의 구성은 영원하지도 않고 고정되어 있지도 않다. ^{01C}특정 생태 군락의 종 구성은 시간이 지남에 따라 변하고 그것이 나타나는 순서는 빙하의 이동이나 화산 폭발과 같은 생태계 교란이 토양을 벗겨낸 후에 가장 명확하다. 교란된 지역의 생물 종 구성의 변천은 생태 천이라고 불리는 과정을 나타낸다.

POINT 1

단락 2
식물 군락이 자리잡기 시작하는 1차 천이 과정

2 ^{02D}The process is termed primary succession if it is initiated when pioneer species, namely moss and lichen, begin to colonize an area previously devoid of vegetation, such as the moraine left behind by glaciers or on newly formed volcanic islands. Some opportunistic grasses and scrub also flourish in these austere conditions, and if the climate allows, larger shrubs and hardwood trees may gradually move in. ■ The vascular plants that first appear in the early stages of succession—often as a result of seed deposited by animals—frequently suffer from poor growth due to insufficient nitrogen in the soil, which causes their leaves to yellow. ■ Some plants, such as alder(*Alnus*) and locust(*Robinia*),

^{02D}이끼와 지의류 같은 선구 종이 빙하가 남긴 빙퇴석이나 새로 형성된 화산섬처럼 이전부터 초목이 없는 지역에 군락을 형성하기 시작하여 그 과정이 개시되면 이를 1차 천이라고 부른다. 또한 일부 기회성 풀과 덤불이 이런 불모의 환경에서 번성하고, 기후가 허락한다면 더 큰 관목과 경목이 점차 들어설 수도 있다. 종종 동물에 의해 놓아지는 씨앗의 결과로 생긴 천이의 초기 단계에서 최초로 나타나는 관다발 식물은 토양 내 불충분한 질소 때문에 종종 성장 부진을 겪는데, 이는 이들의 잎을 노랗게 변하게 한다. 오리나무(Alnus)와 아카시아나무(Robinia) 같은 일부 식물은 대기 중 질소를 땅에 갇힌 암모니아와 질산염으로 전환하는 질소고정 박

Vocabulary

1 composition[kàmpəzíʃən] 구성 (=formation) interact[ìntərǽkt] 교류하다 rigid[rídʒid] 고정된 sequence[sí:kwəns] 순서 (=order)
disturbance[distə́:rbəns] 생태계 교란 (=agitation) glacier[gléiʃər] 빙하 strip away 벗겨내다 transition[trænzíʃən] 변천 (=shift)
succession[səkséʃən] 천이

2 initiate[iníʃièit] 개시하다 pioneer[pàiəníər] 선구적인 moss[mɔːs] 이끼 lichen[láikən] 지의류 colonize[kálənàiz] 군락을 형성하다 (=inhabit)
devoid of ~이 없는 moraine[məréin] 빙퇴석 opportunistic[àpərtʃuːnístik] 기회주의의 scrub[skrʌb] 덤불
flourish[flə́:riʃ] 번성하다 (=thrive) austere[ɔ:stíər] 불모의 shrub[ʃrʌb] 관목 hardwood[há:rdwùd] 경목의 vascular[vǽskjulər] 관다발의
deposit[dipázit] 놓다 frequently[frí:kwəntli] 종종

have nitrogen-fixing bacteria that convert atmospheric nitrogen to earth-bound ammonium and nitrates. ■ The expansion of these populations of substratum microorganisms accelerates biotic growth and encourages more complex flora to invade by stimulating pedogenesis, the process of converting virtually lifeless substrate material into fertile soil containing decomposed matter. ■ **In addition, fallen leaves from plants degrade and form a layer of nutritive compost, which can support an even greater variety of vegetation.** As more plants take root in the improving habitat, they attract a range of organisms, such as pollinators and herbivores, which then appeal to a host of omnivorous and carnivorous creatures.

단락 3
생태적 평형을
위한 조정이
이루어지는
천이 계열 단계

3 Biodiversity increases under these optimized conditions, and in time, mixed forest ecosystems, complete with diverse flora and fauna, may develop. Ecological communities may go through additional adjustments to correct for any instability due to, for example, an imbalance between predators and prey, or excess competition for limited resources. [04A]These intermediate phases, called seres, allow biotic life in the region to adapt to the changing conditions of the habitat, and those that cannot retreat or die out. Therefore, biodiversity eventually decreases, but the robustness of the community increases. The culmination of these developmental stages occurs once the biological community of plants and animals has achieved equilibrium.

POINT 2
단락 4
생태 극상을
천이의
종료점으로
여기는
클레멘츠의
극상군락 이론

4 This phase is known as ecological climax, and the term "climax community," coined by botanist and ecological pioneer Frederic Clements in 1916, refers to the group of flora that successfully coexist within the boundaries of a designated habitat. Furthermore, in his writings, Clements conceived of the climax as the idealized endpoint of the process of succession, in which not only are all species able to survive individually, but more importantly, they can function as a cohesive community. Clements assumed that observed population deviations in nature were

테리아를 가지고 있다. 이 하층토 미생물 개체의 증식은 생물 성장을 촉진하며 토양 형성 과정을 자극함으로써 더 복잡한 식물군이 몰려들도록 하는데, 이는 사실상 생명체가 없는 하층토 물질을 부패된 물질을 포함하는 비옥한 토양으로 바꾸는 과정이다. 게다가, 식물에서 떨어진 잎이 분해되어 영양소를 포함하는 퇴비층을 형성하는데, 이는 훨씬 더 다양한 식물을 지탱할 수 있다. 발전해 가는 서식지에 더 많은 식물이 뿌리를 내리면서 수분 매개자와 초식 동물 같은 많은 생물체를 끌어들이고, 또 이들은 수많은 잡식, 육식성 동물 무리를 끌어들인다.

이런 최적의 환경에서 생물 다양성이 증가하고 때가 이르면 다양한 식물군과 동물군으로 형성된 혼합된 숲 생태계가 발생할 수 있다. 생태 군락은 예를 들어 포식자와 먹이 사이의 불균형이나 제한된 자원을 향한 과도한 경쟁에 의한 불안정을 수정하기 위해 부가적인 조정을 거칠 수도 있다. [04A]천이 계열이라고 불리는 이러한 중간 단계는 그 지역의 생물이 변화하는 서식지 환경에 적응할 수 있게 하고 그러지 못한 생물은 그 지역에서 물러나거나 죽는다. 그러므로 생물 다양성은 결국 감소하지만 군락의 강건함은 증대된다. 이러한 발전 단계의 절정은 일단 동식물의 생물 군락이 평형 상태를 이루었을 때 일어난다.

이 단계는 생태 극상으로 알려져 있고, '극상군락'이라는 용어는 식물학자이자 생태학의 선구자인 프레더릭 클레멘츠가 1916년에 만들어낸 것으로, 지정된 서식지 경계 내에서 성공적으로 공존하는 식물군 집단을 가리킨다. 더욱이 클레멘츠는 그의 저서에서 극상을 천이 과정의 이상적인 종료점으로 여겼는데, 이 단계에서 모든 종은 개별적으로 생존할 수 있을 뿐만 아니라 더 중요하게는 유기적인 군락으로 기능할 수 있다. 클레멘츠는 자연에서 관찰된 개체 이탈은 군락이 이상적인 상태로 나아

Vocabulary

2 earth-bound[ɔ́ːrθbàund] 땅에 갇힌   nitrate[náitreit] 질산염   substratum[sʌ́bstrèitəm] 하층토
  accelerate[æksélərèit] 촉진하다 (=speed up)   flora[flɔ́ːrə] 식물군   stimulate[stímjulèit] 자극하다   pedogenesis[pèdoudʒénəsis] 토양 형성 과정
  decomposed[dìːkəmpóuzd] 부패된   degrade[digréid] 분해되다   compost[kámpoust] 퇴비   pollinator[pálənèitər] 수분 매개자
  herbivore[hɔ́ːrbəvɔ̀ːr] 초식 동물   a host of 수많은 (=a number of)   omnivorous[amnívərəs] 잡식성의   carnivorous[kɑːrnívərəs] 육식성의
3 biodiversity[bàioudivɔ́ːrsəti] 생물 다양성   fauna[fɔ́ːnə] 동물군   instability[ìnstəbíləti] 불안정   sere[siər] 천이 계열
  retreat[ritríːt] 물러나다 (=recede)   culmination[kʌ̀lmənéiʃən] 절정
4 coin[kɔin] 만들어내다   designate[dézignèit] 지정하다 (=assign)   conceive[kənsíːv] (~라고) 여기다 (=realize)   deviation[dìːviéiʃən] 이탈

representative of communities moving toward an ideal state. Another important aspect of Clements' analysis was the simile that communities are like organisms, and species within communities are bound tightly together in a relationship similar to that of organs, tissues, and cells within the body. Collectively, the species within a defined community were seen as working cooperatively to avoid the possibility of decline.

가는 것을 나타낸다고 가정했다. 클레멘츠의 분석에서 다른 중요한 부분은 군락이 생물체와 같아서 군락 내의 종이 체내 기관, 조직, 세포의 관계와 유사한 관계 속에서 서로 단단히 묶여 있다는 직유였다. 총체적으로, 한정된 군락 내 종은 쇠락의 가능성을 피하기 위해 협력하여 움직이는 것처럼 보였다.

POINT 3

단락 5

극상군락이 천이 과정의 한 단계라고 주장한 글리슨

5 A fundamentally opposing view of succession was presented in 1926 by botanist Henry Gleason, who argued that communities could not be defined strictly in space and time. 06AInstead, they were dynamic and random associations of individual species whose presence in a particular area was determined by environmental conditions. That is, a climax community is not the ultimate stage in the process, but one in a cyclical pattern of succession, degradation, and renewal.

천이에 대한 근본적으로 반대되는 견해는 1926년에 식물학자 헨리 글리슨에 의해 제안되었는데, 그는 군락이 시공간으로 엄격하게 제한될 수 없다고 주장했다. 06A대신에, 군락은 특정 지역에서의 존재가 환경 조건에 의해 결정되는 개별 종들의 역동적이고 임의적인 군집이었다. 즉, 극상군락은 천이 과정의 최종 단계가 아니라 천이, 분해, 회복의 순환 과정 중 하나인 것이다.

단락 6

크라카타우 화산 폭발에서 관찰할 수 있는 생태 군락의 주기적 순환성

6 In the middle of the twentieth century, ecologist Robert Whittaker witnessed this phenomenon while researching the effects of the 1883 Krakatoa eruption in Indonesia. 07BHis observations support the theory that the ecological community of the region was in a climax state, prior to its devastation by lava flow and had since undergone succession again to achieve equilibrium. Therefore, the species that dominate the site in a given period represent the pinnacle of succession that will continue to exist only until it is interrupted again. Further, Whittaker applied empirical methods to analyze the variables, or environmental gradients, responsible for the relative abundance of particular plant species within communities. He determined that species distributions were greatly influenced by temperature, availability of water, light, and nutrient content of the soil. If any of these gradients shift significantly, it could severely impact the composition of species in a particular area.

20세기 중반에 생태학자 로버트 휘태커는 1883년 인도네시아 크라카타우 화산 폭발의 영향을 연구하던 중 이 현상을 목격했다. 07B그의 관찰은 그 지역의 생태 군락이 용암 분출로 폐허가 되기 전에 극상 상태에 있었으며 그 후 평형 상태를 이루기 위해 다시 천이를 겪었다는 이론을 지지한다. 그러므로 일정 기간이 지나 한 지역에서 우위를 점한 종은 다시 방해를 받을 때까지만 계속 존재하는 천이의 정점을 나타낸다. 더욱이, 휘태커는 군락 내 특정 식물 종의 상대적인 과다에 대한 원인이 되는 변수, 즉 환경 변화도를 분석하기 위해 경험적 방법을 적용했다. 그는 종의 분포가 온도, 물의 이용 가능성, 빛, 토양 내 영양 성분에 크게 영향을 받는다고 결론지었다. 이러한 변화도 중 어떤 것이라도 크게 바뀐다면, 이는 특정 지역의 종 구성에 심각한 영향을 미칠 수 있다.

Vocabulary

4 simile[síməli] 직유
5 association[əsòusiéiʃən] [생물] 군집   cyclical[sáiklikəl] 순환하는   renewal[rinjúːəl] 회복 (=revival)
6 ecologist[ikálədʒist] 생태학자   devastation[dèvəstéiʃən] 폐허   undergo[ʌ̀ndərgóu] 겪다   pinnacle[pínəkl] 정점, 절정 (=peak)
empirical[impírikəl] 경험적인   variable[vɛ́əriəbl] 변수   gradient[gréidiənt] 변화도   abundance[əbʌ́ndəns] 과다

CONCLUSION

단락 7

인간의 간섭이
생태계에 끼칠
영향에 대한
우려

7 Modern ecologists concur that the rate of disturbances, whether natural or human-made, is often too great to support equilibrium indefinitely. As such, the more appropriate model for understanding ecosystems stresses the role of contingencies in the evolution of a community and discounts the notion that climax is the ultimate condition. The shift has prompted many people, both scientists and laypeople, to seriously consider how human interference can contribute to the decline of ecosystem diversity.

현대 생태학자들은 생태계 교란율이 자연적이든 인위적이든 종종 너무 커서 무기한으로 평형 상태를 유지할 수는 없다는 데 동의한다. 그리하여 생태계를 이해하기 위한 더 적절한 모델은 군락 진화에서 우연성의 역할을 강조하고 극상이 최종 상태라는 개념을 도외시한다. 이러한 변화는 많은 사람들, 즉 과학자들과 일반인들 모두에게 자극이 되어 인간의 간섭이 생태계 다양성 감소에 어떻게 영향을 끼칠 수 있는지 심각하게 고려하도록 하고 있다.

Sentence Analysis

◉ The species structure of a particular ecological community / changes over time, /
　　특정 생태 군락의 종 구성은　　　　　　　　　　　시간이 지남에 따라 변한다

and the sequence in which it occurs / is most apparent after a disturbance, /
　　그리고 그것이 나타나는 순서는　　　　　생태계 교란 후에 가장 명확하다

such as the movement of glaciers or a volcanic eruption, / strips away the soil.
　　빙하의 이동이나 화산 폭발과 같은　　　　　　　　토양을 벗겨내다

◉ The expansion of these populations of substratum microorganisms / accelerates biotic growth /
　　이 하층토 미생물 개체의 증식은　　　　　　　　　　　생물 성장을 촉진한다

and encourages more complex flora to invade / by stimulating pedogenesis, /
　　그리고 더 복잡한 식물군이 몰려들도록 한다　　　토양 형성 과정을 자극함으로써

the process / of converting virtually lifeless substrate material / into fertile soil /
　　과정　　　사실상 생명체가 없는 하층토 물질을 바꾸는　　　　비옥한 토양으로

containing decomposed matter.
　　부패된 물질을 포함하는

Vocabulary

7 concur[kənkə́ːr] 동의하다 (=agree)　**indefinitely**[indéfənitli] 무기한으로　**stress**[stres] 강조하다　**contingency**[kəntíndʒənsi] 우연성
discount[dískaunt] 도외시하다　**layperson**[léipə̀ːrsn] 일반인　**interference**[ìntərfíərəns] 간섭

01

According to paragraph 1, what can be inferred about the composition of organisms in a particular habitat?

(A) It changes according to regular temporal sequences.
(B) It remains constant as long as the soil is not disturbed.
(C) It is directly influenced by the presence or absence of soil.
(D) It is only affected by external geological disturbances.

1단락에 따르면, 특정 서식지의 개체 구성에 대해 추론할 수 있는 것은?

(A) 일정한 시간 순서에 따라 변한다.
(B) 토양이 교란되지 않는 한 불변한다.
(C) 토양의 존재 또는 부재에 의해 직접적으로 영향을 받는다.
(D) 외부의 지질 교란에 의해서만 영향을 받는다.

Inference 1단락에서 문제의 키워드 the composition of organisms in a particular habitat(특정 서식지의 개체 구성)과 같은 의미인 The species structure of a particular ecological community(특정 생태 군락의 종 구성)가 언급된 부분을 살펴보면, The species structure of a particular ecological community changes ~ and the sequence in which it occurs is most apparent after a disturbance ~ strips away the soil(특정 생태 군락의 종 구성은 변하고 그것이 나타나는 순서는 생태계 교란이 토양을 벗겨낸 후에 가장 명확하다)이라고 언급했다. 즉, 생태 군락의 종 구성 변화 순서가 토양이 벗겨진 후에 가장 잘 나타난다는 것은 토양의 유무가 종 구성에 직접적인 영향을 준다는 것으로, 이를 통해 서식지의 개체 구성은 토양의 존재 또는 부재에 의해 직접적으로 영향을 받음을 추론할 수 있다. 따라서 정답은 (C)이다.

02

In paragraph 2, what does the author say about the process of primary succession?

(A) It is marked by the presence of resilient species of grass and scrub.
(B) It is initiated by the movement of glaciers and volcanic activity.
(C) It gradually slows when large shrubs and trees shade out the undergrowth.
(D) It begins when organisms like moss and lichen start to grow on bare ground.

2단락에서, 글쓴이가 1차 천이 과정에 대해 말하는 것은?

(A) 복원력이 있는 초목과 덤불 종의 존재로 특징지어진다.
(B) 빙하의 움직임과 화산 활동에 의해 시작된다.
(C) 큰 관목과 나무가 덤불 위를 가릴 때 점차 느려진다.
(D) 이끼와 지의류 같은 생물이 맨땅에 자라기 시작할 때 개시된다.

Fact 문제의 키워드 primary succession(1차 천이)이 언급된 부분을 지문에서 살펴보면, The process is termed primary succession if it is initiated when ~ moss and lichen, begin to colonize an area previously devoid of vegetation(이끼와 지의류가 이전부터 초목이 없는 지역에 군락을 형성하기 시작하여 그 과정이 개시되면 이를 1차 천이라고 부른다)이라는 것을 알 수 있다. 따라서 보기 (D)는 지문의 내용과 일치하므로 정답이다.

03

Which of the sentences below best expresses the essential information in the highlighted sentence in the passage? *Incorrect* choices change the meaning in important ways or leave out essential information.

(A) Due to limited resources, competition may develop when members of a community attempt to adjust to the instability.

(B) Communities within ecosystems may adjust to counter changes that result from imbalances.

(C) Periodically, groups of organisms will undergo massive changes, which lead to imbalances related to community biodiversity.

(D) Ecological communities may become unbalanced when excessive competition occurs among predators and prey.

아래 문장 중 지문 속의 음영 표시된 문장의 핵심 정보를 가장 잘 표현하고 있는 것은 무엇인가? 오답은 문장의 의미를 현저히 바꾸거나 핵심 정보를 빠뜨리고 있다.

(A) 제한된 자원 때문에 군락 구성원이 불안정성에 적응하려고 노력할 때 경쟁이 발생할 수 있다.

(B) 생태계 내의 군락은 불균형에서 오는 변화에 맞서기 위해 적응할 수도 있다.

(C) 생물 집단은 주기적으로 거대한 변화를 겪을 것이고 그 때문에 군락의 생물 다양성이 불균형에 이를 것이다.

(D) 포식자와 먹이 사이에 과도한 경쟁이 발생할 때 생태 군락의 균형이 깨질 수 있다.

Sentence Simplification 음영 표시된 문장 전체가 핵심 정보로서 Ecological communities may go through additional adjustments(생태 군락은 부가적인 조정을 거칠 수도 있다)를 Communities within ecosystems may adjust(생태계 내의 군락은 적응할 수도 있다)로 to correct for any instability due to ~ an imbalance between predators and prey, or excess competition for limited resources(포식자와 먹이 사이의 불균형이나 제한된 자원을 향한 과도한 경쟁에 의한 불안정을 수정하기 위해)를 to counter changes that result from imbalances(불균형에서 오는 변화에 맞서기 위해)로 간략하게 바꾸어 표현한 보기 (B)가 정답이다.

04

According to paragraph 3, what transition occurs during the seres?

(A) The variety of organisms in the community is reduced.

(B) The amount of food sources is radically diminished.

(C) The number of predatory animals is increased.

(D) The diversity of vegetation is enhanced.

3단락에 따르면, 천이 계열 동안 어떤 변천이 발생하는가?

(A) 군락의 생물 다양성이 감소한다.

(B) 먹이 공급원의 양이 급격하게 줄어든다.

(C) 포식 동물의 수가 증가한다.

(D) 식물 다양성이 강화된다.

Fact 문제의 키워드 seres(천이 계열)가 언급된 부분을 지문에서 살펴보면, These intermediate phases, called seres, allow biotic life ~ to adapt to the changing conditions ~ and those that cannot retreat or die out. Therefore, biodiversity eventually decreases(천이 계열이라고 불리는 이러한 중간 단계는 생물이 변화하는 서식지 환경에 적응할 수 있게 하고 그러지 못한 생물은 물러나거나 죽는다. 그러므로 생물 다양성은 결국 감소한다)라는 것을 알 수 있다. 따라서 보기 (A)는 지문의 내용과 일치하므로 정답이다.

05

What is the purpose of paragraph 4 in relation to the overall discussion of ecological succession?

(A) To emphasize the biotic diversity of a particular region

(B) To introduce an important stage in the evolution of species

(C) To illustrate a theoretical model that was later abandoned

(D) To demonstrate the longevity of a widely accepted hypothesis

생태 천이에 대한 전반적인 논의와 관련하여 4단락의 목적은?

(A) 특정 지역의 생물 다양성을 강조하기 위해

(B) 종의 진화에서 중요한 단계를 소개하기 위해

(C) 이후에 폐기된 이론 모델을 설명하기 위해

(D) 널리 받아들여진 가설의 지속성을 설명하기 위해

Rhetorical Purpose 4단락에서 클레멘츠는 극상을 천이 과정의 이상적인 종료점으로 여겼다고 언급된 반면에 5단락에서 글리슨은 극상군락이 천이 과정의 최종 단계가 아니라 천이, 분해, 회복의 순환 과정 중 하나라고 생각했다고 언급되었으며, 7단락에서도 현대 생태학자들은 생태계 교란율이 너무 커서 무기한으로 평형 상태를 유지할 수 없다는 데 동의한다고 언급되었다. 즉, 4단락에서 언급된 클레멘츠의 극상 모델은 이후의 과학자들에게 받아들여지지 않았음을 알 수 있다. 따라서 4단락은 이후에 폐기된 이론 모델을 설명하기 위해 언급된 것이므로 정답은 (C)이다.

06

According to paragraph 5, Gleason believed that species within communities were not defined strictly by space and time but that

(A) their occurrence in a specific area was governed by environmental circumstances

(B) they were able to form lasting associations during all stages of succession

(C) they developed in stages according to cyclical reproductive patterns

(D) their presence in a particular ecosystem was determined by competitive fitness

5단락에 따르면, 글리슨은 군락 내의 종이 시공간에 의해 엄격하게 제한된 것이 아니라 _____ 라고 믿었다.

(A) 특정 지역 내에서 그들의 출현은 환경에 의해 지배를 받았다.

(B) 그들은 모든 천이 단계 동안 지속적인 관계를 형성할 수 있었다.

(C) 그들은 주기적인 생식 패턴에 따라 단계적으로 생겨났다.

(D) 특정 생태계에서 그들의 존재는 경쟁적인 적합성에 의해 결정되었다.

Fact 문제의 키워드 species within communities were not defined strictly by space and time(군락 내의 종이 시공간에 의해 엄격하게 제한된 것이 아니다)과 같은 의미인 communities could not be defined strictly in space and time(군락이 시공간으로 엄격하게 제한될 수 없다)이 언급된 부분의 주변을 지문에서 살펴보면, Instead, they were dynamic and random associations of individual species whose presence in a particular area was determined by environmental conditions(대신에, 군락은 특정 지역에서의 존재가 환경 조건에 의해 결정되는 개별 종들의 역동적이고 임의적인 군집이었다)라는 것을 알 수 있다. 따라서 보기 (A)는 지문의 내용과 일치하므로 정답이다.

07

According to paragraph 6, Whittaker's research on the effects of the Krakatoa eruption supports which of the following statements?

(A) The level of biodiversity that existed prior to the eruption is impossible to achieve again.

(B) The composition of species during the climax stage lasts only until a disruption occurs.

(C) The devastation caused by the eruption led to the extinction of once-dominant species.

(D) The equilibrium in climax stages is made possible by periodic shifts in environmental gradients.

6단락에 따르면, 크라카타우 화산 폭발의 영향에 대한 휘태커의 연구는 다음 중 어떤 진술을 지지하는가?

(A) 폭발 전에 존재했던 생물 다양성의 정도는 다시 이루기 불가능하다.

(B) 극상 단계의 종 구성은 교란이 일어날 때까지만 지속된다.

(C) 폭발이 야기한 폐허는 한때 우세했던 종의 멸종을 초래했다.

(D) 극상 단계의 평형 상태는 환경 경도의 주기적인 변동에 의해 가능해진다.

Fact 문제의 키워드 Whittaker's research on the effects of the Krakatoa eruption(크라카타우 화산 폭발의 영향에 대한 휘태커의 연구)과 같은 의미인 Whittaker ~ researching the effects of ~ Krakatoa eruption(휘태커는 크라카타우 화산 폭발의 영향을 연구했다)이 언급된 부분의 주변을 지문에서 살펴보면, His observations support the theory that the ecological community of the region was in a climax state, prior to its devastation by lava flow(그의 관찰은 그 지역의 생태 군락이 용암 분출로 폐허가 되기 전에 극상 상태에 있었다는 이론을 지지한다)라는 것을 알 수 있다. 따라서 보기 (B)는 지문의 내용과 일치하므로 정답이다.

08

The word "stresses" in the passage is closest in meaning to

(A) emphasizes

(B) includes

(C) evaluates

(D) legitimizes

지문의 단어 "stresses"와 의미상 가장 유사한 것은?

(A) 강조하다

(B) 포함하다

(C) 평가하다

(D) 합법화하다

Vocabulary 지문의 stresses(강조하다)는 emphasizes(강조하다)와 동의어이므로 정답은 (A)이다.

09

Look at the four squares [■] that indicate where the following sentence could be added to the passage.

In addition, fallen leaves from plants degrade and form a layer of nutritive compost, which can support an even greater variety of vegetation.

Where would the sentence best fit? 4th ■

네 개의 네모[■]는 다음 문장이 삽입될 수 있는 부분을 나타내고 있다.

게다가, 식물에서 떨어진 잎이 분해되어 영양소를 포함하는 퇴비층을 형성하는데, 이는 훨씬 더 다양한 식물을 지탱할 수 있다.

이 문장은 어느 자리에 들어가는 것이 가장 적절한가? 네 번째 ■

Insertion 삽입 문장에서 정답의 단서는 In addition(게다가)으로, 부가 설명을 할 때 사용하는 연결어이다. 즉, 삽입 문장의 a layer of nutritive compost(영양소를 포함하는 퇴비층)는 네 번째 ■ 앞에서 설명된 converting virtually lifeless substrate material into fertile soil containing decomposed matter(사실상 생명체가 없는 하층토 물질을 부패된 물질을 포함하는 비옥한 토양으로 바꾸다)에 덧붙여 부가적으로 올 수 있는 내용이다. 네 번째 ■에 삽입 문장을 넣어보면, 이는 사실상 생명체가 없는 하층토 물질을 부패된 물질을 포함하는 비옥한 토양으로 바꾸는 과정이고, 게다가 낙엽이 분해되어 영양소를 포함하는 퇴비층을 형성한다는 내용이 되어 글의 흐름이 자연스럽다. 따라서 정답은 네 번째 ■이다.

10

Directions: An introductory sentence for a brief summary of the passage is provided below. Complete the summary by selecting the THREE answer choices that express the most important ideas in the passage. Some sentences do not belong in the summary because they express ideas that are not presented in the passage or are minor ideas in the passage. **This question is worth 2 points.**

> **Ecological succession is the process by which the structure of a biological community evolves over time.**
>
> - (C) The climax stage was once viewed as permanent, but subsequent research suggests that it is just one part of an ongoing cyclical process.
> - (D) At some point, the ecological community stabilizes, resulting in what has been called a climax community.
> - (E) After the initial colonization, more complex communities develop, and biodiversity increases before eventually decreasing.

(A) After a major disturbance like a volcanic eruption, subsequent climax communities are less affected by environmental factors.

(B) Some plants suffer from malnutrition during the early stages of colonization following a major ecological disturbance.

(F) Activities like deforestation pose a potent threat to all life forms in climax communities.

지시: 지문 요약을 위한 도입 문장이 아래에 주어져 있다. 지문의 가장 중요한 내용을 나타내는 보기 3개를 골라 요약을 완성하시오. 어떤 문장은 지문에 언급되지 않은 내용이나 사소한 정보를 담고 있으므로 요약에 포함되지 않는다. 이 문제는 2점이다.

> 생태 천이는 생물 군락의 구성이 시간에 따라 진화하는 과정이다.
>
> - (C) 한때는 극상단계가 영구적인 것으로 생각되었지만, 이후의 연구는 그것이 그저 진행중인 순환 과정의 일부분이라고 주장한다.
> - (D) 특정 시점에서 생태 군락은 안정화되고, 극상군락이라고 불리는 것이 일어난다.
> - (E) 첫 군락 형성 이후에 더 복잡한 군락이 발달하고, 생물 다양성은 증가한 후 점차 감소한다.

(A) 화산 폭발과 같은 주요한 생태계 교란 후에 뒤따라오는 극상군락은 환경 요인의 영향을 덜 받는다.

(B) 일부 식물은 주요 생태계 교란에 뒤따르는 초기 군락 형성 단계에서 영양 불량을 겪는다.

(F) 산림 벌채와 같은 활동은 극상군락의 모든 생물체에게 강력한 위협이 된다.

Summary 지문의 중심 내용은 생태 천이 과정이다. 보기 (C)는 5~6단락의 중심 내용인 생태 군락의 주기적 순환성과 일치하고, 보기 (D)는 4단락의 중심 내용인 클레멘츠의 극상군락 이론과 일치하며, 보기 (E)는 2~3단락의 중심 내용인 1차 천이 및 천이 계열과 일치한다. 따라서 정답은 (C), (D), (E)이다.

Predicting Volcanic Eruptions | 화산 폭발 예측

INTRO	단락 1	과거와 현대의 화산 폭발 예측 방법
	단락 2	
POINT 1	단락 3	지진 관측을 통한 화산 폭발 예측
	단락 4	
POINT 2	단락 5	열 감지를 통한 화산 폭발 예측
	단락 6	
POINT 3	단락 7	지각 변동 관측을 통한 화산 폭발 예측
CONCLUSION	단락 8	화산 폭발 예측의 어려움

화산 폭발

INTRO
단락 1
과거의 화산
폭발 예측 방법

1 Prior to modern volcanology, people had an extremely limited understanding of geomorphic processes. Causal explanations for volcanic activity ranged from the work of gods to the rays of the sun penetrating the Earth, and the ability to foresee volcanic events was confined to directly witnessing warning signals such as the ground's movement and smoke rising from a crater. ■

단락 2
현대의 화산
폭발 예측
방법의 발전

2 In contrast, modern geophysics has produced a vast storehouse of information related to volcanic formation and its causes, allowing scientists to better understand the interactions between the Earth's inner layers and surface. ■ **Technological innovations have also helped pave the way for advanced measurement and monitoring.** Unfortunately, however, while some volcanoes seem to operate according to consistent cycles, others do not follow a set pattern and may lie dormant for centuries before erupting violently and without notice, putting people's lives in danger. ■ In order to better understand the timing and intensity of eruptive processes, research in the field is now primarily focused on the characteristic indicators that signal an impending eruption. ■

현대 화산학 이전에는 사람들이 지표 과정에 대해 극히 제한된 이해를 가지고 있었다. 화산 활동에 대한 인과론적 설명은 신이 하는 일이라는 것에서부터 지구를 관통하는 태양 광선이라는 것까지 다양했고, 화산 활동을 예측하는 능력은 지표의 움직임과 분화구에서 피어 오르는 연기와 같은 경고 신호를 직접적으로 목격하는 것에 국한되었다.

대조적으로, 현대 지구물리학은 화산 형성 및 그 원인과 관련된 막대한 정보의 보고를 만들었는데, 이는 과학자가 지구 내부 층과 지표 사이의 상호작용을 더 잘 이해하도록 도왔다. **또한 기술혁신은 진보된 측정과 감시를 가능하게 해주었다.** 그러나 불행히도 일부 화산은 일관된 주기에 따라 작용하는 것처럼 보이는 반면, 다른 화산은 고정된 패턴을 따르지 않고 수세기 동안 활동하지 않다가 예고 없이 격렬하게 폭발하여 사람들의 목숨을 위태롭게 할 수도 있다. 폭발 과정의 시기와 강도를 더 잘 이해하기 위해서 이 분야의 연구는 현재 주로 임박한 폭발을 알리는 특징적인 지표에 초점을 맞추고 있다.

Vocabulary

1 volcanology[vàlkənálədʒi] 화산학　limited[límitid] 제한된　geomorphic[dʒì:əmɔ́:rfik] 지표의　causal[kɔ́:zəl] 인과적인
penetrate[pénətrèit] 관통하다 (=pierce)　foresee[fɔ:rsí:] 예측하다 (=predict)　confine[kənfáin] 국한하다 (=limit)
witness[wítnis] 목격하다 (=observe)　crater[kréitər] 분화구
2 geophysics[dʒì:oufíziks] 지구물리학　storehouse[stɔ́:rhàus] 보고　interaction[ìntərǽkʃən] 상호작용　pave the way ~을 가능하게 하다
consistent[kənsístənt] 일관된 (=coherent)　dormant[dɔ́:rmənt] 활동하지 않는　erupt[irʌ́pt] 폭발하다　indicator[índikèitər] 지표
impending[impéndiŋ] 임박한

POINT 1

단락 3

화산 폭발을
예고하는
지진 활동

3 In most cases, a volcanic eruption is heralded by a period of heightened seismic activity, with earthquakes becoming increasingly frequent, leading up to the actual event. The phenomenon is caused by the ascension of magma and volcanic gas through fissures in the Earth's crust, as pressure variances disturb underground rock formations, interfering with existing stress distributions. With the strategic placement of seismometers, geophysicists can trace the path of these earthquakes as they move along with molten rock and gas toward the surface.

대부분의 경우, 화산 폭발은 고조된 지진 활동 기간을 통해 예고되는데, 이때 지진이 더욱더 빈번해지고 실제 사건으로 이어진다. 이 현상은 압력의 변화가 지하 암석층을 뒤흔들고 기존의 압력 분포에 손상을 가함에 따라 지각의 열하를 통해 마그마와 화산가스가 상승함으로써 야기된다. 지진계를 전략적으로 배치함으로써 지구물리학자는 녹은 암석과 가스를 따라 지진이 지표면으로 올라올 때 이러한 지진의 경로를 추적할 수 있다.

단락 4

지진파
관측을 통한
화산 폭발 예측

4 During active periods, scientists monitor seismic waves around the clock to detect subtle yet significant differences in the type and intensity of seismic activity. Vibrations are classified into three broad categories: short-period, long-period, and harmonic. The first of these are high-frequency shocks similar to those found near faults along tectonic plates and represent the initial collapse of material in the bedrock. If these weak signals amplify and begin to oscillate over greater durations, they may be taken over by long-period waves, a reliable sign that seismic activity is generating energy within the volcanic conduit or along its walls. Harmonic tremors, continuous low-frequency vibrations that are sometimes audible on the surface, are generally associated with the sustained underground movement of magma. A dramatic proliferation of long-period or harmonic events represents the most worrisome scenario, as [14C]this can indicate increased gas pressure within the volcanic chamber, often a direct precursor to an eruption.

화산이 활동하는 기간 동안, 과학자는 지진 활동의 형태와 강도에 있어 미세하지만 중요한 변화를 감지하기 위해 지진파를 24시간 내내 감시한다. 진동은 단기, 장기, 조화 진동의 세 가지 넓은 범주로 나뉜다. 이 중 첫 번째는 지각판을 따라 있는 단층 주변에서 발견되는 것과 유사한 고주파 진동으로 기반암에서 물질이 처음으로 붕괴되었음을 나타낸다. 만약 이러한 약한 신호가 증폭되고 더 긴 기간에 걸쳐 진동하기 시작하면 장기 지진파로 대체될 수도 있는데, 이는 지진 활동이 화산 도관 내부나 그 벽을 따라 에너지를 발생시키고 있다는 믿을 만한 신호이다. 때때로 표면에서 들을 수 있는 지속적 저주파 진동인 조화 진동은 일반적으로 지하 마그마의 지속적인 움직임과 연관이 있다. 장기 진동이나 조화 진동의 극적인 확산은 가장 걱정되는 시나리오에 해당하는데, [14C]이 확산이 종종 폭발의 직접적인 전조가 되는 화산굄 내부의 가스 압력 증가를 나타낼 수 있기 때문이다.

POINT 2

단락 5

직접적인
열 감지를 통한
화산 폭발 예측

5 One of the most obvious features of this upward movement of magma and gas, and volcanism in general, is the presence of heat. As molten rock and gas accumulate in the center of a volcano, some of the thermal energy generated is transferred to the surface. Scientists can therefore monitor fluctuations in temperatures to detect the presence of volcanic activity below the surface. The simplest way to accomplish this is to send

이러한 마그마 및 가스의 상승과 일반적인 화산 활동의 가장 뚜렷한 특징 중 하나는 열이 존재한다는 것이다. 녹은 암석과 가스가 화산의 중심부에 축적되면서, 발생된 열에너지의 일부는 표면으로 이동한다. 그러므로 과학자는 지표 아래 화산 활동 여부를 탐지하기 위해 온도의 변화를 감시할 수 있다. 이를 성취하기 위한 가장 쉬운 방법은 온도계를 가지고 대기와 물의 온도를 측정하도록 연구원을 가

Vocabulary

3 herald[hérəld] 예고하다 seismic[sáizmik] 지진의 phenomenon[finámənàn] 현상 ascension[əsénʃən] 상승 fissure[fíʃər] 열하
variance[véəriəns] 변화 (=variation) seismometer[saizmámətər] 지진계 molten[móultən] 녹은

4 seismic wave 지진파 fault[fɔːlt] 단층 tectonic[tektánik] 지질 구조의 plate[pleit] 판 bedrock[bédràk] 암반
amplify[ǽmpləfài] 증폭하다 (=magnify) oscillate[ásəlèit] 진동하다 conduit[kándwit] 도관 (=pipe) tremor[trémər] 진동 (=shudder)
sustained[səstéind] 지속적인 (=prolonged) proliferation[prəlìfəréiʃən] 확산 precursor[prikə́ːrsər] 전조

5 thermal energy 열에너지 fluctuation[flʌ̀ktʃuéiʃən] 변화 thermometer[θərmámətər] 온도계 rim[rim] 주변부 (=margin)

researchers with thermometers to nearby lakes, or to the rim of the volcano to measure air and water temperatures. Though effective, [15B]this method puts scientists in danger of exposure to poisonous gases like sulfur dioxide, and also places them in the direct proximity of a potential explosive event. In addition, it is a challenge for field researchers to access volcanoes regularly, particularly those located in remote regions.

단락 6
원격 측정을
통한 화산
폭발 예측

6 To overcome these obstacles, volcanologists have turned to remote-sensing equipment to help them monitor volcanic activity. Infrared thermometers can measure radiation in various wavelengths, making direct contact with the volcano's surface unnecessary. In addition, some sensors can represent thermal radiation as images. [16A]One such imaging instrument, ASTER (Advanced Spaceborne Thermal Emission and Reflector Radiometer), is capable of transmitting infrared images at regular intervals that can help scientists map changes in volcanic thermal patterns. In 2003, for example, ASTER helped detect thermal anomalies and a small plume of steam emanating from the summit of Mt. Shishaldin in Alaska, precursors to an eruption more than two months later that shot ash thousands of meters into the air.

POINT 3

단락 7
지각 변동
관측을 통한
화산 폭발 예측

7 The measurement of ground deformation is another helpful tool for researchers, as the area around an active volcano often swells, deflates, or shifts as magma moves in and out of its underground plumbing system. The distribution and rate of ground deformation provide clues about processes occurring within the volcano. Swelling at the summit of Mauna Loa in Hawaii, for example, occurs as magma moves into and expands the summit magma chamber. [17B]Such deformations are generally subtle and can only be detected with precise surveying techniques or sensitive tilt and strain meters. Ground movements of several meters can occur during a large earthquake or when magma forces its way to the surface along a rift zone. An increased rate of swelling, especially if accompanied by an increase in sulfur dioxide emissions and seismic tremors, is a sign of the high probability of an impending event.

까운 호수나 화산 주변부로 보내는 것이다. 비록 효과적이긴 하지만 [15B]이 방법은 과학자를 아황산가스와 같은 유독한 기체에 노출시켜 위험에 처하게 하며, 또한 잠재적인 폭발에 매우 가까이 놓이게 한다. 게다가, 현장 연구원이 정기적으로 화산에 접근하는 것은 어려운 일이며 멀리 떨어진 지역에 위치한 화산의 경우 특히 그러하다.

이러한 장애를 극복하기 위해서, 화산학자는 화산 활동 감시를 돕는 원격 측정 장비에 관심을 돌렸다. 적외선 온도계는 파장이 다양한 복사열을 측정할 수 있어서 화산 표면과의 직접적인 접촉을 불필요하게 만들었다. 게다가, 일부 감지기는 열복사를 영상으로 나타낼 수 있다. [16A]이러한 영상 기계 중 하나인 ASTER(선진 우주 중계 열 방출 및 반사 복사계)는 일정 기간마다 적외선 영상을 전송할 수 있는데, 이는 과학자가 화산의 온도 패턴 변화를 도표화하는 데 도움을 줄 수 있다. 예를 들어 2003년에 ASTER는 온도의 변칙과 알래스카의 시샬딘산 정상으로부터 발산되는 작은 증기 기둥을 탐지하는 데 도움을 주었는데, 이는 화산재를 수천 미터 상공으로 날려버린, 두 달 후의 폭발에 대한 전조였다.

지각 변동 측정은 연구원에게 도움이 되는 또 하나의 도구인데, 이는 마그마가 지하 배관 구조 안팎으로 이동하면서 활화산 주변 지역이 종종 팽창하거나 수축 또는 이동하기 때문이다. 지각 변동의 분포와 비율은 화산 내부에서 일어나는 과정에 대한 단서를 제공한다. 예를 들어 하와이 마우나로아 화산의 정상에서 일어나는 팽창은 마그마가 정상의 마그마굄으로 들어가 마그마굄을 확장시키면서 일어난다. [17B]이러한 변동은 일반적으로 포착하기 어렵고, 정확한 관측 장비나 정밀한 경사계와 스트레인 미터로만 관측될 수 있다. 몇 미터에 걸친 지표의 이동은 대지진이 일어나는 동안이나 마그마가 지구대를 따라 표면으로 밀고 나갈 때 발생할 수 있다. 팽창 비율의 증가는, 특히 아황산가스 방출과 진동의 증가가 뒤따라 일어난다면, 폭발이 임박했을 확률이 높다는 신호다.

Vocabulary

5 sulfur dioxide 아황산가스   proximity[prɑksíməti] 근접
6 anomaly[ənáməli] 변칙   plume[pluːm] (연기·구름의) 기둥   emanate[émənèit] 발산하다 (=originate)
7 magma chamber 마그마굄(다량의 마그마가 모여있는 지하의 저장소)   deformation[dìːfɔːrméiʃən] 변동   swell[swel] 팽창하다 (=inflate)
   deflate[difléit] 수축하다   subtle[sʌtl] 포착하기 어려운 (=imperceptible)   tilt[tilt] 각도   tilt meters 경사계   strain meters 스트레인미터, 변형계
   rift zone 지구대

CONCLUSION

단락 8

화산 폭발
예측의 어려움

8 Still, advances in predicting volcanic eruptions do not always result in success. [18D]In 1999, local residents were forced to evacuate their homes repeatedly due to official alerts of a pending eruption of Ecuador's Tungurahua volcano. When no cataclysmic event occurred, the people lost faith in the predictions and returned to their homes. The forecasting failures also led to inconsistent monitoring, and when [18D]consecutive eruptions occurred in July and August of 2006, nearby residents fled the area with little or no advance warning.

그럼에도 불구하고, 화산 폭발 예측의 발전이 항상 성공하는 것은 아니다. [18D]1999년 에콰도르의 퉁구라우아 화산 폭발이 임박했다는 공식 경계경보 때문에 지역 주민들은 집을 반복적으로 비워야 했다. 대격동의 사건이 발생하지 않자 사람들은 예측에 대한 신뢰를 잃고 집으로 돌아갔다. 또한 예측의 실패는 일관성 없는 감시로 이어졌고, [18D]2006년 7, 8월에 연속적인 폭발이 일어났을 때, 주변 거주자들은 아무런 사전의 경고도 받지 못하고 그 지역을 피했다.

Sentence Analysis

⊙ The phenomenon is caused / by the ascension of magma and volcanic gas /
　 이 현상은 야기된다　　　　　　　　마그마와 화산가스가 상승함으로써

through fissures in the Earth's crust, / as pressure variances disturb underground rock formations, /
　 지각의 열하를 통해　　　　　　　　　압력의 변화가 지하 암석층을 뒤흔듦에 따라

interfering with existing stress distributions.
　 그리고 기존의 압력 분포에 손상을 가함에 따라

⊙ If these weak signals amplify / and begin to oscillate over greater durations, /
　 만약 이러한 약한 신호가 증폭되면　　그리고 더 긴 기간에 걸쳐 진동하기 시작하면

they may be taken over by long-period waves, / a reliable sign /
　 장기 지진파로 대체될 수도 있다　　　　믿을 만한 신호

that seismic activity is generating energy / within the volcanic conduit or along its walls.
　 지진 활동이 에너지를 발생시키고 있다는　　　화산 도관 내부나 그 벽을 따라

Vocabulary

8 evacuate[ivǽkjuèit] 비우다　alert[ǝlǝ́ːrt] 경계경보, 공습경보　pending[péndiŋ] (문제·재해 따위가) 임박한　cataclysmic[kæ̀tǝklízmik] 대격동의　lose faith in ~을 신뢰하는 마음을 잃다　inconsistent[ìnkǝnsístǝnt] 일관성이 없는　consecutive[kǝnsékjutiv] 연속적인 (=continuous)　advance[ædvǽns] 사전의

11

The word "limited" in the passage is closest in meaning to

(A) fixed
(B) narrow
(C) locked
(D) typical

지문의 단어 "limited"와 의미상 가장 유사한 것은?

(A) 고정된
(B) 제한된
(C) 잠긴
(D) 대표적인

Vocabulary 지문의 limited(제한된)는 narrow(제한된)와 동의어이다. narrow에는 '좁은', '가는'이라는 뜻 외에 '제한된'이라는 뜻도 있다. 따라서 정답은 (B)이다.

12

The word "dormant" in the passage is closest in meaning to

(A) ineffective
(B) unnoticed
(C) inactive
(D) unprovoked

지문의 단어 "dormant"와 의미상 가장 유사한 것은?

(A) 효과가 없는
(B) 눈에 띄지 않는
(C) 활동하지 않는
(D) 자극되지 않는

Vocabulary 지문의 dormant(활동하지 않는)는 inactive(활동하지 않는)와 동의어이므로 정답은 (C)이다.

13

The word "they" in the passage refers to

(A) rock formations
(B) seismometers
(C) geophysicists
(D) earthquakes

지문의 단어 "they"가 가리키는 것은?

(A) 암석층
(B) 지진계
(C) 지구물리학자
(D) 지진

Reference 보기 중에서 지시어 they에 대입하여 해석했을 때 가장 자연스러운 단어는 earthquakes(지진)이므로 정답은 (D)이다.

14

According to paragraph 4, an eruption is often immediately preceded by

(A) a dramatic increase in the rate of flow and amount of rising magma

(B) a blockage of the ventilation holes that allow gas and magma to escape

(C) a rise in the force exerted by volcanic gases within the chamber

(D) a cyclical alternation between long-period and harmonic seismic events

4단락에 따르면, 폭발은 종종 _____ 다음에 바로 뒤따라 일어난다.

(A) 상승하는 마그마의 이동 속도와 양의 극적 증가

(B) 가스와 마그마가 빠져 나갈 수 있는 방출 구멍의 막힘

(C) 굄 안의 화산 가스가 일으키는 힘의 상승

(D) 장기 진동과 조화 진동의 주기적인 순환

Fact 문제의 키워드 an eruption is often immediately preceded by(폭발은 종종 ~ 다음에 바로 뒤따라 일어난다)와 같은 의미인 a direct precursor to an eruption(폭발의 직접적인 전조)이 언급된 부분을 지문에서 살펴보면, this can indicate increased gas pressure within the volcanic chamber, often a direct precursor to an eruption(이 확산이 종종 폭발의 직접적인 전조가 되는 화산굄 내부의 가스 압력 증가를 나타낼 수 있다)이라는 것을 알 수 있다. 따라서 보기 (C)는 지문의 내용과 일치하므로 정답이다.

15

According to paragraph 5, one of the disadvantages of direct temperature measurement is that

(A) researchers lack the resources necessary for frequent travel to rural areas

(B) physical proximity to noxious fumes can threaten the health of researchers

(C) movement by researchers at the summit can trigger volcanic explosions

(D) conditions at the summit can distort the data collected by researchers

5단락에 따르면, 직접적인 온도 측정의 단점 중 한 가지는 _____ 이다.

(A) 연구원이 시골 지역으로 빈번한 이동을 하기 위해 필요한 자원이 부족하다.

(B) 유독한 연기에 대한 신체적 접근이 연구원의 건강을 위협할 수 있다.

(C) 정상에서 연구원의 움직임이 화산 폭발을 유발할 수 있다.

(D) 정상에서의 상황이 연구원이 수집한 정보를 왜곡할 수 있다.

Fact 문제의 키워드 direct temperature measurement(직접적인 온도 측정)와 같은 의미인 send researchers ~ to measure air and water temperatures(대기와 물의 온도를 측정하도록 연구원을 보낸다)가 언급된 부분의 주변을 지문에서 살펴보면, this method puts scientists in danger of exposure to poisonous gases like sulfur dioxide(이 방법은 과학자를 아황산가스와 같은 유독한 기체에 노출시켜 위험에 처하게 한다)라는 것을 알 수 있다. 따라서 보기 (B)는 지문의 내용과 일치하므로 정답이다.

16

In paragraph 6, what does the author say about the remote-sensing instrument ASTER?

(A) It is able to aid scientists in charting volcanic temperature gradients.

(B) It can help prevent volcanic activities that threaten surrounding populations.

(C) It can detect structural shifts occurring near a volcano's summit with infrared imagery.

(D) It is able to determine the minimum temperatures necessary to create visible signals.

6단락에서 원격 측정 기계인 ASTER에 대해 글쓴이가 말하고 있는 것은?

(A) 과학자가 화산의 온도 변화도를 도표화하는 데 도움을 줄 수 있다.

(B) 주변 인구를 위협하는 화산 활동을 막는 것을 도와줄 수 있다.

(C) 적외선 영상을 통해 화산 정상 근처에서 일어나는 지질구조 변화를 인지할 수 있다.

(D) 시각신호를 만들기 위해 필요한 최소 온도를 결정할 수 있다.

Fact 문제의 키워드 instrument ASTER(ASTER 기계)가 언급된 부분을 지문에서 살펴보면, One ~ ASTER, is capable of transmitting infrared images ~ map changes in volcanic thermal patterns(이러한 영상 기계 중 하나인 ASTER는 일정 기간마다 적외선 영상을 전송할 수 있는데, 이는 과학자가 화산의 온도 패턴 변화를 도표화하는 데 도움을 줄 수 있다)라는 것을 알 수 있다. 따라서 보기 (A)는 지문의 내용과 일치하므로 정답이다.

17

Which of the following can be inferred from paragraph 7 about ground deformation in the area around a volcano?

(A) It results in a reverse in the direction of flowing magma.

(B) It cannot usually be seen with the naked eye.

(C) It occurs most often in rift zones below the summit.

(D) It sometimes results in a collapse of the magma chamber.

다음 중 화산 주변 지역의 지각 변동에 대해 7단락으로부터 추론할 수 있는 것은?

(A) 마그마가 반대 방향으로 흐르게 된다.

(B) 일반적으로 육안으로는 볼 수 없다.

(C) 정상 아래의 지구대에서 가장 자주 일어난다.

(D) 때때로 마그마 굄의 붕괴를 초래한다.

Inference 7단락에서 문제의 키워드 ground deformation(지각 변동)이 언급된 부분의 주변을 살펴보면, Such deformations are generally subtle and can only be detected with precise surveying techniques or sensitive tilt and strain meters(이러한 변동은 일반적으로 포착하기 어렵고, 정확한 관측 장비나 정밀한 경사계와 스트레인미터로만 관측될 수 있다)라고 언급했다. 즉, 정확한 관측 장비나 정밀한 경사계와 스트레인미터로만 관측될 수 있다는 내용을 통해 육안으로는 볼 수 없다는 것을 추론할 수 있다. 따라서 정답은 (B)이다.

18

Paragraph 8 suggests which of the following statements about Ecuador's Tungurahua volcano?

(A) It would have caused much devastation in 1999 without official alerts.

(B) It consistently ranks among the world's most difficult volcanoes to predict.

(C) Its eruptions are so infrequent that it was previously thought to be extinct.

(D) It probably had no major eruptions between 1999 and 2006.

다음 중 에콰도르의 통구라우아 화산에 대한 진술 중 8단락이 제시하는 것은?

(A) 공식 경계경보가 없었으면 1999년에 엄청난 참상을 일으켰을 것이다.

(B) 지속적으로 세계에서 예측하기 가장 어려운 화산 중 하나로 평가된다.

(C) 폭발이 좀처럼 일어나지 않아서 예전에는 활동을 멈춘 것으로 생각되었다.

(D) 아마도 1999년과 2006년 사이에는 큰 폭발이 없었을 것이다.

Fact 문제의 키워드 Ecuador's Tungurahua volcano(에콰도르의 통구라우아 화산)가 언급된 부분을 지문에서 살펴보면, In 1999 ~ no cataclysmic event occurred(1999년 ~ 대격동의 사건이 발생하지 않았다)라고 했고, 또한 consecutive eruptions occurred in July and August of 2006(2006년 7, 8월에 연속적인 폭발이 일어났다)라고 했다. 즉, 1999년에는 화산 폭발 경보에도 불구하고 화산이 폭발하지 않았고 2006년에서야 화산이 연속적으로 폭발한 것을 알 수 있다. 따라서 보기 (D)는 지문의 내용과 일치하므로 정답이다.

19

Look at the four squares [■] that indicate where the following sentence could be added to the passage.

Technological innovations have also helped pave the way for advanced measurement and monitoring.

Where would the sentence best fit? 2nd ■

네 개의 네모[■]는 다음 문장이 삽입될 수 있는 부분을 나타내고 있다.

또한 기술혁신은 진보된 측정과 감시를 가능하게 해주었다.

이 문장은 어느 자리에 들어가는 것이 가장 적절한가? 두 번째 ■

Insertion 삽입 문장에서 정답의 단서는 also helped pave the way(또한 가능하게 해주었다)로 이를 통해 어떠한 것의 긍정적인 역할에 대한 내용이 삽입 문장 전에 언급되었다는 것을 예상할 수 있다. 두 번째 ■ 앞 문장을 살펴보면, allowing scientists to better understand(과학자가 더 잘 이해하도록 도왔다)라는 내용이 있으므로 삽입 문장은 이 문장 바로 다음에 위치해야 함을 알 수 있다. 두 번째 ■에 삽입 문장을 넣어보면, 현대 지구물리학은 화산 형성 및 그 원인과 관련된 막대한 정보의 보고를 만들었는데, 이는 과학자가 지구 내부 층과 지표 사이의 상호작용을 더 잘 이해하도록 도왔으며, 또한 기술혁신은 진보된 측정과 감시를 가능하게 해주었다는 내용이 되어 글의 흐름이 자연스럽다. 따라서 정답은 두 번째 ■이다.

20

Directions: An introductory sentence for a brief summary of the passage is provided below. Complete the summary by selecting the THREE answer choices that express the most important ideas in the passage. Some sentences do not belong in the summary because they express ideas that are not presented in the passage or are minor ideas in the passage. **This question is worth 2 points.**

지시: 지문 요약을 위한 도입 문장이 아래에 주어져 있다. 지문의 가장 중요한 내용을 나타내는 보기 3개를 골라 요약을 완성하시오. 어떤 문장은 지문에 언급되지 않은 내용이나 사소한 정보를 담고 있으므로 요약에 포함되지 않는다. 이 문제는 2점이다.

> **The prediction of volcanic eruptions is based on the observation of associated natural phenomena.**
>
> - (C) Scientists employ a variety of methods to keep track of surface temperature changes in and around volcanoes.
> - (D) Distortion of volcanic land is a sign that molten material is beginning to push its way through the surface.
> - (F) Subterranean seismic patterns provide scientists with clues regarding pre-eruptive volcanic activity.

(A) A long-period tremor is a clear indication that volcanic gases are pressurizing under the surface.

(B) The gaseous discharge near the rim of a volcano directly reflects the relative dangers involved in volcanic research.

(E) Imprecision in volcanic monitoring has led to prediction failures, resulting in tremendous loss of human life.

> **화산 폭발의 예측은 자연 현상과 관련된 관측에 바탕을 둔다.**
>
> - (C) 과학자는 화산 안팎의 표면온도 변화를 기록하기 위해 다양한 방법을 사용한다.
> - (D) 화산 지대의 뒤틀림은 용해된 물질이 지표면을 밀고 나오기 시작한다는 신호이다.
> - (F) 지하의 지진 패턴은 과학자에게 화산 폭발 이전의 활동에 대한 단서를 제공한다.

(A) 장기 진동은 화산 가스가 지표면 아래에서 가압되고 있다는 명백한 징후이다.

(B) 화산 가장자리 주변의 가스 방출은 화산 연구와 관련된 상대적인 위험을 직접적으로 반영한다.

(E) 화산 관측의 부정확성은 무시무시한 인명 손실을 초래한 예측 실패로 이어졌다.

Summary 지문의 중심 내용은 자연 현상을 바탕으로 한 화산 폭발 예측이다. 보기 (C)는 5~6단락의 중심 내용인 열 감지를 통한 화산 폭발 예측과 일치하고, 보기 (D)는 7단락의 중심 내용인 지각 변동 관측을 통한 화산 폭발 예측과 일치하며, 보기 (F)는 3~4단락의 중심 내용인 지진 관측을 통한 화산 폭발 예측과 일치한다. 따라서 정답은 (C), (D), (F)이다.

TEST 02 지문의 단어 중 토플 필수 단어를 선별하여 정리하였습니다. 고득점을 위해 단어암기 음성파일을 들으며 꼭 암기하세요.

* 해커스 동영상강의 포털 해커스인강(HackersIngang.com)에서 단어암기 음성파일을 무료로 다운로드할 수 있습니다.

☐ disturbance[distə́:rbəns] 생태계 교란 (=agitation)

☐ succession[səkséʃən] 천이

☐ colonize[kálənàiz] 군락을 형성하다 (=inhabit)

☐ devoid of ~이 없는

☐ austere[ɔːstíər] 불모의

☐ accelerate[æksélərèit] 촉진하다 (=speed up)

☐ flora[flɔ́:rə] 식물군

☐ decomposed[dìːkəmpóuzd] 부패된

☐ degrade[digréid] 분해되다

☐ herbivore[hə́:rbəvɔ̀:r] 초식 동물

☐ omnivorous[amnívərəs] 잡식성의

☐ carnivorous[kɑːrnívərəs] 육식성의

☐ fauna[fɔ́:nə] 동물군

☐ retreat[ritríːt] 물러나다 (=recede)

☐ culmination[kʌ̀lmənéiʃən] 절정

☐ designate[dézignèit] 지정하다 (=assign)

☐ conceive[kənsíːv] (~라고) 여기다 (=realize)

☐ simile[síməli] 직유

☐ renewal[rinjúːəl] 회복 (=revival)

☐ devastation[dèvəstéiʃən] 폐허

☐ pinnacle[pínəkl] 절정 (=peak)

☐ empirical[impírikəl] 경험적인

☐ contingency[kəntíndʒənsi] 우연성

☐ discount[dískaunt] 도외시하다

☐ layperson[léipə̀:rsn] 일반인

☐ causal[kɔ́:zəl] 인과적인

☐ penetrate[pénətrèit] 관통하다 (=pierce)

☐ foresee[fɔːrsíː] 예측하다 (=predict)

☐ confine[kənfáin] 국한하다 (=limit)

☐ pave the way ~을 가능하게 하다

☐ consistent[kənsístənt] 일관된 (=coherent)

☐ dormant[dɔ́:rmənt] 활동하지 않는

☐ impending[impéndiŋ] 임박한

☐ herald[hérəld] 예고하다

☐ amplify[ǽmpləfài] 증폭하다 (=magnify)

☐ oscillate[ásəlèit] 진동하다

☐ tremor[trémər] 진동 (=shudder)

☐ sustained[səstéind] 지속적인 (=prolonged)

☐ proliferation[prəlìfəréiʃən] 확산

☐ precursor[prikə́:rsər] 전조

☐ rim[rim] 주변부 (=margin)

☐ anomaly[ənáməli] 변칙

☐ emanate[émənèit] 발산하다 (=originate)

☐ deformation[dìːfɔːrméiʃən] 변동

☐ swell[swel] 팽창하다 (=inflate)

☐ deflate[diːfléit] 수축하다

☐ subtle[sʌ́tl] 포착하기 어려운 (=imperceptible)

☐ cataclysmic[kæ̀təklízmik] 대격동의

☐ lose faith in ~을 신뢰하는 마음을 잃다

☐ consecutive[kənsékjutiv] 연속적인 (=continuous)

Quiz

각 단어의 알맞은 뜻을 찾아 연결하시오.

01 designate   ⓐ 절정
02 austere   ⓑ 직유
03 contingency   ⓒ 인과적인
04 fauna   ⓓ 불모의
05 causal   ⓔ 동물군
    ⓕ 우연성
    ⓖ 지정하다

각 단어의 알맞은 동의어를 찾아 연결하시오.

06 consecutive   ⓐ limit
07 swell   ⓑ inflate
08 amplify   ⓒ magnify
09 consistent   ⓓ continuous
10 foresee   ⓔ coherent
    ⓕ imperceptible
    ⓖ predict

01 ⓖ 02 ⓓ 03 ⓕ 04 ⓔ 05 ⓒ 06 ⓓ 07 ⓑ 08 ⓒ 09 ⓔ 10 ⓖ

HACKERS TOEFL ACTUAL TEST READING

TEST 03

SELF-CHECK LIST

ANSWER KEYS & 취약 유형 분석표

해석 · 해설

VOCABULARY LIST

SELF-CHECK LIST

이번 테스트는 어땠나요?
다음 체크리스트로 자신의 테스트 진행 내용을 점검해 볼까요?

1 나는 36분 동안 완전히 테스트에 집중하였다.   ☐ Yes   ☐ No
  집중하지 못했다면, 그 이유는?

2 나는 주어진 36분 동안 20문제를 모두 풀었다.   ☐ Yes   ☐ No
  문제를 모두 풀지 못했다면, 그 이유는?

3 유난히 어렵게 느껴지는 지문이 있었다.   ☐ Yes   ☐ No
  있었다면, 어려웠던 지문과 그 이유는? (글의 주제, 글의 흐름, 문법, 어휘 등)

4 유난히 어렵게 느껴지는 문제가 있었다.   ☐ Yes   ☐ No
  있었다면, 어려웠던 문제의 유형과 그 이유는?

5 이전 테스트에서 발견된 문제점이 모두 개선되었다.   ☐ Yes   ☐ No
  개선되지 않았다면, 그 이유는?

6 개선해야 할 점과 이를 위한 구체적인 학습 계획

ANSWER KEYS & 취약 유형 분석표

01 (D) Reference

02 (D) Fact

03 (C) Vocabulary

04 (C) Vocabulary

05 (C) Sentence Simplification

06 (B) Rhetorical Purpose

07 (B) Negative Fact

08 (A) Inference

09 4th ■ Insertion

10 (B), (D), (E) Summary

11 (A) Fact

12 (D) Fact

13 (A) Vocabulary

14 (C) Fact

15 (B) Inference

16 (D) Fact

17 (A) Rhetorical Purpose

18 (C) Sentence Simplification

19 1st ■ Insertion

20 (A), (D), (F) Summary

■ 각 문제 유형별 맞힌 개수를 아래에 적어 보세요.

문제 유형	맞힌 답의 개수
Sentence Simplification	/ 2
Fact & Negative Fact	/ 6
Vocabulary	/ 3
Reference	/ 1
Rhetorical Purpose	/ 2
Inference	/ 2
Insertion	/ 2
Summary	/ 2
Total	**/20**

*자신이 취약한 유형은 READING STRATEGIES(p.22)를 통해 다시 한번 점검하시기 바랍니다.

The American Constitution | 미국 헌법

INTRO	단락 1	미국 헌법의 발생 배경
	단락 2	
POINT 1	단락 3	미국 헌법의 초기 형태인 연합규약
	단락 4	
POINT 2	단락 5	연합규약의 단점을 개선시킨 미국 헌법
	단락 6	
	단락 7	
POINT 3	단락 8	미국 헌법의 수정 조항인 권리장전

미국 헌법의 조항

INTRO

단락 1
한 나라의 정치적인 환경을 반영하는 헌법

1 Comprised of documents that define the very architecture of legal systems and spell out the rules, according to which the exercise of governmental power is carried out, constitutions ultimately reflect the political foundations of their nations. The Constitution of the United States of America, for example, consists of a single document that was created in a relatively brief interval of time in response to specific politico-historical situations.

헌법은 법 체계의 구조 자체를 정의하고 정부 권력이 행사되는 규칙을 상세히 설명하는 문서로 구성되어, 궁극적으로 그 나라의 정치적인 기초를 반영한다. 예컨대 미국 헌법은 특정한 정치적·역사적 상황에 대응하여 비교적 짧은 시간에 만들어진 단일 문서로 구성된다.

단락 2
초기 미국 헌법의 채택 과정

2 Formulated in the period following the conclusion of the American Revolution, the Constitution was intended to function as a blueprint that would clearly dictate the legislative and political mechanisms of a new nation. The legislature had become a focal point for dissenting opinions and visions regarding the political and legal structure of the new government, with tensions between the proponents of the rights of the states, the central government, and the individual citizen each playing an important role. 02D It was the need to satisfy these conflicting interests that eventually led to the adoption of the Constitution, but only after a decade of failed efforts resulting from the limited power of the young government.

미국 독립 전쟁 종결 후에 공식화된 미국 헌법은 새로운 국가의 입법적·정치적 메커니즘을 명확히 지시하는 청사진의 역할을 하도록 의도되었다. 입법부는 새 정부의 정치 구조와 법 구조에 대한 반대되는 의견과 미래상의 중심이 되었고, 주의 권리, 중앙 정부의 권리 그리고 시민 개개인의 권리를 지지하는 자들 사이에서 긴장이 조성되어 있었는데 이들 각각이 중요한 역할을 했다. 02D이 상충하는 이해관계를 충족시키려는 필요에 의해 결국 헌법이 채택되었으나, 이는 신생 정부의 제한된 권력에서 비롯된 10년간의 실패한 노력이 있고 나서야 비로소 가능하였다.

Vocabulary

1 **architecture**[á:rkətèktʃər] 구조 **spell out** 상세히 설명하다 **carry out** 행사하다 **constitution**[kànstətjú:ʃən] 헌법 **ultimately**[ʌ́ltəmətli] 궁극적으로 **specific**[spisífik] 특정한

2 **conclusion**[kənklú:ʒən] 종결 (=end) **blueprint**[blú:prìnt] 청사진 **dictate**[díkteit] 지시하다 **legislative**[lédʒislèitiv] 입법의 **legislature**[lédʒislèitʃər] 입법부 **focal point** 중심 (=focus) **dissent**[disént] 반대하다 (=differ) **proponent**[prəpóunənt] 지지자 **conflicting**[kənflíktiŋ] 상충하는 (=clashing)

POINT 1

단락 3
연합규약 비준

3 During the Revolutionary War, the only collective governing body was the Continental Congress (1774-1781), which was little more than a de facto association binding the colonies together against Britain. A monumental early attempt to create an overarching legal framework for the nation was the ratification of the Articles of Confederation in 1781, which bound the original thirteen states into a loose league of semi-independent political entities. The provisions represented a triumph for those who advocated the prerogatives of the component states, because the powers of government under the Articles (i.e., the Congress of the Confederation) were mostly limited to foreign relations and management of the western territories. Such restrictions were viewed as appropriate by the supporting delegates, most of whom considered the primary function of the national government to lie in presenting a unified symbolic and military front when dealing with the European powers.

독립 전쟁 당시 연합 통치 기구는 대륙회의(1774 ~1781)뿐이었는데, 이는 영국에 대항하여 식민지를 결속시키는 사실상의 협회에 지나지 않았다. 국가의 최상위 법적 틀을 마련하기 위한 의미 있는 초기의 시도는 1781년에 있었던 연합규약의 비준인데, 이는 최초의 13개 주를 준독립적인 정치 독립체들의 느슨한 동맹으로 결속시켰다. 이 규약은 구성 주의 특권을 옹호하는 사람들에게는 승리를 의미했는데, 이는 연합규약 하 정부(연방의회)의 권한이 대부분 외교 관계와 서부 영토 관리에 국한되었기 때문이다. 이러한 제한은 이를 지지하는 의원에게는 적합하다고 여겨졌는데, 이들 대다수는 중앙 정부의 주요한 기능이 유럽 열강과의 관계에서 하나의 상징적이고 군사적인 공동 전선을 제시하는 것에 있다고 생각하였다.

단락 4
연합규약의
문제점

4 Weaknesses in the confederate political system were soon made apparent, however, because the national government was unable to exert any significant authority over the sovereignty of the states. Of particular concern was the fact that national authorities lacked any general power of taxation, necessitating continual requests to individual states for funds (which were seldom granted). Each state functioned in many respects as an independent nation, effectively holding veto power over any amendments proposed by the Congress. Consequently, because any changes to the Articles of Confederation required the unanimous support of all thirteen states, substantial modifications to the contents were almost impossible. ■

그러나 동맹 정치 체제의 결점은 곧 명백해졌는데, 이는 중앙 정부가 각 주의 주권에 대한 어떠한 의미 있는 권한도 행사할 수 없었기 때문이다. 특히 염려되었던 것은 중앙 정부가 세금을 징수할 총체적인 권한이 없어서 각 주에게 계속해서 자금(좀처럼 주어지지 않는)을 요청할 필요가 있었다는 것이다. 각 주는 여러 면에서 독립적인 국가로 기능했고, 의회에서 제안된 어떠한 수정안에 대해서도 효과적으로 거부권을 행사할 수 있었다. 결과적으로, 연합규약에 대한 어떠한 수정에도 모든 13개 주의 만장일치 찬성이 요구되었기 때문에 그 내용을 상당 부분 수정하는 것은 거의 불가능하였다.

POINT 2

단락 5
연합규약의
단점을 개선한
미국 헌법

5 Once it had become apparent that the Articles contained inherent weaknesses, it was acknowledged that a new constitutional document was needed, and in 1787 the Constitutional Convention convened, where delegates quickly voted to abandon the Articles of Confederation entirely. ■ After extensive debate, representatives of the thirteen political bodies eventually ratified the Constitution of the United States of

연합규약에 본래부터 결점이 있었다는 것이 명백해지자 새로운 헌법 문서가 필요하다는 것이 인정되었고, 1787년에 헌법 제정 회의가 개최되었는데 여기서 의원들은 연합규약을 완전히 폐지하기로 서둘러 투표하여 가결하였다. 긴 시간에 걸친 회의 후에 13개 정치단체의 대표들은 주의 권리와 강한 중앙 집권 통치 체제의 필요성 사이의 절충안을 의미하는 문서인 미국 헌법을 마침내 비준하였

Vocabulary

3 de facto 사실상의   overarching[òuvərɑ́:rtʃiŋ] 최상위의, 무엇보다 중요한   framework[fréimwə̀:rk] 틀, 구조
ratification[ræ̀təfikéiʃən] 비준 (=sanction)   entity[éntəti] 독립체   provision[prəvíʒən] 규약   prerogative[prirɑ́gətiv] 특권
delegate[déligèit] 의원
4 confederate[kənfédərət] 동맹의   exert[igzə́:rt] 행사하다 (=exercise)   sovereignty[sɑ́vərənti] 주권   grant[grænt] 주다 (=give)
veto[ví:tou] 거부권   amendment[əméndmənt] 수정안   unanimous[juːnǽnəməs] 만장일치의   substantial[səbstǽnʃəl] 상당한
5 inherent[inhíərənt] 본래의, 내재된 (=innate)   acknowledge[æknɑ́lidʒ] 인정하다 (=admit)   convene[kənvíːn] 개최되다
ratify[rǽtəfài] 비준하다 (=endorse)

America, a document that represented a compromise between the rights of the states and the need for a strong centralized system of governance. ■ On March 4, 1789, this need was realized when the federal government of the United States began operations under the new constitution. ■ **The transformation away from a confederate form of organization was complete.**

다. 1789년 3월 4일, 이러한 필요성은 새로운 헌법 아래 미국 연방정부가 운용되기 시작했을 때 현실화되었다. 동맹의 형태를 띤 체제로부터 멀리 떨어진 변화가 완성되었다.

단락 6
미국 헌법 비준의 장애물과 그 해결책

6 One of the major obstacles to the ratification of the new constitution was reaching an agreement upon the formula to be used to determine state representation in the legislature, with larger, more populous states demanding a proportional division and the smaller ones desiring equal representation. To accommodate the considerations of all member states, a bicameral legislature (the Congress of the United States) was established, made up of the House of Representatives and the Senate. It was decided that the number of state delegates sent to the House of Representatives would be determined by population, while each state, regardless of size, would send an equal number to the Senate. Consequentially, the U.S. Constitution endows the House of Representatives with a much larger delegation than that of the Senate.

새로운 헌법 비준에 있어 주요 장애물 중 하나는 입법부 내의 주 대표를 결정하기 위해 사용될 원칙에 대한 합의에 도달하는 것이었는데, 더 크고 인구가 많은 주는 비례 대표를 요구하였고 더 작은 주는 동등한 대표권을 원했다. 모든 가입 주의 의견을 수용하기 위해서, 하원과 상원으로 구성된 양원제 입법부(미국 연방 의회)가 수립되었다. 하원으로 보내지는 주 의원의 수는 인구에 의해 결정하기로 한 반면, 각 주는 크기와 상관없이 같은 수의 대표를 상원에 보내기로 결정하였다. 결과적으로, 미국 헌법은 상원보다 하원에 더 많은 대표단을 부여한다.

단락 7
미국 헌법의 권한을 설명하는 헌법의 제 6조항

7 While the first five articles delineated the responsibilities of the various branches of government and the amendment process, Article Six established the U.S. Constitution as the supreme law of the land, requiring that all legislators, judicial members, and executive officers – whether state or federal – swear an oath of allegiance to the Constitution. In addition, it explicitly commands that state law not be in contradiction to federal law, and that in such cases, state adjudicators are bound to uphold the sovereignty of federal law. However, to satisfy the rights of the states, the Constitution also asserts that all powers not granted to the federal government remain under the purview of the state governments.

첫 다섯 조항은 다양한 정부 부처의 책임과 수정 절차를 서술하고 있는 반면, 여섯 번째 조항은 미국 헌법을 국가 최고의 법으로 규정하고 있으며, 주 정부든 연방정부든 모든 입법자, 사법관, 행정관이 헌법에 대한 충성을 맹세할 것을 요구한다. 게다가 미국 헌법은 주법이 연방법과 모순되지 않을 것을 명시적으로 요구하고 있으며, 그러한 경우 주 재판관은 연방법의 주권을 지지할 의무가 있다. 그러나 또한 헌법은 주의 권리를 충족시키기 위해서 연방정부에 주어지지 않은 권력을 주정부의 권한 아래 두도록 하고 있다.

Vocabulary

5 compromise[kámprəmàiz] 절충안

6 proportional[prəpɔ́ːrʃənl] 비례의   accommodate[əkámədèit] 수용하다 (=hold)   bicameral[baikǽmərəl] 양원제의
  House of Representatives 하원   Senate[sénət] 상원   endow[indáu] 부여하다   delegation[dèligéiʃən] 대표단, 각 주의 대표 국회의원

7 delineate[dilínièit] 서술하다 (=describe)   judicial[dʒuːdíʃəl] 사법의   allegiance[əlíːdʒəns] 충성   contradiction[kàntrədíkʃən] 모순
  adjudicator[ədʒúːdikèitər] 재판관   purview[pɔ́ːrvjuː] 권한

POINT 3

단락 8
개인의 권리를
보장하는
권리장전

8 Subsequently, [08A]the rights of individual citizens were addressed by the ten amendments that collectively came to be known as the Bill of Rights, which launched a new era of freedom and [07A]guaranteed a wide range of liberties, including freedom of speech, religion, and the press. The amendments also addressed the judiciary process by [07C]granting the right to a fair trial for those citizens charged with crimes. [08A]Eventually, these provisions would be incorporated into the constitutions of the various states, ensuring that all American citizens have certain inalienable rights regardless of their area of residence; some, however, such as [07D]the right to bear arms, remain controversial even today.

이어서, [08A]시민 개개인의 권리는 모두 합쳐서 권리 장전이라고 알려지게 된 열 개의 수정안에 의해 다루어졌는데, 이것은 자유의 새로운 시대를 시작했고 [07A]의사 표현, 종교 그리고 언론의 자유와 같이 다양한 범위의 자유를 보장해 주었다. 또한 수정안은 [07C]기소된 시민에게 공정한 재판을 받을 권리를 부여하는 것으로 사법 절차를 다루었다. [08A]결국 이러한 조항은 다양한 주의 헌법에 통합되었고, 미국 시민은 거주지에 상관없이 양도할 수 없는 일정한 권리를 가질 수 있게 되었다. 그러나 [07D]권총을 소지할 수 있는 권리와 같은 일부 조항은 지금까지도 논쟁의 여지로 남아 있다.

Sentence Analysis

◉ The legislature had become a focal point / for dissenting opinions and visions /
입법부는 중심이 되었다　　　　　　반대되는 의견과 미래상의

regarding the political and legal structure of the new government, / with tensions /
새 정부의 정치 구조와 법 구조에 대한　　　　　　긴장과 함께

between the proponents of the rights of the states, the central government, and the individual citizen /
주의 권리, 중앙 정부의 권리 그리고 시민 개개인의 권리를 지지하는 자들 사이에서

each playing an important role.
각각이 중요한 역할을 하는

◉ While the first five articles delineated / the responsibilities of the various branches of government /
첫 다섯 조항은 서술하고 있는 반면　　　　　　다양한 정부 부처의 책임을

and the amendment process, / Article Six established the U.S. Constitution / as the supreme law of
그리고 수정 절차를　　　　　　여섯 번째 조항은 미국 헌법을 규정한다　　　　　　국가 최고의 법으로

the land, / requiring / that all legislators, judicial members, and executive officers /
요구하며　　　　　　모든 입법자, 사법관, 행정관이

—whether state or federal— / swear an oath of allegiance to the Constitution.
주정부든 연방정부든　　　　　　헌법에 대한 충성을 맹세하다

Vocabulary

8 subsequently[sʌ́bsikwəntli] 이어서 (=successively)　guarantee[gæ̀rəntíː] 보장하다 (=insure)　fair[fɛər] 공정한
incorporate[inkɔ́ːrpərèit] 통합시키다 (=include)　inalienable[inéiljənəbl] 양도할 수 없는　bear[bɛər] 소지하다
controversial[kɑ̀ntrəvə́ːrʃəl] 논쟁의 여지가 있는

01

The word "their" in the passage refers to

(A) documents
(B) systems
(C) rules
(D) constitutions

지문의 단어 "their"가 가리키는 것은?

(A) 문서
(B) 체계
(C) 규칙
(D) 헌법

Reference 보기 중에서 지시어 their에 대입하여 해석했을 때 가장 자연스러운 단어는 constitutions(헌법)이므로 정답은 (D)이다.

02

According to paragraph 2, the eventual adoption of the Constitution stemmed from the need

(A) to censure politicians who expressed dissenting views
(B) to establish new laws restricting national citizenship
(C) to further extend the legal rights of individual states
(D) to appease the opposing demands of several groups

2단락에 따르면, 궁극적으로 헌법을 채택한 것은 _____ 필요에서 유래했다.

(A) 상반되는 입장을 표명했던 정치가를 책망하기 위한
(B) 시민권을 제한하는 새로운 법을 제정하기 위한
(C) 개별 주의 법적 권리를 더 확대하기 위한
(D) 몇몇 집단의 상충되는 요구를 충족시키기 위한

Fact 문제의 키워드 the eventual adoption of the Constitution(궁극적인 헌법의 채택)과 같은 의미인 eventually led to the adoption of the Constitution(결국 헌법을 채택하게 되었다)이 언급된 부분을 지문에서 살펴보면, It was the need to satisfy these conflicting interests that eventually led to the adoption of the Constitution(이 상충하는 이해관계를 충족시키려는 필요에 의해 결국 헌법이 채택되었다)이라는 것을 알 수 있다. 따라서 보기 (D)는 지문의 내용과 일치하므로 정답이다.

03

The word "monumental" in the passage is closest in meaning to

(A) new but temporary
(B) promising
(C) great and significant
(D) surprising

지문의 단어 "monumental"과 의미상 가장 유사한 것은?

(A) 새롭지만 일시적인
(B) 유망한
(C) 중요하고 의미 있는
(D) 놀라운

Vocabulary 지문의 monumental(의미 있는)은 great and significant(중요하고 의미 있는)와 동의어이므로 정답은 (C)이다.

04

The word "substantial" in the passage is closest in meaning to

(A) expedient
(B) extraneous
(C) extensive
(D) extreme

지문의 단어 "substantial"과 의미상 가장 유사한 것은?

(A) 쓸모있는
(B) 외래의
(C) 엄청난
(D) 극도의

Vocabulary 지문의 substantial(상당한)은 extensive(엄청난)와 동의어이다. extensive에는 '광범위한', '대규모의'라는 뜻 외에 '엄청난'이라는 뜻도 있다. 따라서 정답은 (C)이다.

05

Which of the sentences below best expresses the essential information in the highlighted sentence in the passage? *Incorrect* choices change the meaning in important ways or leave out essential information.

(A) In order to appease the concerns of legislators, it was necessary to ensure that an appropriate number of delegates would represent each state.

(B) Although the majority of states supported the recently created set of laws, several demanded substantial changes to the proceedings of the legislature.

(C) The issue of deciding the ratio of legislators from each state was a challenge that had to be overcome before the document could be accepted.

(D) In order for the legislature to function properly, it was necessary to ensure that representatives from each state, whether large or small, would participate.

아래 문장 중 지문 속의 음영된 문장의 핵심 정보를 가장 잘 표현하고 있는 것은 무엇인가? 오답은 문장의 의미를 현저히 왜곡하거나 핵심 정보를 빠뜨리고 있다.

(A) 입법자의 걱정을 진정시키기 위해 적절한 수의 의원이 각 주를 대표할 것을 확실히 할 필요가 있었다.

(B) 비록 대부분의 주가 최근에 만들어진 법을 지지했지만, 몇몇은 입법부의 소송절차에 상당 부분 변화를 요구했다.

(C) 각 주의 의원 비율을 결정하는 문제는 문서가 통과되기 전에 극복해야 할 어려움이었다.

(D) 입법부가 제대로 기능하기 위해서는 주가 크든 작든, 각 주에서 의원이 참여할 것을 확실히 할 필요가 있었다.

Sentence Simplification 음영 표시된 문장 전체가 핵심 정보로서 One of the major obstacles to the ratification of the new constitution(새로운 헌법 비준에 있어 주요 장애물 중 하나)을 a challenge that had to be overcome before the document could be accepted(문서가 통과되기 전에 극복해야 할 어려움)로, reaching an agreement upon the formula to be used to determine(결정하기 위해 사용될 원칙에 대한 합의에 도달하는 것)을 The issue of deciding(결정하는 문제)으로, state representation in the legislature, with larger, more populous states demanding a proportional division and the smaller ones desiring equal representation(입법부 내의 주 대표 ~ 더 크고 인구가 많은 주는 비례 대표를 요구하였고 더 작은 주는 동등한 대표권을 원했다)을 the ratio of legislators from each state(각 주의 의원 비율)로 간략하게 바꾸어 표현한 보기 (C)가 정답이다.

06

What is the purpose of paragraph 7 in the overall discussion of the U.S. constitution?

(A) To demonstrate the compliance of states to the new regulations

(B) To illustrate the extent of the document's authority

(C) To provide an example of structural flaws in the legal system

(D) To explain why previous state laws had been abandoned

미국 헌법에 대한 전반적 논의에서 7단락의 역할은?

(A) 주가 새로운 법규에 따랐음을 보여주기 위해

(B) 미국 헌법이 가지는 권한의 범위를 설명하기 위해

(C) 법 체계의 구조적인 결함의 예를 제시하기 위해

(D) 예전의 주법이 왜 폐기되었는지 설명하기 위해

Rhetorical Purpose 7단락을 살펴보면, 첫 다섯 조항은 다양한 정부 부처의 책임과 수정 절차에 대한 내용이고, 여섯 번째 조항은 미국 헌법의 위상에 대한 내용이며, 전체적으로는 연방법과 관련된 권한의 범위에 대한 내용이다. 즉, 7단락은 미국 헌법이 가지는 권한의 범위를 설명하기 위해 언급된 것이다. 따라서 정답은 (B)이다.

07

According to paragraph 8, the individual rights given to citizens included all of the following EXCEPT

(A) guarantees of freedom with regard to open discourse, spiritual beliefs, and mass media

(B) protections for citizens who choose to peacefully assemble in public places

(C) the assurance that criminal suspects would be treated impartially in court proceedings

(D) the pledge that individual citizens would be allowed to own and possess guns

8단락에 따르면, 다음 중 시민에게 주어진 개인의 권리에 포함되는 것이 아닌 것은?

(A) 열린 토론, 영적인 믿음과 대중매체에 대한 자유 보장

(B) 공공장소에서 평화적으로 집합하기로 결정한 시민에 대한 보호

(C) 범죄 용의자가 법적 소송절차에서 공명정대하게 대우받을 수 있다는 보장

(D) 시민 개개인이 권총을 소유할 수 있다는 약속

Negative Fact 문제의 키워드 the individual rights given to citizens(시민에게 주어진 개인의 권리)와 같은 의미를 가진 the rights of individual citizens(시민 개개인의 권리)가 언급된 부분의 주변을 지문에서 살펴보면 다음을 알 수 있다.
보기 (A)는 지문의 guaranteed a wide range of liberties, including freedom of speech, religion, and the press(의사 표현, 종교 그리고 언론의 자유와 같이 다양한 범위의 자유를 보장)와 일치한다.
보기 (C)는 지문의 granting the right to a fair trial for those citizens charged with crimes(기소된 시민에게 공정한 재판을 받을 권리를 부여)와 일치한다.
보기 (D)는 지문의 the right to bear arms(권총을 소지할 수 있는 권리)와 일치한다.
따라서 보기 (A), (C), (D)는 지문의 내용과 일치하므로 오답이다. 그러나 보기 (B)는 지문에 언급되지 않은 내용이므로 정답이다.

08

According to paragraph 8, what can be inferred about the legal rights of individuals in the United States?

(A) They were not safeguarded nationally prior to the Bill of Rights.

(B) They were protected under the original constitutional document.

(C) They were not guaranteed to residents who traversed state lines.

(D) They were immediately observed by the various individual states.

8단락에 따르면, 미국의 개인의 법적 권리에 대해 추론할 수 있는 것은?

(A) 권리장전 이전에는 국가적으로 보호받지 못했다.

(B) 초기 헌법 문서 하에 보호받았다.

(C) 주 경계선을 건너간 거주자에게는 보장되지 않았다.

(D) 다양한 개별 주에 의해 즉각적으로 준수되었다.

Inference 8단락에서 문제의 키워드 the legal rights of individuals(개인의 법적 권리)와 같은 의미인 the rights of individual citizens(시민 개개인의 권리)가 언급된 부분을 살펴보면, the rights of individual citizens were addressed by the ten amendments ~ known as the Bill of Rights(시민 개개인의 권리는 권리장전이라고 알려지게 된 열 개의 수정안에 의해 다루어졌다)라고 언급했고, Eventually, these provisions would be incorporated into the constitutions of the various states, ensuring that all American citizens have certain inalienable rights regardless of their area of residence(결국 이러한 조항은 다양한 주의 헌법에 통합되었고, 미국 시민은 거주지에 상관없이 양도할 수 없는 일정한 권리를 가질 수 있게 되었다)라고 언급했다. 권리장전에 의해 시민 개개인의 권리가 보장되고 이것이 결국 다양한 주의 헌법에 통합되어 마침내 모든 시민이 거주지에 상관없이, 즉 전국적으로 개인의 권리를 보호받게 되었다는 내용을 통해, 권리장전 이전에는 개인의 법적 권리가 국가적으로 보호받지 못했다는 것을 추론할 수 있다. 따라서 정답은 (A)이다.

09

Look at the four squares [■] that indicate where the following sentence could be added to the passage.

네 개의 네모[■]는 다음 문장이 삽입될 수 있는 부분을 나타내고 있다.

The transformation away from a confederate form of organization was complete.

동맹의 형태를 띤 체제로부터 멀리 떨어진 변화가 완성되었다.

Where would the sentence best fit? 4th ■

이 문장은 어느 자리에 들어가는 것이 가장 적절한가? 네 번째 ■

Insertion 삽입 문장에서 정답의 단서는 The transformation ~ was complete(변화가 완성되었다)로, 네 번째 ■ 앞에서 언급된 the federal government of the United States began operations under the new constitution(새로운 헌법 아래 미국 연방정부가 운용되기 시작했다)을 가리킨다. 네 번째 ■에 삽입 문장을 넣어 보면, 새로운 헌법 아래 미국 연방정부가 운용되기 시작했을 때 동맹의 형태를 띤 체제로부터 멀리 떨어진 변화가 완성되었다는 내용이 되어 글의 흐름이 자연스럽다. 따라서 정답은 네 번째 ■이다.

10

Directions: An introductory sentence for a brief summary of the passage is provided below. Complete the summary by selecting the THREE answer choices that express the most important ideas in the passage. Some sentences do not belong in the summary because they express ideas that are not presented in the passage or are minor ideas in the passage. **This question is worth 2 points.**

지시: 지문 요약을 위한 도입 문장이 아래에 주어져 있다. 지문의 가장 중요한 내용을 나타내는 보기 3개를 골라 요약을 완성하시오. 어떤 문장은 지문에 언급되지 않은 내용이나 사소한 정보를 담고 있으므로 요약에 포함되지 않는다. 이 문제는 2점이다.

상충되는 다양한 이해관계의 균형을 맞추려는 필요는 미국 헌법의 발달에 영향을 미쳤다.

- (B) 기존 법 구조의 단점을 파악하면서, 대표자들은 모여서 새로운 입법 체제에 기초한 합법적인 정부를 채택하였다.
- (D) 헌법은 시민 개개인의 권리 보호를 제공하였다.
- (E) 미국 정부를 설립하기 위한 최초의 시도는 지나치게 주의 이익에 중점을 둔 법적, 정치적인 체제를 가져왔다.

(A) 새로운 국가 법 체계를 찬성하여 각 주의 헌법은 폐기되었다.

(C) 연합규약은 외교 문제가 효율적인 방법으로 수행되는 것을 가능하게 하였다.

(F) 국회로 보내지는 의원의 수에서 인구가 큰 역할을 할 것이라고 결정되었다.

The need to balance a variety of conflicting interests influenced the development of the American Constitution.

- (B) Recognizing flaws in the existing legal structure, representatives convened and adopted a constitutional government based on a new legislative system.
- (D) The Constitution provided protections for the rights of individual citizens.
- (E) The first attempts at establishing an American government provided a legal and political framework weighed too heavily in favor of the states.

(A) The constitutions of the individual states were abandoned in favor of the new national legal structure.

(C) The Articles of Confederation made it possible for foreign relations to be conducted in an efficient manner.

(F) It was determined that demographics would play a role in the number of delegates sent to Congress.

Summary 지문의 중심 내용은 미국 헌법의 발달 과정이다. 보기 (B)는 5~7단락의 중심 내용인 연합규약의 단점을 개선시킨 미국 헌법과 일치하고, 보기 (D)는 8단락의 중심 내용인 미국 헌법의 수정 조항인 권리장전과 일치하며, 보기 (E)는 3~4단락의 중심 내용인 미국 헌법의 초기 형태인 연합규약과 일치한다. 따라서 정답은 (B), (D), (E)이다.

Weather Forecasting | 일기예보

일기도

INTRO

단락 1
과거의
일기예보
– 날씨 속담

1 The old adage "red sky at night, sailor's delight; red sky in morning, sailor's warning" encapsulates the dominant form of weather forecasting prior to the advent of modern methods. ^{11A}Such received wisdom, or "weather lore," represented little more than a haphazard collection of proverbs derived from stories of personal experience. Although the accuracy of these sayings was not very high, their core element of utilizing observed information as a basis for prediction is still an essential part of contemporary weather forecasting.

'밤의 붉은 하늘은 선원들의 기쁨, 아침의 붉은 하늘은 선원들의 근심'이라는 옛 속담은 현대 일기예보 방법이 도래하기 전의 주요 일기예보 형식을 요약적으로 보여준다. ^{11A}이렇게 일반적으로 받아들여진 지식, 즉 '날씨 속담'은 개인적인 경험담에서 비롯된 속담을 아무렇게나 모아놓은 것에 지나지 않았다. 이 속담들은 그다지 정확하지는 않았지만 관찰 정보를 예측 기반으로 사용하는 핵심 요소는 현대 일기예보에서 여전히 필수적인 부분이다.

단락 2
전보와
일기도에
의한 현대
기상학의 발전

2 The modern science of meteorology traces its roots to the invention of the telegraph, as this technology made the rapid exchange of local observations between distant stations possible for the first time. ■ **Prior to this, knowledge about the conditions in other regions was limited to long-term weather patterns.** The subsequent development of synoptic charts, which use a complex symbology for weather-related phenomena and make use of tools like isobars and isotherms, ^{12D}allowed an array of data to be consolidated to create a coherent layout depicting the patterns of wind, pressure, temperature, and precipitation for a large geographic area at a specific time. ■ Although this

현대 기상학은 전보의 발명에서 그 기원을 찾을 수 있는데, 이는 이 기술이 멀리 떨어진 기지국 간의 신속한 지역 관찰 정보 교환을 최초로 가능하게 했기 때문이다. 이전에는 다른 지역의 상황에 대한 지식은 장기간의 날씨 패턴에 국한되었다. 기상 관련 현상에 복잡한 기호를 사용하는 것이나 등압선과 등온선 같은 도구를 사용하는 일기도의 뒤은 개발로, ^{12D}일련의 자료를 통합해 넓은 지역의 특정 시간대 바람, 기압, 온도, 강수량 패턴을 묘사하는 일관된 배치도를 만들어낼 수 있었다. 이것은 일기예보 분야에서 큰 발전을 의미하지만 20세기 중반이 되어서야 일기예보자는 어느 정도 정확

Vocabulary

1 adage[ǽdidʒ] 속담 (=proverb)　encapsulate[inkǽpsʲulèit] 요약하다 (=state briefly)　dominant[dάmənənt] 지배적인 (=prevailing)
advent[ǽdvent] 출현, 도래　lore[lɔːr] 속담　haphazard[hæphǽzərd] 아무렇게나 하는 (=random)　core[kɔːr] 핵심적인 (=center)
2 meteorology[mìːtiərάlədʒi] 기상학　telegraph[téligrὰf] 전보　synoptic chart 일기도　symbology[simbάlədʒi] 기호의 사용
isobar[άisəbὰːr] 등압선　isotherm[άisəθə̀ːrm] 등온선　consolidate[kənsάlədèit] 통합하다 (=integrate)
coherent[kouhíːərənt] 일관된 (=consistent)　layout[léiàut] 배치　depict[dipíkt] 묘사하다 (=portray)

represented an important breakthrough in the field, it was not until the middle of the twentieth century that forecasters began to develop a comprehensive understanding of global climate dynamics with some degree of precision. ■ As new technologies and methods became available to meteorologists, their ability to collect data, create exact models of current conditions, and predict the development of weather patterns expanded. ■

성을 가진 전지구적 기후 역학을 종합적으로 이해하기 시작했다. 기상학자가 새로운 기술과 방법을 사용할 수 있게 되면서, 자료를 수집하고 현 상태의 정확한 모델을 만들어내며 날씨 패턴의 전개를 예측하는 능력이 확대되었다.

단락 3

기상 정보 수집 장비의 발달 - 기상관측기구

3 In order to accumulate the vast volumes of data required to create an accurate picture of the weather, contemporary meteorologists employ a wide range of devices. One of the longest-serving and most frequently used mechanisms for measuring specific upper-atmospheric conditions is the helium-filled weather balloon. Attached to each balloon is a device known as a radiosonde, which transmits information about temperature, barometric pressure, and relative humidity to weather stations. Radiosondes may also be affixed with various types of apparatus to measure ozone levels. Balloons are launched and tracked by radar, which makes it possible for scientists to calculate wind speeds at different altitudes up to 40km above the earth's surface, greatly expanding the information available for analysis (e.g., for use in synoptic charts). However, [14C]the ability to collect data over a wide area is hampered because a typical launch lasts only a couple of hours and covers an equivalent ground distance of no more than 200km.

날씨를 정확하게 나타내기 위해 필요한 방대한 양의 자료를 모으기 위해서 현대 기상학자는 다양한 장비를 사용한다. 특정한 상층 대기 상태를 측정하기 위해 가장 오랫동안 빈번히 사용되어 온 장치 중 하나는 헬륨을 넣은 기상관측기구이다. 각 기구에는 라디오존데로 알려진 장치가 매달려 있는데, 이는 온도, 기압, 상대 습도에 대한 정보를 기상 기지국으로 전송한다. 라디오존데는 또한 오존 농도를 측정하기 위해 다양한 유형의 장치가 부착되기도 한다. 기구를 발사하고 탐지기로 추적함으로써 과학자가 지표면 위로 40킬로미터까지 다양한 고도에서 풍속을 측정할 수 있게 되어 분석 (예를 들어 일기도에 사용할 정보 분석)에 이용할 수 있는 정보량이 크게 확대되었다. 그러나 [14C]기구를 한번 발사하면 보통 두세 시간 정도만 지속되고 지면 200킬로미터에 상응하는 거리 밖에 감당할 수 없기 때문에 넓은 지역에 걸친 자료를 모으는 데 방해가 된다.

단락 4

기상 정보 수집 장비의 발달 - 기상위성

4 [15B]The application of space and military research satellites to meteorological tasks during the second half of the twentieth century provided a complement to the information furnished by weather balloons and enabled scientists to gather data for the first time about entire weather systems forming over the planet's surface. Satellites situated over the poles (polar-orbiting) and over the equator (geostationary) are capable of transmitting thermal or infrared images of any spot on earth to weather stations. Satellites are also used to monitor the hole in the ozone layer over Antarctica, and are even well-equipped to provide localized data,

[15B]20세기 후반에 우주·군사 연구용 위성을 기상학에 적용한 것은 기상관측기구가 제공하던 정보를 보완했고 과학자가 최초로 지구 표면에 걸쳐 형성되는 전체 날씨 체계에 대한 자료를 모을 수 있게 하였다. 극 위에 설치된 위성(극궤도위성)과 적도 위에 설치된 위성(정지궤도위성)은 지구상 어떤 지점이든 그곳의 온도 영상이나 적외선 영상을 기상 기지국에 전송할 수 있다. 또한 위성은 남극 상공의 오존홀을 관찰하는 데 사용될 수 있고 산불, 도시 스모그, 또는 파도의 높이와 관련된 시각 정보와 같은 국지적 자료를 모두 고해상도로 제공할 수 있도록 설비가 잘 갖추어져 있기까지 하다. 기상

Vocabulary

2 **breakthrough**[bréikθrù:] 큰 발전 (=progress)   **meteorologist**[mì:tiərálədʒist] 기상학자

3 **accumulate**[əkjú:mjulèit] 모으다 (=collect)   **transmit**[trænsmít] 전송하다 (=send)   **barometric pressure** 기압   **affix**[əfíks] 붙이다 (=attach)
   apparatus[æpərǽtəs] 장치   **launch**[lɔ:ntʃ] 발사하다   **track**[træk] 추적하다   **altitude**[æltətjù:d] 고도 (=elevation)
   hamper[hǽmpər] 방해하다 (=impede)

4 **complement**[kámpləmənt] 보완물   **situate**[sítʃuèit] 설치하다 (=place)   **geostationary**[dʒì:oustéiʃəneri] 지구 정지궤도 상에 있는
   infrared[ìnfrəréd] 적외선

TEST 03 PASSAGE 2 **99**

TEST 1 2 3 4 5 6 7 8 9   HACKERS TOEFL ACTUAL TEST READING

such as visual information related to forest fires, urban smog, or the height of oceanic waves—all in high resolution. The combined use of tools like weather balloons and meteorological satellites makes it possible to formulate a comprehensive view of the global atmospheric situation.

관측기구와 기상위성 같은 도구의 결합된 사용은 전 지구적 대기 상황의 종합적인 모습을 나타낼 수 있도록 한다.

POINT 2

단락 5

시뮬레이션 영상으로 날씨 상태를 보여주는 컴퓨터 모형의 발달

5 Such improvements in data-collection capacity coincided with [17A]the development of the computer, a technology that has had great significance in the field of weather modeling. Much like synoptic charts, [16D]computers make use of the data collected from all sources to create a simulated image of current conditions; unlike charts, however, computers can be used along with animation software and satellite imagery to visually demonstrate the actual movement of weather systems such as the circular rotation of hurricanes or the convergence of large air masses. [17A]Perhaps the best example is the NEC Earth Simulator, a Japanese supercomputer designed to create a virtual Earth that is identical to the original in nearly every way. Information from satellites, radiosondes, and weather stations around the planet is continually input into the simulator, ensuring that computer models reflect recent changes to match immediate global conditions.

자료 수집 능력의 이러한 발전은 [17A]기상 모형 분야에서 매우 중요한 기술인 컴퓨터의 발전과 맞물려 발생했다. 일기도와 흡사하게, [16D]컴퓨터는 모든 출처에서 수집된 자료를 사용하여 현 상태의 시뮬레이션 영상을 만든다. 하지만 일기도와 달리 컴퓨터는 허리케인의 원회전이나 거대한 공기 덩어리의 수렴 같은 날씨 체계의 실제 움직임을 시각적으로 보여주기 위해서 애니메이션 소프트웨어와 위성 영상이 함께 사용될 수 있다. [17A]아마도 이것을 가장 잘 보여주는 예는 거의 모든 면에서 실제 지구와 동일한 가상 지구를 만들어내도록 고안된 일본의 슈퍼컴퓨터 NEC Earth Simulator일 것이다. 위성과 라디오존데, 지구 곳곳의 기상 기지국으로부터 모인 정보가 시뮬레이터에 끊임없이 입력되어 컴퓨터 모형이 즉각적인 전세계의 상황에 부합되도록 최신 변화를 확실히 반영하게 한다.

POINT 3

단락 6

수치 정보를 계산하여 일기를 예측하는 수치 예보법의 발달

6 Regardless of the accuracy of computer models with respect to the state of the atmosphere, they would be of limited value without some means to estimate future weather patterns based on the information. To achieve this, meteorologists attempt to represent the physical dynamics of the atmosphere with mathematical equations (usually those of governing physical laws, e.g., thermodynamics) that can be processed as algorithms by supercomputers, a process known as numerical weather prediction (NWP). Once an initial atmospheric state is calculated and its boundary conditions set, additional states may be enumerated indefinitely. The rate of change, or "time steps," between different states is then considered and approximations of future states can be projected. NWP methodology allows meteorologists to generate reasonably accurate short-, mid-, and

대기 상태와 관련한 컴퓨터 모형의 정확성에도 불구하고, 정보에 기반하여 미래의 기상 패턴을 예측할 어떤 수단 없이는 그것의 가치가 유한할 수 밖에 없을 것이다. 이것을 성취하기 위해 기상학자는 대기의 물리 역학을 슈퍼컴퓨터에 의한 알고리즘으로 처리할 수 있는 수학 방정식(보통 열역학과 같은 물리 법칙을 지배하는 법칙)으로 표현하고자 했는데, 이 처리 방식은 수치 예보법(NWP)으로 알려져 있다. 일단 처음 대기 상태가 계산되고 그 경계조건이 정해지면 부가적인 상태는 무제한으로 계산될 수 있다. 그리고 나서 다양한 상태 간의 변화율, 즉 '시간 간격'을 고려하여 미래 상태에 대한 어림값이 나올 수 있다. NWP 방법은 기상학자가 미래의 기상 패턴에 대해 상당히 정확한 단기, 중기, 장기의 예측을 할 수 있게 한다. NEC Earth Simualtor의 경우, 비슷한 방법이 수십 년

Vocabulary

4 resolution[rèzəlú:ʃən] 해상도
5 coincide[kòuinsáid] 동시에 일어나다 (=occur at the same time) simulated[símjulèitid] 모조의 (=artificial) imagery[ímidʒəri] 형상
  convergence[kənvə́:rdʒəns] 수렴 virtual[və́:rtʃuəl] 가상의
6 dynamics[dainǽmiks] 역학 equation[ikwéiʒən] 방정식 thermodynamics[θə̀:rmədainǽmiks] 열역학 boundary conditions 경계조건
  enumerate[injú:mərèit] 계산하다 approximation[əpràksəméiʃən] 어림값 project[prədʒékt] 제시하다

long-range projections about future weather patterns. In the case of the NEC Earth Simulator, similar methods have been used to determine potential global climatic changes over the course of several decades.

간에 걸친 잠재적인 전 세계의 기후 변화를 알아내는 데 사용되고 있다.

CONCLUSION
단락 7
일기예보자의 중요성

7 However, despite the increased role of technology in the field of meteorology, human forecasters still play a significant role. Of utmost importance is the fact that the information produced by the computer simulation must be interpreted and presented in such a manner that it may be used in the wide range of human activities that depend on such forecasts.

그러나 기상학 분야에서 기술의 역할이 증가함에도 불구하고 일기예보자는 여전히 중요한 역할을 하고 있다. 가장 중요한 것은 컴퓨터 모형으로 만들어낸 정보가 그러한 일기예보에 의존하는 다양한 인간 활동에 사용될 수 있는 방식으로 해석되고 제공되어야만 한다는 사실이다.

Glossary
radiosonde: 무선 전신을 통해 지구로 기상 자료를 보내도록 공중에 띄우는 기계

Sentence Analysis

◉ The application of space and military research satellites to meteorological tasks /
우주·군사 연구용 위성을 기상학에 적용한 것은

during the second half of the twentieth century / provided a complement to the information /
20세기 후반에   정보를 보완했다

furnished by weather balloons / and enabled scientists to gather data / for the first time /
기상관측기구가 제공하던   그리고 과학자가 자료를 모을 수 있게 하였다   최초로

about entire weather systems / forming over the planet's surface.
전체 날씨 체계에 대한   지구 표면에 걸쳐 형성되는

◉ Of utmost importance is the fact / that the information produced by the computer simulation /
가장 중요한 것은 ~라는 사실이다   컴퓨터 모형으로 만들어낸 정보가

must be interpreted and presented in such a manner / that it may be used in the wide range of
그러한 방식으로 해석되고 제공되어야만 한다   다양한 인간 활동에 사용될 수 있는

human activities / that depend on such forecasts.
그러한 일기예보에 의존하는

Vocabulary

6 determine[ditə́ːrmin] 알아내다

7 utmost[ʌ́tmòust] 최고의 (=ultimate)   interpret[intə́ːrprit] 해석하다 (=construe)

11

According to paragraph 1, weather lore can be defined as

(A) an unsystematic body of data used to predict atmospheric conditions
(B) an innovative process employed to monitor climatic developments
(C) an unreliable method utilized to document meteorological fluctuations
(D) a precise technique developed to record observable celestial events

1단락에 따르면, 날씨 속담은 _____(으)로 정의할 수 있다.

(A) 대기 상태를 예측하는 데 사용되는 비체계적인 자료 모음
(B) 기후 변화 과정을 관찰하는 데 이용되는 혁신적인 과정
(C) 기상 변동을 문서로 나타내는 데 이용되었던 신뢰할 수 없는 방법
(D) 하늘에서 일어나는 관측 가능한 사건을 기록하기 위해 개발된 정확한 기술

Fact 문제의 키워드 weather lore(날씨 속담)가 언급된 부분을 지문에서 살펴보면, Such received wisdom, or 'weather lore,' represented ~ a haphazard collection of proverbs(이렇게 일반적으로 받아들여진 지식, 즉 '날씨 속담'은 속담을 아무렇게나 모아놓은 것에 지나지 않았다)라는 것을 알 수 있다. 따라서 보기 (A)는 지문의 내용과 일치하므로 정답이다.

12

According to paragraph 2, which of the following is true about synoptic charts?

(A) They include a substantial amount of conjecture about actual data.
(B) They reduce the time required to determine weather conditions.
(C) They limit the number of necessary meteorological symbols.
(D) They combine a wide range of information in an orderly arrangement.

2단락에 따르면, 다음 중 일기도에 대해 사실인 것은?

(A) 실제 자료에 대한 상당 분량의 추측을 포함한다.
(B) 날씨 상태를 결정하는 데 필요한 시간을 줄인다.
(C) 필요한 기상 부호의 수를 제한한다.
(D) 방대한 정보를 통합하여 가지런하게 배열한다.

Fact 문제의 키워드 synoptic charts(일기도)가 언급된 부분의 주변을 지문에서 살펴보면, allowed an array of data to be consolidated to create a coherent layout(일련의 자료를 통합해 일관된 배치도를 만들어낼 수 있었다)라는 것을 알 수 있다. 따라서 보기 (D)는 지문의 내용과 일치하므로 정답이다.

13

The word "apparatus" in the passage is closest in meaning to

(A) equipment
(B) intelligence
(C) software
(D) evidence

지문의 단어 "apparatus"와 의미상 가장 유사한 것은?

(A) 장비
(B) 지능
(C) 소프트웨어
(D) 증거

Vocabulary 지문의 apparatus(장치)는 equipment(장비)와 동의어이므로 정답은 (A)이다.

14

According to paragraph 3, which of the following is correct about the weather balloon?

(A) It is retrieved once it has reached a certain altitude so that it can be used again.

(B) It is not utilized by meteorologists who have access to data gathered by satellites.

(C) It is restricted to gathering temporary climatic data over a limited geographical range.

(D) It is dependent on the assistance of ground-based guidance technology to function.

3단락에 따르면, 다음 중 기상관측기구에 대해 옳은 것은?

(A) 일단 특정 고도에 다다르면 다시 사용할 수 있도록 회수된다.

(B) 위성이 모은 자료에 접근할 수 있는 기상학자는 사용하지 않는다.

(C) 한정된 지역에 걸쳐 일시적인 기후 자료를 모으는 것으로 제한되어 있다.

(D) 제 기능을 하기 위해 지상에 기반을 둔 유도 기술의 도움에 의존한다.

Fact 문제의 키워드 weather balloon(기상관측기구)이 언급된 부분의 주변을 지문에서 살펴보면, the ability to collect data over a wide area is hampered because a typical launch lasts only a couple of hours and covers ~ no more than 200km(기구를 한번 발사하면 보통 두세 시간 정도만 지속되고 200킬로미터 밖에 감당할 수 없기 때문에 넓은 지역에 걸친 자료를 모으는 데 방해가 된다)라는 것을 알 수 있다. 따라서 보기 (C)는 지문의 내용과 일치하므로 정답이다.

15

Which of the following can be inferred from paragraph 4 about satellites in the twentieth century?

(A) They were found to be ineffective in curbing the spread of wildfires and pollution.

(B) They were originally invented for purposes other than investigating the weather.

(C) They were used to reduce ground-level ozone pollution that occurs in urban areas.

(D) They were only capable of conveying images from polar and equatorial regions.

다음 중 20세기 위성에 대해 4단락으로부터 추론할 수 있는 것은?

(A) 번갯불과 오염이 번지는 것을 억제하는 데 효과가 없는 것으로 밝혀졌다.

(B) 원래 날씨 조사 외의 목적으로 발명되었다.

(C) 도시 지역에서 생기는 지표의 오존 오염을 줄이는 데 사용되었다.

(D) 극 지방과 적도 지방에서만 영상을 전송할 수 있었다.

Inference 4단락에서 문제의 키워드 satellites(위성)가 언급된 부분을 살펴보면, The application of space and military research satellites to meteorological tasks during the second half of the twentieth century(20세기 후반에 우주·군사 연구용 위성을 기상학에 적용)라고 언급했다. 즉, 위성이 원래 기상학을 위해서 발명된 것이 아니라 다른 목적으로 발명되었음을 추론할 수 있다. 따라서 정답은 (B)이다.

16

Which of the following is mentioned in paragraph 5 as an example of the computer's impact on weather modeling?

(A) Previously used instruments for weather measurement were rendered obsolete.

(B) Methods for duplicating static images of weather phenomena were realized.

(C) The capacity to gather data from the atmospheric environment was greatly improved.

(D) The ability to dynamically portray up-to-the-minute weather events was actualized.

다음 중 5단락에서 컴퓨터가 기상 모형에 끼친 영향의 사례로 언급된 것은?

(A) 예전에 날씨 측정에 사용되었던 도구는 쓸모없게 되었다.

(B) 기상 현상의 정지 영상을 복사하는 방법이 현실화되었다.

(C) 대기 환경에서 자료를 모으는 능력이 크게 향상되었다.

(D) 최신 날씨 현상을 역동적으로 묘사하는 능력이 실현되었다.

Fact 문제의 키워드 the computer's impact on weather modeling(컴퓨터가 기상 모형에 끼친 영향)과 같은 의미인 the computer, a technology that has had great significance in the field of weather modeling(기상 모형 분야에서 매우 중요한 기술인 컴퓨터)이 언급된 부분의 주변을 지문에서 살펴보면, computers make use of the data ~ to create a simulated image of current conditions(컴퓨터는 자료를 사용하여 현 상태의 시뮬레이션 영상을 만든다)라는 것을 알 수 있다. 따라서 보기 (D)는 지문의 내용과 일치하므로 정답이다.

17

Why does the author mention "the NEC Earth Simulator"?

(A) To illustrate a technical innovation
(B) To explain a theoretical concept
(C) To compare two methodologies
(D) To suggest an alternative technique

글쓴이는 왜 "the NEC Earth Simulator"를 언급하는가?

(A) 어떤 기술 혁신에 대해 설명하기 위해
(B) 어떤 이론적 개념을 설명하기 위해
(C) 두 개의 방법론을 비교하기 위해
(D) 어떤 대안 기술을 제시하기 위해

Rhetorical Purpose 음영 문구 the NEC Earth Simulator가 언급된 부분의 앞 내용을 지문에서 살펴보면, the development of the computer, a technology that has had great signficance in the field of weather modeling(기상 모형 분야에서 매우 중요한 기술인 컴퓨터의 발전)이라고 언급했다. 또한, 음영 문구가 언급된 문장을 살펴보면, Perhaps the best example is the NEC Earth Simulator(아마도 이것을 가장 잘 보여주는 예는 NEC Earth Simulator일 것이다)라고 설명했다. 즉, the NEC Earth Simulator는 특정한 컴퓨터 기술 발전의 예를 설명하기 위해 언급되었다. 따라서 정답은 (A)이다.

18

Which of the sentences below best expresses the essential information in the highlighted sentence in the passage? *Incorrect* choices change the meaning in important ways or leave out essential information.

(A) The ability to include information related to existing atmospheric conditions would increase the significance of the computer-produced maps.
(B) The precision of the computer reproductions would be dependent on the existence of deductive methodologies to explain climate change.
(C) The lack of a method to forecast weather would render the precise data generated by computerized simulations of little use.
(D) The computer representations would be more exact with the inclusion of a method to infer subsequent atmospheric developments.

아래 문장 중 지문 속의 음영 표시된 문장의 핵심 정보를 가장 잘 표현하고 있는 것은 무엇인가? 오답은 문장의 의미를 현저히 바꾸거나 핵심 정보를 빠뜨리고 있다.

(A) 현재 대기 상태와 관련된 정보를 포함하는 기술은 컴퓨터에서 만들어지는 지도의 중요성을 증가시킬 것이다.
(B) 컴퓨터 모형의 정밀도는 기후 변화를 설명하는 연역적 방법론의 존재에 의해 좌우될 것이다.
(C) 날씨를 예측할 수단의 부재는 컴퓨터 시뮬레이션으로 만들어내는 정확한 자료를 거의 쓸모없게 만들 것이다.
(D) 컴퓨터 영상은 이후 대기 변화 과정을 추론하는 방법을 포함하면 더 정확해질 것이다.

Sentence Simplification 음영된 문장 전체가 핵심 정보로서 the accuracy of computer models with respect to the state of the atmosphere(대기 상태와 관련한 컴퓨터 모형의 정확성)를 the precise data generated by computerized simulations(컴퓨터 시뮬레이션으로 만들어내는 정확한 자료)로, they would be of limited value without some means to estimate future weather patterns(미래의 기상 패턴을 예측할 어떤 수단 없이는 그것의 가치가 유한할 수 밖에 없을 것이다)를 The lack of a method to forecast weather would render ~ of little use(날씨를 예측할 수단의 부재는 거의 쓸모없게 만들 것이다)로 간략하게 바꾸어 표현한 보기 (C)가 정답이다.

19

Look at the four squares [■] that indicate where the following sentence could be added to the passage.

Prior to this, knowledge about the conditions in other regions was limited to long-term weather patterns.

Where would the sentence best fit? 1st ■

네 개의 네모[■]는 다음 문장이 삽입될 수 있는 부분을 나타내고 있다.

이전에는 다른 지역의 상황에 대한 지식은 장기간의 날씨 패턴에 국한되었다.

이 문장은 어느 자리에 들어가는 것이 가장 적절한가? 첫 번째 ■

Insertion 삽입 문장에서 정답의 단서는 this(이것)로, 첫 번째 ■ 앞에 언급된 telegraph(전보)를 가리킨다. 첫 번째 ■에 삽입 문장을 넣어보면, 전보가 발명되어 멀리 떨어진 기지국 간의 신속한 정보 교환이 가능하게 됐는데, 그 이전에는 정보를 빨리 교환할 수 없어서 다른 지역의 상황에 대해서는 장기간의 날씨 패턴만 알 수 있었다는 내용이 되어 글의 흐름이 자연스럽다. 따라서 정답은 첫 번째 ■이다.

20

Directions: An introductory sentence for a brief summary of the passage is provided below. Complete the summary by selecting the THREE answer choices that express the most important ideas in the passage. Some sentences do not belong in the summary because they express ideas that are not presented in the passage or are minor ideas in the passage. **This question is worth 2 points.**

지시: 지문 요약을 위한 도입 문장이 아래에 주어져 있다. 지문의 가장 중요한 내용을 나타내는 보기 3개를 골라 요약을 완성하시오. 어떤 문장은 지문에 언급되지 않은 내용이나 사소한 정보를 담고 있으므로 요약에 포함되지 않는다. 이 문제는 2점이다.

The accuracy of meteorological science has dramatically increased since the midpoint of the twentieth century.

- (A) Advanced software programs enabled the creation of detailed and accurate depictions of existing weather patterns.
- (D) The ability to collect atmospheric information was augmented by a variety of technologies.
- (F) Methodologies to accurately calculate and predict potential behaviors of atmospheric systems were developed.

(B) High-altitude observation platforms were utilized for the first time, although they were unable to observe all areas of the planet.

(C) The need for human forecasters was eliminated by the development of complex computer representations of the climate.

(E) Radiosondes equipped with radar allowed for the continual observation of the state of the upper atmosphere.

기상 과학의 정확도는 20세기 중엽 이래 극적으로 증가했다.

- (A) 진보된 소프트웨어 프로그램으로 현재 날씨 패턴을 자세하고 정확하게 묘사하는 것이 가능해졌다.
- (D) 대기 정보를 수집하는 능력이 다양한 기술에 의해 증대되었다.
- (F) 대기 체계의 잠재적 상태를 정확하게 계산하고 예측하는 방법론이 개발되었다.

(B) 높은 고도의 관측대가 최초로 사용되었으나 지구의 모든 지역을 관측할 수는 없었다.

(C) 기후에 대한 복잡한 컴퓨터 모형이 개발되면서 일기예보자는 필요없게 되었다.

(E) 탐지기가 장착된 라디오존데는 상부 대기 상태를 연속적으로 관측할 수 있게 한다.

Summary 지문의 중심 내용은 현대 기상학의 발전이다. 보기 (A)는 5단락의 중심 내용인 기상 시뮬레이션 컴퓨터 모형의 발달과 일치하고, 보기 (D)는 3~4단락의 중심 내용인 기상 정보 수집 장비의 발달과 일치하며, 보기 (F)는 6단락의 중심 내용인 수치 예보법의 발달과 일치한다. 따라서 정답은 (A), (D), (F)이다.

TEST 03 지문의 단어 중 토플 필수 단어를 선별하여 정리하였습니다. 고득점을 위해 단어암기 음성파일을 들으며 꼭 암기하세요.

*해커스 동영상강의 포털 해커스인강(HackersIngang.com)에서 단어암기 음성파일을 무료로 다운로드할 수 있습니다.

☐ **spell out** 상세히 설명하다	☐ **allegiance**[əlí:dʒəns] 충성
☐ **carry out** 행사하다	☐ **incorporate**[inkɔ́:rpərèit] 통합시키다 (=include)
☐ **constitution**[kànstətjú:ʃən] 헌법	☐ **inalienable**[inéiljənəbl] 양도할 수 없는
☐ **dictate**[díkteit] 지시하다	☐ **adage**[ǽdidʒ] 속담 (=proverb)
☐ **legislative**[lédʒislèitiv] 입법의	☐ **encapsulate**[inkǽpsjulèit] 요약하다 (=state briefly)
☐ **focal point** 중심 (=focus)	☐ **dominant**[dámənənt] 지배적인 (=prevailing)
☐ **dissent**[disént] 반대하다 (=differ)	☐ **haphazard**[hæphǽzərd] 아무렇게나 하는 (=random)
☐ **conflicting**[kənflíktiŋ] 상충하는 (=clashing)	☐ **consolidate**[kənsálədèit] 통합하다 (=integrate)
☐ **overarching**[òuvərá:rtʃiŋ] 최상위의, 무엇보다 중요한	☐ **coherent**[kouhíərənt] 일관된 (=consistent)
☐ **ratification**[rætəfikéiʃən] 비준 (=sanction)	☐ **breakthrough**[bréikθrù:] 큰 발전 (=progress)
☐ **provision**[prəvíʒən] 규약	☐ **accumulate**[əkjú:mjulèit] 모으다 (=collect)
☐ **prerogative**[prirágətiv] 특권	☐ **transmit**[trænsmít] 전송하다 (=send)
☐ **delegate**[déligèit] 의원	☐ **affix**[əfíks] 붙이다 (=attach)
☐ **confederate**[kənfédərət] 동맹의	☐ **apparatus**[æpərǽtəs] 장치
☐ **exert**[igzɔ́:rt] 행사하다 (=exercise)	☐ **altitude**[ǽltətjù:d] 고도 (=elevation)
☐ **sovereignty**[sávərənti] 주권	☐ **hamper**[hǽmpər] 방해하다 (=impede)
☐ **grant**[grænt] 주다 (=give)	☐ **coincide**[kòuinsáid] 동시에 일어나다 (=occur at the same time)
☐ **amendment**[əméndmənt] 수정안	☐ **simulated**[símjulèitid] 모조의 (=artificial)
☐ **unanimous**[ju:nǽnəməs] 만장일치의	☐ **imagery**[ímidʒəri] 형상
☐ **inherent**[inhíərənt] 본래의, 내재된 (=innate)	☐ **convergence**[kənvɔ́:rdʒəns] 수렴
☐ **ratify**[rǽtəfài] 비준하다 (=endorse)	☐ **enumerate**[injú:mərèit] 계산하다
☐ **proportional**[prəpɔ́:rʃənl] 비례의	☐ **approximation**[əpràksəméiʃən] 어림값
☐ **endow**[indáu] 부여하다	☐ **project**[prədʒékt] 제시하다
☐ **delegation**[dèligéiʃən] 대표단, 각 주의 대표 국회의원	☐ **utmost**[ʌ́tmòust] 최고의 (=ultimate)
☐ **delineate**[dilínièit] 서술하다 (=describe)	☐ **interpret**[intɔ́:rprit] 해석하다 (=construe)

Quiz

각 단어의 알맞은 뜻을 찾아 연결하시오.

01 carry out	ⓐ 비례의
02 proportional	ⓑ 반대하다
03 dissent	ⓒ 통합시키다
04 incorporate	ⓓ 의원
05 unanimous	ⓔ 만장일치의
	ⓕ 행사하다
	ⓖ 주다

각 단어의 알맞은 동의어를 찾아 연결하시오.

06 dominant	ⓐ random
07 accumulate	ⓑ ultimate
08 hamper	ⓒ prevailing
09 utmost	ⓓ collect
10 simulated	ⓔ consistent
	ⓕ impede
	ⓖ artificial

ⓖ 0Ⅰ　ⓖ 60　ⓕ 80　ⓓ ㄴ0　ⓒ 90　ⓔ 90　ⓒ ㄴ0　ⓑ 80　ⓐ 20　ⓕ 10

HACKERS TOEFL ACTUAL TEST READING

TEST 04

SELF-CHECK LIST

ANSWER KEYS & 취약 유형 분석표

해석 · 해설

VOCABULARY LIST

SELF-CHECK LIST

이번 테스트는 어땠나요?
다음 체크리스트로 자신의 테스트 진행 내용을 점검해 볼까요?

1 나는 36분 동안 완전히 테스트에 집중하였다. ☐ Yes ☐ No
집중하지 못했다면, 그 이유는?

2 나는 주어진 36분 동안 20문제를 모두 풀었다. ☐ Yes ☐ No
문제를 모두 풀지 못했다면, 그 이유는?

3 유난히 어렵게 느껴지는 지문이 있었다. ☐ Yes ☐ No
있었다면, 어려웠던 지문과 그 이유는? (글의 주제, 글의 흐름, 문법, 어휘 등)

4 유난히 어렵게 느껴지는 문제가 있었다. ☐ Yes ☐ No
있었다면, 어려웠던 문제의 유형과 그 이유는?

5 이전 테스트에서 발견된 문제점이 모두 개선되었다. ☐ Yes ☐ No
개선되지 않았다면, 그 이유는?

6 개선해야 할 점과 이를 위한 구체적인 학습 계획

ANSWER KEYS & 취약 유형 분석표

01 (D) Vocabulary

02 (A) Negative Fact

03 (C) Rhetorical Purpose

04 (D) Inference

05 (C) Vocabulary

06 (D) Fact

07 (C) Sentence Simplification

08 (D) Fact

09 3rd ■ Insertion

10 (A), (B), (D) Summary

11 (D) Rhetorical Purpose

12 (B) Negative Fact

13 (B) Fact

14 (C) Fact

15 (A) Vocabulary

16 (B) Fact

17 (D) Reference

18 (A) Inference

19 2nd ■ Insertion

20 (C), (E), (F) Summary

■ 각 문제 유형별 맞힌 개수를 아래에 적어 보세요.

문제 유형	맞힌 답의 개수
Sentence Simplification	/ 1
Fact & Negative Fact	/ 7
Vocabulary	/ 3
Reference	/ 1
Rhetorical Purpose	/ 2
Inference	/ 2
Insertion	/ 2
Summary	/ 2
Total	**/20**

* 자신이 취약한 유형은 READING STRATEGIES(p.22)를 통해 다시 한번 점검하시기 바랍니다.

Avian Vocalization and Communication | 새의 발성과 의사소통

INTRO	단락 1	발성과 관련한 새의 복잡한 생리 기능
POINT 1	단락 2	새들 사이에서의 다양한 의사소통: 새 노랫소리, 새 울음소리
	단락 3	
POINT 2	단락 4	어미 새와 새끼 새 사이의 의사소통
	단락 5	
POINT 3	단락 6	주위 환경에 적응한 새의 소리
	단락 7	

어미 새와 새끼 새의 의사소통

INTRO

단락 1

발성으로 의사소통이 가능한 새의 복잡한 생리 기능

1 Birds possess a relatively complex physiology that allows them to communicate not only with visual signals but also with vocalization, a feat that is rare in the animal kingdom. Avian sounds are produced in the y-shaped syrinx, a vocal organ located between the trachea and the lungs. As the muscles in the walls of this cartilaginous forked tube vibrate, air is exhaled and passed over the vibrating walls, creating a complex range of pitched notes. Some avian species can control each fork independently, allowing them to produce more than one sound simultaneously.

새는 시각 신호뿐만 아니라 발성으로도 의사소통을 가능하게 하는 비교적 복잡한 생리 기능을 갖고 있는데, 이는 동물계에서는 드문 재주이다. 새의 소리는 기관과 폐 사이에 위치한 음성 기관인 y 모양의 울대에서 만들어진다. 연골로 된 이 갈래진 관의 벽에 있는 근육이 떨리면서 공기가 내쉬어지고, 공기는 그 진동하는 벽을 지나며 복잡 다양한 음을 만들어낸다. 일부 조류 종은 이 울대의 각 갈래를 독립적으로 움직일 수 있어 동시에 한 가지 이상의 소리를 낼 수 있다.

POINT 1

단락 2

짝짓기나 영역 보호에 사용되는 새의 의사소통 – 새 노랫소리

2 This adeptness manifests itself in a number of techniques, the most familiar of which is the birdsong, primarily 02Dused by males to attract mates or to establish and defend territory. Because of its beauty and similarity to musical melody, the birdsong has received the most attention from ornithologists and is commonly mimicked by humans in the form of whistles. It is generally characterized by its length and overall complexity.

이러한 숙련은 수많은 기법으로 나타나는데, 그 중 가장 잘 알려져 있는 것이 새 노랫소리로, 02D수컷이 짝을 유혹하거나 영역을 확보하고 지키는 데 주로 사용한다. 새 노랫소리는 아름답고 음악 선율과 유사해서 조류학자로부터 가장 많은 관심을 받았으며, 흔히 사람들이 휘파람 형태로 흉내를 낸다. 새 노랫소리는 일반적으로 그 길이와 전체적인 복잡성에 따라 특징지어진다.

Vocabulary

1 **physiology**[fìziálədʒi] 생리 기능 **vocalization**[vòukəlizéiʃən] 발성 **feat**[fi:t] 재주 **avian**[éiviən] 새의 **syrinx**[síriŋks] (새의) 울대 **trachea**[tréikiə] 기관 **cartilaginous**[kὰːrtəlǽdʒənəs] 연골로 된, 연골성의 **forked**[fɔːrkt] 갈래진 **exhale**[ekshéil] (숨을) 내쉬다 **pitch**[pitʃ] 음을 어떤 높이로 잡다 **simultaneously**[sàiməltéiniəsli] 동시에

2 **adeptness**[ədéptnis] 숙련, 숙달 (=proficiency) **establish**[istǽbliʃ] 확립하다 **ornithologist**[ɔ̀ːrnəθálədʒist] 조류학자 **mimic**[mímik] 흉내내다 (=imitate) **complexity**[kəmpléksəti] 복잡성

단락 3
위험 또는 자신의 위치를 알리기 위한 새의 의사소통 – 새 울음소리

3 [03C]Other vocalizations are equally prevalent, the vast majority being bird calls that have altogether less complexity and duration than the birdsong. The familiar caw of the American crow (*Corvus brachyrhynchos*), for instance, is a shrill alarm call emitted when the nest or territory is in jeopardy. [02C]It serves to alert other crows in the area of approaching danger and to ward off potential predators. Birds also make use of more subtle calls; [02B]a sporadic series of soft location notes is often heard between pairs of birds in a flock to communicate their respective flight positions.

[03C]다른 발성도 마찬가지로 널리 행해지는데, 그 상당 부분은 새 노랫소리보다 복잡하지도 않고 오래 지속되지도 않는 새 울음소리다. 예를 들어, 잘 알려진 아메리카 까마귀(Corvus brachyrhynchos)의 까악까악 소리는 자신의 둥지나 영역이 위험에 처했을 때 내는 날카로운 경고 울음소리다. [02C]그것은 그 지역에 있는 다른 까마귀에게 다가오는 위험에 대해 경계를 시키고 잠재하는 포식자를 피하도록 하는 역할을 한다. 또한 새는 더 미묘한 울음소리를 이용하기도 하는데, [02B]종종 무리 속 여러 쌍의 새들 사이에서 각기 자신의 비행 위치를 알리기 위한 산발적인 일련의 부드러운 위치음을 들을 수 있다.

POINT 2
단락 4
먹이 또는 위험을 알리는 어미 새와 먹이를 조르는 새끼 새의 의사소통

4 In the 1960s and 70s, ornithologists working with endangered bird populations began to show an increased interest in the communication between parents and recently-hatched chicks. Scrutiny revealed that parents made several different calls around the nest, for instance, calls signaling the arrival of food. In turn, baby birds learn to increase the intensity of their cheeps to demonstrate hunger. It may seem surprising that parents would make calls to stimulate begging when approaching the nest given that increased noise would seem to attract the attention of predators, thus placing the brood in potential danger. In order to deal with this, adults also announce danger to their young through alarm calls, and [04D]nestlings gradually (studies have shown that neonatal birds do not have the ability to appropriately respond to alarm calls) acquire the ability to alter their vocalizations in the face of potential predation. Older nestlings often reduce the decibel levels of their cheeps or cease making any noise in response to parental alarm calls.

1960~70년대에 멸종 위험에 처한 조류 개체를 연구하던 조류학자들은 어미 새와 갓 부화한 새끼 새 사이의 의사소통에 큰 관심을 보이기 시작했다. 정밀 조사는 어미 새가 둥지 근처에서 다양한 울음소리, 예를 들어 먹이를 가져왔다는 것을 알리는 울음소리를 낸다는 것을 밝혔다. 이 울음소리에 아기 새는 배고픔을 나타내기 위해 삐악거리는 소리의 강도를 높인다. 커진 소리가 포식자의 주의를 끌어 새끼들을 잠재적인 위험에 처하게 할 것으로 보이는 것을 고려하면 어미 새가 둥지에 다가갈 때 울음소리를 내어 먹이를 조르는 소리를 내게 한다는 것은 놀라워 보일지 모른다. 이에 대처하기 위해, 어미 새는 또한 경고 울음소리를 통해 새끼에게 위험을 알리기도 하며, [04D]새끼 새는 잠재적인 포식과 마주하게 되면 발성을 바꾸는 능력을 점차 (연구에 따르면 갓 태어난 새는 경고 울음소리에 적절히 반응하는 능력이 없다) 습득한다. 좀 더 자란 새끼 새는 종종 어미 새의 경고 울음소리에 반응하여 삐악거리는 소리의 데시벨 수준을 낮추거나 소리내는 것을 중지한다.

단락 5
먹이를 더 받기 위해 배가 불러도 소리를 내는 새끼 새

5 Yet some fledglings choose to cheep loudly even when they are full. Their incessant begging coaxes parents into providing them with additional nourishment, which they can, in turn, convert into the energy necessary to grow. As a result, more aggressive nestlings gain an advantage at the risk of jeopardizing their siblings' chances for survival. The practice is supported by the

그러나 일부 어린 새는 배가 부를 때도 크게 삐악거린다. 새끼 새가 끊임없이 조르면 어미 새는 추가적인 먹이를 주게 되고, 새끼 새는 이를 성장하는 데 필요한 에너지로 바꿀 수 있다. 결과적으로, 더 적극적인 새끼 새는 다른 새끼 새의 생존 가능성을 위태롭게 하는 것을 무릅쓰고 이득을 얻는 것이다. 이러한 행동은 어미 새의 지지를 받는데, 어미 새는

Vocabulary

3 shrill[ʃril] (목소리가) 날카로운 jeopardy[dʒépərdi] 위험 (=danger) ward off 피하다 sporadic[spərǽdik] 산발적인 (=intermittent)
4 endangered[indéindʒərd] 위험에 처한 (=imperiled) scrutiny[skrú:təni] 정밀 조사 predator[prédətər] 포식자 brood[bru:d] (한배의) 새끼들
   nestling[néstliŋ] 새끼 새 neonatal[nì:ounéitl] 갓 태어난, 신생아의 cease[si:s] 중지하다 (=stop)
5 fledgling[flédʒliŋ] 어린 새 incessant[insésnt] 끊임없는 (=continuous) convert[kənvə́:rt] 바꾸다 as a result 결과적으로
   aggressive[əgrésiv] 적극적인 jeopardize[dʒépərdàiz] 위태롭게 하다

parents, who instinctively focus rearing efforts on the offspring that demonstrate the greatest potential to survive long enough to reproduce and, thus, carry on the lineage. It is believed that this parental instinct in part explains why adults signal their offspring when approaching the nest with food; the begging of nestlings requires a great deal of energy and therefore it provides parents with an assessment of the overall fitness of the brood, as well as that of individual nestlings.

번식할 만큼 충분히 오래 살아남아 계통을 이어나갈 가장 큰 가능성을 보이는 후손에게 본능적으로 부양 노력을 집중시킨다. 어미 새의 이러한 본능은 어미 새가 먹이를 가지고 둥지에 다가갔을 때 왜 새끼 새에게 신호하는지에 대해 부분적으로 설명해준다고 믿어진다. 즉, 새끼 새가 먹이를 달라고 조를 때 많은 양의 에너지가 필요하기 때문에, 이는 어미 새가 새끼 새 각각 한 마리의 건강뿐 아니라 새끼 새들 모두의 건강 상태를 판단할 수 있게 해주는 것이다.

POINT 3

단락 6
개별적인 서식 환경에 적응한 새의 소리

6 Some species have developed the ability to modulate their sounds to maximize their chances of survival. ■ This avian adaptive mechanism was investigated in a major research project conducted in 1995 during which scientists who studied the vocalizations of ground-nesting ovenbirds and tree-nesting warblers discovered that frequency levels are acutely related to a species' distinct microenvironment. ■ [06D]The scientists discovered this correlation by placing mock nests—each nest with a speaker playing a prerecorded loop of begging calls—among the brush on the ground. They then observed predator responses to the sounds. ■ **The surveillance quickly revealed that predation is directly influenced by sound frequency.** Most ground nests were discovered rapidly when the low-frequency vocalizations of tree-nesting warblers were played; on the other hand, only a few nests were discovered in response to the playback of high-frequency ground-nesting ovenbird calls. It was concluded that the vocalization of ground-nesting ovenbirds, although not one hundred percent safe, is specifically adapted to the particular acoustics of their normal brooding habitat. ■

일부 종은 자신의 생존 가능성을 극대화하기 위해 소리를 조절하는 능력을 발전시켰다. 이러한 새의 적응 기제는 1995년 행해진 주요 연구 프로젝트에서 조사되었는데, 땅에서 서식하는 가마새와 나무에서 서식하는 명금의 발성을 연구한 과학자들은 주파수 수준이 각 종의 개별적인 미소 서식 환경과 크게 연관되어 있다는 것을 발견했다. [06D]과학자들은 이 연관성을 땅에 있는 덤불 사이에 가짜 둥지 – 각 둥지에는 미리 먹이를 조르는 울음소리가 녹음된 순환 테이프를 스피커로 재생했다 – 를 설치함으로써 발견했다. 그리고 나서 그들은 그 소리에 대한 포식자의 반응을 관찰했다. 이 감시를 통해 포식이 소리의 주파수에 직접적인 영향을 받는다는 것이 즉각적으로 드러났다. 나무에서 서식하는 명금의 저주파 발성을 재생했을 때, 땅에 놓인 대부분의 둥지는 빨리 발견되었다. 반면, 땅에서 서식하는 가마새의 고주파 발성을 재생했을 때는 겨우 몇 개의 둥지만이 발견되었다. 따라서, 땅에서 서식하는 가마새의 발성은 100퍼센트 안전하진 않지만 그들의 일반적인 부화 서식지의 특정 음향상태에 특별히 적응되었다고 결론지어졌다.

단락 7
소음이 많은 곳에 적응한 새의 소리

7 Such adaptive vocalization techniques also prove useful in habitats with high levels of ambient noise. In a region inhabited by humans, for example, where the potential for low-frequency noise pollution is quite high, birds invoke high-pitched songs during short-range communication. A Clemson University study of *Mimus polyglottos*, the Northern Mockingbird, revealed that members of

또한 이렇게 적응된 발성 기법은 주위의 소음 수준이 높은 서식지에서도 유용한 것으로 나타난다. 예를 들어, 사람이 거주하는 지역 중 저주파 소음 공해의 가능성이 매우 높은 곳에서, 새는 가까운 거리의 의사소통을 하는 동안 높은 음의 노랫소리를 야기한다. Mimus polyglottos, 즉 북미의 흉내지빠귀에 관한 클렘슨 대학교의 연구에 따르면

Vocabulary

5 rear[riər] 부양하다, 기르다 (=breed)   lineage[líniidʒ] 계통, 혈통   assessment[əsésmənt] 판단 (=estimation)   fitness[fítnis] 건강
6 modulate[mádjulèit] 조절하다   ovenbird[ʌ́vənbə̀ːrd] 가마새   warbler[wɔ́ːrblər] 명금(연작류의 새)
microenvironment[màikrouenváiərənmənt] 미소 서식 환경   correlation[kɔ̀ːrəléiʃən] 연관성 (=link)   loop[luːp] (녹음된) 순환 테이프
surveillance[sərvéiləns] 감시   playback[pléibæ̀k] (녹음된 테이프의) 재생   habitat[hǽbitæ̀t] 서식지 (=dwelling)
7 ambient[ǽmbiənt] 주위의, 에워싼   invoke[invóuk] 야기하다

the species living in cities had higher minimum frequency levels than their counterparts in rural or heavily forested areas. [08D]To avoid their efforts being masked by immediate background noise, the birds always produce songs at pitches higher than those of the normal traffic of trains and cars, or that of passing airplanes. Decibel levels were also found to be higher in urban birds, while song duration tended to be less prolonged. It remains unclear, however, whether voice adaptations of urban populations have a genetic basis or whether they are simply learned through mimicry.

도시에 사는 흉내지빠귀 종은 시골이나 빽빽한 숲을 이룬 지역에 사는 상대방보다 최저 주파수 수준이 더 높은 것으로 드러났다. [08D]새는 인접한 배경의 소음에 노력이 가려지는 것을 피하기 위해 항상 기차와 자동차, 지나가는 비행기의 일반적인 소음보다 더 높은 음에서 노랫소리를 낸다. 또한 도시에 사는 새의 데시벨 수준도 더 높았으나, 노래의 길이는 덜 긴 경향이 있었다. 그러나 도시 새의 소리 적응이 유전적 근거를 가지고 있는지, 아니면 단순히 모방을 통해 배우는 것인지는 분명하지 않다.

Sentence Analysis

◉ It may seem surprising / that parents would make calls / to stimulate begging /
놀라워 보일지 모른다　　어미가 울음소리를 낸다는 것은　　먹이를 조르는 소리를 내게 하기 위해

when approaching the nest / given that / increased noise would seem to attract /
둥지에 다가갈 때　　~라는 것을 고려하면　　커진 소리가 ~을 끌 것으로 보인다

the attention of predators, / thus placing the brood / in potential danger.
포식자의 주의를　　그리하여 새끼들을 처하게 한다　　잠재적인 위험에

◉ To avoid their efforts being masked / by immediate background noise, /
그들의 노력이 가려지는 것을 피하기 위해　　인접한 배경의 소음에 의해

the birds always produce songs / at pitches higher / than those of the normal traffic of trains and cars, /
새는 항상 노랫소리를 낸다　　더 높은 음에서　　기차와 자동차의 일반적인 소음보다

or that of passing airplanes.
혹은 지나가는 비행기의 소음보다

Vocabulary

7 counterpart[káuntərpɑ̀ːrt] 상대방, 대응물 (=equivalent)　rural[rúərəl] 시골의 (=country)　duration[djuréiʃən] (음의) 길이, 지속
prolong[prəlɔ́ːŋ] 길게 늘이다 (=extend)　adaptation[æ̀dəptéiʃən] 적응　genetic[dʒənétik] 유전의　mimicry[mímikri] 모방

01

The word "simultaneously" in the passage is closest in meaning to

(A) in a rhythmic series
(B) in consecutive bursts
(C) at regular intervals
(D) at the same time

지문의 단어 "simultaneously"와 의미상 가장 유사한 것은?

(A) 리드미컬하게 연속적으로
(B) 연속적인 파열로
(C) 일정한 간격으로
(D) 동시에

Vocabulary 지문의 simultaneously(동시에)는 at the same time(동시에)과 동의어이므로 정답은 (D)이다.

02

According to paragraphs 2 and 3, all of the following are true about bird vocalization EXCEPT

(A) it is invoked by males to mimic the sounds of their reproductive competitors
(B) it is used by birds to convey their positions while traveling through the air
(C) it provides a means to communicate that a threatening presence is nearby
(D) it represents a tool males can use to draw attention from potential female partners

2, 3단락에 따르면, 다음 중 새의 발성에 대해 사실이 아닌 것은?

(A) 번식 경쟁자의 소리를 모방하기 위해 수컷이 행한다.
(B) 새가 공중을 비행하며 자신의 위치를 알리기 위해 사용한다.
(C) 위협적인 존재가 근처에 있다는 것을 전하기 위한 수단이 된다.
(D) 잠재적인 암컷 짝으로부터 관심을 끌기 위해 수컷이 사용할 수 있는 도구이다.

Negative Fact 문제의 키워드 bird vocalization(새의 발성)에 해당하는 birdsong(새 노랫소리), shrill alarm call(날카로운 경고 울음소리), location notes(위치음)가 언급된 부분의 주변을 지문에서 살펴보면 다음을 알 수 있다.
보기 (B)는 지문의 a sporadic series of soft location notes ~ heard ~ to communicate their respective flight positions(각기 자신의 비행 위치를 알리기 위한 산발적인 일련의 부드러운 위치음을 들을 수 있다)와 일치한다.
보기 (C)는 지문의 It serves to alert ~ approaching danger(다가오는 위험에 대해 경계를 시키는 역할을 한다)와 일치한다.
보기 (D)는 지문의 used by males to attract mates(수컷이 짝을 유혹하는 데 사용한다)와 일치한다.
따라서 보기 (B), (C), (D)는 지문의 내용과 일치하므로 오답이다. 그러나 보기 (A)는 지문에 언급되지 않은 내용이므로 정답이다.

03

What is the purpose of paragraph 3 in relation to the overall discussion on bird communication?

(A) To describe the utterances made by threatened birds
(B) To emphasize the limited range of bird noises
(C) To introduce additional forms of bird vocalization
(D) To point out that birds are rarely vocal

새의 의사소통에 대한 전반적인 논의와 관련하여 3단락의 목적은?

(A) 위협을 받은 새가 내는 소리를 기술하기 위해
(B) 새가 내는 소리의 제한적 범위를 강조하기 위해
(C) 새의 추가적인 발성 형태를 소개하기 위해
(D) 새가 소리를 거의 내지 않음을 지적하기 위해

Rhetorical Purpose 3단락을 살펴보면, caw of the American crow(아메리카 까마귀의 까악까악 소리)와 soft location notes(부드러운 위치음)와 같은 Other vocalizations(다른 발성)에 대해 설명하고 있다. 즉, 3단락의 목적은 2단락에서 언급된 birdsong(새 노랫소리)에 이어 새의 추가적인 발성 형태에 대해 소개하기 위한 것임을 알 수 있다. 따라서 정답은 (C)이다.

04

According to paragraph 4, what can be inferred about baby birds?

(A) Their continual cheeping places them in danger of acute malnourishment.

(B) They are more susceptible to predators if they modify their acoustical intensity.

(C) Their initial inability to understand arrival signals has major ill-effects on their survival.

(D) They are unable to adjust their calls in response to possible danger immediately after birth.

4단락에 따르면, 아기 새에 대해 추론할 수 있는 것은?

(A) 지속적인 삐악거림은 급성 영양실조의 위험에 처하게 한다.

(B) 음향 강도를 바꾼다면, 포식자에게 더 발각되기 쉽다.

(C) 초기에 도착 신호를 이해하지 못하는 것은 생존에 큰 해를 준다.

(D) 태어난 직후에는 잠재적인 위험에 반응하여 울음소리를 조절할 수 없다.

Inference 4단락에서 문제의 키워드 baby birds(아기 새)와 같은 의미인 nestlings(새끼 새)가 언급된 부분을 지문에서 살펴보면, nestlings gradually (~ neonatal birds do not have the ability to ~ respond to alarm calls) acquire the ability to alter their vocalizations in the face of potential predation(새끼 새는 잠재적인 포식과 마주하게 되면 발성을 바꾸는 능력을 점차 (갓 태어난 새는 경고 울음소리에 반응하는 능력이 없다) 습득한다)이라고 했다. 즉, 갓 태어난 새는 경고에 반응하는 능력이 없지만, 잠재적인 포식과 마주하게 되면 발성을 바꾸는 능력을 점차 습득한다는 것을 통해 새가 태어난 직후에는 위험에 반응하여 울음소리를 조절할 수 없다는 것을 추론할 수 있다. 따라서 정답은 보기 (D)이다.

05

The word "convert" in the passage is closest in meaning to

(A) adjust
(B) believe
(C) transform
(D) influence

지문의 단어 "convert"와 의미상 가장 유사한 것은?

(A) 조절하다
(B) 믿다
(C) 변형시키다
(D) 영향을 주다

Vocabulary 지문의 convert(바꾸다)는 transform(변형시키다)과 동의어이므로 정답은 (C)이다.

06

According to paragraph 6, what method was used to discover the correlation between modifications in call frequencies and bird habitat?

(A) Nests were replaced with fake ones and recorded sounds of chicks were played to see if parents would return.

(B) Devices were installed near fake nests that could record the sounds emitted by young birds in response to predators.

(C) Differences between vocalization strategies on the ground and in trees were measured by taking recordings of nestlings.

(D) Fake nests were distributed and predators were monitored for their reactions to broadcasted cheeping sounds.

6단락에 따르면, 울음소리의 주파수 조절과 새의 서식지 사이의 상관관계를 발견하기 위해 사용된 방법은?

(A) 어미 새가 돌아오는지 보기 위해 둥지를 가짜 둥지로 교체하고 새끼 새의 녹음된 소리를 틀었다.

(B) 포식자에 반응해 새끼 새가 내는 소리를 녹음할 수 있는 장비를 가짜 둥지 근처에 설치했다.

(C) 새끼 새의 소리를 녹음하여 땅 위와 나무 위에서 발성 전략의 차이점을 측정했다.

(D) 가짜 둥지를 분포시키고 방송되는 삐악거리는 소리에 대한 포식자의 반응을 관찰했다.

Fact 문제의 키워드 the correlation between modifications in call frequencies and bird habitat(울음소리의 주파수 조절과 새의 서식지 사이의 상관관계)과 같은 의미인 frequency levels ~ related to a species' distinct microenvironment(주파수 수준이 각 종의 개별적인 미소 서식 환경과 크게 연관되어 있다)가 언급된 부분의 주변을 지문에서 살펴보면, The scientists discovered this correlation by placing mock nests ~ among the brush on the ground. They then observed predator responses to the sounds(과학자들은 이 연관성을 땅에 있는 덤불 사이에 가짜 둥지를 설치함으로써 발견했다. 그리고 나서 그들은 그 소리에 대한 포식자의 반응을 관찰했다)라는 것을 알 수 있다. 따라서 보기 (D)는 지문의 내용과 일치하므로 정답이다.

07

Which of the sentences below best expresses the essential information in the highlighted sentence in the passage? *Incorrect* choices change the meaning in important ways or leave out essential information.

(A) On the other hand, it is still unknown whether birds are able to imitate man-made sounds because of genetic evolution, or if it is learned.

(B) Still, in order to adapt, it is essential that birds living in urban areas learn to mimic the sounds of others around them.

(C) It is still not known if imitation or heredity is the driving force behind vocal modifications among city birds.

(D) It is still not obvious how inherited traits in birds allow them to adapt to urban life and communicate.

아래 문장 중 지문 속의 음영 표시된 문장의 핵심 정보를 가장 잘 표현하고 있는 것은 무엇인가? 오답은 문장의 의미를 현저하게 바꾸거나 핵심 정보를 빠뜨리고 있다.

(A) 반면, 새가 사람이 내는 소리를 모방할 수 있는 것이 유전적 진화 때문인지 학습한 것인지는 여전히 알려지지 않았다.

(B) 그러나 도시 지역에 사는 새가 적응하기 위해서 주위 다른 새의 소리를 모방하는 것은 필수적이다.

(C) 도시 새의 소리를 조절하는 원동력이 모방 때문인지 유전 때문인지는 여전히 알려지지 않았다.

(D) 어떻게 새의 물려받은 특성이 그들을 도시 생활에 적응하게 하고 의사소통을 하게 하는지는 여전히 분명하지 않다.

Sentence Simplification 음영 표시된 문장 전체가 핵심 정보로서 It remains unclear(분명하지 않다)를 It is still not known(여전히 알려지지 않았다)으로, whether voice adaptations of urban populations have a genetic basis or whether they are simply learned through mimicry(도시 새의 소리 적응이 유전적 근거를 가지고 있는지, 아니면 단순히 모방을 통해 배우는 것인지)를 if imitation or heredity is the driving force behind vocal modifications among city birds(도시 새의 소리를 조절하는 원동력이 모방 때문인지 유전 때문인지)로 간략하게 바꾸어 표현한 보기 (C)가 정답이다.

08

According to paragraph 7, birds adapt their songs to noisy habitats because

(A) individualizing songs distinguishes their vocalizations from those of other birds

(B) combining songs with background noise better avoids detection by people

(C) without it their songs might not be long enough to be heard above the roar of traffic

(D) otherwise their songs would be covered up by the sounds of the local environment

7단락에 따르면, 새는 _____ 때문에 시끄러운 서식지에 노랫소리를 적응시킨다.

(A) 개개의 사정에 노랫소리를 맞추는 것이 다른 새의 소리와 자신의 소리를 구분해주기 때문에

(B) 주위 소음과 노랫소리를 섞는 것이 사람에게 발각되는 것을 더 잘 피할 수 있게 하기 때문에

(C) 그렇게 하지 않으면 노랫소리가 차 소리에 묻히지 않고 들릴 만큼 길게 지속되지 않을 것이기 때문에

(D) 그렇지 않으면 노랫소리가 주위 환경의 소리에 묻힐 것이기 때문에

Fact 문제의 키워드 adapt their songs(노랫소리를 적응시킨다)와 같은 의미인 voice adaptations(소리 적응)가 언급된 부분의 주변을 지문에서 살펴보면, To avoid their efforts being masked by immediate background noise, the birds always produce songs at pitches higher(새는 인접한 배경의 소음에 노력이 가려지는 것을 피하기 위해 항상 더 높은 음에서 노랫소리를 낸다)라는 것을 알 수 있다. 따라서 보기 (D)는 지문의 내용과 일치하므로 정답이다.

09

Look at the four squares [■] that indicate where the following sentence could be added to the passage.

The surveillance quickly revealed that predation is directly influenced by sound frequency.

Where would the sentence best fit? 3rd ■

네 개의 네모[■]는 다음 문장이 삽입될 수 있는 부분을 나타내고 있다.

이 감시를 통해 포식이 소리의 주파수에 직접적인 영향을 받는다는 것이 즉각적으로 드러났다.

이 문장은 어느 자리에 들어가는 것이 가장 적절한가? 세 번째 ■

Insertion 삽입 문장에서 정답의 단서는 The surveillance(이 감시)로, 세 번째 ■ 앞에서 언급된 observed predator responses(포식자의 반응을 관찰했다)를 가리킨다. 세 번째 ■에 삽입 문장을 넣어보면, 그들은 녹음된 소리에 대한 포식자의 반응을 관찰했는데, 이 감시를 통해 포식이 소리의 주파수에 직접적인 영향을 받는다는 것이 즉각적으로 드러났다는 내용이 되어 글의 흐름이 자연스럽다. 따라서 정답은 세 번째 ■이다.

10

Directions: An introductory sentence for a brief summary of the passage is provided below. Complete the summary by selecting the THREE answer choices that express the most important ideas in the passage. Some sentences do not belong in the summary because they express ideas that are not presented in the passage or are minor ideas in the passage. **This question is worth 2 points.**

지시: 지문 요약을 위한 도입 문장이 아래에 주어져 있다. 지문의 가장 중요한 내용을 나타내는 보기 3개를 골라 요약을 완성하시오. 어떤 문장은 지문에 언급되지 않은 내용이나 사소한 정보를 담고 있으므로 요약에 포함되지 않는다. 이 문제는 2점이다.

Birds have developed a complex system of vocalization that aids in their survival.

- (A) Adaptive communication techniques allow birds to deal with environmental pressures, such as those brought on by predators and urban noise.
- (B) The communication between parents and nestlings play a key role in the survival of the family and its ability to produce future generations.
- (D) Birds are capable of producing a variety of simple and complicated sounds in order to effectively communicate with one another.

(C) Few aspects of avian vocalization strategies have been systematically studied outside of mating songs and those between parents and their offspring.

(E) Songs are often obscured by noise pollution in man-made settings, making it unlikely for birds to succeed despite adaptations.

(F) Due to their complex physiology, birds are able to communicate even in flight to convey their relative positions to other members of the group.

새는 생존에 도움이 되는 복잡한 발성 체계를 발전시켰다.

- (A) 적응 의사소통 기술은 새가 포식자와 도시 소음이 일으키는 것과 같은 환경적인 압박에 대처할 수 있게 한다.
- (B) 어미 새와 새끼 새 사이의 의사소통은 이들의 생존과 미래 후손을 생산하는 능력에 있어 중요한 역할을 한다.
- (D) 새는 서로 효과적으로 의사소통하기 위해 단순하고 복잡한 다양한 소리를 만들어낼 수 있다.

(C) 짝짓기 노랫소리와 어미 새와 새끼 새 사이의 노랫소리 외에 새의 발성 전략에 대해서 체계적으로 연구된 것이 거의 없다.

(E) 종종 노랫소리는 인공적인 환경의 소음공해에 묻혀, 새가 적응에도 불구하고 번성하는 것을 가망이 없게 한다.

(F) 복잡한 생리 기능 때문에 새는 비행 중에도 무리의 다른 구성원에게 자신의 상대적 위치를 전할 수 있다.

Summary 지문의 중심 내용은 새가 생존에 도움이 되는 복잡한 발성 체계를 발전시켰다는 것이다. 보기 (A)는 6~7단락의 중심 내용인 주위 환경에 적응한 새의 소리와 일치하고, 보기 (B)는 4~5단락의 중심 내용인 어미 새와 새끼 새 사이의 의사소통과 일치하며, 보기 (D)는 2~3단락의 중심 내용인 새들 사이에서의 다양한 의사소통과 일치한다. 따라서 정답은 (A), (B), (D)이다.

Mineral Scarcity | 광물 부족

INTRO	단락 1	광물의 정의 및 광물 부족 문제
POINT 1	단락 2	광물 사용량 증가에 따른 광물 부족 우려
	단락 3	
POINT 2	단락 4	광물 부족에 대한 다양한 해결책과 문제점
	단락 5	
	단락 6	
POINT 3	단락 7	재활용을 통한 광물 부족의 해결
	단락 8	
	단락 9	

광물 채굴 현장

INTRO
단락 1
광물의 정의 및
광물 부족
문제

1 A mineral is defined as an inorganic homogeneous material with a definite chemical composition and a distinctive internal crystal structure that develops as the result of natural processes. Mineral formation is determined by the geological environment, with a variety of factors, including heat and pressure, playing an important role in the final configuration of the substance. The endowment of minerals in the Earth's crust is finite; therefore, excessive extraction of rare or exhaustible minerals could lead to future scarcity problems.

광물은 균질한 무기물로 정의되는데 일정한 화학 조성과 자연적 작용의 결과로 생긴 뚜렷한 내부 결정 구조를 가진다. 광물의 형성은 지질 환경에 의해 결정되며 열과 압력을 포함한 다양한 요인이 광물의 최종 외형을 결정하는 데 중요한 역할을 한다. 지각의 광물 부존량은 한정되어 있으므로 희귀하거나 고갈될 수 있는 광물의 과도한 채취는 미래에 광물 부족 문제를 초래할 수 있다.

POINT 1
단락 2
산업화로 인한
광물 사용량
증가

2 An explosion in the use of mineral resources occurred during the rapid industrialization of the Western world associated with the Industrial Revolution, a period characterized by the transition of affected societies from an agrarian economy to one dominated by manufacturing. Not only did this [12A]necessitate the acquisition of significant mineral reserves to create the machinery of production, but [12C/12D]the quantity and diversity of goods generated using

광물 자원 사용의 폭발적 증가는 산업혁명과 관련된 서구의 급속한 산업화 중에 발생했는데, 산업혁명은 그 영향을 받은 사회가 농업 경제에서 제조업이 지배하는 경제로 변천한 것으로 특징지어진 시기이다. 이것은 [12A]생산 기계를 만들기 위해 상당한 광물 매장량의 획득을 필요로 했을 뿐 아니라 [12C/12D]새로운 방식을 이용하여 생산된 상품의 양과 다양성은 [11D]광물 자원에 대한 전례 없는 수요를 창출했다.

Vocabulary

1 inorganic[ìnɔːrɡǽnik] 무기질의   homogeneous[hòumədʒíːniəs] 균질한   definite[défənit] 일정한 (=certain)
composition[kàmpəzíʃən] 조성 (=formation)   crystal[krístl] 결정의   geological[dʒìːəládʒikəl] 지질의   configuration[kənfìɡjuréiʃən] 외형
endowment[indáumənt] 부존량   finite[fáinait] 한정된   extraction[ikstrǽkʃən] 채취   exhaustible[iɡzɔ́ːstəbl] 고갈할 수 있는
scarcity[skέərsəti] 부족 (=deficiency)
2 transition[trænzíʃən] 변천 (=shift)   agrarian[əɡrέəriən] 농업의   necessitate[nəsésətèit] 필요로 하다 (=call for)
acquisition[ǽkwəzíʃən] 획득

the new methods also [11D]created an unprecedented demand for mineral resources.

단락 3
지속된 광물 채굴로 인한 광물 부족 우려

3 As the populations in industrialized societies continue to rise, and developing nations begin the process of industrialization, the need to locate and exploit mineral deposits has risen tremendously. Initially, the rate at which minerals were extracted was limited by the high costs associated with mining. However, technological improvements in the industry, combined with significant reductions in the expenses associated with transport, have made it possible to remove these commodities more efficiently and at a much lower cost, resulting in an extraction rate that many experts consider to be unsustainable. Since the 1970s, a broad spectrum of scientists, environmentalists, and economists has advocated the position that the depletion of accessible minerals is the most probable outcome of current resource management policies.

POINT 2
단락 4
새로운 매장물 발견을 위한 노력

4 Apprehension regarding the future availability of mineral resources is not universal, however, and recent research suggests that a range of factors may contribute to the overall sustainability of the mineral industry. Companies and governments continue to devote a tremendous amount of research to developing novel approaches to exploit less accessible deposits; [13B]as new deposits are found and extracted, scarcity issues may be alleviated.

단락 5
대륙붕 채굴로 인한 광물 부족 우려의 완화

5 Much of the research in this regard is conducted for the purpose of discovering and accessing untapped mineral resources. An example of a recent success in dealing with supply woes has been in the field of offshore mining, whereby the continental shelves—which constitute an area almost fifty percent as large as existing landmasses—are mined using an array of methods, including the use of draglines that remove the surface material on the ocean's floor, as well as hydraulic dredges attached to offshore platforms to reach deeper deposits. [14C]Many scientists are optimistic about the resource potential of the continental

산업화 사회의 인구가 지속적으로 증가하고 개발도상국이 산업화 과정을 시작함에 따라 매장물을 찾아 개발할 필요성이 엄청나게 증가했다. 초기에 광물 채굴률은 채굴과 관련한 높은 비용 때문에 제한되어 있었다. 그러나 산업 기술의 진보는 운송 관련 비용이 크게 감소한 것과 더불어 이런 원자재를 보다 더 효율적이고 훨씬 더 낮은 비용으로 채굴할 수 있도록 하여, 많은 전문가들이 지속 가능하지 않다고 생각하는 채굴률에 이르게 되었다. 1970년대 이래로 다방면의 과학자, 환경론자, 경제학자들은 이용 가능한 광물의 고갈이 현 자원 관리 정책의 가장 유력한 결과라는 주장을 지지해 왔다.

그러나 미래의 광물 자원 이용 가능성에 관한 우려는 보편적이지 않으며, 최근 연구에 따르면 다양한 요인이 광물 산업의 전반적인 지속가능성에 도움이 될지도 모른다. 기업과 정부는 접근이 덜 용이한 매장물을 이용할 참신한 방법을 개발하는 데 엄청난 양의 연구를 계속하고 있으며, [13B]새로운 매장물이 발견되어 채굴되면 광물 부족 논란이 완화될 것이다.

이와 관련한 대부분의 연구는 미개발 광물 자원을 발견하여 이용할 목적으로 수행된다. 공급과 관련한 어려움을 해결한 근래 성공의 예는 근해 채굴 분야인데, 그로써 현존 대륙의 거의 50퍼센트 크기에 해당하는 지역을 차지하는 대륙붕이 다양한 방법을 이용하여 채굴되며, 그 방법에는 더 깊은 곳에 있는 매장물에 도달하기 위해 근해 플랫폼에 부착된 수력 저인망뿐만 아니라 해저 표면 물질을 벗겨내는 드래그라인의 사용도 포함된다. [14C]많은 과학자들은 대륙붕의 자원 잠재력에 대해 낙관적인데 이는 이전 검사에서 대륙붕이 인접 대륙에 필

Vocabulary

3 locate[lóukeit] 찾아내다 (=spot) exploit[iksplɔ́it] (자원을) 개발하다 (=utilize) deposit[dipázit] 매장물 commodity[kəmádəti] 원자재
unsustainable[ʌ̀nsəstéinəbl] 지속 가능하지 않은 advocate[ǽdvəkèit] 지지하다 (=support) position[pəzíʃən] 주장 depletion[diplíːʃən] 고갈
4 apprehension[æ̀prihénʃən] 우려 universal[jùːnəvə́ːrsəl] 보편적인 sustainability[səstéinəbìləti] 지속가능성
tremendous[triméndəs] 엄청나게 큰 (=enormous) alleviate[əlíːvièit] 완화시키다 (=relieve)
5 untapped[ʌ̀ntǽpt] 미개발의, 이용되지 않은 woe[wou] 어려움 offshore[ɔ́ːfʃɔ́ːr] 근해의 landmass[lǽndmæ̀s] 대륙
dragline[drǽglàin] 드래그라인, 유도삭 hydraulic[haidrɔ́ːlik] 수력에 의한 dredge[dredʒ] 저인망

shelves, as early tests indicate that they have a mineral composition comparable to the adjacent land areas.

적하는 광물 조성을 가지고 있는 것으로 나타났기 때문이다.

단락 6
공급을 넘어서는 현대의 광물 수요에 대한 우려

6 These solutions have worked in some parts of the world. ■ In the United States, for instance, the combination of technological improvements and new reserves has resulted in the growth of mineral commodity supplies at a rate greater than historical increases in demand. ■ **This created a downward trend in prices, even among minerals that had traditionally been particularly costly.** However, recent consumption trends are staggering: according to the U.S. Geological Survey, the quantity of new materials produced has continued to rise each year, and of all the mineral resources used in the twentieth century, over half were consumed in the last quarter of the century—an astonishing realization. ■ [16B]The continued upswing not only fuels the debate about the adequacy of future supplies, it also has environmentalists distressed over a related issue beyond physical scarcity, that of the capacity of the planet's geologic, hydrological, and atmospheric systems to handle the wastes associated with mineral extraction for use in manufacturing materials. ■

이런 해결책이 세계 일부 지역에서는 효과가 있었다. 예를 들어 미국에서는 기술 발전과 새로운 매장지의 결합으로 역사적인 수요 증가보다 더 높은 속도의 광물 원자재 공급의 성장이 나타났다. **이는 심지어 전통적으로 특히 고가였던 광물에서도 가격의 하향 추세를 초래했다.** 그러나 최근의 소비 경향은 놀라운데, 미 지질조사단체에 따르면 새로 생산되는 물건의 양이 매년 증가했으며, 20세기에 사용된 모든 광물 자원 중 절반 이상이 20세기 마지막 분기 동안 소비되었는데 이는 놀라운 결과이다. [16B]이러한 지속적인 상승세는 미래 공급의 타당성에 대한 논쟁을 부채질했을 뿐만 아니라, 환경론자들로 하여금 물리적 부족을 넘어서는 관련 문제인, 물품 제조에 사용하기 위한 광물 채굴과 관련된 폐기물을 처리할 지구의 지질, 수리, 대기 체계의 수용력 문제에 대해 걱정하게 했다.

POINT 3

단락 7
광물 채굴로 인한 오염을 없애고 광물 부족을 해결하는 재활용

7 Even if mineral resources exist in inexhaustible amounts, their extraction frequently leads directly to water pollution. When mines are stripped of their reserves, soil is displaced, which can end up in surface water, leading to increased salinity in lakes and rivers, and ores left behind can also pollute groundwater, as rain leeches toxic chemicals and acids when it passes through rock crevices. Therefore, environmentalists advocate recycling pre-produced materials, claiming that it offers a two-fold solution: recycling would eliminate the pollution associated with extraction of raw materials while preserving minerals in situ for future use.

광물 자원이 고갈될 수 없을 만큼 많이 존재한다 하더라도 그 광물의 채굴은 종종 직접적인 수질 오염으로 이어진다. 광산에서 매장량이 다 채굴되면서 토양이 옮겨져 결국 지표수에 들어가 호수와 강의 염분을 증가시키며, 남겨진 광석 또한 지하수를 오염시킬 수 있는데, 이는 빗물이 암석 틈을 지날 때 독성 물질과 산을 빨아들이기 때문이다. 그러므로 환경론자들은 이미 생산된 물품을 재활용할 것을 주장하며, 그것이 이중의 해결책을 제시한다고 주장한다. 즉, 재활용이 원료 채굴과 관련된 오염을 없애며 미래 사용을 위해 광물을 본래의 장소에 보존한다는 것이다.

단락 8
재활용을 통한 지속가능한 광물 보존량 창출

8 [18A]Recycling can provide the means to increase the amount of mineral resources available for human consumption. Particularly with regards to ferrous (e.g. iron and steel) and nonferrous (e.g.

[18A]재활용은 인간이 소비할 수 있는 광물 자원의 양을 증가시키는 수단이 될 수 있다. 특히 철금속(예로 철과 강철) 및 비철금속(예로 알루미늄과 구

Vocabulary

5 comparable[kámpərəbl] 필적하는   adjacent[ədʒéisnt] 인접한
6 downward[dáunwərd] 하향의   stagger[stǽgər] 깜짝 놀라게 하다, 당황시키다 (=overwhelm)   astonishing[əstániʃiŋ] 놀라운
  upswing[ʌ́pswìŋ] 상승세   fuel[fjúːəl] 부채질하다 (=encourage)   adequacy[ǽdikwəsi] 타당성   distress[distrés] 걱정하게 하다
  hydrological[hàidrəlάdʒikəl] 수리학의
7 displace[displéis] 옮기다   salinity[səlínəti] 염분   ore[ɔːr] 광석   leech[liːtʃ] 빨아들이다   crevice[krévis] (갈라진) 틈   in situ 본래의 장소에

aluminum and copper) metals, there have already been dramatic improvements to the efficiency and cost-effectiveness of material recovery and reprocessing. As a result, these substances are now considered to be infinitely recyclable, meaning that the material is not significantly degraded or modified by the process, effectively creating a reserve of sustainable mineral products to be drawn upon to meet the collective needs of humanity.

리)과 관련하여 자원 재생과 재가공의 효율성 및 가격 효율에서 현저한 발전이 있었다. 결과적으로, 이러한 광물은 현재 무한하게 재활용될 수 있다고, 즉 광물이 가공에 의해 크게 질이 저하되거나 변성되지 않는다고 여겨지는데, 이는 인류 전체의 필요를 충족시키기 위해 이용될 지속가능한 광물 보존량을 효과적으로 창출해 낸다.

단락 9
재활용될 수 있는 물건들

9 In addition, the stock of "materials-in-use" on Earth is vast, and includes buildings, machines, roads, and numerous other man-made structures and materials. A substantial number of mineral-containing resources also exist unused as waste in landfills in the form of cast-off bricks, asphalt, and drywall, and these previously manufactured items could be of use in the future as potential resources.

게다가 지구상에 '사용 중인 물질'의 보유량은 방대하며 건물, 기계, 도로와 수많은 다른 인공 구조물과 물건을 포함한다. 또한 광물을 함유한 엄청난 양의 자원이 매립지에 버려진 벽돌, 아스팔트, 석고보드 벽 형태의 폐기물로서 사용되지 않은 채 존재하며, 이렇게 이전에 제조된 품목들은 잠재적인 자원으로서 미래에 사용될 수 있다.

Sentence Analysis

◉ An example of a recent success / in dealing with supply woes / has been in the field of offshore
근래 성공의 예는   공급과 관련한 어려움을 해결한   근해 채굴 분야이다

mining, / whereby the continental shelves— / which constitute an area /
그로써 대륙붕이   지역을 차지하는

almost fifty percent as large as existing landmasses— / are mined using an array of methods, /
현존하는 대륙의 거의 50퍼센트 크기에 해당하는   다양한 방법을 이용하여 채굴된다

including the use of draglines / that remove the surface material on the ocean's floor, /
드래그라인의 사용을 포함하는   해저 표면 물질을 벗겨내는

as well as hydraulic dredges / attached to offshore platforms / to reach deeper deposits.
수력 저인망뿐만 아니라   근해 플랫폼에 부착된   더 깊은 곳에 있는 매장물에 도달하기 위해

◉ The continued upswing / not only fuels the debate / about the adequacy of future supplies, /
지속적인 상승세는   논쟁을 부채질했을 뿐만 아니라   미래 공급의 타당성에 대한

it also has environmentalists distressed over a related issue / beyond physical scarcity, /
이는 또한 환경론자들로 하여금 관련된 문제에 대해 걱정하게 했다   물리적 부족을 넘어서는

that of the capacity of the planet's geologic, hydrological, and atmospheric systems /
지구의 지질, 수리, 대기 체계의 수용량 문제

to handle the wastes / associated with mineral extraction / for use in manufacturing materials.
폐기물을 처리할   광물 채굴과 관련된   물품 제조에 사용하기 위한

Vocabulary

8 **dramatic**[drəmǽtik] 극적인   **infinitely**[ínfənətli] 무한히   **degrade**[digréid] (질적으로) 저하시키다, 품위를 떨어뜨리다   **modify**[mάdəfài] 변성하다   **collective**[kəléktiv] 전체의

9 **stock**[stɑk] 보유량   **substantial**[səbstǽnʃəl] 엄청난 (=significant)   **landfill**[lǽndfil] 매립지   **cast-off**[kǽstɔ̀ːf] 버려진   **drywall**[dráiwɔ̀ːl] 석고보드 벽

11

Why does the author mention "the Industrial Revolution" in paragraph 2?

(A) To indicate the results of an economic trend
(B) To provide an example of a production technique
(C) To demonstrate the importance of an economic region
(D) To suggest a cause for the increase in consumption of a resource

2단락에서 글쓴이는 왜 "the Industrial Revolution"을 언급하는가?

(A) 경제 추세의 결과를 보여주기 위해서
(B) 생산 기술의 예를 들기 위해서
(C) 경제 지역의 중요성을 설명하기 위해서
(D) 자원 소비 증가의 원인을 제시하기 위해서

Rhetorical Purpose 음영 문구 the Industrial Revolution(산업혁명)이 언급된 부분의 주변을 살펴보면, created an unprecedented demand for mineral resources(광물 자원에 대한 전례 없는 수요를 창출했다)라고 언급했다. 즉, the Industrial Revolution은 자원 소비 증가의 원인을 제시하기 위해서 언급된 것이다. 따라서 정답은 (D)이다.

12

According to paragraph 2, all the following are aspects of industrialization that created demand for minerals EXCEPT

(A) the construction of industrial equipment
(B) the lowered output of agricultural areas
(C) the increased capacity to make merchandise
(D) the manufacture of a wide variety of products

2단락에 따르면, 다음 중 광물 수요를 일으킨 산업화의 양상이 아닌 것은?

(A) 산업 장비 건축
(B) 농업 지대의 낮은 생산량
(C) 상품 생산성 증가
(D) 다양한 상품 제조

Negative Fact 문제의 키워드 demand for minerals(광물 수요)와 같은 의미인 the use of mineral resources(광물 자원 사용)가 언급된 부분의 주변을 지문에서 살펴보면 다음을 알 수 있다.
보기 (A)는 지문의 necessitate the acquisition of significant mineral reserves to create the machinery of production(생산 기계를 만들기 위해 상당한 광물 매장량의 획득을 필요로 했다)과 일치한다.
보기 (C)와 (D)는 지문의 the quantity and diversity of goods ~ created an unprecedented demand for mineral resources(상품의 양과 다양성은 광물 자원에 대한 전례 없는 수요를 창출했다)와 일치한다.
따라서 보기 (A), (C), (D)는 지문의 내용과 일치하므로 오답이다. 그러나 보기 (B)는 지문에 언급되지 않은 내용이므로 정답이다.

13

According to paragraph 4, the belief that mineral resources may not be available in the future is called into question because

(A) scientists have recently discovered unlimited deposits of minerals

(B) research indicates that new deposits could reduce supply pressures

(C) companies and governments are relying less on mineral exploitation

(D) industries have begun to use extraction methods that are sustainable

4단락에 따르면, _____ 때문에 미래에는 광물 자원을 이용할 수 없을지도 모른다는 생각에 이의가 제기되었다.

(A) 과학자들이 최근에 무제한의 매장 광물을 발견했기 때문에

(B) 연구에 의해 새로운 매장물이 공급에 대한 압박을 감소시킬 수 있다는 것이 밝혀졌기 때문에

(C) 기업과 정부가 광물 개발에 대한 의존도를 낮추고 있기 때문에

(D) 산업이 지속가능한 채취 방법을 사용하기 시작했기 때문에

Fact 문제의 키워드 the belief that mineral resources may not be available in the future(미래에는 광물 자원을 이용할 수 없을지도 모른다는 생각)와 같은 의미인 Apprehension regarding the future availability of mineral resources(미래의 광물 자원 이용 가능성에 관한 우려)가 언급된 부분의 주변을 지문에서 살펴보면, as new deposits are found and extracted, scarcity issues may be alleviated(새로운 매장물이 발견되어 채굴되면 광물 부족 논란이 완화될 것이다)라는 것을 알 수 있다. 따라서 보기 (B)는 지문의 내용과 일치하므로 정답이다.

14

According to paragraph 5, the recent success in the field of offshore mining

(A) created the realization that minerals exist in greater abundance in the continental shelves than on land

(B) was made possible due to the utilization of methods employed in conventional mining

(C) led to a positive outlook among scientists regarding the mineral content of the continental shelves

(D) can be attributed to new technologies capable of measuring the mineral content of the ocean floor

5단락에 따르면, 근해 채굴 분야에서 근래 성공은 _____다.

(A) 광물이 대륙보다 대륙붕에 더 풍부하게 존재한다는 것을 깨닫게 했다.

(B) 전통적인 채굴에서 사용된 방법을 이용함으로써 가능해졌다.

(C) 대륙붕의 광물량과 관련하여 과학자들의 긍정적인 견해를 이끌어냈다.

(D) 해저 광물량을 측정할 수 있는 새로운 기술 덕분이다.

Fact 문제의 키워드 the recent success in the field of offshore mining(근해 채굴 분야에서 근래 성공)과 같은 의미인 a recent success ~ in the field of offshore mining(근래 성공은 근해 채굴 분야이다)이 언급된 부분의 주변을 지문에서 살펴보면, Many scientists are optimistic about the resource potential of the continental shelves(많은 과학자들은 대륙붕의 자원 잠재력에 대해 낙관적이다)라는 것을 알 수 있다. 따라서 보기 (C)는 지문의 내용과 일치하므로 정답이다.

15

The word "astonishing" in the passage is closest in meaning to

(A) surprising

(B) intriguing

(C) promising

(D) yearning

지문의 단어 "astonishing"과 의미상 가장 유사한 것은?

(A) 놀라운

(B) 흥미로운

(C) 유망한

(D) 동경하는

Vocabulary 지문의 astonishing(놀라운)은 surprising(놀라운)과 동의어이므로 정답은 (A)이다.

16

Which of the following was provided as an outcome of the recent increase in the consumption of minerals?

(A) Expert estimate that mineral consumption will completely exhaust global supplies by the end of this century.
(B) The controversy over whether there will be enough available supplies in the future has heated up.
(C) The total quantity of minerals produced is declining rapidly because resources are becoming scarcer.
(D) A number of prominent environmental activists are calling for all mineral consumption to cease.

다음 중 최근의 광물 소비 증가의 결과로 제시된 것은?

(A) 전문가는 광물 소비가 금세기 말까지 세계적인 비축량을 완전히 고갈시킬 것이라고 추정한다.
(B) 미래에 충분히 이용할 수 있는 비축량이 있을 것인지에 대한 논란이 뜨거워지고 있다.
(C) 자원이 부족해지고 있기 때문에 생산된 광물의 전체 양은 빠르게 줄어들고 있다.
(D) 다수의 저명한 환경운동가들은 모든 광물 소비가 중단되어야 한다고 요구하고 있다.

Fact 문제의 키워드 the recent increase in the consumption of minerals(최근의 광물 소비 증가)와 같은 의미인 recent consumption trends(최근의 소비 경향)가 언급된 부분의 주변을 지문에서 살펴보면, The continued upswing not only fuels the debate about the adequacy of future supplies(이러한 지속적인 상승세는 미래 공급의 타당성에 대한 논쟁을 부채질했다)라는 것을 알 수 있다. 따라서 보기 (B)는 지문의 내용과 일치하므로 정답이다.

17

The word "it" in the passage refers to

(A) soil
(B) salinity
(C) groundwater
(D) rain

지문의 단어 "it"이 가리키는 것은?

(A) 토양
(B) 염분
(C) 지하수
(D) 빗물

Reference 보기 중에서 지시어 it에 대입하여 해석했을 때 가장 자연스러운 단어는 rain(빗물)이므로 정답은 (D)이다.

18

It can be inferred from paragraph 8 that the author likely believes which of the following about the problem of mineral scarcity?

(A) Mineral scarcity will be avoided if people change their consumption patterns.
(B) Mineral scarcity will become an irreversible problem that will affect humankind.
(C) Governments throughout the world will act quickly to deal with mineral scarcity.
(D) Factors influencing mineral scarcity are cyclical and will revert to historic levels.

다음 중 8단락으로부터 추론할 수 있는 광물 부족 문제점에 대한 글쓴이의 생각은?

(A) 사람들이 소비 패턴을 바꾼다면 광물 부족을 피할 수 있다.
(B) 광물 부족은 돌이킬 수 없는 문제점이 되어 인류에게 영향을 미칠 것이다.
(C) 전 세계적으로 정부는 광물 부족을 해결하기 위해 재빨리 행동할 것이다.
(D) 광물 부족에 영향을 미치는 요소는 주기적이며 역사적인 수준으로 되돌아갈 것이다.

Inference 8단락을 살펴보면, Recycling can provide the means to increase the amount of mineral resources available for human consumption(재활용은 인간이 소비할 수 있는 광물 자원의 양을 증가시키는 수단이 될 수 있다)이라고 했다. 이로 미루어보아 사람들이 재활용하는 방식으로 소비 패턴을 바꾼다면 소비할 수 있는 광물량이 증가하여 광물 부족을 피할 수 있음을 추론할 수 있다. 따라서 정답은 (A)이다.

19

Look at the four squares [■] that indicate where the following sentence could be added to the passage.

This created a downward trend in prices, even among minerals that had traditionally been particularly costly.

Where would the sentence best fit? 2nd ■

네 개의 네모[■]는 다음 문장이 삽입될 수 있는 부분을 나타내고 있다.

이는 심지어 전통적으로 특히 고가였던 광물에서도 가격의 하향 추세를 초래했다.

이 문장은 어느 자리에 들어가는 것이 가장 적절한가? 두 번째 ■

Insertion 삽입 문장에서 정답의 단서는 This(이는)로, 두 번째 ■ 앞에 언급된 the growth of mineral commodity supplies at a rate greater than historical increases in demand(역사적인 수요 증가보다 더 높은 속도의 광물 원자재 공급의 성장)를 가리킨다. 두 번째 ■에 삽입 문장을 넣어보면, 광물에 대한 수요보다 광물 원자재 공급이 더 빠르게 성장하여, 전통적으로 고가였던 광물에서도 가격이 하락하였다는 내용이 되어 글의 흐름이 자연스럽다. 따라서 정답은 두 번째 ■이다.

20

Directions: An introductory sentence for a brief summary of the passage is provided below. Complete the summary by selecting the THREE answer choices that express the most important ideas in the passage. Some sentences do not belong in the summary because they express ideas that are not presented in the passage or are minor ideas in the passage. **This question is worth 2 points.**

지시: 지문 요약을 위한 도입 문장이 아래에 주어져 있다. 지문의 가장 중요한 내용을 나타내는 보기 3개를 골라 요약을 완성하시오. 어떤 문장은 지문에 언급되지 않은 내용이나 사소한 정보를 담고 있으므로 요약에 포함되지 않는다. 이 문제는 2점이다.

Mineral scarcity is an important issue that scientists are currently addressing.

- (C) The historical increase in demand for minerals led to concerns over future availability.
- (E) Reusing previously manufactured products could help forestall mineral depletion.
- (F) Research and new methodologies have allowed for the extraction of minerals from previously untapped deposits.

(A) Efforts to harvest mineral formations previously considered unsuitable are a response to rising prices.
(B) Mining costs have declined substantially in the recent past, contributing to the sustainability of the industry.
(D) In some countries, mineral supplies have outpaced demand, eliminating concerns over increased extraction rates.

광물 부족은 과학자들이 현재 논의하고 있는 중요한 쟁점이다.

- (C) 광물 수요의 역사적인 증가는 미래의 이용 가능성에 대한 걱정을 불러일으켰다.
- (E) 예전에 제조된 상품을 재사용하는 것은 광물 고갈을 막는 것을 도울 수 있을 것이다.
- (F) 연구와 새로운 방법 덕분에 예전에는 이용되지 않았던 매장물로부터 광물을 채취할 수 있게 되었다.

(A) 예전에는 부적합하다고 생각되었던 광물층을 개발하려는 시도가 가격 인상에 대한 대응책이다.
(B) 최근에 채굴 비용이 굉장히 감소하면서 산업의 지속가능성에 도움을 주었다.
(D) 일부 국가에서는, 광물 공급이 수요를 앞질러서 채취율 증가에 대한 우려를 불식시켰다.

Summary 지문의 중심 내용은 광물 부족에 대한 우려 및 해결책이다. 보기 (C)는 2~3단락의 중심 내용인 광물 사용량 증가에 따른 광물 부족 우려와 일치하고, 보기 (E)는 7~9단락의 중심 내용인 재활용을 통한 광물 부족의 해결과 일치하며, 보기 (F)는 4~6단락의 중심 내용인 광물 부족에 대한 다양한 해결책, 즉 새로운 매장물 발견을 위한 노력과 일치한다. 따라서 정답은 (C), (E), (F)이다.

VOCABULARY LIST TEST 04

TEST 04 지문의 단어 중 토플 필수 단어를 선별하여 정리하였습니다. 고득점을 위해 단어암기 음성파일을 들으며 꼭 암기하세요.

* 해커스 동영상강의 포털 해커스인강(HackersIngang.com)에서 단어암기 음성파일을 무료로 다운로드할 수 있습니다.

- □ feat[fi:t] 재주
- □ avian[éiviən] 새의
- □ exhale[eksh éil] (숨을) 내쉬다
- □ adeptness[ədéptnis] 숙련, 숙달 (=proficiency)
- □ mimic[mímik] 흉내내다 (=imitate)
- □ complexity[kəmpléksəti] 복잡성
- □ jeopardy[dʒépərdi] 위험 (=danger)
- □ ward off 피하다
- □ sporadic[spərǽdik] 산발적인 (=intermittent)
- □ endangered[indéindʒərd] 위험에 처한 (=imperiled)
- □ cease[si:s] 중지하다 (=stop)
- □ incessant[insésnt] 끊임없는 (=continuous)
- □ aggressive[əgrésiv] 적극적인
- □ rear[riər] 기르다 (=breed)
- □ assessment[əsésmənt] 판단 (=estimation)
- □ modulate[mádʒulèit] 조절하다
- □ correlation[kɔ̀:rəléiʃən] 연관성 (=link)
- □ surveillance[sə:rvéiləns] 감시
- □ habitat[hǽbitæ̀t] 서식지 (=dwelling)
- □ invoke[invóuk] 야기하다
- □ counterpart[káuntərpà:rt] 상대방, 대응물 (=equivalent)
- □ rural[rúərəl] 시골의 (=country)
- □ duration[djuréiʃən] 지속
- □ mimicry[mímikri] 모방
- □ homogeneous[hòumədʒí:niəs] 균질한

- □ composition[kɑ̀mpəzíʃən] 조성 (=formation)
- □ scarcity[skɛ́ərsəti] 부족 (=deficiency)
- □ agrarian[əgrɛ́əriən] 농업의
- □ necessitate[nəsésətèit] 필요로 하다 (=call for)
- □ locate[lóukeit] 찾아내다 (=spot)
- □ exploit[iksplɔ́it] (자원을) 개발하다 (=utilize)
- □ deposit[dipázit] 매장물
- □ commodity[kəmádəti] 원자재
- □ advocate[ǽdvəkèit] 지지하다 (=support)
- □ position[pəzíʃən] 주장
- □ depletion[diplí:ʃən] 고갈
- □ apprehension[æ̀prihénʃən] 우려
- □ alleviate[əlí:vièit] 완화시키다 (=relieve)
- □ untapped[ʌ̀ntǽpt] 이용되지 않은
- □ woe[wou] 어려움
- □ adjacent[ədʒéisnt] 인접한
- □ downward[dáunwərd] 하향의
- □ stagger[stǽgər] 당황시키다 (=overwhelm)
- □ upswing[ʌ́pswìŋ] 상승세
- □ fuel[fjú:əl] 부채질하다 (=encourage)
- □ adequacy[ǽdikwəsi] 타당성
- □ distress[distrés] 걱정하게 하다
- □ displace[displéis] 옮기다
- □ salinity[səlínəti] 염분
- □ substantial[səbstǽnʃəl] 엄청난 (=significant)

Quiz

각 단어의 알맞은 뜻을 찾아 연결하시오.

01 modulate	ⓐ 기르다
02 rear	ⓑ 적극적인
03 correlation	ⓒ 감시
04 apprehension	ⓓ 우려
05 adjacent	ⓔ 연관성
	ⓕ 인접한
	ⓖ 조절하다

각 단어의 알맞은 동의어를 찾아 연결하시오.

06 stagger	ⓐ relieve
07 alleviate	ⓑ equivalent
08 endangered	ⓒ imperiled
09 substantial	ⓓ overwhelm
10 scarcity	ⓔ deficiency
	ⓕ spot
	ⓖ significant

01 ⓖ 02 ⓐ 03 ⓔ 04 ⓓ 05 ⓕ 06 ⓓ 07 ⓐ 08 ⓒ 09 ⓖ 10 ⓔ

SELF-CHECK LIST

이번 테스트는 어땠나요?
다음 체크리스트로 자신의 테스트 진행 내용을 점검해 볼까요?

1 나는 36분 동안 완전히 테스트에 집중하였다.　　　　　　　□ Yes　□ No
  집중하지 못했다면, 그 이유는?

2 나는 주어진 36분 동안 20문제를 모두 풀었다.　　　　　□ Yes　□ No
  문제를 모두 풀지 못했다면, 그 이유는?

3 유난히 어렵게 느껴지는 지문이 있었다.　　　　　　　　□ Yes　□ No
  있었다면, 어려웠던 지문과 그 이유는? (글의 주제, 글의 흐름, 문법, 어휘 등)

4 유난히 어렵게 느껴지는 문제가 있었다.　　　　　　　　□ Yes　□ No
  있었다면, 어려웠던 문제의 유형과 그 이유는?

5 이전 테스트에서 발견된 문제점이 모두 개선되었다.　　　□ Yes　□ No
  개선되지 않았다면, 그 이유는?

6 개선해야 할 점과 이를 위한 구체적인 학습 계획

ANSWER KEYS & 취약 유형 분석표

01 (A) Vocabulary	11 (D) Rhetorical Purpose
02 (C) Vocabulary	12 (D) Fact
03 (B) Inference	13 (A) Inference
04 (A) Fact	14 (D) Sentence Simplification
05 (C) Vocabulary	15 (D) Fact
06 (A) Fact	16 (B) Fact
07 (C) Fact	17 (C) Fact
08 (B) Negative Fact	18 (C) Vocabulary
09 1st ■ Insertion	19 2nd ■ Insertion
10 (A), (B), (D) Summary	20 (A), (B), (E) Summary

■ 각 문제 유형별 맞힌 개수를 아래에 적어 보세요.

문제 유형	맞힌 답의 개수
Sentence Simplification	/ 1
Fact & Negative Fact	/ 8
Vocabulary	/ 4
Rhetorical Purpose	/ 1
Inference	/ 2
Insertion	/ 2
Summary	/ 2
Total	**/20**

＊자신이 취약한 유형은 READING STRATEGIES(p.22)를 통해 다시 한번 점검하시기 바랍니다.

Stellar Evolution | 항성 진화

INTRO	단락 1	항성 진화의 정의
POINT 1	단락 2	원시성 단계와 항성의 탄생
	단락 3	
POINT 2	단락 4	주계열성 단계
POINT 3	단락 5	적색거성 단계와 항성의 죽음
	단락 6	

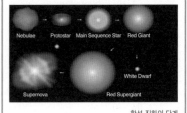

항성 진화의 단계

INTRO

단락 1

천문학적으로
긴 기간 동안
진행되는
항성 진화

1 An individual star may exist for billions or even trillions of years and during the course of its lifetime will undergo a sequence of radical changes that affect its density, mass, and intensity. Referred to as stellar evolution, the process occurs at an infinitesimal rate, making it impossible to observe directly. Instead, astrophysicists rely on data gleaned from the examination of hundreds of stars, each representing different stages of the stellar evolution.

개개의 별은 수십억 또는 심지어 수조 년 동안 존재할 수 있으며 일생 동안 밀도, 질량, 광도에 영향을 주는 근본적인 변화의 연속을 겪게 된다. 항성 진화라고 불리는 이 과정은 극도로 느린 속도로 일어나서 직접적으로 관찰하는 것이 불가능하다. 그 대신에 천체 물리학자는 수백 개의 별을 관찰하여 수집한 정보에 의존하는데, 각각의 별은 항성 진화의 다양한 단계를 나타낸다.

POINT 1

단락 2

성간 물질이
집중되어
항성이
만들어지는
원시성 단계

2 Myriads of observable stars are found in the universe, and they frequently occur in vast clouds of dust and gas called nebulae, which function as stellar nurseries. Within these molecular clouds are regions of concentrated interstellar matter. As the density of these regions increases, often due to centrifugal rotation, some areas collapse under their own weight, creating cores of even greater density accompanied by higher temperatures. [03B]The light emitted by these central points, or protostars, remain obscured from the naked eye by thick areas of dust and gas except in infrared wavelengths, and they often produce magnificent infrared spectacles as their emission of radiation is absorbed by

관측 가능한 무수한 별이 우주에서 발견되고 성운이라 불리는 거대한 먼지와 기체 구름에서 자주 나타나는데, 이곳은 항성 양성소로 기능한다. 이 분자 구름 내에는 성간물질이 집중된 지역이 있다. 종종 원심력에 의한 회전 때문에 이 지역의 밀도가 증가하면서 일부분이 자신의 무게 때문에 붕괴되어 더 높은 온도를 동반한 훨씬 더 높은 밀도를 가진 중심핵을 만들어낸다. [03B]이 중심점, 즉 원시성에 의해 방출되는 빛은 두터운 먼지와 기체에 가려져 육안으로 보이지 않고 적외선 파장으로만 보이는데, 원시성이 발산하는 복사에너지가 분자 안개 내 주변 물질에 흡수되면서 종종 화려한 적외선 장관을 이룬다. [03B]원시성이 바로 근처에 있는

Vocabulary

1 undergo[ʌ̀ndərgóu] 겪다 (=experience)   sequence[síːkwəns] 연속 (=succession)   radical[rǽdikəl] 근본적인 (=fundamental)
stellar[stélər] 항성의   evolution[èvəlúːʃən] 진화   infinitesimal[ìnfinətésəməl] 극소의   astrophysicist[æ̀stroufízisist] 천체 물리학자
glean[gliːn] 수집하다, 모으다 (=gather)

2 myriads of 무수한 (=innumerable)   nebula[nébjulə] 성운 (pl. nebulae)   nursery[nə́ːrsəri] 양성소   molecular[məlékjulər] 분자의
interstellar[ìntərstélər] 성간의   centrifugal[sentrífugəl] 원심력의   core[kɔːr] 중심핵   protostar[próutoustàːr] 원시성
obscured[əbskjúərd] 가려진, 잘 보이지 않는 (=vague)   the naked eye 육안   infrared[ìnfrəréd] 적외선   wavelength[wéivlèŋkθ] 파장
magnificent[mægnífəsnt] 화려한   spectacle[spéktəkl] 장관   emission[imíʃən] 발산

surrounding materials within the molecular fog. [03B]It is only after the protostar produces enough radiation of its own to disperse the matter in its immediate vicinity that it becomes directly observable in the visible spectrum.

단락 3
핵반응을 통한 항성의 탄생

3 [○]As the protostar gathers more and more material, it begins to spin faster and faster, [04A]further intensifying its density and temperature and ultimately setting off nuclear reactions signaling the birth of a star. These reactions are essential to a star's survival, and sustained atomic thermonuclear fusion of lighter elements into heavier ones provides the energy source for all stars. [07C]The further evolution of a young star is marked by the perpetual fusion of hydrogen atoms into helium in its core, a process requiring the high velocity collision of protons at temperatures greater than five million degrees. Stars live out most of their lives converting hydrogen into helium in a stage referred to as the main sequence. ■ **In the case of the Sun, this stage is estimated to last a total of ten billion years.**

POINT 2
단락 4
유체역학적 평형 상태를 이루는 주계열성 단계

4 Main sequence stars exhibit a state of relative stability characterized by hydrogen core fusion. Because there are divergent temperatures in the core and the photosphere, or surface, energy is transported outward. ■ In the interior, energy transfer is accomplished through convection, whereby hot plasma rises and cooler plasma sinks under conditions with steep temperature gradients. Once the energy reaches the photosphere, it is expelled by radiation. ■ As this nuclear fusion radiates energy into the universe, the star is simultaneously contracting, exemplifying a celestial tug-of-war that generates increasing core temperatures within the star. ■ The never-ending battle between the forces of gas pressure flowing out and gravity pulling in continues throughout the life of a star over billions of years. [06A]Main sequence stars are characterized by similar forces of pressure and gravity, resulting in a state of hydrostatic equilibrium. The length of time a star remains in main sequence

물질을 분산시킬 만큼 충분한 복사에너지를 스스로 만들어낸 후에야 가시 범위에서 직접 관찰할 수 있게 된다.

원시성이 점점 더 많은 물질을 모으면서 더욱 더 빠르게 회전하기 시작하고 [04A]밀도와 온도를 한층 더 증가시켜 궁극적으로 별의 탄생을 알리는 핵반응을 촉발한다. 이 반응은 별의 생존에 필수적인 것으로 가벼운 원소가 더 무거운 원소가 되는 지속적인 원자 열핵융합은 모든 별의 에너지원이 된다. [07C]어린 별의 뒤따르는 진화는 중심핵에서 수소 원자가 헬륨으로 끊임없이 융합되는 것으로 특징지어지는데, 이 과정은 5백만도 이상의 온도에서 양자들이 높은 속도로 충돌하는 것을 필요로 한다. 별은 수소를 헬륨으로 전환하며 대부분의 일생을 보내는데, 이 단계를 주계열이라 한다. 태양의 경우, 이 단계가 총 100억 년 동안 지속될 것으로 추정된다.

주계열성은 수소 핵융합을 특징으로 하는 상대적 안정 상태를 보인다. 중심핵과 광구, 즉 표면의 온도가 다르기 때문에 에너지는 바깥쪽으로 운송된다. 내부의 에너지 이동은 대류에 의해 이루어지는데, 급격한 기온 경도 조건 하에 뜨거운 플라스마는 상승하고 더 차가운 플라스마는 가라앉는다. 에너지가 일단 광구에 도달하면, 복사에 의해 에너지가 방출된다. 이 핵융합이 에너지를 우주로 방사하면서 동시에 별은 수축하는데, 이는 별 내부의 중심 온도를 높이는 천체 쟁탈전의 예이다. 빠져나가는 기체 압력과 안으로 잡아당기는 중력 사이의 끝없는 싸움은 수십억 년이 넘는 별의 생애 내내 계속된다. [06A]주계열성은 압력과 중력이 비슷한 것이 특징인데, 이는 유체역학적 평형 상태를 초래한다. 별이 주계열로 존재하는 기간은 중심핵 내 수소 연료의 입수 가능성과 표면에서의 복사 비율에 따라 결정된다. 별이 평형 상태를 유지하려면 중심핵에서 생

Vocabulary

2 radiation[rèidiéiʃən] 복사 disperse[dispə́:rs] 분산시키다 (=disseminate) vicinity[visínəti] 근처 (=proximity) spectrum[spéktrəm] 범위

3 intensify[inténsəfài] 증가시키다, 증대하다 (=reinforce) set off 촉발하다 sustained[səstéind] 지속적인 (=continued) atomic[ətámik] 원자의
thermonuclear[θə̀:rmənjú:kliər] 열핵 반응의 fusion[fjú:ʒən] 융합 perpetual[pərpétʃuəl] 끊임없는 (=constant) velocity[vəlásəti] 속도 (=speed)
collision[kəlíʒən] 충돌 proton[próutan] 양자 convert[kənvə́:rt] 전환하다 (=transform) main sequence 주계열

4 divergent[divə́:rdʒənt] 다른 photosphere[fóutəsfìər] 광구 convection[kənvékʃən] 대류 steep[sti:p] 급격한
temperature gradient 기온 경도 expel[ikspél] 방출하다 exemplify[igzémpləfài] 예시하다 celestial[səléstʃəl] 천체의
tug-of-war[tʌ́gʌvwɔ̀:r] 쟁탈전 never-ending[nèvəréndiŋ] 끝없는 hydrostatic[hàidrəstǽtik] 유체역학적 equilibrium[ì:kwəlíbriəm] 평형

is governed by the availability of hydrogen fuel within the core and the rate of radiation at the surface. For stars to remain in equilibrium, the energy generated at the core must be equal to or greater than surface radiation.

성된 에너지는 표면의 복사 에너지와 같거나 더 커야 한다.

POINT 3

단락 5

헬륨을 탄소로 전환하는 것을 특징으로 하는 적생거성 단계

5 Although massive stars have more available energy at their disposal than smaller stars, they do not necessarily last longer. In stellar objects with masses less than 0.5 times that of the Sun, for example, the main sequence stage alone can last for trillions of years. Stars having masses similar to that of the Sun can burn out much quicker. This is because their rate of energy exchange is sometimes greater than that of smaller stars. Of primary importance is the opacity of the gaseous material the radiation must traverse. The more transparent the gases near the surface, the greater the efficiency of radiation. [07C]When the hydrogen available in the core is extinguished, contraction creates temperatures high enough to convert helium to carbon, causing the outer shell to expand in order to conserve energy. This transition in nuclear capacity signals the beginning of the red giant stage of stellar evolution. The subsequent gradual cooling and expanding of the outer gas layers increase luminosity, making the celestial objects appear large and red.

비록 큰 별이 작은 별보다 사용 가능한 에너지를 더 많이 가지고 있지만 반드시 더 오래 지속되는 것은 아니다. 예를 들어, 태양 질량의 0.5배 이하의 질량을 가진 별에서는 주계열 단계만 수조 년이 지속될 수 있다. 태양과 비슷한 질량을 가진 별은 훨씬 더 빨리 타 없어질 수 있다. 이는 큰 별의 에너지 교환 비율이 때때로 작은 별보다 더 크기 때문이다. 제일 중요한 것은 복사에너지가 가로질러야 하는 기체 물질의 불투명도이다. 표면 근처의 기체가 투명할수록 복사의 효율성은 커진다. [07C]중심핵에서 사용 가능한 수소가 소멸되면 수축 작용으로 헬륨을 탄소로 전환할 만큼 충분히 높은 온도가 생성되는데, 이는 에너지를 보존하기 위해 외각이 팽창하게 한다. 이러한 핵 능력의 변화는 항성 진화에서 적색거성 단계의 시작을 나타낸다. 뒤이어 외각 기체 층의 점진적인 냉각과 팽창은 광도를 증가시키며 천체가 크고 붉어 보이게 한다.

단락 6

내부가 붕괴되거나 폭발하는 항성의 마지막 진화 단계

6 The red giant phase symbolizes the final ten percent of the stellar lifespan. The masses of these giant stars range from just under that of the Sun to ten times that of the Sun. [08B]Red giants of low to middle mass exhaust most of their energy rapidly and lose their outer shells due to energy pulsations. These stars will inevitably collapse, leaving a remnant that marks the endpoint of all but the most massive stars. Known as a white dwarf, [08C]this remaining planet-sized celestial body is extremely compact, with a mass on average 200,000 times greater than that of Earth. [08D]Its luminosity will gradually decrease as it cools, until it ceases to emit visible light. [08A]Giant stars of high mass are classified as red supergiants, and rather than collapsing to form white dwarfs, [08A]these extremely rare stellar bodies disintegrate in a supernova,

적색거성 단계는 항성 수명의 마지막 10퍼센트를 상징한다. 이러한 거성의 질량은 태양보다 조금 작은 것에서부터 태양의 10배에 달하는 것에 이른다. [08B]작거나 중간 정도 질량의 적색거성은 에너지의 대부분을 빠르게 소모하고 에너지 진동에 의해 외각을 잃는다. 이러한 별은 불가피하게도 붕괴되어 잔여물을 남기는데, 이는 가장 큰 별을 제외한 모든 별의 마지막 단계를 나타낸다. 백색왜성으로 알려져 있는 것으로, [08C]이렇게 남아있는 행성 크기의 천체는 지구 질량보다 평균 200,000배 더 큰 질량을 가지고 있어 매우 조밀하다. 가시광선의 방출을 멈출 때까지 백색왜성은 냉각되면서 [08D]서서히 광도가 감소한다. [08A]높은 질량의 거성은 적색 초거성으로 분류되는데, 매우 드문 이 천체는 붕괴되어 백색왜성을 형성하기보다 초신성, 즉 대폭발로 붕괴

Vocabulary

5 **burn out** 다 타버리다   **opacity**[oupǽsəti] 불투명도   **traverse**[trǽvəːrs] 가로지르다 (=cross)   **extinguish**[ikstíŋgwiʃ] 소멸시키다
contraction[kəntrǽkʃən] 수축   **conserve**[kənsə́ːrv] 보존하다 (=preserve)   **luminosity**[lùːmənásəti] 광도 (=brilliance)
6 **phase**[feiz] 단계 (=stage)   **lifespan**[láifspæ̀n] 수명   **exhaust**[igzɔ́ːst] 소모하다 (=use up)   **pulsation**[pʌlséiʃən] 진동
inevitably[inévətəbli] 불가피하게도, 필연적으로 (=unavoidably)   **remnant**[rémnənt] 잔여 (=residue)   **cease**[siːs] 멈추다 (=stop)
emit[imít] 방출하다 (=exude)   **supergiant**[súːpərdʒàiənt] 초거성

or death explosion, resulting in the scattering of fundamental elements produced by nucleosynthesis within the core. Supernovae are the primary suppliers of heavy elements like iron in the universe.

되는데, 이는 중심핵 내의 핵합성에 의해 생성된 기본 원소의 확산을 초래한다. 초신성은 우주에서 철과 같은 중원소의 주요 공급원이다.

Sentence Analysis

◉ The light emitted by these central points, or protostars, / remain obscured from the naked eye /
이 중심점, 즉 원시성에 의해 방출되는 빛은　　　　　　　　　　　가려져 육안으로 보이지 않는다

by thick areas of dust and gas / except in infrared wavelengths, /
두터운 먼지와 기체에 의해　　　　　　　적외선 파장을 제외하고는

and they often produce magnificent infrared spectacles / as their emission of radiation is absorbed /
그리고 그들은 종종 화려한 적외선 장관을 이룬다　　　　　그들이 발산하는 복사에너지가 흡수되면서

by surrounding materials within the molecular fog.
분자 안개 내 주변 물질에 의해

◉ As the protostar gathers / more and more material, / it begins to spin faster and faster, /
원시성이 모으면서　　　　　　점점 더 많은 물질을　　　　더욱 더 빠르게 회전하기 시작한다

further intensifying its density and temperature / and ultimately setting off nuclear reactions /
밀도와 온도를 한층 더 증가시켜　　　　　　　그리고 궁극적으로 핵반응을 촉발한다

signaling the birth of a star.
별의 탄생을 알리는

Vocabulary

6 disintegrate[disíntəgrèit] 붕괴하다 (=break down)　supernova[sùːpərnóuvə] 초신성　fundamental[fÀndəméntl] 기본적인
nucleosynthesis[njùːkliəsínθəsis] 핵합성　primary[práimeri] 주요한 (=leading)　supplier[səpláiər] 공급원

01

The word "magnificent" in the passage is closest in meaning to

(A) grand
(B) sharp
(C) clear
(D) vivid

지문의 단어 "magnificent"와 의미상 가장 유사한 것은?

(A) 근사한
(B) 예리한
(C) 명백한
(D) 생생한

Vocabulary 지문의 magnificent(화려한)는 grand(근사한)와 동의어이다. grand에는 '웅대한', '위대한'이란 뜻 외에 '근사한'이라는 뜻도 있다. 따라서 정답은 (A)이다.

02

The word "spectrum" in the passage is closest in meaning to

(A) system
(B) limit
(C) range
(D) category

지문의 단어 "spectrum"과 의미상 가장 유사한 것은?

(A) 체계
(B) 한계
(C) 범위
(D) 항목

Vocabulary 지문의 spectrum(범위)은 range(범위)와 동의어이므로 정답은 (C)이다.

03

What can be inferred from paragraph 2 about the light emitted by protostars?

(A) It cannot be measured because it is concealed by dust and gas.
(B) Special equipment is sometimes required for humans to observe it.
(C) It can absorb much of the nearby matter, making it invisible to people on Earth.
(D) Simultaneous expulsion of gases reduces its rate of dispersal.

원시성이 방출한 빛에 대해 2단락으로부터 추론할 수 있는 것은?

(A) 먼지와 기체에 의해 가려져 있어서 관측될 수 없다.
(B) 사람이 관측하려면 때때로 특별한 장비가 필요하다.
(C) 주변 물질 대부분을 흡수하여 지구에 있는 사람들에게 보이지 않게 될 수 있다.
(D) 동시에 일어나는 기체의 폭발은 방출 속도를 줄인다.

Inference 2단락에서 문제의 키워드 the light emitted by protostars(원시성이 방출한 빛)가 언급된 부분을 살펴보면, The light emitted by ~ protostars, remain obscured from the naked eye ~ except in infrared wavelengths(원시성에 의해 방출되는 빛은 육안으로 보이지 않고 적외선 파장으로만 보인다)라고 언급했고, It is only after the protostar produces enough radiation of its own ~ that it becomes directly observable in the visible spectrum(원시성이 충분한 복사에너지를 스스로 만들어낸 후에야 가시 범위에서 직접 관찰할 수 있게 된다)이라고 언급했다. 즉, 원시성이 충분한 복사에너지를 만들어낸 후에는 육안으로 관찰이 가능하지만 그렇지 않을 경우에는 적외선 파장으로만 보는 것이 가능하다는 것을 통해 사람이 원시성에 의해 방출되는 빛을 관측하려면 때때로 특별한 장비가 필요하다는 것을 추론할 수 있다. 따라서 정답은 (B)이다.

04

According to paragraph 3, which of the following statements is true of the birth of a star?

(A) It is initiated by nuclear reactions resulting from high heat and density.
(B) It is signaled by the conversion of heavy elements into lighter ones.
(C) It is marked by atomic collisions occurring at ever increasing speed.
(D) It is caused by the separation of hydrogen and helium atoms.

TEST 1 2 3 4 5 6 7 8 9

HACKERS TOEFL ACTUAL TEST READING

3단락에 따르면, 다음 중 별의 탄생에 대해 사실인 것은?

(A) 높은 온도와 밀도가 초래한 핵반응에 의해 시작된다.
(B) 무거운 물질이 가벼운 물질로 전환되는 것이 계기가 된다.
(C) 계속 증가하는 속도에서 발생하는 원자 충돌로 특징지어진다.
(D) 수소와 헬륨 원자의 분리에 의해 야기된다.

Fact 문제의 키워드 the birth of a star(별의 탄생)가 언급된 부분을 지문에서 살펴보면, further intensifying its density and temperature and ultimately setting off nuclear reactions signaling the birth of a star(밀도와 온도를 한층 더 증가시켜 궁극적으로 별의 탄생을 알리는 핵반응을 촉발한다)라는 것을 알 수 있다. 따라서 보기 (A)는 지문의 내용과 일치하므로 정답이다.

05

The word "collision" in the passage is closest in meaning to

(A) gleam
(B) friction
(C) crash
(D) tension

지문의 단어 "collision"과 의미상 가장 유사한 것은?

(A) 미광
(B) 마찰
(C) 충돌
(D) 긴장

Vocabulary 지문의 collision(충돌)은 crash(충돌)와 동의어이므로 정답은 (C)이다.

06

According to paragraph 4, main sequence stars exhibit a state of hydrostatic equilibrium because

(A) the outward force of gas pressure is similar to the pull of gravity
(B) the temperatures fluctuate between the core and the photosphere
(C) nuclear fusion expedites the rate at which energy is radiated into space
(D) cool plasma is more dense than the hotter plasma near the core

4단락에 따르면, 주계열성은 _____ 때문에 유체역학적 평형 상태를 보인다.

(A) 바깥으로 향하는 기체 압력의 힘이 인력의 끌어당기는 힘과 비슷하기 때문에
(B) 중심부와 광구 사이에서 온도가 변동하기 때문에
(C) 핵융합이 에너지가 우주로 방출되는 속도를 촉진하기 때문에
(D) 차가운 플라스마의 밀도가 중심부 근처의 더 뜨거운 플라스마보다 더 높기 때문에

Fact 문제의 키워드 hydrostatic equilibrium(유체역학적 평형)이 언급된 부분을 지문에서 살펴보면, Main sequence stars are characterized by similar forces of pressure and gravity, resulting in a state of hydrostatic equilibrium(주계열성은 압력과 중력이 비슷한 것이 특징인데, 이는 유체역학적 평형 상태를 초래한다)이라는 것을 알 수 있다. 따라서 보기 (A)는 지문의 내용과 일치하므로 정답이다.

07

According to the passage, one of the characteristics that distinguish red giants from younger stars is their ability to

(A) efficiently fuse hydrogen atoms into helium
(B) produce core temperatures above five million degrees
(C) convert helium into carbon
(D) radiate energy away from the outer surface

지문에 따르면, 적색거성을 어린 별과 구별하는 특징 중 하나는 적색거성의 _____하는 능력이다.

(A) 수소 원자를 헬륨으로 효율적으로 융합하는 능력
(B) 중심핵의 온도를 5백만도 이상으로 만드는 능력
(C) 헬륨을 탄소로 전환하는 능력
(D) 외각의 표면으로부터 에너지를 방출하는 능력

Fact 문제의 키워드 the characteristics that distinguish red giants from younger stars(적색거성을 어린 별과 구별하는 특징)에 대한 내용이 언급된 부분을 지문에서 살펴보면, 3단락에서는 The further evolution of a young star is marked by ~ fusion of hydrogen atoms into helium(어린 별의 뒤따르는 진화는 수소 원자가 헬륨으로 융합되는 것으로 특징지어진다)이라고 하였고, 5단락에서는 When the hydrogen available in the core is extinguished, contraction creates temperatures high enough to convert helium to carbon ~. This transition in nuclear capacity signals the beginning of the red giant stage(중심핵에서 사용 가능한 수소가 소멸되면 수축 작용으로 헬륨을 탄소로 전환할 만큼 충분히 높은 온도가 생성되는데 이러한 핵 능력의 변화는 적색거성 단계의 시작을 나타낸다)라고 하였다. 즉, 어린 별에서는 수소 원자가 헬륨으로 융합되고 적색거성에서는 헬륨이 탄소로 전환되므로 적색거성을 어린 별과 구별하는 특징 중 하나는 헬륨을 탄소로 전환하는 능력임을 알 수 있다. 따라서 보기 (C)는 지문의 내용과 일치하므로 정답이다.

08

All of the following are included in paragraph 6 as aspects of the red giant phase EXCEPT

(A) the disintegration of a giant star of high mass
(B) the loss of an outer shell of a giant star of high mass
(C) the increasing compactness of a star of low to middle mass
(D) the diminishing of brightness of a star of low to middle mass

6단락에서 다음 중 적색거성 단계의 특성으로 포함된 것이 아닌 것은?

(A) 높은 질량 거성의 붕괴
(B) 높은 질량 거성의 외각 손실
(C) 작거나 중간 정도 질량 별의 증가하는 조밀도
(D) 작거나 중간 정도 질량 별의 밝기 감소

Negative Fact 문제의 키워드 red giant phase(적색거성 단계)가 언급된 부분의 주변을 지문에서 살펴보면 다음을 알 수 있다.
보기 (A)는 지문의 Giant stars of high mass ~ disintegrate in a supernova, or death explosion(높은 질량의 거성은 초신성, 즉 대폭발로 붕괴된다)와 일치한다.
보기 (C)는 this remaining planet-sized celestial body is extremely compact(이렇게 남아있는 행성 크기의 천체는 매우 조밀하다)와 일치한다.
보기 (D)는 지문의 Its luminosity will gradually decrease(서서히 광도가 감소한다)와 일치한다.
따라서 보기 (A),(C),(D)는 지문의 내용과 일치하므로 오답이다. 그러나 보기 (B)는 지문의 Red giants of low to middle mass ~ lose their outer shells(작거나 중간 정도 질량의 적색거성은 외각을 잃는다)라는 내용과 다르므로 정답이다.

09

Look at the four squares [■] that indicate where the following sentence could be added to the passage.

In the case of the Sun, this stage is estimated to last a total of ten billion years.

Where would the sentence best fit? 1st ■

네 개의 네모[■]는 다음 문장이 삽입될 수 있는 부분을 나타내고 있다.

태양의 경우, 이 단계가 총 100억 년 동안 지속될 것으로 추정된다.

이 문장은 어느 자리에 들어가는 것이 가장 적절한가? 첫 번째 ■

Insertion 삽입 문장에서 정답의 단서는 this stage(이 단계)로, 첫 번째 ■ 앞의 a stage referred to as the main sequence(주계열이라 하는 단계)를 가리킨다. 첫 번째 ■에 삽입 문장을 넣어 보면, 별은 수소를 헬륨으로 전환하며 대부분의 일생을 보내는데, 이 단계를 주계열이라고 하며, 태양의 경우 이 단계가 총 100억 년 동안 지속될 것으로 추정된다는 내용이 되어 글의 흐름이 자연스럽다. 따라서 정답은 첫 번째 ■이다.

Directions: An introductory sentence for a brief summary of the passage is provided below. Complete the summary by selecting the THREE answer choices that express the most important ideas in the passage. Some sentences do not belong in the summary because they express ideas that are not presented in the passage or are minor ideas in the passage. **This question is worth 2 points.**

From their inception within stellar nurseries to their eventual demise, stars undergo a variety of changes during their protracted lives.

- (A) The longest stage of stellar evolution occurs during main sequence, when energy outflow is balanced with gravitational pull.
- (B) Stars are born from areas of dense matter, which generate their own energy over time.
- (D) Stellar evolution ends either through internal collapse or a high-energy blast.

(C) Cooling and expanding of outer layers generates greater luminosity in red giants.

(E) Scientists get most of their information regarding stellar evolution by observing the myriads of main sequence stars in space.

(F) Small stars outlive more massive stars because the amount of energy they radiate from the photosphere is much greater.

항성 양성소에서 시작해서 종국의 소멸에 이르기까지 별은 긴 생애 동안 다양한 변화를 겪는다.

- (A) 항성 진화에서 가장 긴 단계는 에너지 방출이 인력과 균형을 이루었을 때인 주계열에서 일어난다.
- (B) 별은 밀도가 높은 물질의 영역에서 탄생하는데, 시간이 지남에 따라 에너지를 생성한다.
- (D) 항성 진화는 내부 붕괴 또는 고에너지 폭발을 통해 종결된다.

(C) 외각 층의 냉각과 팽창은 적색거성의 광도를 더 증대시킨다.

(E) 과학자는 항성 진화에 관한 대부분의 정보를 우주의 무수한 주계열성을 관측함으로써 얻는다.

(F) 작은 별은 큰 별보다 더 오래 사는데, 이는 이들이 광구에서 방출하는 에너지의 양이 훨씬 더 크기 때문이다.

Summary 지문의 중심 내용은 항성의 진화 과정이다. 보기 (A)는 4단락의 중심 내용인 주계열성 단계와 일치하고, 보기 (B)는 2~3단락의 중심 내용인 원시성 단계와 항성의 탄생과 일치하며, 보기 (D)는 6단락의 중심 내용인 항성의 죽음과 일치한다. 따라서 정답은 (A), (B), (D)이다.

Trade and the Byzantine Empire | 무역과 비잔틴 제국

비잔틴 제국의 무역

INTRO
단락 1
탄탄한 경제력을 바탕으로 번창한 비잔틴 제국

1 During the period corresponding to the Dark Ages in Europe, the Byzantine Empire flourished both economically and culturally, and represented a coalescence of two worlds, East and West. The greatest contribution to the success of the empire was the strength of its economy, which, although subject to periodic cycles of recession and expansion, was [11D]one of the most robust in the world, far outperforming those of the neighboring kingdoms of Europe.

유럽의 암흑시대에 해당하는 기간에 비잔틴 제국은 경제적·문화적으로 모두 번창하였고 동양과 서양, 두 세계의 융합을 나타냈다. 제국의 성공에 가장 큰 기여를 한 것은 경제력이었는데, 비록 불경기와 발전의 주기적인 순환 과정을 거쳤지만 [11D]세계에서 가장 강건하였으며 이웃한 유럽 왕국의 경제력을 훨씬 능가하였다.

단락 2
비잔틴 제국의 지리적 이점

2 Bounded on the east by Asia and the west by Europe, the empire was centered on its capital of Constantinople, which enjoyed a favorable geographical position. [12D]Conveniently situated on the isthmus separating the Black Sea and the Sea of Marmara, the city provided the only land passage between Europe and Asia south of the Russian steppes. This position gave Constantinople significant control over the flow of goods that moved between the two continents.

동쪽으로는 아시아, 서쪽으로는 유럽과 접해 있던 비잔틴 제국은 유리한 지리적 위치를 누리던 수도 콘스탄티노플을 중심으로 하고 있었다. [12D]흑해와 마르마라 해를 가르는 지협에 편리하게 위치한 이 도시는 러시아 대초원 남쪽으로 유럽과 아시아를 잇는 유일한 육로를 제공하였다. 이러한 위치 덕분에 콘스탄티노플은 두 대륙을 지나는 상품의 흐름을 좌우할 수 있었다.

Vocabulary

1 **corresponding**[kɔ̀ːrəspándiŋ] ~에 해당하는 **flourish**[fláːriʃ] 번창하다 **coalescence**[kòuəlésns] 융합 **contribution**[kàntrəbjúːʃən] 기여 **subject to** ~의 영향을 받기 쉬운 **periodic**[pìəriádik] 주기적인 **recession**[riséʃən] 불경기 **expansion**[ikspǽnʃən] 발전 **robust**[roubʌ́st] 강건한 (=strong) **outperform**[àutpərfɔ́ːrm] 능가하다

2 **bounded**[báundid] 접경한 **center on** ~에 중심을 두다 **favorable**[féivərəbl] 유리한 (=congenial) **geographical**[dʒìːəgrǽfikəl] 지리적인 **conveniently**[kənvíːnjəntli] 편리하게 **situated**[sítʃuèitid] (어떤 장소에) 위치한 (=located) **isthmus**[ísməs] 지협

POINT 1

단락 3

실크로드를 통해 들어온 비단

3 Constantinople's economic success was greatly enhanced by its position at the western terminus of the Silk Road, an extensive series of interconnected trade routes traversing over eight thousand kilometers of the Eurasian landmass to connect China, India, and the Middle East. As its name implies, the road was often utilized for importing Chinese silk, which was widely used throughout the medieval world to produce textiles. The entire process involved merchants who imported raw silk, weavers and dressers who processed and cleaned the silk, and clothiers who turned the woven silk into fabrics. By the seventh century, the Byzantines were cultivating their own silk locally and producing it in several varieties, [13A]the finest grades of which were infused with purple dye for the exclusive use of the imperial family.

콘스탄티노플의 경제적 성공은 그곳이 실크로드의 서쪽 종착지에 위치했다는 것 때문에 더욱 증대되었는데, 실크로드는 서로 연결된 일련의 광범위한 무역로로서 8,000킬로미터에 달하는 유라시아 대륙을 가로질러 중국, 인도, 중동을 연결하였다. 명칭이 암시하듯이 이 길은 중세에 직물을 생산하는 데 널리 사용된 중국 비단을 수입하기 위해 종종 이용되었다. 전체적인 과정에는 가공하지 않은 명주실을 수입하는 상인이 있었고, 이를 화학적으로 가공처리하고 세탁하는 직조공과 마무리 직공이 있었으며, 엮인 명주실을 천으로 만드는 모직물업자가 있었다. 7세기에 비잔틴 제국인은 지역적으로 직접 비단을 재배하기에 이르렀고 그것을 여러 종류로 생산하였는데, [13A]이 중 최상급 비단은 황족의 독점적인 사용을 위해 보라색 염료가 스며들게 하였다.

단락 4

실크로드에서 거래된 물품이 비잔틴 경제에 끼친 영향

4 The Silk Road did not exist solely for the exchange of silk, as the commodities involved ranged from precious metals to exotic spices to works of art, all of which were destined for the luxury market as great profits were required to justify the expense and danger associated with the arduous journey. In addition, tradable goods arrived in Constantinople from the South, North, and West. Egyptian wheat, European slaves, and Scandinavian furs all found their way into the empire, where [15D]they were either traded abroad or peddled locally. Some raw materials were refined or combined for manufacture and later sale. The ultimate diffusion of these goods—both primary and secondary—served as the economic cornerstone of Constantinople's prosperity.

실크로드는 비단 교역을 위해서만 존재한 건 아니었으며 귀중한 금속에서부터 외국산 향신료, 예술 작품에 이르는 상품이 교역되었고, 이 모든 상품은 호화 시장을 향한 것이었는데, 이는 힘든 여정과 관련된 경비와 위험을 감수할 큰 이윤이 필요했기 때문이었다. 또한 남쪽, 북쪽, 서쪽으로부터도 교역 물품이 콘스탄티노플에 도착하였다. 이집트 밀과 유럽 노예, 그리고 스칸디나비아 모피가 모두 제국으로 들어와 [15D]외국으로 수출되거나 국내에서 사용되었다. 일부 원료는 제조와 이후의 판매를 위해 다듬어지거나 결합되었다. 이러한 1, 2차 물품의 최종적인 보급은 콘스탄티노플이 번영하는 데 경제적 초석 역할을 하였다.

POINT 2

단락 5

안전한 무역 환경을 제공하는 데 기여한 정부의 정책

5 The Byzantine government realized such a geographical position offered a strategic advantage for facilitating economic exchanges, and its selective regulation of commerce created a congenial environment for profitable business ventures. The affluence of the realm was in part attributable to these sound fiscal policies that [16B]allowed some unregulated market activity, while at the same time providing for state intervention to avoid excessive accumulation of wealth by individuals or egregious

비잔틴 정부는 그러한 지리적 위치가 경제적 교역을 용이하게 하는 전략적 이점을 제공한다는 것을 깨달았고 상업에 대한 선택적인 규제로 수익성 있는 사업에 알맞은 환경을 조성했다. 제국의 부유함은 부분적으로 이러한 올바른 재정 정책에 기인하는데, 이는 [16B]규제되지 않은 시장 활동을 허락하는 동시에, 개인이 과도한 부를 축적하는 것이나 상인이 소비자를 터무니없이 착취하는 것을 막기 위해 정부가 개입하는 것으로, 모두 제한적이지만 무역

Vocabulary

3 terminus[tə́ːrmənəs] 종착지   extensive[iksténsiv] 광범위한   interconnected[ìntərkənéktid] 서로 연결된   landmass[lǽndmæs] 대륙
infuse[infjúːz] 스며들게 하다, (액체를) 붓다   exclusive[iksklúːsiv] 독점적인

4 commodity[kəmάdəti] 상품   exotic[igzάtik] 외국산의   destined for ~로 향하는   arduous[άːrdʒuəs] 힘든 (=laborious)
diffusion[difjúːʒən] 보급   cornerstone[kɔ́ːrnərstòun] 초석   prosperity[praspérəti] 번영

5 attributable to ~에 기인하는   fiscal[fískəl] 재정상의   accumulation[əkjùːmjuléiʃən] 축적   egregious[igríːdʒəs] 터무니없는

exploitation of consumers by merchants, all in the hopes of creating a restrained yet secure environment conducive to trade.

에 도움이 되는 안전한 환경을 조성하고자 하는 바람에서 이루어졌다.

단락 6
정부의
시장 개입

6 State intervention in the market primarily consisted of duties assessed on the movement of goods, taxes on the sale of commodities, and control over the exchange of valuable materials like silk and gems. It was these luxury items for which Constantinople was famous, and the government regularly dispatched representatives to border areas as official entrepreneurs on behalf of the empire specifically to purchase precious goods and prevent them from being transported beyond its borders. The result was that the flow of wealth-generating commodities through the empire was centrally controlled.

정부의 시장 개입은 주로 물품의 이동에 대한 관세를 지우고 상품 판매에 대한 세금을 부과하며 비단과 보석 같은 귀중한 물품의 교역을 관리하는 것으로 이루어져 있었다. 이러한 귀중품 때문에 콘스탄티노플은 유명하였고, 정부는 주기적으로 제국을 대신해 대표자를 공인된 중개업자 자격으로 국경 지역에 파견하여 각별히 귀중한 제품을 구입하고 이러한 제품이 국경 밖으로 운송되는 것을 막도록 하였다. 그 결과 제국을 통한 돈이 되는 물품의 유통이 중앙에서 통제되었다.

POINT 3

단락 7
길드 참여와
그 이점

7 Within the capital, the primary beneficiaries of the policies were the guilds, formal commercial unions composed of groups of craftsmen-merchants. Guild members worked together in intimate master-apprentice relationships, ensuring that each participant was highly skilled in a given business sector. Guilds were especially common in those areas of commerce that the government had interest in regulating—often involving high-value goods—and in which guild participation was compulsory. [17C]Such a strict system of organization was implemented to encourage proper management and investment. Despite these constraints, guild membership offered a distinct advantage: non-members were barred from conducting equivalent business activities, and therefore, guild members had no real competition.

수도 내에서 이러한 정책의 주요 수혜자는 길드로, 이는 장인과 상인의 집단으로 이루어진 공식적인 상인조합이었다. 길드 조합원은 친밀한 고용주와 견습생 관계에서 일을 함께 하였고, 이는 각자가 주어진 사업 분야에서 고도로 숙련될 수 있도록 하였다. 길드는 정부가 규제하는 데 관심을 보인, 종종 고가치 상품을 포함하는 산업 분야에서 특히 일반적이었고 그 분야에서는 길드에 참여하는 것이 필수적이었다. [17C]이러한 단체의 엄격한 체제는 알맞은 경영과 투자를 장려하기 위해 이행되었다. 이러한 제한에도 불구하고 길드 조합원이 되는 것은 특별한 장점을 제공하였는데, 이는 비조합원이 동종 사업 활동을 하는 것을 금했기에 조합원은 경쟁할 필요가 없었다는 것이다.

단락 8
길드가 비잔틴
제국의 경제에
끼친 영향

8 The guilds served the purpose of promoting the capital's economy and welfare through encouraging price stability, and by establishing a controlled atmosphere limiting the development of monopolistic enterprises. ■ They also generated local employment opportunities and value-added products by transforming imported raw materials into complex works of craftsmanship. ■ **For example, rough gems could be cut and refined for use in a number of items, including jewelry, clothing, and art.** The mastery with which the works

길드는 가격 안정을 장려하고 독점적인 기업의 성장을 제한하는 통제된 분위기를 조성하여 수도의 경제와 복지를 증진하는 역할을 하였다. 또한 그들은 수입된 원료를 장인의 솜씨가 깃든 복잡한 작품으로 변형시켜 지역 고용 기회와 부가가치 상품을 창출했다. 예를 들어, 가공하지 않은 보석은 장신구, 옷, 그리고 예술품과 같은 다수의 품목에 사용되기 위해 절단되고 제련될 수 있었다. 물품제조에 있어서의 이러한 숙달은 길드 체계가

Vocabulary

5 restrained[ristréind] 제한된   conducive to ~에 도움이 되는
6 assess[əsés] (세금 등을) 부과하다   dispatch[dispǽtʃ] 파견하다   entrepreneur[ɑ̀ːntrəprənə́ːr] 중개업자   on behalf of ~을 대신하여
7 beneficiary[bènəfíʃieri] 수혜자   intimate[íntəmət] 친밀한   implement[ímpləmənt] 이행하다   bar[baːr] 금하다
8 monopolistic[mənàpəlístik] 독점적인   refine[riːfáin] 제련하다 (=polish)   mastery[mǽstəri] 숙달, 전문적 기술 (=expertise)

were manufactured is a testament to the expertise generated by the guild system, and this craftsmanship is evident in the guild members' work, which included elaborate ivory carvings and incredible ornamentation adorning the interiors of the empire's architecture. ■ This beautiful work inspired awe in visitors, and as word of the city's cultural diversity and brilliance spread, Constantinople developed a bustling tourist industry to supplement its manufacturing and trade. ■

가져다 준 전문 기술의 증거이며, 이러한 숙련된 기술은 길드 조합원의 작품에서 뚜렷이 드러나는데, 이는 정교한 상아 조각이나 제국의 건축물 내부를 장식하는 엄청난 장식물을 포함했다. 이러한 아름다운 작품은 방문자의 감탄을 자아냈고 도시의 문화적 다양성과 탁월함에 대한 이야기가 퍼져 나가자 콘스탄티노플에서는 제조업과 무역을 보충하는 활발한 관광산업이 발전하였다.

CONCLUSION
단락 9
해외에서의
비잔틴 무역의
영향력

9 Abroad, the wealthy city-states of Italy were avaricious consumers of the luxury items available only from the markets of Constantinople. Mercantile centers such as Genoa and Venice played a subsidiary role, in effect serving as regional distribution centers on the outer fringes of Byzantine influence, and aiding in the diffusion of goods throughout the West.

해외에서는 이탈리아의 부유한 도시 국가들이 콘스탄티노플 시장에서만 구할 수 있는 사치품의 탐욕스러운 구매자들이었다. 제노바와 베니스 같은 무역 중심지는 사실상 비잔틴 제국의 영향력을 받는 지역의 외부 언저리에서 지역 유통 중심지 역할을 하고 서방 전체에 걸친 물품 보급을 돕는 보조적인 기능을 하였다.

Sentence Analysis

◉ The greatest contribution / to the success of the empire / was the strength of its economy, /
  가장 큰 기여는   제국의 성공에   경제력이었다

which, although subject to periodic cycles / of recession and expansion, / was one of the most robust
  이는 비록 주기적인 순환 과정을 거쳤지만   불경기와 발전의   세계에서 가장 강건하였다

in the world, / far outperforming / those of the neighboring kingdoms of Europe.
                훨씬 능가하면서   이웃한 유럽 왕국의 경제력을

◉ Constantinople's economic success / was greatly enhanced / by its position at the western terminus
  콘스탄티노플의 경제적 성공은   더욱 증대되었다   실크로드의 서쪽 종착지에 위치한 것에 의해

of the Silk Road, / an extensive series of interconnected trade routes / traversing over eight
                     서로 연결된 일련의 광범위한 무역로

thousand kilometers of the Eurasian landmass / to connect China, India, and the Middle East.
  8,000킬로미터에 달하는 유라시아 대륙을 가로질러   중국, 인도, 중동을 연결하는

Vocabulary

8 testament[téstəmənt] 증거 expertise[èkspə:rtí:z] 전문 기술 elaborate[ilǽbərət] 정교한 ornamentation[ɔ̀:rnəməntéiʃən] 장식물
  adorn[ədɔ́:rn] 장식하다 (=decorate) awe[ɔ:] 감탄 (=wonder) bustling[bʌ́sliŋ] 활발한
9 avaricious[ævəríʃəs] 탐욕스러운 (=greedy) subsidiary[səbsídièri] 보조의 (=auxiliary) fringe[frindʒ] 언저리, 주변 (=periphery)

11

Why does the author mention "the neighboring kingdoms of Europe" in paragraph 1?

(A) To stress the extent of fiscal rivalry between the Byzantine empire and the West

(B) To emphasize the longevity of the relations between the Europeans and Byzantines

(C) To explain the occasional fluctuations within the Byzantine financial system

(D) To illustrate the relative prosperity of the Byzantine empire in comparison to Europe

1단락에서 글쓴이는 왜 "the neighboring kingdoms of Europe"을 언급하는가?

(A) 비잔틴 제국과 서방 간 재정상 경쟁 정도를 강조하기 위해

(B) 유럽인과 비잔틴 제국인 간 관계의 지속성을 강조하기 위해

(C) 비잔틴 제국의 재정 체제 내 간헐적인 변동을 설명하기 위해

(D) 유럽과 비교하여 비잔틴 제국의 상대적 번영을 설명하기 위해

Rhetorical Purpose 음영 문구 the neighboring kingdoms of Europe(이웃한 유럽 왕국)이 언급된 문장을 지문에서 살펴보면, one of the most robust in the world, far outperforming those of the neighboring kingdoms of Europe(세계에서 가장 강건하였으며 이웃한 유럽 왕국의 경제력을 훨씬 능가하였다)이라고 언급했다. 즉, the neighboring kingdoms of Europe은 유럽과 비교하여 비잔틴 제국의 상당한 경제적 번영 정도를 나타내기 위해 언급되었다. 따라서 정답은 (D)이다.

12

According to paragraph 2, the location of the Byzantine capital was favorable because

(A) it allowed easy access to ports along important sea routes

(B) it was situated in a position that was easily defendable

(C) it provided the only land access to the fertile Russian steppes

(D) it was situated on the sole regional land route bridging two continents

2단락에 따르면, 비잔틴 수도의 위치는 _____ 때문에 유리하였다.

(A) 중요한 항로를 따라 항구에 쉽게 접근할 수 있도록 했기 때문에

(B) 쉽게 방어할 수 있는 장소에 위치했기 때문에

(C) 비옥한 러시아 대초원에 접근할 수 있는 유일한 육로를 제공했기 때문에

(D) 두 대륙을 잇는 그 지역의 유일한 육로에 위치했기 때문에

Fact 문제의 키워드 the location of the Byzantine capital was favorable(비잔틴 수도의 위치는 유리하였다)과 같은 의미인 a favorable geographical position(유리한 지리적 위치)이 언급된 부분의 주변을 지문에서 살펴보면, Conveniently situated ~ the city provided the only land passage between Europe and Asia(편리하게 위치한 이 도시는 유럽과 아시아를 잇는 유일한 육로를 제공하였다)라는 것을 알 수 있다. 따라서 보기 (D)는 지문의 내용과 일치하므로 정답이다.

13

What can be inferred about the purple-dyed silk mentioned in paragraph 3?

(A) It was unavailable on the open market.

(B) It was worn by all public officials.

(C) It was sold to foreign monarchs.

(D) It was fashionable among wealthy merchants.

3단락에 언급된 보라색으로 염색한 비단에 대해 추론할 수 있는 것은?

(A) 일반 시장에서 구할 수 없었다.

(B) 모든 관리들이 입었다.

(C) 외국 군주에게 팔렸다.

(D) 부유한 상인들 사이에서 유행하였다.

Inference 3단락에서 문제의 키워드 the purple-dyed silk(보라색으로 염색한 비단)와 같은 의미인 infused with purple dye(보라색 염료가 스며들게 하였다)가 언급된 부분을 살펴보면, the finest grades of which were infused with purple dye for the exclusive use of the imperial family(이 중 최상급 비단은 황족의 독점적인 사용을 위해 보라색 염료가 스며들게 하였다)라고 언급했다. 즉, 황족의 독점적인 사용을 위해 보라색으로 염색되었다는 내용을 통해 보라색으로 염색한 비단은 일반 시장에서 구할 수 없었다는 것을 추론할 수 있다. 따라서 정답은 (A)이다.

14

Which of the sentences below best expresses the essential information in the highlighted sentence in the passage? *Incorrect* choices change the meaning in important ways or leave out essential information.

(A) While a number of products were traded on the Silk Road, silk remained the primary exchange item due to the route's perilous conditions.

(B) Due to the risks inherent with traveling the Silk Road, merchants carried an assortment of trade goods to offset any financial losses they incurred on their trip.

(C) As the market for valuable materials was volatile, the items conveyed by traders on the Silk Road were sold at inflated prices to generate revenue.

(D) Because of the costs and hazards associated with the journey, traders who utilized the Silk Road limited their merchandise to high-value goods to ensure substantial earnings.

아래 문장 중 지문 속의 음영된 문장의 핵심 정보를 가장 잘 표현하고 있는 것은 무엇인가? 오답은 문장의 의미를 현저히 왜곡하거나 핵심 정보를 빠뜨리고 있다.

(A) 실크로드에서 수많은 생산품이 거래되었지만 그 길의 위험한 상황 때문에 비단은 주요 교역 제품으로 남았다.

(B) 실크로드 여행에 내재된 위험 때문에 상인은 여행하는 동안 발생하는 재정적 손실을 상쇄하기 위하여 다양한 종류의 거래품을 가지고 다녔다.

(C) 귀중한 원료 시장이 불안정하여 실크로드 무역업자가 나르는 제품은 이익을 창출하기 위해 부풀린 가격에 팔렸다.

(D) 여정과 관련된 비용과 위험 때문에 실크로드를 이용했던 무역업자는 상당한 수입을 보장하기 위해 고가치 상품으로 교역품을 제한하였다.

Sentence Simplification 음영 표시된 문장의 핵심 정보는 all of which were destined for the luxury market as great profits were required to justify the expense and danger associated with the arduous journey(이 모든 상품은 호화 시장을 향한 것이었는데, 이는 힘든 여정과 관련된 경비와 위험을 감수할 큰 이윤이 필요했기 때문이었다)이다. 핵심 정보의 all of which were destined for the luxury market(이 모든 상품은 호화 시장을 향한 것이었다)을 limited their merchandise to high-value goods(고가치 상품으로 교역품을 제한하였다)로, great profits were required(큰 이윤이 필요했다)를 ensure substantial earnings(상당한 수입을 보장하다)로, justify the expense and danger associated with the arduous journey(힘든 여정과 관련된 경비와 위험을 감수하다)를 Because of the costs and hazards associated with the journey(여정과 관련된 비용과 위험 때문에)로 간략하게 바꾸어 표현한 보기 (D)가 정답이다.

15

According to paragraph 4, which of the following is true of goods imported by the Byzantines?

(A) They were used to manufacture products in foreign factories.

(B) They were combined with local materials to create finished products.

(C) They were prevented from being transported outside the empire.

(D) They were exchanged overseas or utilized in local markets.

4단락에 따르면, 다음 중 비잔틴 제국이 수입한 제품에 대해 사실인 것은?

(A) 외국 공장에서 상품을 제조하기 위해 사용되었다.

(B) 완제품을 만들기 위해 국내 재료와 결합되었다.

(C) 제국 밖으로 운송하는 것이 금지되었다.

(D) 해외로 교역되거나 국내 시장에서 이용되었다.

Fact 문제의 키워드 goods imported by the Byzantines(비잔틴 제국이 수입한 제품)와 같은 의미인 tradable goods arrived in Constantinople(교역 물품이 콘스탄티노플에 도착하였다)이 언급된 부분의 주변을 지문에서 살펴보면, they were either traded abroad or peddled locally(외국으로 수출되거나 국내에서 사용되었다)라는 것을 알 수 있다. 따라서 보기 (D)는 지문의 내용과 일치하므로 정답이다.

16

According to paragraph 5, the Byzantine government instituted fiscal policies designed to

(A) protect the interests of wealthy individuals at the expense of others
(B) promote stable conditions favorable to the activities of buyers and sellers
(C) encourage established businesses to engage in more rewarding occupations
(D) counter the claims of merchants that customers had exploited them

5단락에 따르면, 비잔틴 정부는 _____ 하기 위해 고안된 재정 정책을 시행하였다.

(A) 다른 사람을 희생하여 부유한 사람의 이익을 보호하기 위해
(B) 소비자와 상인의 활동에 유리한 안정적인 환경을 증진시키기 위해
(C) 설립된 회사가 보수가 많은 업무에 종사하도록 장려하기 위해
(D) 소비자가 상인을 착취했다는 상인의 주장에 맞서기 위해

Fact 문제의 키워드 fiscal policies(재정 정책)가 언급된 부분의 주변을 지문에서 살펴보면, allowed some unregulated market activity ~ providing for state intervention to avoid ~ exploitation of consumers by merchants ~ creating a restrained yet secure environment conducive to trade(규제되지 않은 시장 활동을 허락하고 상인이 소비자를 착취하는 것을 막기 위해 정부가 개입하는 것으로, 제한적이지만 무역에 도움이 되는 안전한 환경을 조성했다)라는 것을 알 수 있다. 따라서 보기 (B)는 지문의 내용과 일치하므로 정답이다.

17

According to paragraph 7, why was the formation of certain guilds in the capital city compulsory?

(A) It helped unify loose associations of unskilled laborers.
(B) It reduced the number of government-controlled sectors in commerce.
(C) It promoted responsible supervision and use of financial resources.
(D) It offered a solution to the excessive competition among groups of craftsmen.

7단락에 따르면, 수도에서 특정 길드의 형성이 필수적이었던 이유는?

(A) 미숙한 노동자의 엉성한 협회를 통합할 수 있도록 도왔다.
(B) 상업에서 정부가 통제하는 분야의 수를 줄였다.
(C) 책임감 있는 관리와 자금 활용을 증진시켰다.
(D) 장인 단체 사이에서의 과도한 경쟁에 대한 해결책을 제시하였다.

Fact 문제의 키워드 the formation of certain guilds in the capital city compulsory(수도에서 특정 길드의 형성이 필수적이었다)와 같은 의미인 guild participation was compulsory(길드에 참여하는 것이 필수적이었다)가 언급된 부분의 주변을 지문에서 살펴보면, Such a strict system of organization was implemented to encourage proper management and investment(이러한 단체의 엄격한 체제는 알맞은 경영과 투자를 장려하기 위해 이행되었다)라는 것을 알 수 있다. 따라서 보기 (C)는 지문의 내용과 일치하므로 정답이다.

18

The word "elaborate" in the passage is closest in meaning to

(A) radiant
(B) costly
(C) detailed
(D) ancient

지문의 단어 "elaborate"와 의미상 가장 유사한 것은?

(A) 빛을 내는
(B) 값비싼
(C) 상세한
(D) 고대의

Vocabulary 지문의 elaborate(정교한)는 많은 요소나 장식을 가지고 있어 정교하고 복잡함을 뜻하는 단어로, 세부적인 장식이 많아 정교함을 뜻하는 단어인 detailed(상세한)와 동의어이다. 따라서 정답은 (C)이다.

19

Look at the four squares [■] that indicate where the following sentence could be added to the passage.

For example, rough gems could be cut and refined for use in a number of items, including jewelry, clothing, and art.

Where would the sentence best fit? 2nd ■

예를 들어, 가공하지 않은 보석은 장신구, 옷, 그리고 예술품과 같은 다수의 품목에 사용되기 위해 절단되고 제련될 수 있었다.

이 문장은 어느 자리에 들어가는 것이 가장 적절한가? 두 번째 ■

> **Insertion** 삽입 문장에서 정답의 단서는 For example(예를 들어)이다. 구체적인 예는 일반적 진술 뒤에 위치하므로 예시인 삽입 문장이 일반적 진술 뒤에 위치해야 한다는 것을 알 수 있다. ■ 표시된 부분의 주변 문장을 지문에서 살펴보면, 삽입 문장은 두 번째 ■ 앞에서 언급된 transforming imported raw materials into complex works of craftsmanship(수입된 원료를 장인의 솜씨가 깃든 복잡한 작품으로 변형시키다)의 구체적인 예임을 알 수 있다. 두 번째 ■에 삽입 문장을 넣어 보면, 수입된 원료를 장인의 솜씨가 깃든 복잡한 작품으로 변형시켰는데, 그 예로 가공하지 않은 보석이 장신구, 옷, 예술품과 같은 다수의 품목에 사용되기 위해 절단되고 제련될 수 있었다는 내용이 되어 글의 흐름이 자연스럽다. 따라서 정답은 두 번째 ■이다.

20

Directions: An introductory sentence for a brief summary of the passage is provided below. Complete the summary by selecting the THREE answer choices that express the most important ideas in the passage. Some sentences do not belong in the summary because they express ideas that are not presented in the passage or are minor ideas in the passage. **This question is worth 2 points.**

지시: 지문 요약을 위한 도입 문장이 아래에 주어져 있다. 지문의 가장 중요한 내용을 나타내는 보기 3개를 골라 요약을 완성하시오. 어떤 문장은 지문에 언급되지 않은 내용이나 사소한 정보를 담고 있으므로 요약에 포함되지 않는다. 이 문제는 2점이다.

The preeminent position of Constantinople in regional trade facilitated economic opportunities both locally and abroad.

- (A) The privileged position of the guilds afforded them opportunities to contribute to the economic strength of the empire.
- (B) Careful state regulation of commerce protected local interests by controlling the transport of valuable goods.
- (E) The Silk Road resulted in an influx of commodities from abroad, providing a catalyst to the Byzantine economy.

(C) The Byzantine government facilitated economic growth by encouraging merchants to send valuable raw materials overseas.

(D) The range of imported materials was limited to luxury items due to difficulties in transporting them along the Silk Road.

(F) Silk produced in the capital was superior to similar products manufactured abroad.

지역 무역에서 콘스탄티노플의 독보적인 위치는 국내와 해외 모두에서 경제적 기회를 창출하였다.

- (A) 길드의 특권적 지위는 제국의 경제력에 공헌할 수 있는 기회를 제공하였다.
- (B) 상업에 대한 정부의 신중한 규제는 귀중품의 운송을 통제하면서 국내의 이익을 보호하였다.
- (E) 실크로드는 해외에서 상품이 유입되게 하였고 이는 비잔틴 제국의 경제에 촉매제 역할을 하였다.

(C) 비잔틴 정부는 상인이 귀중한 원료를 해외로 보내는 것을 장려하여 경제 성장을 도모하였다.

(D) 수입된 재료의 종류는 실크로드에서 운송하기 힘들기 때문에 귀중품으로 제한되었다.

(F) 수도에서 생산된 비단은 해외에서 생산된 유사한 제품보다 뛰어났다.

> **Summary** 지문의 중심 내용은 비잔틴 제국의 무역이 국내외에서 경제적 기회를 창출하였다는 것이다. 보기 (A)는 7~8단락의 중심 내용인 길드가 비잔틴 경제에 끼친 영향과 일치하고, 보기 (B)는 5~6단락의 중심 내용인 비잔틴 무역에서 정부의 역할과 일치하며, 보기 (E)는 3~4단락의 중심 내용인 비잔틴 무역에서 실크로드의 역할과 일치한다. 따라서 정답은 (A), (B), (E)이다.

TEST 05 지문의 단어 중 토플 필수 단어를 선별하여 정리하였습니다. 고득점을 위해 단어암기 음성파일을 들으며 꼭 암기하세요.

*해커스 동영상강의 포털 해커스인강(HackersIngang.com)에서 단어암기 음성파일을 무료로 다운로드할 수 있습니다.

□ undergo[ʌ̀ndərgóu] 겪다 (=experience)

□ radical[rǽdikəl] 근본적인 (=fundamental)

□ infinitesimal[ìnfinətésəməl] 극소의

□ glean[gli:n] 모으다 (=gather)

□ myriads of 무수한 (=innumerable)

□ obscured[əbskjúərd] 가려진, 잘 보이지 않는 (=vague)

□ the naked eye 육안

□ disperse[dispə́:rs] 분산시키다 (=disseminate)

□ vicinity[visínəti] 근처 (=proximity)

□ intensify[inténsəfài] 증대하다 (=reinforce)

□ set off 촉발하다

□ perpetual[pərpétʃuəl] 끊임없는 (=constant)

□ convert[kənvə́:rt] 전환하다 (=transform)

□ exemplify[igzémpləfài] 예시하다

□ celestial[səléstʃəl] 천체의

□ equilibrium[ì:kwəlíbriəm] 평형

□ opacity[oupǽsəti] 불투명도

□ traverse[trǽvərs] 가로지르다 (=cross)

□ luminosity[lù:mənásəti] 광도 (=brilliance)

□ lifespan[láifspæ̀n] 수명

□ exhaust[igzɔ́:st] 소모하다 (=use up)

□ pulsation[pʌlséiʃən] 진동

□ inevitably[inévətəbli] 필연적으로 (=unavoidably)

□ remnant[rémnənt] 잔여 (=residue)

□ disintegrate[disíntəgrèit] 붕괴하다 (=break down)

□ coalescence[kòuəlésns] 융합

□ favorable[féivərəbl] 유리한 (=congenial)

□ terminus[tə́:rmənəs] 종차지

□ infuse[infjú:z] (액체를) 붓다

□ exclusive[iksklú:siv] 독점적인

□ arduous[ɑ́:rdʒuəs] 힘든 (=laborious)

□ diffusion[difjú:ʒən] 보급

□ cornerstone[kɔ́:rnərstòun] 초석

□ attributable to ~에 기인하는

□ fiscal[fískəl] 재정상의

□ egregious[igrí:dʒəs] 터무니없는

□ conducive to ~에 도움이 되는

□ dispatch[dispǽtʃ] 파견하다

□ beneficiary[bènəfíʃieri] 수혜자

□ intimate[íntəmət] 친밀한

□ bar[bɑ:r] 금하다

□ refine[ri:fáin] 제련하다 (=polish)

□ mastery[mǽstəri] 전문적 기술 (=expertise)

□ testament[téstəmənt] 증거

□ elaborate[ilǽbərət] 정교한

□ ornamentation[ɔ̀:rnəməntéiʃən] 장식물

□ bustling[bʌ́sliŋ] 활발한

□ avaricious[æ̀vəríʃəs] 탐욕스러운 (=greedy)

□ subsidiary[səbsídièri] 보조의 (=auxiliary)

□ fringe[frindʒ] 주변 (=periphery)

Quiz

각 단어이 알맞은 뜻을 찾아 연결하시오.

01 disintegrate	ⓐ 분산시키다
02 fiscal	ⓑ 전환하다
03 exemplify	ⓒ 재정상의
04 disperse	ⓓ 증대하다
05 infinitesimal	ⓔ 극소의
	ⓕ 예시하다
	ⓖ 붕괴하다

각 단이의 알맞은 동의어를 찾아 연결하시오.

06 avaricious	ⓐ fundamental
07 subsidiary	ⓑ greedy
08 radical	ⓒ congenial
09 favorable	ⓓ periphery
10 arduous	ⓔ laborious
	ⓕ expertise
	ⓖ auxiliary

ⓔ 01 ⓒ 02 ⓕ 03 ⓐ 04 ⓔ 05 ⓑ 06 ⓖ 07 ⓐ 08 ⓒ 09 ⓔ 10

HACKERS TOEFL ACTUAL TEST READING

TEST 06

SELF-CHECK LIST

ANSWER KEYS & 취약 유형 분석표

해석 · 해설

VOCABULARY LIST

SELF-CHECK LIST

이번 테스트는 어땠나요?
다음 체크리스트로 자신의 테스트 진행 내용을 점검해 볼까요?

1 나는 36분 동안 완전히 테스트에 집중하였다.　　　　　　　□ Yes　　□ No
　 집중하지 못했다면, 그 이유는?

2 나는 주어진 36분 동안 20문제를 모두 풀었다.　　　　　　□ Yes　　□ No
　 문제를 모두 풀지 못했다면, 그 이유는?

3 유난히 어렵게 느껴지는 지문이 있었다.　　　　　　　　　□ Yes　　□ No
　 있었다면, 어려웠던 지문과 그 이유는? (글의 주제, 글의 흐름, 문법, 어휘 등)

4 유난히 어렵게 느껴지는 문제가 있었다.　　　　　　　　　□ Yes　　□ No
　 있었다면, 어려웠던 문제의 유형과 그 이유는?

5 이전 테스트에서 발견된 문제점이 모두 개선되었다.　　　　□ Yes　　□ No
　 개선되지 않았다면, 그 이유는?

6 개선해야 할 점과 이를 위한 구체적인 학습 계획

ANSWER KEYS & 취약 유형 분석표

01 (C) Sentence Simplification

02 (D) Fact

03 (A) Vocabulary

04 (B) Fact

05 (B) Inference

06 (D) Negative Fact

07 (C) Fact

08 (C) Fact

09 3rd ■ Insertion

10 British Government - (A), (E)

　　Colonial Government - (C), (G)

　　Both Governments - (B)

　　Category Chart

11 (B) Fact

12 (B) Rhetorical Purpose

13 (C) Fact

14 (D) Negative Fact

15 (B) Vocabulary

16 (A) Inference

17 (A) Sentence Simplification

18 (B) Vocabulary

19 2nd ■ Insertion

20 (A), (C), (E) Summary

■ 각 문제 유형별 맞힌 개수를 아래에 적어 보세요.

문제 유형	맞힌 답의 개수
Sentence Simplification	/ 2
Fact & Negative Fact	/ 8
Vocabulary	/ 3
Rhetorical Purpose	/ 1
Inference	/ 2
Insertion	/ 2
Summary	/ 1
Category Chart	/ 1
Total	**/20**

＊자신이 취약한 유형은 READING STRATEGIES(p.22)를 통해 다시 한번 점검하시기 바랍니다.

Representative Government in Britain and the Colonies | 영국과 식민지의 대의 정치

INTRO	단락 1	미국으로의 이주를 주도한 영국계 미국인
POINT 1	단락 2	영국의 대의 정치 형태와 그 문제점
	단락 3	
POINT 2	단락 4	미국 식민지의 대의 정치 형태와 그 특징
	단락 5	
CONCLUSION	단락 6	미국 식민지에서의 투표권 확대

미국 국회 의사당

INTRO

단락 1

식민지 시대에
미국으로의
이주를 주도한
영국계 미국인

1 Waves of people from diverse ethnic backgrounds have migrated to America throughout the centuries. In the colonial period, however, it was British Americans—whether English, Scottish, Welsh, or Scotch-Irish—who dominated immigration to America. These "Americans" did not initially view themselves as distinctly different from the British, and brought along with them the basic political and legal values of their homeland. As the colonies evolved, however, regional differences became apparent, and local legislatures developed under conditions far removed from their British heritage.

다양한 인종적 배경을 가진 인파가 수세기에 걸쳐 미국으로 이주했다. 그러나 식민지 시기에 미국으로의 이민을 좌우한 것은 영국계 미국인 – 그들이 잉글랜드인이었건, 스코틀랜드인이었건, 웨일즈인이었건, 스코틀랜드계 아일랜드인이었건 간에 – 이었다. 이들 '미국인'은 초기엔 자신이 영국인과 명백하게 다르다고 생각하지 않았으며, 본국의 기초적인 정치적·법적 가치를 함께 가져왔다. 그러나 식민지가 발전하면서 지역차가 분명해졌고 영국의 전통과는 크게 동떨어진 상황 하에 지역 입법부가 발전하였다.

POINT 1

단락 2

영국의 대의
정치 형태와
부패 선거구

2 Britain's model of representative government had its origins in the practice of medieval English kings enlisting the advice of a small group of confidants concerning their "subjects' wishes." 02DBritish monarchs recognized the role of consultation in garnering support from the people, and in turn, their obeisance. The parliamentary system that subsequently developed was composed of an upper and lower house, the House of Lords and House of Commons, respectively. The House of Lords was founded as a hereditary body for the clergy and nobility, and the House of Commons was comprised of elected members from

영국의 대의 정치 형태는 중세 잉글랜드 왕이 '백성의 소원'과 관련하여 소수의 믿을 만한 사람으로부터 조언을 얻던 관습에 그 기원을 두고 있다. 02D영국의 군주는 사람들로부터 지지를 얻고 그 다음에는 복종을 얻는 데 있어 자문의 역할을 인지했다. 그 결과로서 발전한 의회 제도는 상원과 하원, 즉 귀족 의회와 평민 의회로 각각 구성되었다. 귀족 의회는 성직자와 귀족을 위한 세습적 조직체로서 설립되었고 평민 의회는 자치구라 불리는 행정 구역에서 선출된 의원으로 구성되었다. 그러나 10A양원 모두 궁극적으로 귀족적 이해관계에 의해 좌우

Vocabulary

1 diverse[divə́:rs] 다양한 (=various) ethnic[éθnik] 인종의 migrate[máigreit] 이주하다 colonial[kəlóuniəl] 식민지의
dominate[dámənèit] 좌우하다, 지배하다 (=govern) immigration[ìməgréiʃən] 이민 distinctly[distíŋktli] 명백하게 (=clearly)
legislature[lédʒislèitʃər] 입법부 heritage[héritidʒ] 전통 (=tradition)
2 representative government 대의 정치 enlist[inlíst] (협력을) 얻다 confidant[kánfidænt] 믿을 만한 사람 monarch[mánərk] 군주
garner[gá:rnər] 얻다, 모으다 obeisance[oubéisəns] 복종 parliamentary[pà:rləméntəri] 의회의 hereditary[hərédətèri] 세습의
clergy[klə́:rdʒi] 성직자 nobility[noubíləti] 귀족

administrative districts called boroughs. Yet [10A]both houses were ultimately dominated by aristocratic interests, and general elections were based on rigid constituencies unreflective of the changing demographic shifts in Great Britain at the time, a system resulting in an electorate of a minute portion of the population. Consequently, politically influential self-governing townships whose populations had dissipated—essentially making them ghost towns—could elect two members of parliament, the same number afforded to cities with large populations. [10E]These electoral districts with disproportionate representation became known as rotten boroughs, and some of them had fewer than ten voters.

단락 3
영국의 부패 선거구와 비밀 투표의 부재로 인한 문제점

3 A related issue was the fact that these boroughs could effectively be controlled by a single patron or small group of wealthy aristocrats. [10B]Large landowners sometimes owned several boroughs and could therefore nominate two representatives to the House of Commons for each borough. [10E]Bribery and corruption were often rampant, and hopeful representatives would bestow gifts or proffer promises upon patrons for votes, or simply purchase the borough outright for handsome sums. These practices created a voting process that resembled pre-ordained consensus rather than democracy. The problem was exacerbated by the fact that [04B]no secret balloting existed, and influential individuals could therefore ascertain which voters cast ballots for whom; such a circumstance opened opportunities for direct bribery, or even coercion, of the voters themselves. Many people felt the system was absurd, and occasionally petitions were filed; however, [05B]the government often simply washed its hands of the issue by suggesting that the system offered a level of social stability, and that it contributed greatly to prosperity in the country.

POINT 2
단락 4
식민지의 대의 정치 형태

4 The situation differed dramatically across the Atlantic: [10C]the manner in which the legislative assemblies arose in the colonies was not governed by a need to address social hierarchy, but rather, the particular needs of regional and local communities.

되었고, 총선거는 당시 영국의 변화하는 인구 이동을 고려하지 않은 엄격한 선거구에 기반하여, 극소수의 사람들로 이루어진 선거민을 초래했다. 그 결과, 정치적으로 영향력이 있지만 인구가 다 흩어져 없어지고 본질적으로 유령 도시가 된 자치 지구는 많은 인구를 가진 도시에 주어진 것과 같은 수인 두 명의 의원을 선출할 수 있었다. [10E]이러한 불균형적 의원 선출권을 가진 선거구는 부패 선거구라고 알려지게 되었는데, 그 중 일부는 10명도 안 되는 유권자를 가지고 있었다.

관련된 문제 하나는 이들 자치구가 때때로 한 명의 후원자 또는 소수의 부유한 귀족 무리에 의해 효과적으로 관리될 수 있다는 사실이었다. [10B]대지주는 때로 여러 자치구를 소유하였고 그리하여 각각의 자치구에서 평민 의회에 두 명의 의원을 지명할 수 있었다. [10E]뇌물 수수와 부정 행위가 종종 만연했으며, 입후보자는 표를 얻기 위해 선물을 주거나 후원자에게 공약을 제의하고, 또는 간단히 그 자치구를 상당한 액수에 현찰로 구입하곤 했다. 이러한 관행은 민주주의라기보다 미리 정해진 합의와 유사한 투표 과정을 야기했다. 문제는 [04B]비밀 투표가 존재하지 않았다는 사실에 의해 악화되었고, 따라서 영향력 있는 사람은 어떤 유권자가 누구에게 투표했는지 확인할 수 있었는데, 이러한 상황은 유권자에게 직접적으로 뇌물을 주거나 심지어 강압할 기회를 주었다. 많은 사람이 이 제도가 불합리하다고 생각했고, 때로 탄원서가 제출되기도 했지만, [05B]정부는 종종 이 제도가 어느 정도 사회 안정을 제공하고 나라의 번영에 크게 기여하고 있다고 말하며 간단히 그 문제에서 손을 떼었다.

대서양 너머의 상황은 극적으로 달랐다. [10C]식민지에서 입법 의회가 생긴 방식은 사회적 계급제를 다룰 필요에 의해서라기보다는, 오히려 지역 공동체의 특수한 필요에 의해 좌우되었다. 식민지 현장은

Vocabulary

2 **borough**[bə́ːrou] (영국의) 자치구   **constituency**[kənstítʃuənsi] 선거구   **electorate**[iléktərət] 선거민   **township**[táunʃip] (영국의) 지구
   dissipate[dísəpèit] 흩어져 없어지다   **afford**[əfɔ́ːrd] 주다   **disproportionate**[dìsprəpɔ́ːrʃənət] 불균형의

3 **bribery**[bráibəri] 뇌물 수수   **rampant**[rǽmpənt] 만연하는   **bestow**[bistóu] 주다   **proffer**[práfər] 제의하다 (=offer)   **outright**[áutràit] 현찰로
   handsome[hǽnsəm] 상당한   **pre-ordained**[prìːɔːrdéind] 미리 정해진   **consensus**[kənsénsəs] 합의
   exacerbate[igzǽsərbèit] 악화시키다 (=aggravate)   **secret balloting** 비밀 투표   **ascertain**[æ̀sərtéin] 확인하다 (=find out)
   cast ballot 투표하다   **petition**[pitíʃən] 탄원서; 탄원하다 (=appeal)   **wash one's hands of** ~에서 손을 떼다

Since colonial charters allowed, but did not require, representative government, the assemblies of individual colonies developed under conditions of relative heterogeneity, resulting in a plurality of legislative atmospheres. The town meetings of New England, though known for their commitment to egalitarianism, [06D]developed a reputation for strict morality and ethnocentrism. ■ [06A]In the Mid-Atlantic colonies, legislative concerns were indicative of the regional population's diversity, both ethnic and religious. ■ Competing interests within the region reflected this diversity, and [06C]fostered the establishment of long-term partisan politics in places like New York and Pennsylvania earlier than in other areas. ■ **As such, the legislative models in these colonies were precursors to the modern legislative system, with its emphasis on lobbyists and party affiliation.** [06B]In the South, the assemblies reflected the agricultural and commercial interests of a region with relatively high per capita incomes. ■ The legislative bodies thus arose not to address the concerns of an entire country or empire, but those of separate aggregates of people.

단락 5

미국 대의 제도의 평등주의적 특성과 청원의 공헌

5 In addition, the assemblies were not merely representative of a particular stratum of society; therefore, they were fairly diverse and egalitarian in their system of representation. Though upper-class whites held as much as fifty percent of the total value of property—mostly in the form of lucrative plantations—land in America was plentiful, and land ownership widespread. As a result, [10B]this allowed most white males to meet suffrage requirements, which were largely based on property ownership and religious affiliation. [07C]Colonists viewed property ownership as a means for social mobility and believed it gave them a stake in political decisions. [10G]Landholders frequently used their positions as leverage to petition legislators to act on behalf of local interests. It was these petitions levied by a politically active citizenry that became the major driver of legislative activity in the American colonies.© Petitions offered legislators a clear indication of the issues and laws that were of particular concern to their

대의 정치를 허가하긴 했지만 요구하지는 않았기 때문에 개별 식민지 의회는 상대적 이질성이라는 상황 아래 발전하였고, 이는 다수의 입법 환경을 초래했다. 뉴잉글랜드의 읍 위원회는 평등주의를 추구하는 것으로 알려져 있었지만, [06D]엄격한 도덕과 자민족 중심주의로 유명해졌다. [06A]대서양 중간 부근의 식민지에서 입법상 관심사는 그 지역의 인종적·종교적 인구 다양성을 반영했다. 그 지역 내 상충하는 이해관계는 이러한 다양성을 반영하였고, [06C]뉴욕과 펜실베이니아 주 같은 곳에서 다른 지역보다 먼저 장기적 파벌 정치 수립을 촉진했다. 그러하기에 이들 식민지의 입법부 형태는 로비스트와 당파 관계에 중점을 둔 현대 입법 제도의 전조가 되었다. [06B]남부에서, 의회는 1인당 소득이 상대적으로 높은 지역의 농·상업적 이해관계를 반영했다. 따라서 입법부는 나라 또는 제국 전체의 관심사가 아니라 개별 집단의 관심사를 다루기 위해 생겨났다.

게다가, 이들 의회는 단지 특정 사회 계층을 대표하는 것만은 아니었다. 따라서 이들 의회는 대의 제도에 있어 매우 다양하고 평등주의적이었다. 상류층 백인이 대부분 돈이 되는 재배농장 형태의 자산 총액의 50퍼센트나 갖고 있었지만 미국의 토지는 풍부했고, 토지 소유권은 널리 퍼져 있었다. 결과적으로, [10B]이는 대부분의 백인 남성이 투표 요건을 충족하게 하였는데, 그 요건은 주로 자산 소유권이나 종교적 소속에 기반하고 있었다. [07C]식민지 주민은 자산 소유권을 사회적 유동성의 수단으로 간주했고 그것이 그들에게 정치 결정에 대한 지분을 부여한다고 믿었다. [10G]토지 소유자는 종종 자신의 지위를 의원들에게 지역적 이해관계를 대표해 움직여 달라고 청원하는 수단으로 이용했다. 미국 식민지에서 입법 활동의 주요 원동력이 된 것은 이처럼 정치적으로 적극적인 시민에 의해 시작된 청원이었다. 청원은 선거구민에게 특별한 관심거리가 되는 쟁점과 법을 의원들에게 분명하게 표시해 주었

Vocabulary

4 **charter**[tʃá:rtər] 헌장 **heterogeneity**[hètəroudʒəní:əti] 이질성 **plurality**[pluərǽləti] 다수 **egalitarianism**[igælətέəriənizm] 평등주의 **ethnocentrism**[èθnouséntrizm] 자민족 중심주의 **foster**[fɔ́:stər] 촉진하다 **partisan politics** 파벌 정치 **precursor**[prikə́:rsər] 전조 **party affiliation** 당파 관계 **per capita income** 1인당 소득 **aggregate**[ǽgrigət] 집합

5 **stratum**[stréitəm] 층, 계급 **property**[prápərti] 자산 (=asset) **suffrage**[sʌ́fridʒ] 투표 **affiliation**[əfìliéiʃən] 소속, 입회, 가입 **stake**[steik] 지분 **leverage**[lévəridʒ] 수단 **levy**[lévi] 시작하다, 징수하다 **citizenry**[sítəzənri] 시민 **indication**[ìndikéiʃən] 표시

constituents, and approximately half of all laws enacted by colonial assemblies in the eighteenth century originated as appeals for legal solutions to deal with problems at the local level.

고, 18세기 식민지 의회에서 통과된 모든 법 중 약 절반이 지역 수준에서 문제를 처리할 법적 해결책에 대한 요청에서 비롯되었다.

CONCLUSION
단락 6
종교와 관계 없이 백인 남성으로 확대된 투표권

6 As revolutionary ideas swept through the colonies in the eighteenth century, and more people began to argue that government derived its legitimacy from the governed, [08C]colonies adopted policies designed to extend voting rights to white males who paid taxes, to those willing to serve in the military, and eventually, by the end of the eighteenth century, to all white men regardless of religious affiliation.

혁명 사상이 18세기 식민지 전체를 휩쓸고 더 많은 사람들이 정부가 합법성을 피통치자에게서 얻는다고 주장하기 시작하면서, [08C]식민지는 군 복무를 자진해서 하려는 사람뿐 아니라 세금을 내는 백인 남성에게까지 투표권을 확대하기 위해 입안된 정책을 채택했고 18세기 말에 이르러 종교에 상관없이 백인 남성까지로 확대하였다.

Sentence Analysis

◉ Consequently, / politically influential self-governing townships / whose populations had dissipated /
그 결과 　　정치적으로 영향력이 있는 자치 지구는 　　인구가 다 흩어져 없어진
— essentially making them ghost towns — / could elect / two members of parliament, /
본질적으로 그것을 유령 도시로 만든 　　선출할 수 있었다 　　두 명의 의원을
the same number / afforded to cities with large populations.
같은 수 　　많은 인구를 가진 도시에 주어진

◉ Petitions offered legislators a clear indication / of the issues and laws /
청원은 의원들에게 분명한 표시를 제시하였다 　　쟁점과 법의
that were of particular concern / to their constituents, / and approximately half of all laws /
특별한 관심거리가 되는 　　선거구민에게 　　그리고 모든 법 중 약 절반이
enacted by colonial assemblies / in the eighteenth century / originated as appeals /
식민지 의회에서 통과된 　　18세기에 　　요청에서 비롯되었다
for legal solutions / to deal with problems / at the local level.
법적 해결책에 대한 　　문제를 처리하기 위해 　　지역 수준에서

Vocabulary

5 enact[inǽkt] 제정하다 (=make into law)　originate[ərídʒənèit] 시작되다　appeal[əpíːl] 요청 (=request)
6 revolutionary[rèvəlúːʃəneri] 혁명적인 (=radical)　sweep[swiːp] 휩쓸다　derive[diráiv] 얻다 (=obtain)　legitimacy[lidʒítəməsi] 합법성
adopt[ədápt] 채택하다

01

Which of the sentences below best expresses the essential information in the highlighted sentence in the passage? *Incorrect* choices change the meaning in important ways or leave out essential information.

(A) Regional differences notwithstanding, colonies evolved according to conditions bound up with their British heritage.

(B) Even though local legislatures were beyond British influence, they were able to keep their heritage despite regional differences.

(C) Regional differences became evident during colonial development, and local legislatures arose outside of the British tradition.

(D) By removing themselves far away from Britain, the colonies were able to evolve according to their differences.

아래 문장 중 지문 속의 음영된 문장의 핵심 정보를 가장 잘 표현하고 있는 것은 무엇인가? 오답은 문장의 의미를 현저히 왜곡하거나 핵심 정보를 빠뜨리고 있다.

(A) 지역적인 차이에도 불구하고 식민지는 영국 전통에 매인 상황에 따라 발전했다.

(B) 지역 입법부는 영국의 영향을 벗어나 있었지만, 지역적 차이에도 불구하고 전통을 유지할 수 있었다.

(C) 식민지가 발전하는 동안 지역차가 분명해졌고, 지역 입법부는 영국 전통을 벗어나 생겨났다.

(D) 영국으로부터 멀리 떠남으로써, 식민지는 차이에 따라 발전할 수 있었다.

Sentence Simplification 음영 표시된 문장 전체가 핵심 정보로서 As the colonies evolved ~ regional differences became apparent(식민지가 발전하면서 지역차가 분명해졌다)를 Regional differences became evident during colonial development(식민지가 발전하는 동안 지역차가 분명해졌다)로, local legislatures developed under conditions far removed from their British heritage(영국의 전통과는 크게 동떨어진 상황 하에 지역 입법부가 발전하였다)를 local legislatures arose outside of the British tradition(지역 입법부는 영국 전통을 벗어나 생겨났다)으로 간략하게 바꾸어 표현한 보기 (C)가 정답이다.

02

According to paragraph 2, monarchs met with advisors concerning their subjects' wishes in order to

(A) counter the waning support for the royal family

(B) discuss plans for developing a legislative system

(C) reveal which groups were disloyal to the throne

(D) gather endorsement from a dutiful populace

2단락에 따르면, 군주는 _____ 하기 위해 백성의 소원과 관련하여 조언자와 회담을 가졌다.

(A) 왕실에 대한 약해지는 지지에 대처하기 위해

(B) 입법 제도 발전을 위한 계획을 논의하기 위해

(C) 어떤 무리가 왕좌에 불충한지 밝히기 위해

(D) 충실한 민중으로부터 지지를 모으기 위해

Fact 문제의 키워드 subjects' wishes(백성의 소원)가 언급된 부분의 주변을 지문에서 살펴보면, British monarchs recognized the role of consultation in garnering support from the people, and in turn, their obeisance(영국의 군주는 사람들로부터 지지를 얻고 그 다음에는 복종을 얻는 데 있어 자문의 역할을 인지했다)라는 것을 알 수 있다. 즉, 군주가 조언자와 회담을 가진 것은 사람들의 지지와 복종을 얻기 위한 것이었다. 따라서 보기 (D)는 지문의 내용과 일치하므로 정답이다.

03

The word "dissipated" in the passage is closest in meaning to

(A) dispersed

(B) exploded

(C) emigrated

(D) congregated

지문의 단어 "dissipated"와 의미상 가장 유사한 것은?

(A) 흩어졌다

(B) 급증했다

(C) 이주했다

(D) 군집했다

Vocabulary 지문의 dissipated(흩어져 없어졌다)는 dispersed(흩어졌다)와 동의어이므로 정답은 (A)이다.

04

The author's description of the voting process in paragraph 3 mentions which of the following?

(A) Ballots were distributed to the public by the landowners.
(B) Votes cast by individuals were not kept confidential.
(C) Voting sometimes entailed giving presents to hopeful candidates.
(D) Candidates caught bribing voters were punished under the law.

3단락에서 투표 과정에 대한 글쓴이의 설명은 다음 중 어느 것을 언급하는가?

(A) 투표용지는 지주에 의해 일반인에게 분배되었다.
(B) 개개인이 던진 표는 비밀로 유지되지 않았다.
(C) 때때로 투표는 유망한 후보자에게 선물을 주는 것을 수반했다.
(D) 유권자에게 뇌물을 주다 적발된 후보자는 법으로 처벌되었다.

Fact 문제의 키워드 voting process(투표 과정)가 언급된 부분의 주변을 지문에서 살펴보면, no secret balloting existed(비밀 투표가 존재하지 않았다)라는 것을 알 수 있다. 따라서 보기 (B)는 지문의 내용과 일치하므로 정답이다.

05

It can be inferred from paragraph 3 that complaints made about the electoral system in Britain

(A) contributed to social instability
(B) were usually ineffective
(C) initiated a series of legal reforms
(D) were only filed by the lower class

영국에서 선거 제도에 대해 제기된 불만이 _____ 했다는 것을 3단락으로부터 추론할 수 있다.

(A) 사회 불안의 원인이 되었다.
(B) 대개 효과가 없었다.
(C) 일련의 법적 개혁을 일으켰다.
(D) 하층 계급에 의해서만 제기되었다.

Inference 3단락에서 문제의 키워드 complaints made about the electoral system(선거 제도에 대해 제기된 불만)과 같은 의미인 Many people felt the system was absurd, and occasionally petitions were filed(많은 사람이 이 제도가 불합리하다고 생각했고, 때로 탄원서가 제출되기도 했다)가 언급된 부분의 주변을 살펴보면, the government often simply washed its hands of the issue by suggesting that the system offered a level of social stability, and that it contributed greatly to prosperity in the country(정부는 종종 이 제도가 어느 정도 사회 안정을 제공하고 나라의 번영에 크게 기여하고 있다고 말하며 간단히 그 문제에서 손을 떼었다)라고 했다. 즉, 사람들이 탄원을 제출했으나 정부는 종종 여러 이유를 대며 간단히 그 문제에서 손을 떼었다는 것을 통해, 사람들이 선거 제도에 대해 제기한 불만이 대개 효과가 없었다는 것을 추론할 수 있다. 따라서 정답은 (B)이다.

06

All of the following were mentioned in paragraph 4 as regional characteristics of colonies in America EXCEPT

(A) the presence of ethnic and religious diversity
(B) the occurrence of high average salaries
(C) the development of political interest groups
(D) the establishment of permanent moral standards

다음 중 4단락에서 지역별 미국 식민지의 특징으로 언급된 것이 아닌 것은?

(A) 인종적·종교적 다양성의 존재
(B) 높은 평균 임금의 발생
(C) 정치적 이익 집단의 발전
(D) 영구적인 도덕적 기준 수립

Negative Fact 보기 (A)는 지문의 In the Mid-Atlantic colonies, legislative concerns were indicative of the regional population's diversity, both ethnic and religious(대서양 중간 부근의 식민지에서 입법상 관심사는 그 지역의 인종적·종교적 인구 다양성을 반영했다)와 일치한다.
보기 (B)는 지문의 In the South, the assemblies reflected the agricultural and commercial interests of a region with relatively high per capita incomes(남부에서, 의회는 1인당 소득이 상대적으로 높은 지역의 농·상업적 이해관계를 반영했다)와 일치한다.
보기 (C)는 fostered the establishment of long-term partisan politics in places like New York and Pennsylvania earlier than in other areas (뉴욕과 펜실베이니아 주 같은 곳에서 다른 지역보다 먼저 장기적 파벌 정치 수립을 촉진했다)와 일치한다.
따라서 보기 (A), (B), (C)는 지문과 일치하는 내용이므로 오답이다. 그러나 보기 (D)는 지문의 developed a reputation for strict morality and ethnocentrism(엄격한 도덕과 자민족 중심주의로 유명해졌다)과 다른 내용이므로 정답이다.

07

According to paragraph 5, which of the following is true of property in the American colonies?

(A) Its ownership was confined to upper class whites.
(B) It was largely split between plantations and religious communities.
(C) It provided owners with a tool for influencing politics.
(D) Its purchase and sale were designed to promote local interests.

5단락에 따르면, 다음 중 미국 식민지의 자산에 대해 사실인 것은?

(A) 소유권은 상류층 백인에게만 국한되었다.
(B) 대개 재배농장과 종교 공동체 사이에 나뉘어 있었다.
(C) 소유권자에게 정치에 영향을 끼치는 수단을 제공했다.
(D) 지역 이익을 증진하기 위해 매매가 입안되었다.

Fact 문제의 키워드 property(자산)가 언급된 부분을 지문에서 살펴보면, Colonists viewed property ownership as a means for social mobility and believed it gave them a stake in political decisions(식민지 주민은 자산 소유권을 사회적 유동성의 수단으로 간주했고 그것이 그들에게 정치 결정에 대한 지분을 부여한다고 믿었다)라는 것을 알 수 있다. 즉, 자산 소유권이 식민지 주민의 정치 결정에 영향을 주는 수단이 된 것이다. 따라서 보기 (C)는 지문의 내용과 일치하므로 정답이다.

08

According to paragraph 6, what was one of the changes that occurred in the voting process during the eighteenth century in Colonial America?

(A) Voting rights were further restricted along religious lines.
(B) Voters were required to submit proof of military service prior to voting.
(C) The privilege to vote was extended based on the payment of taxes.
(D) Land ownership became a universal prerequisite for voting.

6단락에 따르면, 18세기 식민지 시대 미국의 투표 과정에서 발생한 변화 중 하나는 무엇인가?

(A) 투표권은 종교적 방향에 따라 한층 더 제한되었다.
(B) 유권자는 투표 전에 군복무 증거를 제시해야 했다.
(C) 투표를 할 특권은 납세에 근거하여 확대되었다.
(D) 토지 소유권은 투표하기 위한 보편적 필요 요건이 되었다.

Fact 문제의 키워드 the changes that occurred in the voting process(투표 과정에서 발생한 변화)의 구체적인 내용에 해당하는 colonies adopted policies(식민지는 정책을 채택했다)가 언급된 부분을 지문에서 살펴보면, colonies adopted policies designed to extend voting rights to white males who paid taxes(식민지는 세금을 내는 백인 남성에게까지 투표권을 확대하기 위해 입안된 정책을 채택했다)라는 것을 알 수 있다. 따라서 보기 (C)는 지문의 내용과 일치하므로 정답이다.

09

Look at the four squares [■] that indicate where the following sentence could be added to the passage.

As such, the legislative models in these colonies were procursors to the modern legislative system, with its emphasis on lobbyists and party affiliation.

Where would the sentence best fit? 3rd ■

네 개의 네모[■]는 다음 문장이 삽입될 수 있는 부분을 나타내고 있다.

그러하기에 이들 식민지의 입법부 형태는 로비스트와 당파 관계에 중점을 둔 현대 입법 제도의 전조가 되었다.

이 문장은 어느 자리에 들어가는 것이 가장 적절한가? 세 번째 ■

Insertion 삽입 문장에서 정답의 단서는 these colonies(이들 식민지)와 party affiliation(당파 관계)으로, 각각 지문의 세 번째 ■ 앞 문장의 New York and Pennsylvania(뉴욕과 펜실베이니아 주)와 long-term partisan politics(장기적 파벌 정치)를 가리킨다. 세 번째 ■에 삽입 문장을 넣어보면, 지역 내 상충하는 이해관계가 뉴욕과 펜실베이니아 주 같은 곳에서 장기적 파벌 정치 수립을 촉진하여, 이들 식민지의 입법부 형태가 로비스트와 당파 관계에 중점을 둔 현대 입법 제도의 전조가 되었다는 내용이 되어 글의 흐름이 자연스럽다. 따라서 정답은 세 번째 ■이다.

Directions: Select the appropriate phrases from the answer choices and match them to the type of government to which they relate. TWO of the answer choices will NOT be used.
This question is worth 3 points.

Answer Choices	British Government
(D) Individual votes were cast in secret to thwart attempts to influence voters. (F) Factional infighting delayed the establishment of legislative assemblies.	• (A) Legislative procedures were primarily dictated by the upper class. • (E) Unequal representation across districts created opportunities for corruption.
	Colonial Government
	• (C) Legislative bodies were established to deal with matters on a local level. • (G) Petitions filed on behalf of citizens led to more direct methods of representation.
	Both Governments
	• (B) Ownership of property provided a means for individuals to sway political outcomes.

지시: 주어진 선택지에서 적절한 구를 선택하여 관계 있는 정부의 종류에 연결시키시오. 선택지 중 두 개는 답이 아니다. 이 문제는 3점이다.

보기	영국의 정치 체제
(D) 유권자에게 영향을 주려는 시도를 막기 위해 개인의 투표는 비밀리에 행해졌다. (F) 당파의 내분은 입법 의회의 수립을 지연시켰다.	• (A) 입법 절차는 주로 상류층에 의해 지시되었다. • (E) 자치구 도처에서 불평등한 의원 선출권은 부패의 빌미를 제공했다.
	식민지의 정치 체제
	• (C) 입법부는 지역 수준의 문제를 처리하기 위해 수립되었다. • (G) 시민을 대표해 제기된 청원은 더 직접적인 대의 제도 방식을 초래하였다.
	양국의 정치 체제
	• (B) 재산 소유권은 개인이 정치 결과를 좌우할 수 있는 수단을 제공하였다.

Category Chart 보기 (A), (E)는 영국 정치 체제의 특징으로, 보기 (A)는 2단락의 both houses were ultimately dominated by aristocratic interests(양원 모두 궁극적으로 귀족적 이해관계에 의해 좌우되었다)와 일치하고, 보기 (E)는 2단락의 These electoral districts with disproportionate representation became known as rotten boroughs(이러한 불균형적 의원 선출권을 가진 선거구는 부패 선거구라고 알려지게 되었다)와 3단락의 Bribery and corruption were often rampant(뇌물 수수와 부정 행위가 종종 만연했다)와 일치한다.

보기 (C), (G)는 식민지 정치 체제의 특징으로, 보기 (C)는 4단락의 the manner in which the legislative assemblies arose in the colonies was not governed by a need to address social hierarchy, but rather, the particular needs of regional and local communities(식민지에서 입법 의회가 생긴 방식은 사회적 계급제를 다룰 필요에 의해서라기보다는, 오히려 지역 공동체의 특수한 필요에 의해 좌우되었다)와 일치하고, 보기 (G)는 5단락의 Landholders frequently used their positions as leverage to petition legislators to act on behalf of local interests. It was these petitions levied by a politically active citizenry that became the major driver of legislative activity(토지 소유자는 종종 자신의 지위를 의원들에게 지역적 이해관계를 대표해 움직여 달라고 청원하는 수단으로 이용했다. 입법 활동의 주요 원동력이 된 것은 이처럼 정치적으로 적극적인 시민에 의해 시작된 청원이었다)와 일치한다.

보기 (B)는 양국 모두의 정치 체제에 해당하는 특징으로, 3단락의 Large landowners ~ owned several boroughs ~ nominate two representatives to the House of Commons for each borough(대지주는 여러 자치구를 소유하였고 각각의 자치구에서 평민 의회에 두 명의 의원을 지명할 수 있었다)와 5단락의 this allowed most white males to meet suffrage requirements(토지 소유권은 대부분의 백인 남성이 투표 요건을 충족하게 하였다)와 일치한다.

The History of Eye Makeup | 눈 화장의 역사

INTRO	단락 1	'악마의 눈'이 가진 의미
POINT 1	단락 2	눈 화장의 기원
	단락 3	
POINT 2	단락 4	무대에서 사용된 눈 화장
POINT 3	단락 5	일상적인 치장 수단이 된 눈 화장
	단락 6	

현대의 눈 화장

INTRO
단락 1
탐욕죄를
의미하는
'악마의 눈'

1 The "evil eye" is an element of many folklore traditions found throughout the world, and while the exact nature of its meaning varies from one culture to another, it is generally thought to represent the sin of coveting, or jealousy. [11B]According to many legends, a person who is envious can unintentionally harm another by gazing at him or her with desire.

'악마의 눈'은 많은 민간 전승의 한 요소로 전 세계적으로 발견되며, 그 의미의 정확한 본질은 문화마다 다르지만 일반적으로 탐욕죄, 즉 시기를 나타낸다고 여겨진다. [11B]다수의 전설에 따르면, 질투하는 사람은 누군가를 욕망을 가지고 응시함으로써 무심코 해를 끼칠 수 있다고 한다.

POINT 1
단락 2
악마의 눈과
연관된 눈
화장의 기원

2 Archaeologists believe that this superstition is tied to the origins of eye makeup. ■ In Ancient Egypt, for example, protective measures against the evil eye involved painting the eyes with kohl, a mixture of soot and minerals. ■ **The typical concoction included some combination of copper, ash, lead, and ocher, a yellow-brown pigment derived from iron oxide.** Soothsayers usually prepared this compound for men, but women were known to make their own kohl using special, and at times secret, ingredients that held spiritual meaning. ■ It was applied in a circle or oval around the eyes using a small stick, so the wearer appeared to have thick black lines around the eyelids. ■ Tomb paintings portray pharaohs as having black lines around their eyes, drawn outward from the middle of the bottom lid, and ending

고고학자는 이 미신이 눈 화장의 기원과 관련되었다고 믿는다. 예를 들어 고대 이집트에서는 악마의 눈에 대한 방어 수단으로 검댕과 광물을 섞은 화장먹을 눈에 칠했다. 이 전형적인 조합은 구리, 재, 납, 그리고 철 산화물에서 나온 황갈색 안료인 황토를 혼합한 것의 일부를 포함했다. 점쟁이는 보통 이 혼합물을 남성을 위해 준비했지만 여성은 영적 의미가 담긴 특별하고 때때로 비밀스러운 재료를 이용해 그들만의 화장먹을 만들었다고 알려져 있다. 작은 막대기를 이용해서 먹을 눈 주위에 원형이나 타원형으로 발랐기 때문에 먹을 바른 사람은 눈꺼풀 주위에 두꺼운 검정색 선을 가진 것처럼 보였다. 무덤 속 그림은 파라오를 눈 주위에 검정색 선을 가진 것으로 묘사하는데, 선은 아래 눈꺼풀의 중앙에서부터 바깥쪽으로 그려지고 뺨에서 위로 향

Vocabulary

1 element[éləmənt] (구성) 요소 folklore[fóuklɔːr] 민간 전승 represent[rèprizént] 나타내다 (=stand for) sin[siːn] 죄
covet[kʌ́vit] 탐내다 jealousy[dʒéləsi] 시기 envious[énviəs] 질투하는 unintentionally[ʌ̀ninténʃənli] 무심코 (=accidentally)
gaze[geiz] 응시하다 (=pore)

2 archaeologist[àːrkiɑ́lədʒist] 고고학자 protective[prətéktiv] 방어하는 kohl[koul] 화장먹 soot[sut] 검댕 concoction[kɑnkɑ́kʃən] 조합
copper[kɑ́pər] 구리 lead[led] 납 ocher[óukər] 황토 pigment[pígmənt] 안료 (=dye) derive from ~에서 나오다 oxide[ɑ́ksaid] 산화물
soothsayer[súːθsèiər] 점쟁이 compound[kɑ́mpaund] 혼합물 (=mixture) ingredient[ingríːdiənt] 재료 spiritual[spírituəl] 영적인
oval[óuvəl] 타원형 portray[pɔːrtréi] 묘사하다 (=depict) pharaoh[féərou] 파라오

in an upward whorl on the cheek. [12B]Over time, the practice was even incorporated into hieroglyphics as the Eye of Horus, a hieroglyph representing the Egyptian sky god in the form of a falcon who symbolized protection and power.

하는 소용돌이 모양으로 끝난다. [12B]시간이 지남에 따라, 이러한 관행은 심지어 상형문자의 호루스의 눈으로 구체화되었는데, 이는 보호와 힘을 상징했던 매의 형상을 한 이집트 천신을 나타내는 상형문자였다.

단락 3
그리스에서 사용된 눈 화장

3 This is perhaps the first documented use of eye makeup in history; however, the Egyptians were not the only civilization to develop this kind of protective response to real or perceived threats. [13C]In Ancient Greece, the use of cosmetics around the eye developed independently in the first century as a form of apotropaic magic, a ritual observance that was intended to ward off evil. Both men and women lined their eyes with lampblack—a black pigment produced by burning oil in shallow pans—and occasionally darkened their eyebrows [13C]as a superstition. Archaeologists have uncovered sixth-century black-figured drinking vessels painted with apotropaic eyes, which they believe were drawn to protect the user from ingesting poison.

이것이 아마도 역사상 최초로 기록된 눈 화장의 사용일 것이다. 그러나 이집트인이 실제 또는 감지된 위협에 대해 이런 종류의 방어 반응을 발달시킨 유일한 문명은 아니었다. [13C]고대 그리스에서는 1세기에 눈 주위에 화장품을 사용하는 것이 액막이 주술 형태로 독자적으로 발전했는데, 이는 불운을 피하기 위한 의식 행사였다. 미신적 행위로서 남녀 모두 얕은 냄비에 기름을 태워 만든 검정색 안료인 유연으로 눈에 선을 그렸고 때때로 눈썹을 검게 만들기도 했다. 고고학자는 액막이 눈이 그려진 6세기의 흑화식 음료 용기를 발굴했는데, 그들은 그 눈이 용기를 사용하는 사람이 독을 섭취하지 않도록 보호하기 위해 그려졌다고 믿고 있다.

POINT 2
단락 4
무대에서 사용된 눈 화장

4 The use of cosmetics was so common in and around the Mediterranean that they found their way into other facets of society, initially as a theatrical device, and later as fashion. On stage, for example, actors employed masks to [14A]symbolize archetypical characters, and these were painted to intensify the desired features. This was due, in part, to the necessity of [14C]making the face visible to a large audience, but at the same time, it was a means to [14B]move away from realist facial appearances and convey a sense of the fantastic. These characters, after all, were mostly gods and heroes, not ordinary humans. As theater grew into an entrenched cultural tradition and actors became more famous, the custom of wearing eye makeup directly on the face for theater was echoed by some members of high society, particularly during parties or social gatherings. By the start of the Christian era, Roman women of nobility began to use lampblack not just around their eyes,

화장품의 사용이 지중해와 그 주변 지역에서 매우 일반적이 되면서 사회의 다른 방면에서 사용되었는데 처음에는 연극적 장치로, 후에는 패션으로 사용되었다. 예를 들어 무대 위에서 배우들은 [14A]전형적인 인물을 나타내기 위해 가면을 사용하여 원하는 특징을 강화시키고자 색칠을 했다. 이것은 부분적으로는 [14C]많은 관객에게 얼굴을 잘 보이게 하려는 필요 때문이었지만 동시에 [14B]사실적인 얼굴 외양에서 벗어나 몽환적인 느낌을 전달하기 위한 수단이었다. 결국 이러한 인물들은 대부분 신과 영웅이었고 보통 인간은 아니었다. 극장이 굳게 확립된 문화 전통으로 발전하고 배우들이 더 유명해지면서 얼굴에 직접 눈 화장을 하는 관습은 상류 사회 일부 구성원들 사이에서, 특히 파티나 사교 모임 중에 퍼졌다. 기독교 시대의 시작 시기에 이르러 로마 귀족 여성은 유연을 눈가에만 사용한 것이 아니라 속눈썹 위에도 사용하여 더욱 두드러지게 했는데, 이는 당시 최신 유행이었다. 게다가, 염색의 범위와

Vocabulary

2 whorl [hwəːrl] 소용돌이 모양 hieroglyphic [hàiərəglífik] 상형문자 falcon [fɔ́ːlkən] 매 symbolize [símbəlàiz] 상징하다

3 documented [dákjuméntid] 기록된 (=recorded) perceive [pərsíːv] 감지하다 apotropaic [æ̀pətrəpéiik] 액막이의 (힘이 있는)
ritual [rítʃuəl] 의식의 observance [əbzɔ́ːrvəns] 행사 lampblack [lǽmpblæ̀k] 유연 darken [dáːrkən] 검게 하다
uncover [ʌ̀nkʌ́vər] 발굴하다 vessel [vésəl] 용기, 그릇 (=receptacle) ingest [indʒést] 섭취하다 (=take in)

4 Mediterranean [mèdətəréiniən] 지중해의 facet [fǽsit] 방면 employ [implɔ́i] 사용하다 (=use) archetypical [àːrkitípikəl] 전형적인
intensify [inténsəfài] 강화시키다 convey [kənvéi] 전달하다 (=transmit) ordinary [ɔ́ːrdənèri] 보통의 entrenched [intréntʃt] 굳게 확립된
echo [ékou] 퍼지다 gathering [gǽðəriŋ] 모임 (=assembly) era [íərə] 시대 (=epoch)

but also on their eyelashes to make them more prominent, as was trendy at the time. In addition, the range of pigmentation and types of cosmetics grew, and colorful paint, glitter, and sheen began to increasingly adorn the eyes of performers and laypersons alike.

화장품의 종류가 발달하였고 다채로운 안료, 반짝이는 장식, 광택이 점차 연기자와 일반인 모두의 눈을 꾸미기 시작했다.

POINT 3
단락 5
패션에 사용된
눈 화장

5 Eye makeup has also been a factor in movies, and ultimately it was the far-reaching popularity of makeup-wearing performers in the entertainment industry that launched the spread of eye makeup among the population at large. The application of cosmetics to the eye region in modern society sometimes serves the function of making particular groups of people stand out from the masses. As such, it is employed as a fashion statement that may be viewed as combining both the elements of aesthetics and theatrical performance. An example of this can be seen in recent [16A]Goth fashion, which integrates attributes popular in Victorian times into a modern look that portrays a dark, almost morbid, stylistic appearance. Goths imitate the somber appearance of famous actors such as Theda Bara, who often played the part of the femme fatale in early silent films. A peculiar feature of this subculture is the heavy use of dark eyeliner to set off the eyes from the very pale face indicative of Goth style. False eyelashes may be used to exaggerate the effect, and the look is often accompanied by the use of black dye in the hair and black fingernail polish, along with the wearing of black clothes.

또한 눈 화장은 영화의 한 요소였고 궁극적으로 예능 산업에 종사하는 화장한 배우들의 광범위한 인기 덕분에 일반 대중에게 눈 화장이 널리 퍼지기 시작하였다. 현대 사회에서 눈 부위에 화장품을 바르는 것은 때때로 특정 집단의 사람을 일반 대중으로부터 두드러지게 하는 기능을 한다. 그렇듯 눈 화장은 미학과 극장 공연의 요소를 모두 결합한 것으로 비춰질 수도 있는 패션 표현 방법으로 사용되었다. 이러한 예는 최근의 고딕 패션에서 찾아볼 수 있는데 [16A]이는 빅토리아기에 유행했던 특성을 어둡고 거의 병적인 양식적 모습을 묘사하는 현대적 모습으로 융합시킨다. 고딕 패션은 초기 무성 영화에서 종종 요부 역할을 맡았던 테다 바라와 같은 유명한 배우의 우울한 모습을 흉내낸다. 이 하위 문화의 독특한 특징은 고딕 양식을 나타내는 매우 창백한 얼굴에서 어두운 아이라이너를 짙게 사용하여 눈을 돋보이게 하는 것이다. 인조 속눈썹이 그 효과를 과장하기 위해 사용되기도 하며 종종 그 외관은 검정색 옷을 입고 머리를 검정색으로 염색하고 검정색 매니큐어를 사용하는 것을 수반한다.

단락6
일상적인 치장
수단이 된
눈 화장

6 Modern cosmetics such as eye shadow and mascara have transformed into a means of highlighting the eyes for everyday occasions. Applied on the eyelids or under the eyebrows, eye makeup draws in the observer and adds depth and dimension to the eye region. Moreover, it can be used to conceal wrinkles around the eyes, a practice that is believed to make a person appear younger and more attractive. Applying makeup to the face

아이섀도와 마스카라 같은 현대 화장품은 평소 때에 눈을 두드러지게 하는 수단으로 변형되었다. 눈꺼풀 위나 눈썹 밑에 칠하는 눈 화장은 보는 이를 유혹하며 눈 부위에 깊이와 차원을 더한다. 더욱이 눈 화장은 눈가의 주름을 감추기 위해 사용될 수 있는데, 이 관행은 사람을 더 어리고 매력적으로 보이게 한다고 믿어진다. 얼굴과 눈에 화장을 하는 것은 신체적 아름다움을 향상시키고자 시도하는 많

Vocabulary

4 prominent[prάmənənt] 두드러진 trendy[tréndi] 유행의 pigmentation[pìgməntéiʃən] 염색 glitter[glítər] 반짝이는 작은 장식
  sheen[ʃiːn] 광택 layperson[léipə̀ːrsn] 일반인

5 far-reaching[fὰːríːtʃiŋ] 광범위한 launch[lɔːntʃ] 시작하다 (=begin) at large 널리 일반에 application[æ̀pləkéiʃən] 바름, 적용
  cosmetics[kazmétiks] 화장품 stand out 두드러지다 mass[mæs] 일반 대중 (=crowd) statement[stéitmənt] 표현
  combine[kəmbáin] 결합시키다 (=unite) integrate[íntəgrèit] 융합하다 (=incorporate) attribute[ətríbjuːt] 속성 (=characteristic)
  morbid[mɔ́ːrbid] 병적인 somber[sámbər] 우울한 femme fatale 요부 peculiar[pikjúːljər] 독특한 (=distinct)
  subculture[sʌ́bkʌ̀ltʃər] 하위 문화 set off ~을 돋보이게 하다 indicative[indíkətiv] 나타내는 exaggerate[igzǽdʒərèit] 과장하다 (=embroider)
  accompany[əkʌ́mpəni] 수반하다

6 transform[trænsfɔ́ːrm] 변형시키다 (=change) highlight[háilàit] 두드러지게 하다 occasion[əkéiʒən] 때 draw in ~를 유혹하다
  dimension[diménʃən] 차원 conceal[kənsíːl] 감추다 (=hide)

and eyes has become a daily ritual across the globe among many women, and even some men, who seek to enhance their physical beauty.

은 여성과 심지어는 일부 남성 사이에서도 전 지구적인 일상 의례가 되었다.

Sentence Analysis

◉ Over time, / the practice was even incorporated into hieroglyphics / as the Eye of Horus, /
시간이 지남에 따라　　　　이러한 관행은 심지어 상형문자로 구체화되었다　　　　호루스의 눈으로

a hieroglyph / representing the Egyptian sky god / in the form of a falcon /
그 상형문자는　　　　이집트 천신을 나타낸다　　　　매의 형상을 한

who symbolized protection and power.
보호와 힘을 상징했던

◉ This was due, in part, to the necessity / of making the face visible / to a large audience, /
이것은 부분적으로는 필요 때문이었다　　　　얼굴을 잘 보이게 하려는　　　　많은 관객에게

but at the same time, / it was a means / to move away from realist facial appearances /
그러나 동시에　　　　그것은 수단이었다　　　　사실적인 얼굴 외양에서 벗어나기 위한

and convey a sense of the fantastic.
그리고 몽환적인 느낌을 전달하기 위한

Vocabulary

6 seek[siːk] 시도하다 (=attempt)　enhance[inhǽns] 향상시키다

11

According to paragraph 1, the evil eye is an element in traditional folklore representing the belief that

(A) sins all derive from the common root of jealousy
(B) covetous people can accidentally cause injury
(C) auspicious events can lead to disaster
(D) envy is a failing that cannot easily be prevented

1단락에 따르면, 악마의 눈은 _____라는 믿음을 나타내는 민간 전승의 한 요소이다.

(A) 죄는 모두 질투라는 일반적인 근원에서 비롯된다.
(B) 탐욕적인 사람은 뜻하지 않게 해를 끼칠 수 있다.
(C) 행운의 사건이 재앙이 될 수 있다.
(D) 질투는 쉽게 막을 수 없는 약점이다.

Fact 문제의 키워드 the evil eye is an element in traditional folklore(악마의 눈은 민간 전승의 한 요소이다)와 같은 의미인 The "evil eye" is an element of many folklore traditions('악마의 눈'은 많은 민간 전승의 한 요소이다)가 언급된 부분의 주변을 지문에서 살펴보면, According to many legends, a person who is envious can unintentionally harm another(다수의 전설에 따르면, 질투하는 사람은 누군가에게 무심코 해를 끼칠 수 있다고 한다)라는 것을 알 수 있다. 따라서 보기 (B)는 지문의 내용과 일치하므로 정답이다.

12

Why does the author mention "the Eye of Horus" in paragraph 2?

(A) To provide an example of how the practice of wearing makeup was documented
(B) To illustrate the profound impact that the belief in the evil eye had on Egyptian culture
(C) To demonstrate one method employed by the Egyptians to shield them from an envious glance
(D) To show how hieroglyphics represent features of daily life in Ancient Egypt

2단락에서 글쓴이는 왜 "the Eye of Horus"를 언급하는가?

(A) 화장을 하는 관습이 어떻게 기록되었는지 예를 보여주기 위해
(B) 악마의 눈에 대한 믿음이 이집트 문화에 끼친 깊은 영향력을 설명하기 위해
(C) 이집트인이 질투의 시선으로부터 자신을 방어하기 위해 사용한 한 가지 방법을 입증하기 위해
(D) 상형문자가 고대 이집트 일상 생활의 특징을 어떻게 나타내는지 보여주기 위해

Rhetorical Purpose 음영 문구 the Eye of Horus(호루스의 눈)가 언급된 문장을 살펴보면, Over time, the practice was even incorporated into hieroglyphics as the Eye of Horus, a hieroglyph representing the Egyptian sky god(시간이 지남에 따라, 이러한 관습은 심지어 상형문자의 호루스의 눈으로 구체화되었는데, 이는 이집트 천신을 나타내는 상형문자였다)이라고 언급했다. 즉, 악마의 눈에 대한 방어 수단으로 눈에 칠을 하던 관습이 심지어 이집트 천신을 나타내는 상형문자에까지 호루스의 눈으로 적용된 것이므로, the Eye of Horus는 악마의 눈에 대한 믿음이 이집트 문화에 끼친 깊은 영향력을 설명하기 위해 언급되었다. 따라서 정답은 (B)이다.

13

According to paragraph 3, which of the following is true about lampblack in Ancient Greece?

(A) It was used as makeup and also to decorate pottery.
(B) It was borrowed from the Egyptians and changed to suit local needs.
(C) It was applied as a component in superstitious practices.
(D) It was used in apotropaic rituals for curing certain illnesses.

3단락에 따르면, 다음 중 고대 그리스의 유연에 대해 사실인 것은?

(A) 화장으로 사용되었고 또한 도자기를 장식하기 위해 사용되었다.
(B) 이집트인에게서 차용하여 지역의 필요에 맞추기 위해 바뀌었다.
(C) 미신적인 관행의 구성요소로 적용되었다.
(D) 특정 질병을 치유하는 액땜 의식에서 사용되었다.

Fact 문제의 키워드 lampblack in Ancient Greece(고대 그리스의 유연)와 같은 의미인 In Ancient Greece ~ lampblack(고대 그리스에서 유연)이 언급된 부분을 지문에서 살펴보면, In Ancient Greece, the use of cosmetics around the eye developed ~ as a form of apotropaic magic ~ to ward off evil. Both men and women lined their eyes with lampblack ~ as a superstition(고대 그리스에서는 눈 주위에 화장품을 사용하는 것이 불운을 피하기 위한 액막이 주술 형태로 발전했다. 미신적 행위로서 남녀 모두 유연으로 눈에 선을 그렸다)이라는 것을 알 수 있다. 따라서 보기 (C)는 지문의 내용과 일치하므로 정답이다.

14

According to paragraph 4, the use of masks on stage in Mediterranean cultures achieved all of the following EXCEPT

(A) exaggerating the features of prototypical characters
(B) expressing the face in an extraordinary way
(C) improving actors' ability to be seen
(D) encouraging active audience participation

4단락에 따르면, 다음 중 지중해 문화에서 무대 위의 가면 사용이 성취한 것이 아닌 것은?

(A) 전형적인 인물의 특징을 과장하는 것
(B) 얼굴을 색다른 방식으로 표현하는 것
(C) 배우가 눈에 띄게 하는 능력을 향상시키는 것
(D) 적극적인 관객 참여를 유도하는 것

Negative Fact 문제의 키워드 the use of masks on stage(무대 위의 가면 사용)와 같은 의미인 actors employed masks(배우들은 가면을 사용하였다)가 언급된 부분의 주변을 지문에서 살펴보면 다음을 알 수 있다.
보기 (A)는 지문의 symbolize archetypical characters(전형적인 인물을 나타내다)와 일치한다.
보기 (B)는 지문의 move away from realist facial appearances(사실적인 얼굴 외양에서 벗어나다)와 일치한다.
보기 (C)는 지문의 making the face visible to a large audience(많은 관객에게 얼굴을 잘 보이게 하다)와 일치한다.
따라서 보기 (A), (B), (C)는 지문의 내용과 일치하므로 오답이다. 그러나 보기 (D)는 지문에 언급되지 않은 내용이므로 정답이다.

15

The word "prominent" in the passage is closest in meaning to

(A) considerable
(B) conspicuous
(C) unmistakable
(D) darkened

지문의 단어 "prominent"와 의미상 가장 유사한 것은?

(A) 상당한
(B) 눈에 잘 띄는
(C) 틀림없는
(D) 검게 된

Vocabulary 지문의 prominent(두드러진)는 conspicuous(눈에 잘 띄는)와 동의어이므로 정답은 (B)이다.

16

According to the passage, what can be inferred about Goth fashion?

(A) It is closely based upon the style of a particular historical period.
(B) It is a subversive reaction to trends in the fashion industry.
(C) It was initially created as a movement among screen actors.
(D) It was introduced to popular culture through Victorian era films.

지문에 따르면, 고딕 패션에 대해 추론할 수 있는 것은?

(A) 특정 역사 시대의 양식에 밀접한 기반을 두고 있다.
(B) 패션 산업의 경향에 대한 파괴적인 반응이다.
(C) 처음에는 영화 배우들 사이에서 조직적인 운동으로 형성되었다.
(D) 빅토리아 시대 영화를 통해 대중 문화에 소개되었다.

Inference 문제의 키워드 Goth fashion(고딕 패션)이 언급된 부분인 5단락을 살펴보면, Goth fashion, which integrates attributes popular in Victorian times into a modern look(고딕 패션은 빅토리아기에 유행했던 특성을 현대적 모습으로 융합시킨다)라고 언급했다.
즉, 고딕 패션은 빅토리아기라는 특정 역사 시대의 양식에 기반을 두고 있음을 추론할 수 있다. 따라서 정답은 (A)이다.

17

Which of the sentences below best expresses the essential information in the highlighted sentence in the passage? *Incorrect* choices change the meaning in important ways or leave out essential information.

(A) The extension of eye cosmetics to the overall population mainly resulted from the influence of popular entertainers.

(B) Although eye makeup was frequently used in movies, it was not until people in the entertainment industry distributed it to the population at large that it spread.

(C) The popularity of movies made it possible for many people to learn about makeup, which ultimately led to its use among the majority of the population.

(D) Eye cosmetics factored in the popularity of entertainers, helping to launch their careers and spread eye makeup among the public.

아래 문장 중 지문 속의 음영 표시된 문장의 핵심 정보를 가장 잘 표현하고 있는 것은 무엇인가? 오답은 문장의 의미를 현저히 바꾸거나 핵심 정보를 빠뜨리고 있다.

(A) 눈 화장이 일반 대중에게 확장된 것은 주로 인기 있는 연예인의 영향 덕분이다.

(B) 눈 화장은 주로 영화에 사용되었지만 예능 산업에 종사하는 사람들이 일반 대중에게 유포하고서야 널리 퍼지게 되었다.

(C) 영화의 인기는 많은 사람들이 화장에 대해 배울 수 있게 하였고 궁극적으로는 대부분의 대중 사이에서 화장이 사용되게 했다.

(D) 눈 화장품은 연예인의 인기 요인이었으며 그들이 일을 시작할 수 있게 했고 눈 화장이 대중에 퍼져나가게 했다.

Sentence Simplification 음영 표시된 문장의 핵심 정보는 it was the far-reaching popularity of makeup-wearing performers in the entertainment industry that launched the spread of eye makeup among the population at large(예능 산업에 종사하는 화장한 배우들의 광범위한 인기 덕분에 일반 대중에게 눈 화장이 널리 퍼지기 시작하였다)이다. it was the far-reaching popularity of makeup-wearing performers in the entertainment industry that(예능 산업에 종사하는 화장한 배우들의 광범위한 인기 덕분이었다)을 mainly resulted from the influence of popular entertainers(주로 인기 있는 연예인의 영향 덕분이다)로, launched the spread of eye makeup among the population at large(일반 대중에게 눈 화장이 널리 퍼지기 시작하였다)를 The extension of eye cosmetics to the overall population(눈 화장이 일반 대중에게 확장된 것)으로 간략하게 바꾸어 표현한 보기 (A)가 정답이다.

18

The word "enhance" in the passage is closest in meaning to

(A) rectify
(B) improve
(C) extend
(D) accept

지문의 단어 "enhance"와 의미상 가장 유사한 것은?

(A) 개정하다
(B) 개선하다
(C) 확장하다
(D) 받아들이다

Vocabulary 지문의 enhance(향상시키다)는 improve(개선하다)와 동의어이므로 정답은 (B)이다.

19

Look at the four squares [■] that indicate where the following sentence could be added to the passage.

The typical concoction included some combination of copper, ash, lead, and ocher, a yellow-brown pigment derived from iron oxide.

Where would the sentence best fit? 2nd ■

Insertion 삽입 문장에서 정답의 단서는 The typical concoction(전형적인 조합)으로, 두 번째 ■ 앞에서 언급된 kohl, a mixture of soot and minerals(검댕과 광물을 섞은 화장먹)를 가리킨다. 두 번째 ■에 삽입 문장을 넣어보면, 악마의 눈에 대한 방어 수단으로 검댕과 광물을 섞은 화장먹을 눈에 칠했는데, 그 조합은 구리, 재, 납, 황토를 혼합한 것의 일부를 포함했다는 내용이 되어 글의 흐름이 자연스럽다. 따라서 정답은 두 번째 ■이다.

20

Directions: An introductory sentence for a brief summary of the passage is provided below. Complete the summary by selecting the THREE answer choices that express the most important ideas in the passage. Some sentences do not belong in the summary because they express ideas that are not presented in the passage or are minor ideas in the passage. **This question is worth 2 points.**

> **The use of eye makeup arose from folklore beliefs and over time was extended to a broad sector of society.**
>
> - (A) The spiritual use of eye makeup was appropriated by some cultures as protection against detrimental influences.
> - (C) The functional use of eye cosmetics in the modern world evolved to include both trendsetting styles and everyday glamour.
> - (E) The practice of wearing eye makeup was adopted into theatrical customs and later mimicked by socialites.

(B) The propensity for wearing makeup only for pleasure occurred for the first time in the modern era.

(D) Kohl was used to draw thick, dark lines around the upper and lower lids, resulting in a blackened eye area that could protect against the covetous looks of others.

(F) In addition to makeup, some people have used additional elements such as false eyelashes to heighten the visual effect.

Summary 지문의 중심 내용은 눈 화장의 역사이다. 보기 (A)는 2~3단락의 중심 내용인 눈 화장의 기원과 일치하고, 보기 (C)는 5~6단락의 중심 내용인 일상적인 치장 수단이 된 눈 화장과 일치하며, 보기 (E)는 4단락의 중심 내용인 무대에서 사용된 눈 화장과 일치한다. 따라서 정답은 (A), (C), (E)이다.

TEST 06 지문의 단어 중 토플 필수 단어를 선별하여 정리하였습니다. 고득점을 위해 단어암기 음성파일을 들으며 꼭 암기하세요.

* 해커스 동영상강의 포털 해커스인강(HackersIngang.com)에서 단어암기 음성파일을 무료로 다운로드할 수 있습니다.

☐ diverse[divə́ːrs] 다양한 (=various)	☐ envious[énviəs] 질투하는
☐ confidant[kánfidæ̀nt] 믿을 만한 사람	☐ unintentionally[ʌ̀ninténʃənli] 무심코 (=accidentally)
☐ garner[gáːrnər] 얻다, 모으다	☐ gaze[geiz] 응시하다 (=pore)
☐ parliamentary[pàːrləméntəri] 의회의	☐ concoction[kɑnkákʃən] 조합
☐ hereditary[hərédətèri] 세습의	☐ pigment[pígmənt] 안료 (=dye)
☐ constituency[kənstítʃuənsi] 선거구	☐ observance[əbzə́ːrvəns] 행사
☐ dissipate[dísəpèit] 흩어져 없어지다	☐ ward off 피하다
☐ afford[əfɔ́ːrd] 주다	☐ uncover[ʌ̀nkʌ́vər] 발굴하다
☐ disproportionate[dìsprəpɔ́ːrʃənət] 불균형의	☐ vessel[vésəl] 용기, 그릇 (=receptacle)
☐ bribery[bráibəri] 뇌물 수수	☐ ingest[indʒést] 섭취하다 (=take in)
☐ rampant[rǽmpənt] 만연하는	☐ facet[fǽsit] 방면
☐ bestow[bistóu] 주다	☐ employ[implɔ́i] 사용하다 (=use)
☐ proffer[práfər] 제의하다 (=offer)	☐ archetypical[àːrkitípikəl] 전형적인
☐ handsome[hǽnsəm] 상당한	☐ intensify[inténsəfài] 강화시키다
☐ pre-ordained[prìːɔːrdéind] 미리 정해진	☐ convey[kənvéi] 전달하다 (=transmit)
☐ consensus[kənsénsəs] 합의	☐ entrenched[intréntʃt] 굳게 확립된
☐ exacerbate[igzǽsərbèit] 악화시키다 (=aggravate)	☐ far-reaching[fàːríːtʃiŋ] 광범위한
☐ ascertain[æ̀sərtéin] 확인하다 (=find out)	☐ launch[lɔːntʃ] 시작하다 (=begin)
☐ petition[pitíʃən] 탄원서; 탄원하다 (=appeal)	☐ attribute[ətríbjuːt] 속성 (=characteristic)
☐ foster[fɔ́ːstər] 촉진하다	☐ morbid[mɔ́ːrbid] 병적인
☐ precursor[prikə́ːrsər] 전조	☐ somber[sámbər] 우울한
☐ aggregate[ǽgrigət] 집합	☐ peculiar[pikjúːljər] 독특한 (=distinct)
☐ suffrage[sʌ́fridʒ] 투표	☐ set off ~을 돋보이게 하다
☐ sin[siːn] 죄	☐ exaggerate[igzǽdʒərèit] 과장하다 (=embroider)
☐ covet[kʌ́vit] 탐내다	☐ seek[siːk] 시도하다 (=attempt)

Quiz

각 단어의 알맞은 뜻을 찾아 연결하시오.

01 archetypical	ⓐ 전형적인
02 foster	ⓑ 불균형의
03 disproportionate	ⓒ 흩어져 없어지다
04 dissipate	ⓓ 조합
05 concoction	ⓔ 촉진하다
	ⓕ 확인하다
	ⓖ 다양한

각 단어의 알맞은 동의어를 찾아 연결하시오.

06 seek	ⓐ characteristic
07 unintentionally	ⓑ begin
08 attribute	ⓒ distinct
09 convey	ⓓ attempt
10 peculiar	ⓔ transmit
	ⓕ take in
	ⓖ accidentally

01 ⓐ 02 ⓔ 03 ⓑ 04 ⓒ 05 ⓓ 06 ⓓ 07 ⓖ 08 ⓐ 09 ⓔ 10 ⓒ

HACKERS TOEFL ACTUAL TEST READING

TEST 07

SELF-CHECK LIST

ANSWER KEYS & 취약 유형 분석표

해석 · 해설

VOCABULARY LIST

SELF-CHECK LIST

이번 테스트는 어땠나요?
다음 체크리스트로 자신의 테스트 진행 내용을 점검해 볼까요?

---

1 나는 36분 동안 완전히 테스트에 집중하였다. ☐ Yes ☐ No
  집중하지 못했다면, 그 이유는?

2 나는 주어진 36분 동안 20문제를 모두 풀었다. ☐ Yes ☐ No
  문제를 모두 풀지 못했다면, 그 이유는?

3 유난히 어렵게 느껴지는 지문이 있었다. ☐ Yes ☐ No
  있었다면, 어려웠던 지문과 그 이유는? (글의 주제, 글의 흐름, 문법, 어휘 등)

4 유난히 어렵게 느껴지는 문제가 있었다. ☐ Yes ☐ No
  있었다면, 어려웠던 문제의 유형과 그 이유는?

5 이전 테스트에서 발견된 문제점이 모두 개선되었다. ☐ Yes ☐ No
  개선되지 않았다면, 그 이유는?

6 개선해야 할 점과 이를 위한 구체적인 학습 계획

ANSWER KEYS & 취약 유형 분석표

01 (D) Vocabulary	11 (B) Fact
02 (D) Inference	12 (B) Fact
03 (A) Fact	13 (A) Rhetorical Purpose
04 (C) Vocabulary	14 (C) Fact
05 (B), (D) Fact	15 (B) Vocabulary
06 (C) Rhetorical Purpose	16 (C) Inference
07 (D) Sentence Simplification	17 (D) Fact
08 (B) Fact	18 (C) Reference
09 3rd ■ Insertion	19 4th ■ Insertion
10 (A), (D), (E) Summary	20 (A), (C), (E) Summary

■ 각 문제 유형별 맞힌 개수를 아래에 적어 보세요.

문제 유형	맞힌 답의 개수
Sentence Simplification	/ 1
Fact & Negative Fact	/ 7
Vocabulary	/ 3
Reference	/ 1
Rhetorical Purpose	/ 2
Inference	/ 2
Insertion	/ 2
Summary	/ 2
Total	**/20**

* 자신이 취약한 유형은 READING STRATEGIES(p.22)를 통해 다시 한번 점검하시기 바랍니다.

Groundwater | 지하수

INTRO	단락 1	지하수 소개
	단락 2	
POINT 1	단락 3	지하수의 함양과 흐름
	단락 4	
POINT 2	단락 5	지하수 방출
POINT 3	단락 6	인간의 지하수 사용
	단락 7	

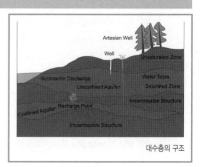

대수층의 구조

INTRO
단락 1
지하수의
큰 부피

1 Under the surface of the planet exists an abundant supply of moisture that permeates both soil and rock formations and can be found in almost any ecosystem, including deserts, mountains, and plains, among others. The total volume of groundwater is estimated to be over 100 times greater than that of all surface streams, rivers, and lakes combined—second only to icecaps and glaciers in total fresh water volume.

지구 표면 밑에는 토양과 암석층 모두에 스며든 풍부한 수분 공급원이 존재하는데 사막, 산, 그리고 평지를 비롯한 거의 모든 생태계에서 발견될 수 있다. 지하수의 총 부피는 지표의 시내, 강, 호수의 부피를 모두 합한 것보다 100배 이상 큰 것으로 추정되며, 이는 총 담수 부피에 있어 만년설과 빙하에 버금가는 것이다.

단락 2
지하수의
함양 과정

2 Groundwater occurs anywhere below the surface where soil and rock are completely saturated with water. The top of this saturated zone is referred to as the water table, immediately above which is a region of unsaturated rock situated below the soil layer where the roots of plants grow. [02D]The unsaturated earth zone represents the main gateway for precipitation and melting snow to enter the soil and percolate slowly toward the water table, a process known as groundwater recharge.

지하수는 지표 밑 토양과 암석이 물로 완전히 포화된 곳이라면 어디에서든지 발견된다. 이 포화대의 윗면은 지하수면이라고 불리며, 이 바로 위에는 식물의 뿌리가 자라는 토양층 아래 위치한 불포화대가 존재한다. [02D]이 불포화대는 강수와 눈 녹은 물이 토양층에 들어가 지하수면 쪽으로 서서히 스며드는 주요 통로에 해당하는데, 이 과정을 지하수 함양이라고 한다.

POINT 1
단락 3
지하수의
수직적 흐름

3 As water from the surface enters the subsurface rock, the pace of its movement is greatly determined by the geological

지표수가 지표 아래의 암석으로 침투하면서, 물의 이동 속도는 물이 접촉하는 물질의 지질 구조에 의

Vocabulary

1 **abundant**[əbʌ́ndənt] 풍부한   **permeate**[pə́ːrmièit] 스며들다, 침투하다 (=penetrate)   **ecosystem**[ékousìstəm] 생태계
  second only to ~에 버금가는   **icecap**[áiskæ̀p] 만년설   **glacier**[gléiʃər] 빙하
2 **saturate**[sǽtʃərèit] 포화시키다 (=soak)   **water table** 지하수면   **immediately**[imíːdiətli] 바로 (=directly)   **situated**[sítʃuèitid] 위치한
  gateway[géitwèi] 통로   **precipitation**[prisìpətéiʃən] 강수   **melt**[melt] 녹다   **percolate**[pə́ːrkəlèit] 스며들다
  recharge[riːtʃɑ́ːrdʒ] 함양
3 **subsurface**[sʌbsə́ːrfəs] 지표 아래의   **pace**[peis] 속도   **determine**[ditə́ːrmin] 결정하다   **geological**[dʒìːəládʒikəl] 지질학상의

composition of the materials it encounters. The ease with which water can move through pore spaces or rock fractures is known as hydraulic conductivity. [03A]Sand, gravel, and porous limestone formations tend to allow water to flow relatively unimpeded, as moisture is drawn down vertically in the direction of the Earth's core by the force of gravity. Alternatively, [03A]percolating water may come up against firmly packed clay or granite, which can be virtually impervious. The permeability of strata closer to the Earth's core is generally low as the weight from the rocks above compresses them, making deeper bedrock layers increasingly dense; therefore, most of the groundwater on Earth is located in crevices in the upper layer of bedrock, within a few kilometers of the surface. Once its vertical movement is stopped, the water must either remain stationary or move horizontally.

단락 4
피압대수층과 불압대수층

4 Groundwater that moves horizontally sometimes encounters other porous strata, which results in additional vertical movement. In such cases, groundwater may eventually move so deep that it remains in the subterranean environment for thousands of years. Impediment to groundwater movement can result when water enters a confined aquifer, a water-bearing stratum restricted by an impermeable geological formation called an aquitard. The only porous layer of confined aquifers occurs at the recharge zone, which is the area where the groundwater enters the confining structure, and this also provides the only possible point of exit. Large bodies of water in the saturated zone that flow with relative ease are known as unconfined aquifers, and the measure of how much water can move through an aquifer horizontally—aquifer transmissivity—fluctuates according to rising and falling water table levels. The volumetric flow rate—for example, cubic meters per second—ultimately determines the rate of discharge.

POINT 2
단락 5
지하수의 자연적인 유출

5 Much of the groundwater in the saturated zone will eventually resurface at natural discharge points, most commonly occurring as seepage into swamps, lakes, and streams. Above-ground

해 크게 영향을 받는다. 물이 작은 구멍이나 암석의 갈라진 틈 사이로 얼마나 잘 이동할 수 있는가를 수리전도도라고 한다. [03A]모래, 자갈, 다공질 석회암층은 물이 비교적 방해받지 않고 흐르도록 하고, 물은 중력에 의해 지구 중심부 방향으로 수직으로 끌어내려진다. 반면, [03A]스며든 물은 단단히 밀집된 진흙이나 화강암을 만날 수도 있는데, 이들은 물을 거의 통과시키지 않는다. 지구 중심부에 가까운 지층의 침투성은 일반적으로 낮은데, 이는 위에 있는 암석의 무게가 이 지층을 눌러 더 깊은 곳에 있는 암반층일수록 더욱더 밀도가 높게 만들기 때문이다. 따라서 지구 지하수의 대부분은 지표에서 몇 킬로미터 내에 있는 암반 상층의 갈라진 틈에 위치한다. 일단 수직 이동이 멈추면 물은 정지한 상태로 있거나 수평으로 이동해야 한다.

수평으로 이동하는 지하수는 때때로 다른 다공질 지층을 만나 추가적인 수직 이동을 한다. 그런 경우에 지하수는 결국 너무 깊이 들어가서 수천 년 동안 그 지하 환경에 남아 있을지도 모른다. 반대수층이라 불리는 불침투성의 지층에 막혀 물을 함유하고 있는 지층인 피압대수층에 물이 들어가면 지하수의 이동에 장애가 생길 수 있다. 피압대수층의 유일한 다공질 지층은 함양 지대에 있는데, 이곳은 지하수가 피압 구조로 들어가는 지역이며, 또한 지하수가 빠져나올 수 있는 유일한 지점이기도 하다. 포화대의 비교적 잘 흐르는 대량의 물은 불압대수층이라고 알려져 있으며, 얼마나 많은 물이 대수층을 통해 수평으로 이동할 수 있는지 재는 척도, 즉 대수층 투과율은 지하 수면의 높고 낮음에 따라 변화한다. 이러한 체적 유량률 – 예를 들어 초당 1세제곱미터와 같은 – 이 최종적으로 방출률을 결정한다.

포화대에 있는 지하수의 대부분은 결국 자연적인 방출 지점에서 다시 지표 위로 솟아오르는데, 대개 늪, 호수, 시내로 누출된다. 지상의 샘과 간헐 온천

Vocabulary

3 pore[pɔːr] 구멍   fracture[fræktʃər] 갈라진 틈   hydraulic conductivity 수리전도도   gravel[grǽvəl] 자갈   unimpeded[Ànimpíːdid] 방해받지 않는
granite[grǽnit] 화강암   impervious[impə́ːrviəs] 통과시키지 않는, 불침투성의 (=impenetrable)   stratum[stréitəm] 지층   compress[kəmprés] 누르다
bedrock[bédràk] 암반   dense[dens] 밀도가 높은   crevice[krévis] 갈라진 틈   stationary[stéiʃənèri] 정지한 (=unmoving)

4 subterranean[sÀbtəréiniən] 지하의 (=underground)   impediment[impédəmənt] 장애   confined aquifer 피압대수층
aquitard[ǽkwətaːrd] 반대수층   impermeable[impə́ːrmiəbl] 불침투성의   unconfined aquifer 불압대수층
transmissivity[trænsmisívəti] 투과율   volumetric flow rate 체적 유량률   discharge[distʃáːrdʒ] 방출

5 seepage[síːpidʒ] 누출

springs and geysers represent visible points of groundwater discharge, and [05B/05D]the flow of discharge is continuous as long as sufficient groundwater is present and the water table is at a higher elevation than the discharge point. Long-term flow is possible if the local rate of outflow is balanced with the rate of recharge. In the case of geysers, groundwater surfaces intermittently as it is heated to the boiling point under significant pressure by geothermal activity. Additionally, some terrestrial groundwater exits directly into the sea. In this submarine form of groundwater effluence, [06C]the oscillating ebb and flow of tides allows some seawater intrusion, creating pockets of brackish groundwater in coastal and estuarine aquifers.

POINT 3
단락 6
인간에 의한
지하수 유출

6 Not all discharge points are natural; some groundwater outflows are a direct result of human activity and consumption. The extraction of groundwater from aquifers is an important source of moisture for the communities that border them, and they are continually exploited for a wide range of uses. Access to groundwater is accomplished through the construction of wells. In some confined aquifers, the enclosure of the formation generates a high level of hydraulic pressure, exceeding that which is required to bring the liquid to the surface. As a result, when these aquifers are accessed by drilling, groundwater will often gush through the opening without the need to use pumps to raise the water level, creating what is known as an artesian well. On the other hand, drilling into an unconfined aquifer produces a well with a water level equal to that of the water table. ■ Often, a single deposit of groundwater can service the agricultural, industrial, recreational, and domestic needs of an entire population, particularly if it is located in an arid or semi-arid climate poor in surface water resources. ■

단락 7
지하수 유출에
대한 우려 및
해결 방안

7 One such example, found in southern Texas, is the Edwards Aquifer, which is the primary source of water for a population of over two million people, and was responsible for making the initial settlement of the region feasible. ■ **Without it, the number of**

은 명백한 지하수 방출 지점에 해당하는데, [05B/05D]충분한 지하수가 존재하고 지하수면이 방출 지점보다 높이 있는 한 방출은 지속된다. 장기적 흐름은 지역 유출률이 지하수 함양률과 균형을 이룰 때 가능하다. 간헐 온천의 경우, 지하수가 지열운동 때문에 상당한 압력으로 끓는점까지 가열되면서 간헐적으로 솟아오른다. 그 외에 일부 육상 지하수는 바다로 곧장 흘러 들어간다. 이러한 지하수의 해저 유출에서, [06C]주기적인 조수간만은 해수가 침투하게 하여 연안과 강어귀 대수층에 소금기가 있는 지하수 지대가 생기게 한다.

모든 방출 지점이 자연발생적인 것은 아니다. 일부 지하수 유출은 인간 활동과 소비의 직접적인 결과이다. 대수층으로부터의 지하수 추출은 대수층과 인접한 지역 사회에 물을 공급하는 중요 원천으로, 다양한 용도로 지속적으로 개발되고 있다. 지하수에 대한 접근은 우물을 건설하여 이뤄진다. 일부 피압대수층에서는 층이 둘러싸여 있어서 높은 수압이 발생하는데, 이는 지표로 물을 끌어올리기에 필요한 수준을 넘어선다. 그 결과, 이러한 대수층에 구멍을 뚫어 접근하면, 수위를 높이기 위해 펌프를 사용하지 않아도 종종 지하수가 그 구멍을 통해 세차게 흘러나와 자분정이라고 알려진 우물을 생성한다. 반면에, 불압대수층에 구멍을 뚫는 것은 지하 수면과 수위가 같은 우물을 만들어낸다. 종종 하나의 지하수원이 지역 전체의 농업, 산업, 휴양지와 가정의 수요를 충족시킬 수 있는데, 그 지하수 층이 지표의 수자원이 부족한 건조 기후나 반건조 기후에 위치하고 있을 경우에 특히 그러하다.

그러한 예 중 하나가 텍사스 남부에 있는 Edwards 대수층인데, 이는 2백만 명이 넘는 인구에게 물을 공급하는 주요 원천으로, 그 지역의 초기 정착을 가능하게 했다. 그것이 없었다면, 그 지역에 살고 있는

Vocabulary

5 elevation[èləvéiʃən] 높이   outflow[áutflòu] 유출량   intermittently[ìntərmítntli] 간헐적으로   geothermal[dʒìːouθə́ːrməl] 지열의
terrestrial[təréstriəl] 육지의 (=earthly)   submarine[sʌ̀bməríːn] 해저의 (=underwater)   effluence[éfluəns] 유출   oscillate[ásəlèit] 왕복하다
the ebb and flow of tides 조수간만   pocket[pákit] 골짜기   brackish[brǽkiʃ] 소금기가 있는   estuarine[éstʃuəràin] 강어귀에 생긴
6 extraction[ikstrǽkʃən] 추출   exploit[iksplɔ́it] 개발하다   hydraulic[haidrɔ́ːlik] 수압의   gush[gʌʃ] 세차게 흘러나오다
artesian well 자분정(지하수가 수압에 의해 저절로 솟아 나오는 샘)
7 feasible[fíːzəbl] 가능성 있는

residents living in the region would be significantly lower. [08B]Concerns over its usage have arisen, however, as extraction rates are estimated to be double the recharge rate, and the growing recognition of the delicate nature of the aquifer has resulted in the implementation of programs intended to assure that the exploitation of the resource is conducted in a manner that is sustainable. ■

주민의 수는 상당히 적었을 것이다. 그러나 [08B]지하수 방출률이 함양률의 2배인 것으로 추정되면서 이 대수층의 이용에 관한 우려가 생겼으며, 대수층의 손상되기 쉬운 본질에 대한 인식 증가는 이 지하수 자원 개발이 지속 가능한 방향으로 진행되도록 보장하기 위한 프로그램이 실행되게 했다.

Sentence Analysis

◉ The permeability of strata closer to the Earth's core / is generally low / as the weight from the
지구 중심부에 가까운 지층의 침투성은 　　　　일반적으로 낮다

rocks above compresses them, / making deeper bedrock layers increasingly dense; /
위에 있는 암석의 무게가 이 지층을 눌러　　더 깊은 곳에 있는 암반층일수록 더욱더 밀도가 높게 만들기 때문이다

therefore, most of the groundwater on Earth / is located in crevices in the upper layer of bedrock, /
따라서 지구 지하수의 대부분은 　　　　　　　암반 상층의 갈라진 틈에 위치한다

within a few kilometers of the surface.
지표에서 몇 킬로미터 내에 있는

◉ Concerns over its usage / have arisen, / however, / as extraction rates are estimated /
그것의 이용에 관한 우려가　　생겼다　　그러나　　지하수 방출률이 추정되면서

to be double the recharge rate, / and the growing recognition / of the delicate nature of the aquifer /
함양률의 2배인 것으로　　　　그리고 인식 증가는　　　　대수층의 손상되기 쉬운 본질에 대한

has resulted in the implementation of programs / intended to assure /
프로그램의 실행을 초래했다　　　　　　　보장하기 위한

that the exploitation of the resource / is conducted / in a manner that is sustainable.
이 지하수 자원 개발이　　　　　　진행되도록　　　지속 가능한 방향으로

Vocabulary

7 recognition[rèkəgníʃən] 인식　delicate[délikət] 손상되기 쉬운 (=fragile)　implementation[impləməntéiʃən] 실행
assure[əʃúər] 보장하다　conduct[kəndʌ́kt] 실행하다　sustainable[səstéinəbl] 지속 가능한

01

The word "**abundant**" in the passage is closest in meaning to

(A) scarce
(B) reachable
(C) unlimited
(D) plentiful

지문의 단어 "**abundant**"와 의미상 가장 유사한 것은?

(A) 부족한
(B) 도달할 수 있는
(C) 무제한의
(D) 풍부한

Vocabulary 지문의 abundant(풍부한)는 plentiful(풍부한)과 동의어이므로 정답은 (D)이다.

02

According to paragraph 2, which of the following can be inferred about the unsaturated region?

(A) It has a very high water retention capacity.
(B) It is too deep for the roots of plants to penetrate.
(C) It transports soil and rocks away from the surface.
(D) It is wettest right after periods of heavy precipitation.

2단락에 따르면, 다음 중 불포화 지역에 대해 추론할 수 있는 것은?

(A) 물 보존 능력이 매우 높다.
(B) 식물의 뿌리가 뚫기에는 너무 깊다.
(C) 표면으로부터 토양과 암석을 이동시킨다.
(D) 비가 많이 내린 직후에 가장 흠뻑 젖어 있다.

Inference 2단락에서 문제의 키워드 the unsaturated region(불포화 지역)과 같은 의미인 The unsaturated earth zone(불포화대)이 언급된 부분을 살펴보면, The unsaturated earth zone represents the main gateway for precipitation and melting snow to enter the soil and percolate slowly toward the water table(이 불포화대는 강수와 눈 녹은 물이 토양층에 들어가 지하수면 쪽으로 서서히 스며드는 주요 통로에 해당한다)이라고 언급했다. 즉, 강수는 불포화대를 통해 지하수면 쪽으로 서서히 스며든다고 하였으므로 불포화대는 강수가 완전히 지하수면으로 빠져나가기 전인 비가 내린 직후에 가장 흠뻑 젖어 있다는 것을 추론할 수 있다. 따라서 정답은 (D)이다.

03

According to paragraph 3, the pace of the movement of subsurface water is affected by the materials it encounters because

(A) geological formations have varying degrees of porosity
(B) gravity becomes stronger in strata near the Earth's core
(C) pore spaces in rock only allow for vertical infiltration
(D) crevices near the surface are constantly changing

3단락에 따르면, 지표 아래 물의 이동 속도는 _____ 때문에 물이 접촉하는 물질에 의해 영향을 받는다.

(A) 지층이 다양한 다공도를 가지기 때문에
(B) 중력이 지구 중심부 근처 지층에서 더 강해지기 때문에
(C) 암석의 구멍이 수직적 침투만을 허용하기 때문에
(D) 지표면 근처의 갈라진 틈이 지속적으로 변하기 때문에

Fact 문제의 키워드 the pace of the movement of subsurface water(지표 아래 물의 이동 속도)와 같은 의미인 the pace of its movement(물의 이동 속도)가 언급된 부분의 주변을 지문에서 살펴보면, Sand, gravel, and porous limestone formations tend to allow water to flow relatively unimpeded(모래, 자갈, 다공질 석회암층은 물이 비교적 방해받지 않고 흐르도록 한다)라고 했고, percolating water may come up against firmly packed clay or granite, which can be virtually impervious(스며든 물은 단단히 밀집된 진흙이나 화강암을 만날 수도 있는데, 이들은 물을 거의 통과시키지 않는다)라고 했다. 즉, 지층에 따라 다양한 다공도를 가지기 때문에 물의 이동 속도가 영향을 받는다는 것을 알 수 있다. 따라서 보기 (A)는 지문의 내용과 일치하므로 정답이다.

04

The word "Impediment" in the passage is closest in meaning to

(A) Relation
(B) Propulsion
(C) Obstruction
(D) Emission

지문의 단어 "Impediment"와 의미상 가장 유사한 것은?

(A) 관계
(B) 추진
(C) 장애
(D) 방출

Vocabulary 지문의 Impediment(장애)는 Obstruction(장애)과 동의어이므로 정답은 (C)이다.

05

Select the TWO answer choices in paragraph 5 that describe necessary conditions for groundwater to move continuously from below ground to the surface environment. **To receive credit, you must select TWO answers.**

(A) The presence of bodies of water
(B) A plentiful groundwater supply
(C) A visible discharge point above the surface
(D) A discharge point below the water table

5단락에서 지하수가 지하로부터 표면까지 지속적으로 이동하는 데 필요한 조건을 묘사하는 보기 두 개를 고르시오. 점수를 얻으려면, 답 두 개를 선택해야 한다.

(A) 수역의 존재
(B) 풍부한 지하수 공급
(C) 지표면 위의 눈에 보이는 방출 지점
(D) 지하수면 아래의 방출 지점

Fact 문제의 키워드 groundwater to move continuously from below ground to the surface environment(지하수가 지하로부터 표면까지 지속적으로 이동)와 같은 의미인 the flow of discharge is continuous(방출은 지속된다)가 언급된 부분을 지문에서 살펴보면, the flow of discharge is continuous as long as sufficient groundwater is present and the water table is at a higher elevation than the discharge point(충분한 지하수가 존재하고 지하수면이 방출 지점보다 높이 있는 한 방출은 지속된다)라는 것을 알 수 있다. 따라서 보기 (B)와 (D)는 지문의 내용과 일치하므로 정답이다.

06

Why does the author mention "the oscillating ebb and flow of tides" in paragraph 5?

(A) To explain the process by which coastal aquifers are formed
(B) To contrast terrestrial groundwater from that found beneath the sea
(C) To give an example of a force that influences groundwater composition
(D) To describe how fresh water beneath the surface can dilute salty sea water

5단락에서 글쓴이는 왜 "the oscillating ebb and flow of tides"를 언급하는가?

(A) 해변 대수층이 형성되는 과정을 설명하기 위해
(B) 바다 아래에서 발견되는 지하수와 육지에서 발견되는 지하수를 대조하기 위해
(C) 지하수 구성 성분에 영향을 미치는 힘의 예를 나타내기 위해
(D) 지하의 담수가 소금기 있는 바닷물을 어떻게 희석하는지 묘사하기 위해

Rhetorical Purpose 음영 문구 the oscillating ebb and flow of tides(주기적인 조수간만)가 언급된 문장을 지문에서 살펴보면, the oscillating ebb and flow of tides allows some seawater intrusion, creating pockets of brackish groundwater(주기적인 조수간만은 해수가 침투하게 하여 소금기가 있는 지하수 지대가 생기게 한다)라고 설명한다. 즉, the oscillating ebb and flow of tides는 지하수 구성 성분에 영향을 미치는 힘의 예를 나타내기 위해 언급되었음을 알 수 있다. 따라서 정답은 (C)이다.

07

Which of the sentences below best expresses the essential information in the highlighted sentence in the passage? *Incorrect* choices change the meaning in important ways or leave out essential information.

(A) Therefore, drilling into confined aquifers allows water to be pumped into reservoirs near the surface known as artesian wells.

(B) Raising the water levels in confined aquifers results in an artesian well, and this does not require the use of pumps.

(C) Water gushing through the surface from confined aquifers can be caused by artesian wells without the need for pumps or drilling.

(D) Consequently, drilling into confined aquifers creates an artesian well, which is capable of discharging water without pumps.

아래 문장 중 지문 속의 음영 표시된 문장의 핵심 정보를 가장 잘 표현하고 있는 것은 무엇인가? 오답은 문장의 의미를 현저히 바꾸거나 핵심 정보를 빠뜨리고 있다.

(A) 그러므로 피압대수층에 구멍을 뚫는 것은 자분정으로 알려진 지표면 근처의 저수지로 물을 퍼올릴 수 있게 한다.

(B) 피압대수층의 수위를 높이면 결과적으로 자분정이 되고 이것에는 펌프를 사용할 필요가 없다.

(C) 피압대수층으로부터 지표면을 통해 뿜어져 나오는 물은 펌프나 구멍을 뚫을 필요 없이 자분정에 의해 야기될 수 있다.

(D) 결과적으로, 피압대수층에 구멍을 뚫는 것은 자분정을 만들어 내는데, 이것은 펌프 없이 물을 방출할 수 있다.

Sentence Simplification 음영 표시된 문장 전체가 핵심 정보로서 As a result, when these aquifers are accessed by drilling(그 결과, 이러한 대수층에 구멍을 뚫어 접근하면)과 creating what is known as an artesian well(자분정이라고 알려진 우물을 생성한다)을 Consequently, drilling into confined aquifers creates an artesian well(결과적으로, 피압대수층에 구멍을 뚫는 것은 자분정을 만들어 낸다)로, groundwater will often gush ~ without the need to use pumps(펌프를 사용하지 않아도 종종 지하수가 그 구멍을 통해 세차게 흘러나온다)를 capable of discharging water without pumps(펌프 없이 물을 방출할 수 있다)로 간략하게 바꾸어 표현한 보기 (D)가 정답이다.

08

According to paragraph 7, concerns over usage patterns of the Edwards Aquifer have arisen because

(A) programs designed to protect it have proven to be ineffective

(B) the amount of water withdrawn is greater than the amount replenished

(C) extraction of water has led to instability within the geological structure

(D) the population in the region has reached an unsustainable rate of growth

7단락에 따르면, _____ 때문에 Edwards 대수층의 사용 패턴에 대한 우려가 생겨났다.

(A) 그것을 보호하려고 만들어진 프로그램이 효과가 없다고 증명되었기 때문에

(B) 뽑아올린 물의 양이 재충전되는 물의 양보다 많기 때문에

(C) 물의 추출이 지질 구조 내의 불안정성을 야기했기 때문에

(D) 그 지역의 인구가 대수층이 지탱할 수 없는 성장률에 도달했기 때문에

Fact 문제의 키워드 concerns over usage patterns of the Edwards Aquifer have arisen(Edwards 대수층의 사용 패턴에 대한 우려가 생겨났다)과 같은 의미인 Concerns over its usage have arisen(이 대수층의 이용에 관한 우려가 생겼다)이 언급된 부분의 주변을 지문에서 살펴보면, extraction rates are estimated to be double the recharge rate(지하수 방출률이 함양률의 2배인 것으로 추정된다)라는 것을 알 수 있다. 따라서 보기 (B)는 지문의 내용과 일치하므로 정답이다.

09

Look at the four squares [■] that indicate where the following sentence could be added to the passage.

Without it, the number of residents living in the region would be significantly lower.

Where would the sentence best fit? 3rd ■

Insertion 삽입 문장에서 정답의 단서는 it(그것)으로 세 번째 ■ 앞에서 언급된 Edwards Aquifer(Edwards 대수층)를 가리킨다. 세 번째 ■에 삽입 문장을 넣어보면, Edwards 대수층은 2백만 명이 넘는 인구에게 물을 공급하는 주요 원천으로, 그 지역의 초기 정착을 가능하게 했는데, 그것이 없었다면 그 지역에 살고 있는 주민의 수는 상당히 적었을 것이라는 내용이 되어 글의 흐름이 자연스럽다. 따라서 정답은 세 번째 ■이다.

10

Directions: An introductory sentence for a brief summary of the passage is provided below. Complete the summary by selecting the THREE answer choices that express the most important ideas in the passage. Some sentences do not belong in the summary because they express ideas that are not presented in the passage or are minor ideas in the passage. **This question is worth 2 points.**

> **Groundwater is an important resource that is usually found in geological formations known as aquifers.**
>
> - (A) Some groundwater flows out of the ground through various discharge points.
> - (D) Water from precipitation moves through porous rock beneath the surface, recharging the Earth's groundwater.
> - (E) Humans rely on groundwater for many purposes, for which they construct wells that influence aquifer flow.

(B) Since groundwater is continually recharged, extraction of it will not lead to depletion of groundwater within aquifers.

(C) Most of the moisture that enters the soil never reaches the water table to become groundwater.

(F) Arid and semi-arid areas can only support large settlements if they contain large aquifers.

지시: 지문 요약을 위한 도입 문장이 아래에 주어져 있다. 지문의 가장 중요한 내용을 나타내는 보기 3개를 골라 요약을 완성하시오. 어떤 문장은 지문에 언급되지 않은 내용이나 사소한 정보를 담고 있으므로 요약에 포함되지 않는다. 이 문제는 2점이다.

> 지하수는 보통 대수층으로 알려진 지층에서 발견되는 중요한 자원이다.
>
> - (A) 일부 지하수는 다양한 방출 지점을 통해 땅 밖으로 흘러 나온다.
> - (D) 비는 지표면 아래의 다공질 암석을 통해 흘러서 지구의 지하수를 함양시킨다.
> - (E) 인간은 수많은 목적을 위해 지하수에 의존하는데, 그리하여 대수층의 흐름에 영향을 주는 우물을 짓는다.

(B) 지하수는 끊임없이 다시 채워지므로 추출하더라도 대수층 내의 지하수 고갈을 유발하지는 않을 것이다.

(C) 토양에 흡수되는 대부분의 수분은 절대로 지하수면에 도달하여 지하수가 되지 못한다.

(F) 건조 지역과 반건조 지역은 커다란 대수층을 포함하고 있어야만 넓은 서식지를 지탱할 수 있다.

Summary 지문의 중심 내용은 대수층의 지하수 형성과 방출, 그리고 인간의 지하수 사용이다. 보기 (A)는 5단락의 중심 내용인 지하수 방출과 일치하고, 보기 (D)는 3~4단락의 중심 내용인 지하수의 함양과 흐름과 일치하며, 보기 (E)는 6~7단락의 중심 내용인 인간의 지하수 사용과 일치한다. 따라서 정답은 (A), (D), (E)이다.

Mating Calls of the Túngara Frog | 퉁가라 개구리의 짝짓기 소리

울음소리를 내는 수컷 개구리

INTRO

단락 1

수컷 퉁가라
개구리의
독특한
울음소리

1 The túngara frog, *Engystomops pustulosis*, is a small amphibian indigenous to parts of Central America and the northern regions of South America, where it is found in a number of different types of ecosystems, including marshes, forests, and grasslands. Túngara frogs are fascinating research subjects for biologists because of the intricate nature of the male's mating calls. [11B]Though vocalization is common in frogs, the high degree of intraspecific variance in túngara communications is quite unusual. Male túngara frogs gather in shallow pools of water at night and make a number of calls to announce their presence, and they often produce a specific call or set of specific calls that are believed to have a central role in attracting females during mating season. According to this theory, a nearby female will select a mate based on the desirability of its vocalizations, after which the mating pair will build a floating foam nest into which the female will lay eggs that are then fertilized by the male.

퉁가라 개구리, 즉 Engystomops pustulosis는 중앙아메리카 일부와 남아메리카 북부 지역 고유의 작은 양서류이며, 그것은 늪, 숲과 초원을 포함한 많고 다양한 종류의 생태계에서 발견된다. 퉁가라 개구리는 수컷의 짝짓기 소리의 복잡한 특성 덕분에 생물학자들에게 흥미로운 연구 주제이다. [11B]개구리들의 울음소리는 흔하지만, 퉁가라 개구리의 의사소통에 있어 고도의 종(種)간 다양성은 매우 특이하다. 수컷 퉁가라 개구리는 밤에 얕은 물웅덩이에 모여 그들의 존재를 알리기 위해 많은 소리를 내며, 짝짓기 시기 동안 암컷을 유혹하는 데 중요한 역할을 하는 것으로 알려진 하나 또는 일련의 특정한 소리를 흔히 낸다. 이러한 이론에 따르면, 근처의 암컷은 울음소리의 호감에 근거하여 짝짓기 상대를 선택할 것이고, 그 후에 짝짓기한 쌍은 암컷이 수컷에 의해 수정될 알을 낳게 될 떠다니는 거품 둥지를 지을 것이다.

단락 2

퉁가라 개구리
울음소리의
종류와 특성

2 The most fundamental of the túngara mating vocalizations is a descending, high-frequency sweep referred to as a whine. Simple calls consist of a whine only, and they are probably sufficient to attract a female when the caller does not face significant competition from other males. However, [12B]when many frogs concentrated in one area are contending for a mate, these types of calls are often insufficient. Thus, male túngara frogs have developed a second type of vocalization that they can add in an attempt to stand out from the crowd. [13A]These grunts, often

퉁가라 개구리의 짝짓기 울음소리에서 가장 기본적인 것은 whine이라고 불리는 하강하는 고주파 소리이다. 단순한 소리는 한 번의 whine으로만 구성되어 있고, 그 소리를 내는 개구리가 다른 수컷과의 엄청난 경쟁에 부딪히지 않으면 암컷을 유혹하는 데 대개 충분하다. 그러나 [12B]한 지역에 밀집된 다수의 개구리가 짝짓기 상대를 차지하기 위해 다툴 때 이런 종류의 소리는 종종 불충분하다. 따라서 수컷 퉁가라 개구리는 무리에서 돋보이기 위한 노력으로 더할 수 있는 두 번째 종류의 울음소리를

Vocabulary

1 amphibian[æmfíbiən] 양서류   ecosystem[ékousìstəm] 생태계   vocalization[vòukəlɑizéiʃən] 울음소리, 발성
  intraspecific[ìntrəspisífik] 종(種)간의   shallow[ʃǽlou] 얕은   desirability[dizàiərəbíləti] 호감   fertilized[fə́ːrtəlàizd] 수정된
2 fundamental[fʌ̀ndəméntl] 기본적인 (=essential)   descending[diséndiŋ] 하강하는   sufficient[səfíʃənt] 충분한 (=adequate)   face[feis] 부딪히다
  concentrated[kɑ́nsəntrèitid] 밀집된   contend[kənténd] 다투다, 주장하다 (=argue)   grunt[grʌnt] 소리, 불평

called chucks, are made possible by the presence of large, fibrous masses in the frogs' larynxes. A male generates a chuck by moving air in and out of its vocal sac, a process that creates a series of ripples in the water, and these aquatic vibrations may also aid in making it easier for females to locate their prospective mates.

POINT 1

단락 3

암컷 퉁가라 개구리의 chuck 소리 선호에 대한 여러 가설

3 According to scientific studies, calls that include at least one chuck on average are five times more appealing to females than calls that do not, and calls with multiple chucks seem to be more attractive than those with just one. Therefore it is sexually advantageous for male frogs to make more elaborate calls. ■ Moreover, researchers have discovered that [14C]females prefer chucks that are low in frequency, perhaps because these sounds tend to be produced by males with larger bodies. ■ Large male frogs are likely to be of superior genetic quality, and they achieve higher rates of egg fertilization since females tend to be bigger than males and fertilization rates are correlated with similarity in size between the two members of a mating pair. ■ Still, some researchers have taken issue with the idea that females prefer these males because they are better mates, and they contend that the females are selecting these mates simply because they are easier to find due to the fact that they emit a greater number of clearly audible calls. ■ **This explanation has some value because, in general, low-frequency sounds indeed travel further than ones that are higher in frequency.** Even if this is correct, however, it is plausible that the females are still gaining a selective advantage if this same trait—the tendency to use multiple chucks—is passed on through heredity to her offspring as they too would have a higher likelihood of finding a mate and passing on their genes.

POINT 2

단락 4

울음소리 진화 방법에 관한 해석

4 Of particular interest to scientists is the mechanism by which the calling behavior of male túngara frogs evolved. Two competing explanations have been posited: one is that the female preference for chucks evolved jointly with the male's production of them, and the other is that the male túngara frogs exploited a preexisting

TEST

1
2
3
4
5
6
7
8
9

HACKERS TOEFL ACTUAL TEST READING

발달시켰다. [13A]흔히 chuck이라고 불리는 이러한 소리는 개구리의 후두에 큰 섬유질 덩어리가 있음으로써 가능하게 되었다. 수컷은 울음주머니의 안팎으로 공기를 움직이면서 chuck 소리를 내는데, 이는 물속에서 잔물결을 만들어내는 과정이며, 이러한 물의 진동은 또한 암컷이 장래의 짝짓기 상대를 찾는 것이 더 쉬워지도록 도와주게 된다.

과학 연구에 따르면, 적어도 평균 한 번의 chuck 소리를 포함한 소리는 그렇지 않은 소리보다 암컷에게 다섯 배 더 매력적이고, 다수의 chuck 소리를 포함한 소리는 한 번의 chuck 소리를 포함한 소리보다 더 마음을 끄는 것 같다. 따라서 수컷 개구리가 더 정교한 소리를 내는 것은 성적으로 유리한 것이다. 더욱이, 연구원들은 [14C]암컷이 낮은 주파수의 chuck 소리를 선호한다는 것을 발견했는데, 아마 이러한 소리는 더 큰 몸을 가진 수컷들에게서 만들어지기 쉽기 때문일 것이다. 큰 수컷 개구리는 유전적 성향이 우월할 것이고, 암컷이 수컷보다 큰 경향이 있으며 수정률은 짝짓기한 쌍의 두 구성원간 크기의 유사성과 관계가 있기 때문에 그들은 더 높은 알 수정률을 갖게 된다. 그럼에도 불구하고, 일부 연구자들은 이 수컷들이 더 나은 짝짓기 상대이기 때문에 암컷이 이들을 선호한다는 의견에 이의를 제기했고, 암컷들이 이러한 짝짓기 상대를 선택하는 것은 단순히 이들이 더 많은 수의 또렷하게 잘 들리는 소리를 낸다는 사실 덕분에 쉽게 발견되기 때문이라고 주장한다. 이 해석은 일리가 있는데, 왜냐하면 일반적으로 낮은 주파수의 소리가 주파수가 더 높은 소리보다 정말 더 멀리 전해지기 때문이다. 하지만 이 주장이 정확하더라도, 다수의 chuck 소리를 이용하는 경향성과 같은 특성이 유전을 통해 새끼에게 전해진다면 그들 역시 짝짓기 상대를 찾아 유전자를 전달할 가능성이 더 높을 것이기 때문에 암컷이 여전히 선택이익을 취하고 있다는 것은 타당하다.

수컷 퉁가라 개구리의 울음소리를 내는 습성이 진화하게 된 방법은 과학자들에게 특히 흥미롭다. 두 가지 대립되는 해석이 제기되었다. 하나는 암컷이 chuck 소리를 선호하는 것과 수컷이 그 소리를 내는 것이 함께 진화했다는 것이고, 다른 하나

Vocabulary

2 fibrous[fáibrəs] 섬유질의 larynx[lǽriŋks] 후두 sac[sæk] 주머니 ripple[rípl] 잔물결 aquatic[əkwǽtik] 물의 vibration[vaibréiʃən] 진동
prospective[prəspéktiv] 장래의

3 appealing[əpí:liŋ] 매력적인 elaborate[ilǽbərət] 정교한 (=complex) superior[supíəriər] 우월한 similarity[sìməlǽrəti] 유사성
emit[imít] (소리를) 내다 audible[ɔ́:dəbl] 잘 들리는 explanation[èksplənéiʃən] 해석 plausible[plɔ́:zəbl] 타당한 (=believable)
pass on ~을 전달하다 heredity[hərédəti] 유전 likelihood[láiklihùd] 가능성 gene[dʒi:n] 유전자

4 competing[kəmpí:tiŋ] 대립하는 posit[pázit] 제기하다 exploit[iksplɔ́it] 이용하다 (=take advantage of)

bias of females to chucks. Preliminary experimental results support the latter proposal. In a groundbreaking test, scientists recorded calls of *Engystomops pustulosis* and played them to females of the same species as well as female members of two other species in the genus, *E. coloradorum* and *E. enesefae*, whose males are not known to produce chucks. Researchers used calls with no chucks, one chuck, two chucks, three chucks, and four chucks and then documented the responses of females to each. Interestingly, [16C]the females of *E. pustulosis* and *E. coloradorum* both showed a strong attractiveness to the addition of chucks, while *E. enesefae* showed no increased interest. This suggests that *E. pustulosis* and *E. coloradorum* share a more recent common genetic ancestor whose females had a favorable predisposition toward chucks and that *E. pustulosis* males have taken advantage of this while males of *E. coloradorum* have not.

POINT 3
단락 5
chuck 소리의
잠재적 위험성
및 타협

5 Yet despite its apparent usefulness in mating, using chucks poses a potentially dangerous tradeoff. Experts have discovered that [17D]the addition of chucks to calls increases the túngara frog's risk of being preyed upon by predators. In particular, the fringe-lipped bat relishes túngara frogs, which it detects using its echolocation abilities. These bats are eavesdropping hunters, meaning they actively listen for the amphibians and home in on the sounds they generate, and they have developed a special skill in this regard. Although most bats are sensitive only to sounds that match the high frequency of their echolocation signals, fringe-lipped bats have developed the ability to pick up on noises at the lower frequencies that are associated with the chucks of túngara frogs. Thus, the male frog must maintain a delicate compromise, producing a call that is capable of attracting a female yet inconspicuous enough to avoid predation.

는 수컷 퉁가라 개구리가 chuck 소리에 대한 암컷의 기존의 편향을 이용했다는 것이다. 모의 실험 결과는 후자의 제안을 뒷받침한다. 한 획기적인 실험에서, 과학자들은 Engystomops pustulosis의 소리를 녹음하였고 같은 종의 암컷뿐 아니라 그 속(屬)의 다른 두 종의 암컷 개구리인 E. coloradorum과 E. enesefae에게 들려주었는데, 그들의 수컷은 chuck 소리를 내지 않는 것으로 알려져 있다. 연구원들은 chuck이 없는 소리, 한 번의 chuck, 두 번의 chuck, 세 번의 chuck, 그리고 네 번의 chuck 소리를 사용한 다음, 각각에 대한 암컷의 반응을 기록했다. 흥미롭게도, [16C]E. pustulosis와 E. coloradorum의 암컷 모두 chuck 소리의 증가에 강한 끌림을 보여준 반면, E. enesefae는 관심 증가를 보이지 않았다. 이것은 E. pustulosis와 E. coloradorum이 암컷이 chuck 소리에 대해 우호적인 성향을 갖고 있는, 더 최근의 공통된 유전적 조상을 공유하고 수컷 E. pustulosis가 이러한 점을 이용한 반면 수컷 E. coloradorum은 그러지 않았다는 것을 시사한다.

그러나 짝짓기에 있어 분명한 유용성에도 불구하고, chuck 소리를 사용하는 것은 잠재적으로 위험한 거래를 제기한다. 전문가들은 [17D]울음소리에 chuck 소리를 더하는 것이 퉁가라 개구리가 포식자에게 잡아먹힐 위험을 증가시킨다는 것을 발견했다. 특히, 사마귀 입술 박쥐는 퉁가라 개구리를 즐겨 먹는데, 박쥐는 반향정위 능력을 이용하여 그들을 찾아낸다. 이러한 박쥐는 엿듣는 사냥꾼인데, 이는 그들이 그 양서류를 찾기 위해 적극적으로 듣고 그들이 만들어내는 소리에 접근한다는 것을 의미하고, 이 점에 있어서 특별한 기술을 발달시켰다. 대부분의 박쥐는 반향정위 신호의 고주파 소리와 일치하는 소리에만 민감하지만, 사마귀 입술 박쥐는 퉁가라 개구리의 chuck 소리와 연계된 저주파 소리를 알아차릴 수 있는 능력을 발달시켰다. 그러므로, 수컷 개구리는 암컷을 유혹할 수 있지만 포식을 피할 만큼 주의를 끌지 않는 소리를 내는 데 섬세한 타협을 유지해야만 한다.

Vocabulary

4 preliminary[prilímənèri] 모의의, 예비의   latter[lǽtər] 후자의   proposal[prəpóuzəl] 제안   groundbreaking[gráundbrèikiŋ] 획기적인   genus[dʒíːnəs] 속(屬)   attractiveness[ətrǽktivnis] 끌림, 매력   predisposition[prìːdispəzíʃən] 성향

5 apparent[əpǽrənt] 분명한 (=distinct)   potentially[pəténʃəli] 잠재적으로 (=possibly)   tradeoff[tréidɔ̀ːf] 거래, (서로 대립되는 요소 사이의) 균형   prey upon ~을 잡아먹다   echolocation[èkouloukéiʃən] 반향정위   eavesdropping[íːvzdràpiŋ] 엿듣는   home in on ~에 접근하다   sensitive[sénsətiv] 민감한   pick up on ~을 알아차리다   maintain[meintéin] 유지하다 (=retain)   delicate[délikət] 섬세한 (=fragile)   compromise[kámprəmàiz] 타협   inconspicuous[ìnkənspíkjuəs] 주의를 끌지 않는

◉ Still, / some researchers have taken issue with the idea that / females prefer these males /
그럼에도 불구하고,　　일부 연구자들은 ~라는 의견에 이의를 제기하였다　　　암컷이 이런 수컷들을 선호한다

because they are better mates, / and they contend that the females are selecting these mates /
그들이 더 나은 짝짓기 상대이기 때문에　　그리고 그들은 암컷들이 이러한 짝짓기 상대를 선택하는 것이라고 주장한다

simply because they are easier to find / due to the fact that / they emit a greater number of clearly
단순히 그들이 쉽게 발견되기 때문에　　　　~라는 사실 덕분에　　이들이 더 많은 수의 또렷하게 잘 들리는 소리를 낸다

audible calls.

◉ This suggests / that *E. pustulosis* and *E. coloradorum* share a more recent common genetic ancestor /
이것은 시사한다　　　E. pustulosis와 E. coloradorum이 더 최근의 공통된 유전적 조상을 공유한다는 것을

whose females had a favorable predisposition toward chucks / and that *E. pustulosis* males have taken
그들의 암컷이 chuck 소리에 대해 우호적인 성향을 갖고 있는　　그리고 수컷 E. pustulosis가 이러한 점을 이용했다는 것을

advantage of this / while males of *E. coloradorum* have not.
수컷 E. coloradorum은 그러지 않은 반면

11

According to paragraph 1, how are the vocalizations of túngara frogs different from those of other frog species?

(A) They are produced with greater intensity.
(B) They have an exceptional amount of variety.
(C) They consist of a single repetitive sound.
(D) They are initiated by the calls of females.

1단락에 따르면, 퉁가라 개구리의 울음소리는 다른 개구리 종의 울음소리와 어떻게 다른가?

(A) 그것들은 더 큰 강도로 만들어진다.
(B) 그것들은 예외적인 양의 다양성을 갖는다.
(C) 그것들은 반복되는 한 개의 소리로 구성된다.
(D) 그것들은 암컷의 울음소리에 의해 시작된다.

Fact 1단락을 살펴보면, Though vocalization is common in frogs, the high degree of intraspecific variance in túngara communications is quite unusual(개구리들의 울음소리는 흔하지만, 퉁가라 개구리의 의사소통에 있어 고도의 종(種)간 다양성은 매우 특이하다)이라는 것을 알 수 있다. 따라서 보기 (B)는 지문의 내용과 일치하므로 정답이다.

12

Which of the following is stated about simple calls in paragraph 2?

(A) They are helpful when males want to stand out against background noise.
(B) They are usually inadequate when competing males are present.
(C) They create ripples in the water that are attractive to females.
(D) They generate sound waves that are inaudible to females.

2단락에서 다음 중 단순한 소리에 대해 언급된 것은?

(A) 그것들은 수컷이 배경 소음보다 돋보이고 싶을 때 도움이 된다.
(B) 그것들은 경쟁하는 수컷이 있을 때 대개 불충분하다.
(C) 그것들은 물 속에서 암컷을 유혹하는 잔물결을 만든다.
(D) 그것들은 암컷은 들을 수 없는 소리 파장을 만든다.

Fact 문제의 키워드 simple calls(단순한 소리)가 언급된 부분의 주변을 지문에서 살펴보면, when many frogs concentrated in one area are contending for a mate, these types of calls are often insufficient(한 지역에 밀집된 다수의 개구리가 짝짓기 상대를 차지하기 위해 다툴 때 이런 종류의 소리는 종종 불충분하다)라는 것을 알 수 있다. 따라서 보기 (B)는 지문의 내용과 일치하므로 정답이다.

13

Why does the author mention "large, fibrous masses"?

(A) To explain how a túngara frog is able to produce chucks
(B) To emphasize the impressive size of the vocal organs of túngara frogs
(C) To highlight an anatomical characteristic that is absent in young males
(D) To point out a physical feature that is attractive to females

글쓴이는 왜 "large, fibrous masses"를 언급하는가?

(A) 퉁가라 개구리가 어떻게 chuck 소리를 낼 수 있는지 설명하기 위해
(B) 퉁가라 개구리의 발성 기관의 인상적인 크기를 강조하기 위해
(C) 어린 수컷에게 없는 해부학적 특성을 강조하기 위해
(D) 암컷을 유혹하는 외형적 특성을 언급하기 위해

Rhetorical Purpose 음영 문구 large, fibrous masses(큰 섬유질 덩어리)가 언급된 문장을 지문에서 살펴보면, These grunts, often called chucks, are made possible by the presence of large, fibrous masses in the frogs' larynxes(흔히 chuck이라고 불리는 이러한 소리는 개구리의 후두에 큰 섬유질 덩어리가 있음으로써 가능하게 되었다)라고 설명한다. 즉, large, fibrous masses는 퉁가라 개구리가 어떻게 chuck 소리를 낼 수 있는지 설명하기 위해 언급되었음을 알 수 있다. 따라서 정답은 (A)이다.

14

According to paragraph 3, what is a possible explanation for why female túngara frogs prefer low-frequency sounds?

(A) They demonstrate that the male is larger than the female.
(B) They communicate that the male wishes to mate.
(C) They are indicative of the caller's body size.
(D) They signal that many frogs are present in one place.

3단락에 따르면, 암컷 통가라 개구리가 저주파 소리를 선호하는 이유로 가능한 설명은?

(A) 그것들은 수컷이 암컷보다 더 크다는 것을 보여준다.
(B) 그것들은 수컷이 짝짓기를 하고 싶어한다는 것을 전달한다.
(C) 그것들은 소리를 내는 개구리의 몸 크기를 나타낸다.
(D) 그것들은 다수의 개구리가 한 장소에 있다는 것을 나타낸다.

> **Fact** 문제의 키워드 low-frequency sounds(저주파 소리)와 같은 의미인 chucks that are low in frequency(낮은 주파수의 chuck 소리)가 언급된 부분을 지문에서 살펴보면, females prefer chucks that are low in frequency, perhaps because these sounds tend to be produced by males with larger bodies(암컷은 낮은 주파수의 chuck 소리를 선호하는데, 아마 이러한 소리는 더 큰 몸을 가진 수컷들에게서 만들어지기 쉽기 때문일 것이다)라는 것을 알 수 있다. 따라서 보기 (C)는 지문의 내용과 일치하므로 정답이다.

15

The word "jointly" in the passage is closest in meaning to

(A) independently
(B) together
(C) in rapid succession
(D) in isolation

지문의 단어 "jointly"와 의미상 가장 유사한 것은?

(A) 독립적으로
(B) 함께
(C) 빠르게 연속적으로
(D) 별개로

> **Vocabulary** 지문의 jointly(함께)는 together(함께)와 동의어이므로 정답은 (B)이다.

16

What can be inferred about frogs in the genus *Engystomops* from paragraph 4?

(A) *E. coloradorum* and *E. enesefae* have a similar reaction to the calls of *E. pustulosis*.
(B) *E. pustulosis* is able to perfectly reproduce the calls of *E. coloradorum* and *E. enesefae*.
(C) *E. pustulosis* and *E. coloradorum* are more closely related to each other than to *E. enesefae*.
(D) *E. enesefae* shows a stronger interest in the males of *E. pustulosis* than those of *E. coloradorum*.

Engystomops 속의 개구리에 대해 4단락으로부터 추론할 수 있는 것은?

(A) E. coloradorum과 E. enesefae는 E. pustulosis의 소리에 비슷한 반응을 보인다.
(B) E. pustulosis는 E. coloradorum과 E. enesefae의 소리를 완벽하게 재생산 할 수 있다.
(C) E. pustulosis와 E. coloradorum은 E. enesefae보다 서로에게 더 밀접하게 관련되어 있다.
(D) E. enesefae는 E. coloradorum의 수컷보다 E. pustulosis의 수컷에게 더 강한 관심을 보인다.

> **Inference** 4단락을 살펴보면, the females of E. pustulosis and E. Coloradorum both showed a strong attentiveness to the addition of chucks, while E. enesefae showed no increased interest. This suggests that E. pustulosis and E. coloradorum share a more recent common genetic ancestor whose females had a favorable predisposition toward chucks(E. pustulosis와 E. coloradorum의 암컷 모두 chuck 소리의 증가에 강한 끌림을 보여준 반면, E. enesefae는 관심 증가를 보이지 않았다. 이것은 E. pustulosis와 E. coloradorum이 암컷이 chuck 소리에 대해 우호적인 성향을 갖고 있는, 더 최근의 공통된 유전적 조상을 공유한다는 것을 시사한다)라고 언급했다.
> 즉, E. pustulosis와 E. coloradorum 둘 다 chuck 소리의 증가에 강한 반응을 보였고 공통된 유전적 조상을 공유한다는 것에서, 두 종이 E. enesefae보다 서로에게 더 밀접하게 관련되어 있다는 것을 추론할 수 있다. 따라서 정답은 (C)이다.

17

According to paragraph 5, there is a tradeoff in males using the most attractive calls because producing them

(A) requires the frogs to fully extend their heads above the water
(B) attracts other male competitors from the surrounding area
(C) uses up valuable energy needed for mating with females
(D) makes the frogs more vulnerable to detection by predators

5단락에 따르면, 가장 매력적인 소리를 내는 것은 _____ 때문에 그것들을 사용하는 수컷은 균형을 맞춰야 한다.

(A) 개구리가 그들의 머리를 물 위로 완전히 내미는 것을 필요로 하기 때문에
(B) 주변 지역에 있는 다른 수컷 경쟁상대를 끌어들이기 때문에
(C) 암컷과 짝짓기 하는 데 필요한 귀중한 에너지를 다 소모하기 때문에
(D) 개구리들을 포식자들의 탐지에 더 취약하게 만들기 때문에

Fact 문제의 키워드 tradeoff(균형)가 언급된 부분의 주변을 지문에서 살펴보면, the addition of chucks to calls increases the túngara frog's risk of being preyed upon by predators(울음소리에 chuck 소리를 더하는 것이 통가라 개구리가 포식자에게 잡혀먹힐 위험을 증가시킨다)라는 것을 알 수 있다. 따라서 보기 (D)는 지문의 내용과 일치하므로 정답이다.

18

The word "they" in the passage refers to

(A) bats
(B) hunters
(C) amphibians
(D) sounds

지문의 단어 "they"가 가리키는 것은?

(A) 박쥐
(B) 사냥꾼
(C) 양서류
(D) 소리

Reference 보기 중에서 지시어 they에 대입하여 해석했을 때 가장 자연스러운 단어는 amphibians(양서류)이므로 정답은 (C)이다.

19

Look at the four squares [■] that indicate where the following sentence could be added to the passage.

This explanation has some value because, in general, low-frequency sounds indeed travel further than ones that are higher in frequency.

Where would the sentence best fit? 4th ■

네 개의 네모[■]는 다음 문장이 삽입될 수 있는 부분을 나타내고 있다.

이 해석은 일리가 있는데, 왜냐하면 일반적으로 낮은 주파수의 소리가 주파수가 더 높은 소리보다 정말 더 멀리 전해지기 때문이다.

이 문장은 어느 자리에 들어가는 것이 가장 적절한가? 네 번째 ■

Insertion 삽입 문장에서 정답의 단서는 This explanation(이 해석)으로, 네 번째 ■ 앞에 언급된 females are selecting these mates simply because ~ they emit a greater number of clearly audible calls(암컷들이 낮은 주파수의 chuck 소리를 내는 짝짓기 상대를 선택하는 것은 단순히 이들이 더 많은 수의 또렷하게 잘 들리는 소리를 내기 때문이다)를 가리킨다. 네 번째 ■에 삽입 문장을 넣어보면, 낮은 주파수의 chuck 소리가 또렷하게 잘 들리기 때문에 암컷들이 그런 소리를 내는 상대를 선택한다는 해석은 일리가 있는데, 일반적으로 낮은 주파수의 소리가 높은 주파수의 소리보다 더 멀리 전해지기 때문이라는 내용이 되어 글의 흐름이 자연스럽다. 따라서 정답은 네 번째 ■이다.

Directions: An introductory sentence for a brief summary of the passage is provided below. Complete the summary by selecting the THREE answer choices that express the most important ideas in the passage. Some sentences do not belong in the summary because they express ideas that are not presented in the passage or are minor ideas in the passage. **This question is worth 2 points.**

Túngara frogs produce complex mating calls that are of great interest to biologists.

- (A) A predatory species of bat is able to detect the peculiar calls of male túngara frogs, forcing them to balance survival and reproductive success.
- (C) Calls that include chucks and are made at a lower frequency hold more appeal for female frogs, though the explanation for this is not without controversy.
- (E) Experiments have revealed that the mating calls in túngara frogs have a complex evolution that sheds light on the broader genus.

(B) Researchers recently proved that the preference of female túngara frogs for low-frequency sounds was inherited from an ancestral species that went extinct.

(D) It has been well documented that females have greater rates of fertilization when mating with large frogs than with smaller ones.

(F) To minimize the risk of attack by their primary predators, túngara frogs have evolved to produce chucks when no fringe-lipped bats are present in the vicinity.

지시: 지문 요약을 위한 도입 문장이 아래에 주어져 있다. 지문의 가장 중요한 내용을 나타내는 보기 3개를 골라 요약을 완성하시오. 어떤 문장은 지문에 언급되지 않은 내용이나 사소한 정보를 담고 있으므로 요약에 포함되지 않는다. 이 문제는 2점이다.

통가라 개구리는 생물학자들에게 매우 흥미로운 복잡한 짝짓기 소리를 낸다.

- (A) 포식종인 박쥐는 수컷 통가라 개구리의 특이한 소리를 감지할 수 있는데, 이는 개구리가 생존과 번식성공 간의 균형을 유지하도록 한다.
- (C) chuck 소리를 포함하고 저주파에서 내는 소리는 암컷 개구리들에게 더 매력적이지만, 이에 대한 해석은 논란의 여지가 있다.
- (E) 실험은 통가라 개구리의 짝짓기 소리가 더 광범위한 속에 대해 설명해주는 복잡한 진화를 거쳤다는 것을 밝혀냈다.

(B) 연구원들은 최근 암컷 통가라 개구리들의 저주파 소리에 대한 선호가 멸종된 선조의 종으로부터 유전되었다는 것을 밝혔다.

(D) 작은 개구리보다 큰 개구리와 짝짓기 할 때 암컷이 더 높은 수정률을 갖는다는 것에 대한 증거가 많다.

(F) 주요 포식자들의 공격의 위험을 최소화하기 위해, 통가라 개구리는 근처에 사마귀 입술 박쥐가 없을 때 chuck 소리를 내도록 진화했다.

Summary 지문의 중심 내용은 통가라 개구리의 다양한 짝짓기 소리이다. 보기 (A)는 5단락의 중심 내용인 수컷 통가라 개구리가 chuck 소리를 사용하는 것의 잠재적 위험성 및 타협과 일치하고, 보기 (C)는 3단락의 중심 내용인 암컷의 chuck 소리 선호에 대한 여러 가설과 일치하며, 보기 (E)는 4단락의 중심 내용인 통가라 개구리의 울음소리 진화 방법에 관한 해석과 일치한다. 따라서 정답은 (A), (C), (E)이다.

TEST 07 지문의 단어 중 토플 필수 단어를 선별하여 정리하였습니다. 고득점을 위해 단어암기 음성파일을 들으며 꼭 암기하세요.

*해커스 동영상강의 포털 해커스인강(HackersIngang.com)에서 단어암기 음성파일을 무료로 다운로드할 수 있습니다.

☐ percolate[pə́ːrkəlèit] 스며들다	☐ amphibian[æmfíbiən] 양서류
☐ subsurface[sʌbsə́ːrfəs] 지표 아래의	☐ vocalization[vòukəlɑizéiʃən] 울음소리, 발성
☐ pace[peis] 속도	☐ intraspecific[ìntrəspisífik] 종(種)간의
☐ pore[pɔːr] 구멍	☐ shallow[ʃǽlou] 얕은
☐ fracture[frǽktʃər] 갈라진 틈	☐ desirability[dizàiərəbíləti] 호감
☐ unimpeded[ʌnimpíːdid] 방해받지 않는	☐ fertilized[fə́ːrtəlàizd] 수정된
☐ impervious[impə́ːrviəs] 불침투성의 (=impenetrable)	☐ fundamental[fʌndəméntl] 기본적인 (=essential)
☐ compress[kəmprés] 누르다	☐ descending[diséndiŋ] 하강하는
☐ stationary[stéiʃənèri] 정지한 (=unmoving)	☐ sufficient[səfíʃənt] 충분한 (=adequate)
☐ subterranean[sʌ̀btəréiniən] 지하의 (=underground)	☐ emit[imít] (소리를) 내다
☐ impermeable[impə́ːrmiəbl] 불침투성의	☐ plausible[plɔ́ːzəbl] 타당한 (=believable)
☐ discharge[distʃáːrdʒ] 방출	☐ heredity[hərédəti] 유전
☐ seepage[síːpidʒ] 누출	☐ likelihood[láiklihùd] 가능성
☐ elevation[èləvéiʃən] 높이	☐ competing[kəmpíːtiŋ] 대립하는
☐ intermittently[ìntərmítntli] 간헐적으로	☐ posit[pázit] 제기하다
☐ terrestrial[təréstriəl] 육지의 (=earthly)	☐ preliminary[prilímənèri] 모의의, 예비의
☐ effluence[éfluəns] 유출	☐ proposal[prəpóuzəl] 제안
☐ extraction[ikstrǽkʃən] 추출	☐ groundbreaking[gráundbrèikiŋ] 획기적인
☐ exploit[iksplɔ́it] 개발하다	☐ predisposition[prìːdispəzíʃən] 성향
☐ gush[gʌʃ] 세차게 흘러나오다	☐ apparent[əpǽrənt] 분명한 (=distinct)
☐ feasible[fíːzəbl] 가능성 있는	☐ potentially[pəténʃəli] 잠재적으로 (=possibly)
☐ implementation[ìmpləməntéiʃən] 실행	☐ sensitive[sénsətiv] 민감한
☐ assure[əʃúər] 보장하다	☐ maintain[meintéin] 유지하다 (=retain)
☐ conduct[kəndʌ́kt] 실행하다	☐ delicate[délikət] 섬세한 (=fragile)
☐ sustainable[səstéinəbl] 지속 가능한	☐ inconspicuous[ìnkənspíkjuəs] 주의를 끌지 않는

Quiz

각 단어의 알맞은 뜻을 찾아 연결하시오.

01 percolate	ⓐ 누출
02 compress	ⓑ 실행하다
03 fracture	ⓒ 간헐적으로
04 gush	ⓓ 누르다
05 seepage	ⓔ 스며들다
	ⓕ 갈라진 틈
	ⓖ 세차게 흘러나오다

각 단어의 알맞은 동의어를 찾아 연결하시오.

06 fundamental	ⓐ distinct
07 apparent	ⓑ believable
08 maintain	ⓒ fragile
09 delicate	ⓓ essential
10 plausible	ⓔ adequate
	ⓕ possibly
	ⓖ retain

ⓑ OL ⓐ 60 ⓒ 80 ⓐ 70 ⓓ 90 ⓐ 50 ⓖ 40 ⓕ 03 ⓓ 20 ⓔ LO

HACKERS TOEFL ACTUAL TEST READING

TEST 08

SELF-CHECK LIST

ANSWER KEYS & 취약 유형 분석표

해석 · 해설

VOCABULARY LIST

SELF-CHECK LIST

이번 테스트는 어땠나요?
다음 체크리스트로 자신의 테스트 진행 내용을 점검해 볼까요?

1 나는 36분 동안 완전히 테스트에 집중하였다. ☐ Yes ☐ No
  집중하지 못했다면, 그 이유는?

2 나는 주어진 36분 동안 20문제를 모두 풀었다. ☐ Yes ☐ No
  문제를 모두 풀지 못했다면, 그 이유는?

3 유난히 어렵게 느껴지는 지문이 있었다. ☐ Yes ☐ No
  있었다면, 어려웠던 지문과 그 이유는? (글의 주제, 글의 흐름, 문법, 어휘 등)

4 유난히 어렵게 느껴지는 문제가 있었다. ☐ Yes ☐ No
  있었다면, 어려웠던 문제의 유형과 그 이유는?

5 이전 테스트에서 발견된 문제점이 모두 개선되었다. ☐ Yes ☐ No
  개선되지 않았다면, 그 이유는?

6 개선해야 할 점과 이를 위한 구체적인 학습 계획

ANSWER KEYS & 취약 유형 분석표

01 (B) Inference
02 (D) Sentence Simplification
03 (C) Negative Fact
04 (C) Vocabulary
05 (C) Fact
06 (B) Vocabulary
07 (D) Negative Fact
08 (C) Fact
09 1st ■ Insertion
10 (B), (D), (F) Summary

11 (B) Rhetorical Purpose
12 (D) Fact
13 (D) Fact
14 (D) Reference
15 (D) Fact
16 (C) Vocabulary
17 (D) Inference
18 (C) Negative Fact
19 3rd ■ Insertion
20 (B), (C), (D) Summary

■ 각 문제 유형별 맞힌 개수를 아래에 적어 보세요.

문제 유형	맞힌 답의 개수
Sentence Simplification	/ 1
Fact & Negative Fact	/ 8
Vocabulary	/ 3
Reference	/ 1
Rhetorical Purpose	/ 1
Inference	/ 2
Insertion	/ 2
Summary	/ 2
Total	**/20**

* 자신이 취약한 유형은 READING STRATEGIES(p.22)를 통해 다시 한번 점검하시기 바랍니다.

PASSAGE 1

Ancient Sumer and Near Eastern Civilization | 고대 수메르와 근동 지역 문명

INTRO	단락 1	수메르 문명의 발생과 지역 간 상호연결 발달
POINT 1	단락 2	국제 교역의 발달
	단락 3	
POINT 2	단락 4	관리 기구로서 신전궁의 역할
POINT 3	단락 5	자원에 대한 국가 간의 경쟁으로 인한 무력 대립
	단락 6	

고대 수메르와 근동 지역

INTRO

단락 1

수메르 문명의
발생과 지역 간
상호연결 발달

1 ⁰¹ᴮThe rise of Sumerian civilization in Southern Mesopotamia during the fourth millennium BC coincided with a broader regional pattern, a phenomenon where socioeconomic and political mechanisms began to influence the lives of people living in disparate areas, often hundreds, or even thousands, of kilometers apart. It was in this period that increasingly complex interactions established an interdependent web of societies in the Ancient Near East, from the Mediterranean lands of Egypt to Persia in the east. This emerging global network derived from the realization among societies that other regions offered environments replete with unique natural resources, and that it was to their mutual advantage to establish exchange mechanisms to satisfy demand for foreign goods. Across the region, the economic and social evolution was not only a consequence of material necessities but also the nascent rivalry among urban elites who contended for eminence through the accumulation of exotic extravagances, believing such luxuries were manifestations of power. Ancient Sumer is reflective of this evolving regional interconnectedness.

⁰¹ᴮ기원전 3,000년대에 메소포타미아 남부에서의 수메르 문명 발생은 더 폭넓어진 지역적 양상, 즉 사회 경제적 체제와 정치적 체제가 종종 수백 혹은 수천 킬로미터나 떨어져 있는 서로 다른 지역 사람들의 삶에 영향을 미치기 시작했던 현상과 동시에 일어났다. 바로 이 시기에 더욱 복잡한 상호작용 덕분에 이집트의 지중해 연안부터 동쪽의 페르시아에 이르는 고대 근동 지역의 상호의존적인 사회 조직망이 수립되었다. 새롭게 떠오른 이러한 국제적 조직망은 다른 지역이 특유의 천연자원이 풍부한 환경을 가지고 있으며 외국 상품에 대한 수요를 충족시키기 위해 교역 메커니즘을 확립하는 것이 상호이익이라는 사회 인식에서 비롯되었다. 전 지역에 걸친 경제적·사회적 발전은 물질적 필요뿐 아니라 명성을 위해 외국산 사치품을 모으면서 경쟁한 도시 최상류층 사람들 간의 초기의 경쟁 관계에 의한 결과였는데, 그들은 그러한 사치품이 권력을 표명한다고 믿었다. 고대 수메르는 이처럼 발달하는 지역 간의 상호연결성을 보여준다.

Vocabulary

1 coincide[kòuinsáid] 동시에 일어나다　phenomenon[finámənàn] 현상 (=occurrence)　socioeconomic[sòusiəekənámik] 사회 경제적인
disparate[díspərət] 다른　interaction[ìntərǽkʃən] 상호작용　interdependent[ìntərdipéndənt] 상호의존적인
Mediterranean[mèdətəréiniən] 지중해 연안에 있는　derive from ~에서 비롯되다　replete[riplí:t] 풍부한　mutual[mjú:tʃuəl] 상호의
consequence[kánsəkwèns] 결과 (=result)　necessity[nəsésəti] 필요　nascent[nǽsnt] 초기의 (=budding)　rivalry[ráivəlri] 경쟁
contend[kənténd] 경쟁하다 (=struggle)　eminence[émənəns] 명성 (=reputation)　extravagance[ikstrǽvəgəns] 사치품 (=luxury)
manifestation[mæ̀nəfistéiʃən] 표명 (=reflection)　reflective[rifléktiv] 보여주는　evolve[iválv] 발달하다 (=develop)
interconnectedness[ìntərkənéktidnis] 상호연결성

POINT 1

단락 2
천연 자원의
부족으로 인한
국제 교역 발달

2 A combination of environmental and social elements gave rise to the Sumerian civilization. For example, the lower Tigris-Euphrates river valley in which the Sumerians lived was characterized by wide, marshy plains. The plains were excellent for agriculture because rivers brought fertile soil to the alluvial valleys from the highlands, and people farmed the land by diverting river water into canals to irrigate their crops. However, the region was not rich in natural resources: [03A]the timber that was abundant in the hills of northern Mesopotamia was scarce in Sumer, and although [03C]the Sumerians were able to produce surpluses of barley, wheat, and dates, [03D]valuable gemstones were relatively absent in the area, and they were [03B]forced to trade for these and other items like frankincense and limestone. Trade, which was facilitated by the construction of docks where sea and river craft could unload cargo, was tightly controlled by Sumerian rulers, and consisted primarily of agricultural products and textiles made of linen and wool. The two great rivers, the Tigris and Euphrates, linked Sumer with ports on the Persian Gulf, from which Sumerians could conduct trade with societies as distant as India.

단락 3
청동 합금의
발달과 국제
교역 발달

3 Sumerians were among the first people to make bronze alloy, a technological innovation that was of great use to an agricultural people. The alloy was strong and far less brittle than iron, and it was especially useful for taxing jobs. It was applied to agriculture by way of the metal-tipped plow, an instrument that was durable enough to handle repeated use and could be pulled by oxen to turn the soil in a fraction of the time necessary with [05C]antecedent technologies, such as primitive handheld hoes and sharpened wooden sticks. Combined with irrigation canals, these plows drastically expanded agricultural production capacity, leading to sizable yields. More grains and fruits meant that larger populations could be supported, and the abundance also provided the opportunity for rulers of Sumer's city-states to regulate the exchange of surplus yields abroad to generate local wealth.

환경적 요소와 사회적 요소의 결합은 수메르 문명을 발생시켰다. 예를 들어, 수메르인이 살았던 티그리스-유프라테스 강 하류 골짜기는 넓은 습지 평야가 특징이었다. 이 평야는 농사를 짓는 데 탁월했는데, 이는 고원의 비옥한 흙이 강을 따라 충적곡으로 내려왔고, 사람들이 작물에 물을 대기 위해 강물을 수로로 전환함으로써 땅을 경작했기 때문이다. 그러나 이 지역은 천연자원이 풍족하지 않았다. 메소포타미아 북부 구릉지대에 풍부했던 [03A]목재가 수메르에서는 희귀했으며, 비록 [03C]수메르인이 많은 양의 보리, 밀, 대추를 생산할 수 있었으나 [03D]귀중한 원석은 이 지역에 상대적으로 없었고 그래서 그들은 [03B]이러한 자원 및 유향, 석회석과 같은 다른 물건을 구하기 위해 교역해야만 했다. 바다와 강의 배가 짐을 내릴 수 있는 부두를 건설함으로써 교역이 용이해졌고, 그곳은 수메르 지도자에 의해 엄격히 통제되었으며 주로 농산물과 리넨, 모직으로 만든 직물이 교역되었다. 두 개의 큰 강인 티그리스 강과 유프라테스 강은 수메르를 페르시아만 항구와 연결시켰고, 이로부터 수메르인은 인도만큼이나 먼 사회와도 교역을 실시할 수 있었다.

수메르인은 청동 합금을 만든 최초의 민족 중 하나였는데, 이는 농경인에게 굉장히 유용한 기술 혁신이었다. 이 합금은 강하고 철보다 덜 깨지며, 힘든 일에 특히 유용했다. 합금은 끝에 금속이 달린 쟁기 형태로 농업에 사용되었는데, 이 도구는 반복적인 사용을 견뎌낼 수 있을 만큼 튼튼했고 [05C]손으로 사용하는 원시적인 괭이와 날카롭게 깎은 나무 막대기 같은 예전 기술을 사용할 때 필요했던 시간보다 적은 시간 내에 소가 끌어 땅을 갈 수 있었다. 이 쟁기는 관개수로와 함께 농업 생산성을 매우 크게 향상시켜 상당한 수확량을 이끌어냈다. 더 많은 곡식과 과일은 더 많은 인구를 부양할 수 있다는 것을 의미했고 또한 이러한 풍족함은 수메르 도시국가의 지도자에게 국내 부를 창출하기 위해 잉여산물의 해외교역을 규제할 기회를 부여하였다.

Vocabulary

2 combination[kàmbənéiʃən] 결합 (=union) marshy[máːrʃi] 습지의 alluvial valley 충적곡 divert[divə́ːrt] 전환하다 canal[kənǽl] 수로 irrigate[írəgèit] 물을 대다 gemstone[dʒémstòun] (보석의) 원석 frankincense[frǽŋkinsèns] 유향 facilitate[fəsílətèit] 촉진하다 (=enable) dock[dak] 부두 craft[kræft] 배 cargo[káːrgou] 짐 (=shipment) primarily[praimérəli] 주로 (=mostly) conduct[kəndʌ́kt] 실시하다 (=execute)

3 alloy[ǽlɔi] 합금 (=mix) brittle[brítl] 깨지기 쉬운 (=breakable) taxing[tǽksiŋ] 힘든 plow[plau] 쟁기 durable[djúərəbl] 튼튼한 (=lasting) fraction[frǽkʃən] 조금, 적은 일부 antecedent[æ̀ntəsíːdnt] 앞서는 primitive[prímətiv] 원시적인 (=uncivilized) hoe[hou] 괭이 drastically[drǽstikəli] 매우 크게 (=extremely) sizable[sáizəbl] 상당한 크기의 (=large) surplus[sə́ːrplʌs] 잉여의 generate[dʒénərèit] 창출하다 (=produce)

POINT 2

단락 4

관리 기구로서
신전궁의 역할

4 One of the central aspects shaping the dynamic milieu of individuals within the community and that of the relations between city-states was [07A]the role of the temple-palaces as administrative mechanisms for economic and legal matters. In particular, these public institutions provided [07C]standardized accounting practices to replace what had previously existed only as a system of informal bartering for goods and services. This involved internal record keeping of accounts and the establishment of prices to be adopted for transactions in the community at large. A written system of contracts was also conceived, and [07B]loans were distributed at interest. The unit system for standard prices was based on measured weights of silver, and these financial policies were often handed down by formal rulings. By mediating the flow of raw materials to the community, as well as regulating specialized production and trade, the temple-palaces created a monetized market exchange within their walls, and gave rise to a specialized group of merchants who had the incentive to develop expertise in handicrafts, metal working, and the manufacture of prestigious textiles. [07D]Trade in items like copper and lapis lazuli, a semi-precious stone, thus increased as more and more administrative districts tapped into the profitable global system.

공동체 내 개인과 도시국가 간 관계의 활발한 환경을 조성한 주요 양상 중 하나는 [07A]경제와 법 문제에 관한 관리 기구로서 신전궁의 역할이었다. 특히, 이러한 공공기관은 예전에는 그저 물건과 서비스의 비공식적인 교역 체제였던 것을 대체하는 [07C]표준화된 회계 관례를 제공했다. 이 방식은 내국의 회계 기록과 전체 공동체 내 상거래를 위해 채택할 가격 책정을 포함했다. 또한 서면 체제의 계약이 시작되었으며, [07B]대출은 이자를 붙여서 지급되었다. 표준 가격을 위한 단위 체제는 정확히 잰 은의 양에 기초하였고, 이러한 재정 정책은 종종 공식적 판결에 의해 공표되었다. 신전궁은 특산품 생산 및 교역을 통제할 뿐만 아니라 공동체로의 원료 유입을 중재함으로써, 신전궁 내 통화 시장 거래를 조성했고 수공업, 금속 공예, 고급 직물 제조 기술을 발달시키고자 하는 동기를 가진 특화 상인 집단을 발생시켰다. [07D]그러므로 더욱더 많은 행정 지구가 수익성이 높은 국제 체제로 진입하면서 구리와 준보석인 청금석 같은 물건의 교역이 증가하였다.

POINT 3

단락 5

자원에 대한
국가 간의 경쟁

5 As a consequence, long-distance trade increased significantly, and in turn, competition for precious resources ensued. ■ **This resulted in disputes and a period of general unrest between neighboring states.** Skirmishes sometimes broke out as tensions mounted, and people looked to military leaders for protection. ■ City-states that could raise strong armies had an obvious advantage in this race to control the region's raw materials and access to precious water resources and valuable trade routes. ■ Despotic kings emerged, claiming authority from the gods for their rule, and those that were able to successfully defend the city from invasion sometimes derived enough political strength to assimilate neighboring regions under their control. ■ Some of these city-states, such as Ur, Uruk, and Lagash, experienced

그 결과, 장거리 교역은 크게 증가하였으며, 그에 따라 귀중한 자원에 대한 경쟁이 일어났다. 이는 분쟁과 이웃 국가 간에 전반적으로 불안한 시기를 초래했다. 긴장이 높아질수록 때때로 사소한 충돌이 일어났으며, 사람들은 보호를 위해 군 지도자에게 의지하였다. 강력한 군대를 일으킬 수 있었던 도시국가는 이 경쟁에서 지역의 원료를 통제하고 귀중한 수자원과 교역로를 이용할 수 있는 명백한 이점을 가졌다. 절대군주가 나타나 자신의 통치가 신으로부터 부여받은 권위라고 주장하였고, 침략으로부터 도시를 성공적으로 방어할 수 있었던 왕은 때때로 이웃 지역을 통치 하로 흡수할 만큼의 정치력을 이끌어냈다. 우르, 우루크, 라가시 등 이러한 도시국가 중 일부는 지역 내 안정, 부, 주도권의 시기를 경험하였다. 그러나 어떠한 하나의 정

Vocabulary

4 milieu[miljú] 환경 administrative[ædmínəstrèitiv] 관리의 standardize[stǽndərdàiz] 표준화하다 replace[ripléis] 대체하다 (=supplant)
barter[bá:rtər] 교역하다 (=trade) transaction[trænsǽkʃən] 상거래 conceive[kənsí:v] 시작하다, 일으키다 at interest 이자를 붙여서
hand down 공표하다 ruling[rú:liŋ] 판결 mediate[mí:dièit] 중재하다 monetize[mánətàiz] 통화로 정하다
incentive[inséntiv] 동기 (=motivation) expertise[èkspərtí:z] 전문적 기술 (=mastery) handicraft[hǽndikræft] 수공업
prestigious[prestídʒəs] 고급의 lapis lazuli 청금석
5 ensue[insú:] 일어나다 (=result) skirmish[skə́rmiʃ] 사소한 충돌, 소규모 접전 tension[ténʃən] 긴장 mount[maunt] 높아지다 (=rise)
look to 의지하다 despotic[dispátik] 절대군주의 assimilate[əsíməlèit] 흡수하다

periods of stability, fortune, and hegemony in the region; however, no single power could dominate the realm for long, and each forfeited its short-lived preeminence.

권도 왕국을 오래 지배할 수는 없었으며, 각기 짧게 지속된 명성을 잃고 말았다.

단락 6
아카드의
지도자
사르곤

6 Still, some leaders vaunted the vast expanse of their rule. Sargon of Akkad took over the area of Sumer and claimed to rule the entire landmass from the Mediterranean to the Persian Gulf. However, historians dispute Sargon's claim. In retrospect, [08C]it is likely that his dominion was mainly confined to the cities connecting the overland trade routes.

그래도 일부 지도자는 자신이 통치하는 넓은 지역을 자랑하였다. 아카드의 지도자 사르곤은 수메르 땅을 정복하였고 지중해부터 페르시아만까지의 영토 전체를 통치하고 있다고 주장하였다. 그러나 역사가들은 사르곤의 주장에 이의를 제기한다. 돌이켜보면, [08C]그의 지배는 주로 육상 교역로를 연결하는 도시로만 한정되었을 가능성이 높다.

Sentence Analysis

◉ Trade, / which was facilitated by the construction of docks /
　교역은　　　　　　　　　부두를 건설함으로써 용이해졌던

where sea and river craft could unload cargo, / was tightly controlled by Sumerian rulers, /
　바다와 강의 배가 짐을 내릴 수 있는　　　　　수메르 지도자에 의해 엄격히 통제되었다

and consisted primarily / of agricultural products / and textiles made of linen and wool.
　그리고 주로 이루어졌다　　　농산물과　　　　리넨, 모직으로 만든 직물로

◉ By mediating the flow of raw materials to the community, / as well as regulating specialized
　공동체로의 원료 유입을 중재함으로써　　　　　　특산품 생산 및 교역을 통제할 뿐만 아니라

production and trade, / the temple-palaces created a monetized market exchange within their walls, /
　　　　　신전궁은 신전궁 내 통화 시장 거래를 조성했다

and gave rise to a specialized group of merchants / who had the incentive to develop expertise /
　그리고 특화 상인 집단을 발생시켰다　　　　　기술을 발달시키고자 하는 동기를 가진

in handicrafts, metal working, and the manufacture of prestigious textiles.
　수공업, 금속 공예, 고급 직물 제조의

Vocabulary

5 stability[stəbíləti] 안정 (=balance)　fortune[fɔ́ːrtʃən] 부　hegemony[hidʒémɔni] 주도권　dominate[dámənèit] 지배하다 (=control)
　realm[relm] 왕국　forfeit[fɔ́ːrfit] 잃다　preeminence[priémənəns] 명성
6 vaunt[vɔːnt] 자랑하다　expanse[ikspǽns] 확장　take over 장악하다　landmass[lǽndmæ̀s] 광대한 토지　dominion[dəmínjən] 지배
　confine[kənfáin] 한정하다 (=limit)　overland[óuvərlæ̀nd] 육상의

01

What can be inferred from paragraph 1 about Ancient Near Eastern societies prior to the advent of Sumerian civilization?

(A) They were more socially integrated and economically advanced.

(B) They were less connected to other societies in the region.

(C) They were impoverished because of limited resources.

(D) They were ruled by a small group of hereditary elites.

수메르 문명이 도래하기 전의 고대 근동 지역 사회에 대해 1단락으로부터 추론할 수 있는 것은?

(A) 좀 더 사회적으로 통합되고 경제적으로 진보되어 있었다.

(B) 지역의 다른 사회와 덜 연결되어 있었다.

(C) 제한된 자원 때문에 가난했다.

(D) 대대로 최상류층 사람으로 이루어진 소집단에 의해 통치되었다.

Inference 1단락을 살펴보면, The rise of Sumerian civilization ~ coincided with ~ a phenomenon ~ began to influence the lives of people living in disparate areas(수메르 문명 발생은 서로 다른 지역 사람들의 삶에 영향을 미치기 시작했던 현상과 동시에 일어났다)라고 언급했다. 수메르 문명의 발생과 동시에 다른 지역 사람들이 서로 영향을 미치기 시작했다는, 즉 서로 연결되기 시작했다는 것을 통해, 수메르 문명 발생 이전에는 고대 근동 지역 사회가 서로 덜 연결되어 있었다는 것을 추론할 수 있다. 따라서 정답은 (B)이다.

02

Which of the sentences below best expresses the essential information in the highlighted sentence in the passage? *Incorrect* choices change the meaning in important ways or leave out essential information.

(A) Additional natural resources were found in neighboring regions, and it was inevitable that societies would join together in a global network to satisfy their mutual demands.

(B) This emerging global network placed increasing demands on the resources in the region, making foreign products more attractive to neighboring societies.

(C) Societies soon realized that exchanging local products for foreign goods could help balance the demand for resources regionally.

(D) As societies became aware that abundant natural resources in other regions could meet local demand and that trade could provide reciprocal benefits, a global network emerged.

아래 문장 중 지문 속의 음영 표시된 문장의 핵심 정보를 가장 잘 표현하고 있는 것은 무엇인가? 오답은 문장의 의미를 현저히 바꾸거나 핵심 정보를 빠뜨리고 있다.

(A) 추가적인 천연자원이 이웃 지역에서 발견되었고 지역 사회들이 상호 수요를 충족하기 위해서 국제적 조직망을 이룰 것이라는 것은 당연했다.

(B) 새롭게 떠오른 이러한 국제적 조직망은 지역 자원에 대한 수요를 증가시켰으며 이웃 사회에게 외국 상품이 좀 더 매력적으로 보이도록 했다.

(C) 곧 지역 사회들은 국내 상품을 외국 상품과 교역하는 것이 지역적으로 자원에 대한 수요의 균형을 맞출 수 있다는 것을 깨달았다.

(D) 다른 지역의 풍부한 천연자원이 국내 수요를 충족시킬 수 있으며 교역이 상호이익이 될 수 있다는 것을 지역 사회들이 인식하게 되면서, 국제적 조직망이 발생하였다.

Sentence Simplification 음영 표시된 문장 전체가 핵심 정보로서 This emerging global network(새롭게 떠오른 이러한 국제적 조직망)를 a global network emerged(국제적 조직망이 발생하였다)로, derived from the realization among societies that other regions offered environments replete with unique natural resources(다른 지역이 특유의 천연자원이 풍부한 환경을 가지고 있다는 사회 인식에서 비롯되었다)를 As societies became aware that abundant natural resources in other regions(지역 사회들이 다른 지역의 풍부한 천연자원을 인식하게 되면서)로, and that it was to their mutual advantage to establish exchange mechanisms(교역 메커니즘을 확립하는 것이 상호이익이다)를 that trade could provide reciprocal benefits(교역이 상호이익이 될 수 있다)로, to satisfy demand for foreign goods(외국 상품에 대한 수요를 충족시키기 위해)를 could meet local demand(국내 수요를 충족시킬 수 있다)로 간략하게 바꾸어 표현한 보기 (D)가 정답이다.

03

According to paragraph 2, the Sumerian civilization lacked all of the following EXCEPT

(A) timber
(B) limestone
(C) grain
(D) precious gems

2단락에 따르면, 다음 중 수메르 문명이 부족하지 않았던 것은?

(A) 목재
(B) 석회석
(C) 곡식
(D) 귀중한 보석

Negative Fact 문제의 키워드 the Sumerian civilization lacked(수메르 문명은 부족했다)와 같은 의미인 the region was not rich(이 지역은 풍족하지 않았다)가 언급된 부분의 주변을 지문에서 살펴보면 다음을 알 수 있다.
보기 (A)는 지문의 the timber ~ was scarce in Sumer(목재가 수메르에서는 희귀했다)와 일치한다.
보기 (B)는 지문의 forced to trade for ~ limestone(석회석을 교역해야만 했다)과 일치한다.
보기 (D)는 지문의 valuable gemstones were relatively absent in the area(귀중한 원석은 이 지역에 상대적으로 없었다)와 일치한다.
따라서 보기 (A), (B), (D)는 지문의 내용과 일치하므로 오답이다. 그러나 보기 (C)는 지문의 the Sumerians were able to produce surpluses of barley, wheat, and dates(수메르인이 많은 양의 보리, 밀, 대추를 생산할 수 있었다)라는 내용과 다르므로 정답이다.

04

The word "taxing" in the passage is closest in meaning to

(A) turbulent
(B) rigid
(C) arduous
(D) pathetic

지문의 단어 "taxing"과 의미상 가장 유사한 것은?

(A) 난폭한
(B) 경직된
(C) 힘든
(D) 애처로운

Vocabulary 지문의 taxing(힘든)은 arduous(힘든)와 동의어이므로 정답은 (C)이다.

05

According to paragraph 3, what did Sumerians use to turn the soil before the arrival of the plow?

(A) Handheld hoes made with bronze
(B) Wooden sticks affixed with iron handles
(C) Simple hoes and sharpened sticks
(D) Pumps that ejected water from irrigation canals

3단락에 따르면, 수메르인이 쟁기의 도래 이전에 땅을 갈기 위해 사용한 것은?

(A) 청동으로 만든 손으로 사용하는 괭이
(B) 철 손잡이가 달린 나무 막대기
(C) 단순한 괭이와 날카롭게 깎은 막대기
(D) 관개수로로부터 물을 분출하는 펌프

Fact 문제의 키워드 to turn the soil(땅을 갈다)이 언급된 부분의 주변을 지문에서 살펴보면, antecedent technologies, such as primitive handheld hoes and sharpened wooden sticks(손으로 사용하는 원시적인 괭이와 날카롭게 깎은 나무 막대기 같은 예전 기술)라는 것을 알 수 있다. 따라서 보기 (C)는 지문의 내용과 일치하므로 정답이다.

06

The word "incentive" in the passage is closest in meaning to

(A) opportunity
(B) motivation
(C) capability
(D) intelligence

지문의 단어 "incentive"와 의미상 가장 유사한 것은?

(A) 기회
(B) 동기
(C) 능력
(D) 지능

Vocabulary 지문의 incentive(동기)는 motivation(동기)과 동의어이므로 정답은 (B)이다.

07

According to paragraph 4, all of the following are true of the Sumerian economy EXCEPT

(A) financial policies were governed by temple-palaces
(B) money was loaned at interest
(C) accounting methods were standardized
(D) administrators ignored the global market

4단락에 따르면, 다음 중 수메르 경제에 대해 사실이 아닌 것은?

(A) 신전궁이 재정 정책을 관리하였다.
(B) 돈은 이자를 받고 대출되었다.
(C) 회계 방식이 표준화되었다.
(D) 관리자는 국제 시장을 경시하였다.

Negative Fact 보기 (A)는 지문의 the role of the temple-palaces as administrative mechanisms for economic ~ matters(경제 문제에 관한 관리 기구로서 신전궁의 역할)와 일치한다.
보기 (B)는 지문의 loans were distributed at interest(대출은 이자를 붙여서 지급되었다)와 일치한다.
보기 (C)는 지문의 standardized accounting practices(표준화된 회계 관례)와 일치한다.
따라서 보기 (A), (B), (C)는 지문의 내용과 일치하므로 오답이다. 그러나 보기 (D)는 지문의 Trade ~ increased as more and more administrative districts tapped into the profitable global system(더욱더 많은 행정 지구가 수익성이 높은 국제 체제로 진입하면서 교역이 증가하였다)이라는 내용과 다르므로 정답이다.

08

Paragraph 6 suggests that the Akkadian leader Sargon probably

(A) controlled the entire landmass from the Mediterranean to the Persian Gulf
(B) ruled only a few city-states around the Persian Gulf
(C) controlled only the municipalities important to terrestrial trade routes
(D) ruled Sumerian cities crucial to seafaring trade in the region

6단락은 아카드의 지도자 사르곤이 아마도 _____했을 거라고 시사한다.

(A) 지중해부터 페르시아만까지의 영토 전체를 지배했다.
(B) 페르시아만 주변의 몇몇 도시국가만 통치했다.
(C) 육상 교역로에 중요한 도시만 지배했다.
(D) 지역의 해상 교역에 중요한 수메르 도시를 통치했다.

Fact 문제의 키워드 Akkadian leader Sargon(아카드의 지도자 사르곤)과 같은 의미인 Sargon of Akkad(아카드의 지도자 사르곤)가 언급된 부분의 주변을 지문에서 살펴보면, it is likely that his dominion was mainly confined to the cities connecting the overland trade routes(그의 지배는 주로 육상 교역로를 연결하는 도시로만 한정되었을 가능성이 높다)라는 것을 알 수 있다. 따라서 보기 (C)는 지문의 내용과 일치하므로 정답이다.

Look at the four squares [■] that indicate where the following sentence could be added to the passage.

This resulted in disputes and a period of general unrest between neighboring states.

Where would the sentence best fit? 1st ■

네 개의 네모[■]는 다음 문장이 삽입될 수 있는 부분을 나타내고 있다.

이는 분쟁과 이웃 국가 간에 전반적으로 불안한 시기를 초래했다.

이 문장은 어느 자리에 들어가는 것이 가장 적절한가? 첫 번째 ■

Insertion 삽입 문장에서 정답의 단서는 This(이)로, 첫 번째 ■ 앞에 언급된 competition for precious resources(귀중한 자원에 대한 경쟁)를 가리킨다. 첫 번째 ■에 삽입 문장을 넣어보면, 귀중한 자원에 대해 경쟁하게 되면서 분쟁이 생기고 이웃 국가 간에 전반적으로 불안한 시기를 초래했다는 내용이 되어 글의 흐름이 자연스럽다. 따라서 정답은 첫 번째 ■이다.

Directions: An introductory sentence for a brief summary of the passage is provided below. Complete the summary by selecting the THREE answer choices that express the most important ideas in the passage. Some sentences do not belong in the summary because they express ideas that are not presented in the passage or are minor ideas in the passage. **This question is worth 2 points.**

지시: 지문 요약을 위한 도입 문장이 아래에 주어져 있다. 지문의 가장 중요한 내용을 나타내는 보기 3개를 골라 요약을 완성하시오. 어떤 문장은 지문에 언급되지 않은 내용이나 사소한 정보를 담고 있으므로 요약에 포함되지 않는다. 이 문제는 2점이다.

Sumerian Civilization was indicative of a broader pattern of emerging interconnectedness among societies in the Ancient Near East.

- (B) The Sumerians developed a complex financial system, which was overseen by administrators in the temple-palaces.
- (D) Although the region lacked many important raw materials, Sumerians were able to trade surplus agricultural items for products from abroad.
- (F) As competition for valuable resources intensified, armed battles played a key role in the political restructuring of the region.

(A) Sumerians competed for power in urban areas by accumulating luxury goods as symbols of their wealth.

(C) A few Sumerian monarchs were able to conquer their neighbors, and remained in power until the decline of the Sumerian Civilization.

(E) Prior to the time in which Sumerian Civilization arose, other equally complex societies existed throughout the ancient world.

수메르 문명은 고대 근동 지역 사회 간에 떠오른 상호연결의 넓은 양상을 보여준다.

- (B) 수메르인은 복합적인 재정 체제를 발달시켰고 이는 신전궁의 관리자에 의해 감독되었다.
- (D) 비록 그 지역에서 많은 중요한 원료가 부족했지만, 수메르인은 잉여 농산물을 외국 상품과 교역할 수 있었다.
- (F) 귀중한 자원에 대한 경쟁이 심화되면서 무장 전쟁이 지역의 정치적 재편성에 중요한 역할을 하였다.

(A) 수메르인은 부의 상징으로 사치품을 축적하면서 도시 지역의 권력을 두고 싸웠다.

(C) 몇몇 수메르 군주는 이웃 나라를 정복할 수 있었고 수메르 문명이 쇠퇴할 때까지 권력을 유지하였다.

(E) 수메르 문명이 발달하기 전에 똑같이 복잡한 다른 사회가 고대 세계에 줄곧 존재하였다.

Summary 지문의 중심 내용은 수메르 문명의 발생과 지역 간 상호연결 발달이다. 보기 (B)는 4단락의 중심 내용인 관리 기구로서 신전궁의 역할과 일치하고, 보기 (D)는 2~3단락의 중심 내용인 국제 교역의 발달과 일치하며, 보기 (F)는 5~6단락의 중심 내용인 자원에 대한 국가 간의 경쟁으로 인한 무력 대립과 일치한다. 따라서 정답은 (B), (D), (F)이다.

PASSAGE 2

Parental Care in Dinosaurs | 공룡의 어버이 양육

INTRO	단락 1	공룡의 어버이 양육에 관한 증거
POINT 1	단락 2	어버이 양육에 관한 다양한 장소에서의 연구 활동
	단락 3	
POINT 2	단락 4	공룡의 가족적인 양육 방식
POINT 3	단락 5	어버이 양육에 관한 논란과 공룡과 새의 진화적 연관성

공룡의 두개골

INTRO

단락 1

공룡의 어버이 양육에 관한 증거

1 Although the great dinosaurs of the Mesozoic are no longer extant, there are clues about their physiology and behavior, and even though fossils—whether footprints, bones, or nests and eggs—are rare, those unearthed in the past two centuries or so have revealed much about these primeval beasts. Among the more recent discoveries was reasonably clear evidence that some dinosaurs cared for their eggs and young in some capacity, much like crocodiles and birds do today. Parental care obviously has its tradeoffs. [11B]Leaving the offspring to fend for themselves is the most efficient approach, but this leaves them extremely vulnerable to predation both before and after hatching. If modern-day sea turtle hatchlings, for instance, survive the egg stage, they must make a mad dash to the sea as soon as they hatch because of the relentless assault awaiting them in the form of a variety of hungry mammals and birds. Correspondingly, dinosaurs with no parental care would have faced serious threats to their individual and collective survival, perhaps giving them a disadvantage in biological fitness.

중생대의 위대한 공룡들이 더는 현존하진 않지만, 그들의 생리와 행동 방식에 관한 단서들이 있고, 발자국, 유해, 또는 서식처와 알과 같은 화석들이 드물긴 하지만, 지난 2세기 정도 되는 시간 동안 발굴된 것들이 이러한 원시 시대의 짐승에 대해 많은 것을 알려주었다. 더 최근의 발견 중에서 일부 공룡들이 오늘날 악어들과 새들이 그러는 것과 매우 흡사하게 그들의 알과 새끼들을 어느 정도 양육했다는 상당히 분명한 증거가 있다. 어버이 양육은 분명히 이율배반적이다. [11B]새끼가 그들 자신을 부양하도록 놔두는 것이 가장 효율적인 방법이긴 하지만, 이것은 부화 전과 후 모두 그들을 포식에 매우 취약한 상태로 남겨둔다. 예를 들어 만약 오늘날의 갓 부화한 새끼 바다거북이 산란기에서 살아남으면, 다양한 굶주린 포식동물이나 조류의 형태로 그들을 기다리고 있는 끊임없는 공격 때문에 부화하자마자 바다로 서둘러 돌진해야만 한다. 이에 상응하여, 어버이 양육을 받지 못한 공룡들은 개체와 무리의 생존에 엄청난 위협을 마주하게 되었을 것이고, 아마 그들의 생물학적 적응에 불이익을 주었을 것이다.

POINT 1

단락 2

몽골에서의 연구 결과 – 오비랍토르 화석의 발견

2 The America Museum expeditions to Mongolia in the 1920s revealed a treasure trove of dinosaur fossils, and the most significant find was a fossilized dinosaur nest, complete with the first fossil dinosaur eggs ever discovered. ■ More importantly,

1920년대에 몽골로 떠난 미국 박물관 탐험대는 공룡 화석의 매장물을 찾아냈는데, 가장 중요한 발견은 지금까지 발견된 최초의 공룡 알 화석을 포함한 화석화된 공룡의 둥지였다. 더 중요한 것은, 어

Vocabulary

1 Mesozoic[mèzəzóuik] 중생대의   physiology[fìziálədʒi] 생리, 생리학   unearth[ʌnə́ːrθ] 발굴하다 (=excavate)   primeval[praimíːvəl] 원시 시대의
  fend[fend] 부양하다   vulnerable[vʌ́lnərəbl] 취약한 (=easily damaged)   hatchling[hǽtʃliŋ] 갓 부화한 새끼
2 expedition[èkspədíʃən] 탐험대   treasure trove 매장물

an adult dinosaur skull was found lying on top of the eggs, which were arranged in concentric circles. ■ This organism was named *Oviraptor*, which means "egg thief," because at the time experts theorized that it was preying upon the eggs with its large parrot-like beak. ■ **This classification was based on the assumption that the eggs were those of another dinosaur that was common in the area.** [12D]Yet later, in the 1990s, it was confirmed that an embryo in one of the eggs was a young *Oviraptor*. ■ Thus it is now widely believed that the adults were not raiding the nests but rather protecting them from potential predators. Interestingly, the paleontologist who first described *Oviraptor* seems to have half-heartedly named it and apparently did not mean it literally, explaining in his report that the creature was named due to the close proximity of the skull to the eggs and admitting that its epithet may be completely misleading with regard to its actual feeding habits and ultimate identity.

단락 3

몬태나 주에서의 연구 결과 – 공룡이 둥지를 돌봤던 다양한 방법

3 Subsequent findings at a site in Montana indicated that [18B]some dinosaurs covered their eggs with a substrate such as sand, perhaps to camouflage and protect them and to create a favorable microclimate for incubation. In addition, an adult skeleton was found in the vicinity atop a clutch of eggs. A published report of the findings contended that [13D/18A]the dinosaur was in a brooding position with its arms spread, actively warming its eggs with direct body contact on the nest, as in birds, and that, due to their configuration in the nest, the eggs were laid over a prolonged period as in avian species. This is not to say that all dinosaurs cared for their nests, and the manner in which they constructed their nests and interacted with hatchlings probably varied substantially from species to species, from genus to genus, and from family to family. Looking at some of their most direct descendants may provide some clues as certainly there is variation among reptiles, for instance. Some scientists have observed that in modern reptiles, eggs laid in simple holes and covered are likely to be abandoned while mounded nests, such as those of crocodiles, are likely to involve parental protection or care both before and after hatching. Thus it is plausible that similar

른 공룡의 두개골이 동심원으로 배열된 알 위에 놓여있는 채로 발견되었다는 것이다. 이 생물은 '오비랍토르'라고 이름 지어졌는데, 이것은 '알 도둑'이라는 뜻으로, 그때 당시 전문가들은 그것이 크고 앵무새 같은 부리로 알을 잡아먹고 있었다는 이론을 제시했기 때문이다. 이러한 분류는 알이 그 지역에 흔했던 다른 공룡의 것이라는 가정에 근거했다. [12D]하지만 이후 1990년대에 그 알 중 하나의 배아가 새끼 오비랍토르였다는 것이 확인되었다. 따라서 어른 공룡이 그 둥지를 공격하고 있었던 것이 아니라, 오히려 잠재적 포식자로부터 그들을 보호하고 있었다는 것이 오늘날 널리 알려졌다. 흥미롭게도, 최초로 오비랍토르를 묘사했던 고생물학자는 아무렇게나 이름을 지었거나 문자 그대로를 의미한 것은 분명히 아니었던 것으로 보이는데, 그의 보고서에서 그 생물은 두개골이 알에 아주 가까웠기 때문에 이름 지어졌다고 설명하고 그것의 별칭이 실제의 먹이 습성과 궁극적인 정체성에 대해 완전히 오해하게 할 수 있다고 인정한다.

몬태나 주의 유적에서의 그 후의 연구 결과는 [18B]일부 공룡들이 그들의 알을 모래와 같은 하층토로 덮어놓았다는 것을 보여줬는데, 아마 알을 위장하여 보호하고 부화에 적합한 미기후를 만들기 위해서일 것이다. 게다가, 어른 공룡의 뼈대가 근처에서 한배의 알 맨 위에서 발견되었다. 발표된 연구 결과 보고서는 새와 같이 [13D/18A]공룡이 둥지에 직접 몸을 접촉하여 알을 적극적으로 따뜻하게 하며 팔을 뻗은 채로 알을 품고 있는 자세였고, 둥지에서의 배치 형태 덕분에 조류 종과 같이 알이 장기간 머무를 수 있었다고 주장했다. 이것은 모든 공룡이 둥지를 돌봤다는 뜻은 아니며, 그들이 둥지를 이루고 갓 부화한 새끼들과 교류하는 방식은 아마 종, 속, 그리고 과별로 상당히 다양했을 것이다. 예를 들어 파충류 사이에도 분명히 차이가 있듯이, 공룡의 직계 후손들의 일부를 살펴보는 것이 약간의 단서를 제공할지도 모른다. 일부 과학자들은 오늘날의 파충류처럼 단순한 구덩이에 낳아져 덮여있는 알은 버려질 가능성이 높은 반면, 악어처럼 쌓아 올려진 둥지는 부화 전이나 후 모두 부모의 보호나 돌봄을 받는다는 것을 관찰했다. 따라서 공룡들 사이에서 비슷한 다양성이 있었고 오늘날 새들과 파충류에서 보이는 둥지를 트는 행위와 산후 관리의 일부는

Vocabulary

2 embryo[émbriòu] 배아　raid[reid] 공격하다　paleontologist[pèiliəntálədʒist] 고생물학자　half-heartedly[hǽfháːrtidli] 아무렇게나
epithet[épəθèt] 별칭

3 subsequent[sʌ́bsikwənt] 그 후의 (=following)　substrate[sʌ́bstreit] 하층토, 기질(基質)　camouflage[kǽməflàːʒ] 위장하다
microclimate[màikroukláimit] 미기후(한 국지의 기후)　incubation[ìnkjubéiʃən] 부화　vicinity[visínəti] 근처　atop[ətáp] 맨 위에
configuration[kənfìgjuréiʃən] 배치 (=arrangement)　prolonged[prəlɔ́ːŋd] 장기간의 (=extended)　descendant[diséndənt] 후손
reptile[réptil] 파충류　plausible[plɔ́ːzəbl] 타당해 보이는 (=believable)

variations existed among dinosaurs and that some of the nesting behavior and postnatal care that we see in modern birds and reptiles probably have primitive evolutionary roots.

아마 원시에 진화적인 기원을 두고 있는 것이 타당해 보인다.

POINT 2
단락 4
공룡의 가족적인 양육 방식

4 What the paleontological record also suggests is that [18D]parental care in some species of dinosaur may have gone beyond simple nest guarding and feeding of their young. For example, dinosaur tracks in Maryland show a set of juvenile footprints along with a mature one of the same species heading in the same direction together, implying that these animals had something akin to a familial culture. Of course [15D]all of these conclusions amount to nothing more than inferences in the sense that fossils cannot truly give us much verifiable evidence about exact behavior, but looking generally at theropods, which were bipedal dinosaurs that walked upright and, in some cases, had feathers, not unlike their closest living relatives, ostriches, there are too many similarities to discount the theory that dinosaurs indeed provided at least some form of primitive parental care.

고생물학적 기록이 또한 시사하는 것은 [18D]일부 공룡 종들의 어버이 양육은 단순한 둥지 보호와 새끼들에게 먹이를 주는 것 이상이었을지도 모른다는 것이다. 예를 들어, 메릴랜드 주에 있는 공룡의 자취는 함께 같은 방향으로 향하는 같은 종의 다 자란 발자국과 함께 한 쌍의 미성숙한 발자국을 보여주는데, 이러한 동물들이 가족적인 문화와 흡사한 무언가를 가지고 있었다는 것을 시사한다. 물론 [15D]화석은 정확한 행동양식에 대해 증명할 수 있는 증거를 별로 정확히 제공하지 못한다는 점에서 이러한 결론들은 모두 추측에 불과하지만, 일반적으로 수각류 공룡들을 살펴보면, 그들은 현존하는 가장 가까운 동족인 타조와 다르지 않게 일부는 깃털을 가지고 있고, 직립 보행하는 두 발을 가진 공룡인데, 공룡이 적어도 초기 어버이 양육의 어떤 형태를 실제로 제공했다는 이론을 무시하기에는 너무 많은 공통점이 있다.

POINT 3
단락 5
어버이 양육에 관한 논란과 공룡과 새의 진화적 연관성

5 In other words, it is the evolutionary connections themselves that offer the strongest support that some dinosaurs engaged in care of their young. Critics have tried to claim that there are holes in the theory by focusing on some problematic research. In one glaring example, researchers speculated that the presence of worn teeth in fossil remains of young dinosaurs indicated that they were feeding while still in the nest. [17D]Logically this made sense because teeth either get worn because of grinding or eating. Likewise, they pointed to underdeveloped pelvic ligaments in dinosaur hatchlings as evidence that they were unable to wander far from the nest after hatching, and hence, they must have been fed in their nests. [17D]Both of these conclusions have been called into question by observations of modern birds, such as ducks, which can have worn teeth at birth and can move around easily after hatching with immature pelvic ligaments. Yet the very criticism itself lends credibility to the notion that [17D]birds and

다시 말하면, 일부 공룡들이 새끼 양육에 관여했다는 것에 대한 가장 강력한 증거를 제공하는 것은 진화적 연관성 그 자체이다. 비평가들은 일부 문제가 있는 연구에 초점을 맞추면서 그 이론에 모순이 있다고 주장하려는 시도를 했다. 한 가지 확연한 예로, 연구자들은 어린 공룡의 화석 유해에 있는 닳은 이빨의 존재가 그들이 둥지에 있는 동안 먹이를 먹었다는 것을 나타낸다고 추측했다. [17D]논리적으로 이빨은 갈거나 먹어서 닳아지기 때문에 이것은 이치에 맞다. 이처럼, 그들은 갓 부화한 공룡 새끼들이 부화 후 둥지에서 멀리 돌아다닐 수 없었고, 따라서 둥지에서 먹이를 먹었을 것이라는 증거로서 그들의 미숙한 골반 인대를 언급했다. [17D]오리와 같은 오늘날의 새들을 관찰함으로써 이러한 결론 모두에 의문이 제기되었는데, 오늘날의 새들은 태어났을 때 닳은 이빨을 가지고 있을 수 있고 부화한 후 미성숙한 골반 인대를 가진 채 쉽게 돌아다닐 수 있다. 그러나 그것이 [17D]공룡과 새들 간의

Vocabulary

3 postnatal[pòustnéitl] 산후의 primitive[prímətiv] 원시의
4 juvenile[dʒúːvənàil] 미성숙한 verifiable[vérəfàiəbl] 증명할 수 있는 bipedal[bàipidl] 두 발을 가진 theropod[θíərəpàd] 수각류 공룡
5 glaring[gléəriŋ] 확연한 speculate[spékjulèit] 추측하다 (=hypothesize) pelvic[pélvik] 골반의 ligament[lígəmənt] 인대
wander[wándər] 돌아다니다 call into question 의문을 제기하다 credibility[krèdəbíləti] 신빙성

dinosaurs are closely connected because it highlights anatomical evidence supportive of the evolutionary association between dinosaurs and birds.

진화적 연관성을 지지하는 해부학적 증거를 강조하므로 바로 그 비판 자체가 새들과 공룡이 긴밀하게 연결되어 있다는 견해에 신빙성을 준다.

Sentence Analysis

◉ If modern-day sea turtle hatchlings, / for instance, / survive the egg stage, /
만약 오늘날의 갓 부화한 새끼 바다거북이 ~하면   예를 들어   산란기에서 살아남다

they must make a mad dash / to the sea / as soon as they hatch / because of the relentless assault /
그들은 서둘러 돌진해야만 한다   바다로   부화하자마자   끊임없는 공격 때문에

awaiting them / in the form of a variety of hungry mammals and birds.
그들을 기다리고 있는   다양한 굶주린 포유동물이나 조류의 형태로

◉ A published report of the findings contended / that the dinosaur was in a brooding position /
발표된 연구 결과 보고서는 주장했다   공룡이 알을 품고 있는 자세였다는 것을

with its arms spread, / actively warming its eggs / with direct body contact on the nest, /
팔을 뻗은 채로   알을 적극적으로 따뜻하게 하며   둥지에 직접 몸을 접촉하여

as in birds, / and that, / due to their configuration in the nest, / the eggs were laid over a prolonged
새와 같이   그리고 ~라는 것을   둥지에서의 그들의 배치 형태 덕분에   알이 장기간 머물렀다

period / as in avian species.
조류 종과 같이

Vocabulary

5 highlight[hàiláit] 강조하다 (=emphasize) anatomical[æ̀nətámikəl] 해부학적인 supportive[səpɔ́ːrtiv] 지지하는

11

Why does the author discuss sea turtles in the passage?

(A) To show that the evidence supporting parental care in dinosaurs is lacking

(B) To point out the disadvantage of not caring for young in animals

(C) To provide an example of a modern reptile that provides parental care

(D) To illustrate that survival is rare among animals with no parental care

지문에서 글쓴이는 왜 바다거북을 논의하는가?

(A) 공룡의 어버이 양육을 뒷받침하는 증거가 부족하다는 것을 보여주기 위해

(B) 새끼 동물들을 양육하지 않는 것의 단점을 지적하기 위해

(C) 어버이 양육을 하는 오늘날 파충류의 예시를 제공하기 위해

(D) 어버이 양육을 받지 못하는 동물들의 생존이 드물다는 것을 보여주기 위해

Rhetorical Purpose 문제의 키워드 sea turtles(바다거북)가 언급된 부분의 앞 문장을 살펴보면, Leaving the offspring to fend for themselves is the most efficient approach, but this leaves them extremely vulnerable to predation(새끼가 그들 자신을 부양하도록 놔두는 것이 가장 효율적인 방법이긴 하지만, 이것은 그들을 포식에 매우 취약한 상태로 남겨둔다)이라고 언급했다. 즉, sea turtle은 새끼 동물들을 양육하지 않는 것의 단점을 지적하는 예로 논의되었다. 따라서 정답은 (B)이다.

12

According to paragraph 2, what changed the opinions of experts about *Oviraptor*?

(A) They discovered contradictory evidence about its eating habits.

(B) They compared the fossil remains with those of an avian species.

(C) They recognized that its beak was not suited for consuming eggs.

(D) They verified that the skull and eggs were of the same species.

2단락에 따르면, '오비랍토르'에 대한 전문가들의 의견을 바뀌게 한 것은?

(A) 그들은 그것의 식습관에 관한 모순된 증거를 발견했다.

(B) 그들은 화석 유해를 조류 종의 유해와 비교했다.

(C) 그들은 그것의 부리가 알을 먹는 데 적합하지 않다는 것을 알아냈다.

(D) 그들은 두개골과 알이 같은 종의 것이라는 것을 입증했다.

Fact 문제의 키워드 Oviraptor(오비랍토르)가 언급된 부분을 지문에서 살펴보면, Yet later, in the 1990s, it was confirmed that an embryo in one of the eggs was a young Oviraptor. Thus, it is now widely believed that the adults were ~ protecting them from potential predators(하지만 이후 1990년대에 그 알 중 하나의 배아가 새끼 오비랍토르였다는 것이 확인되었다. 따라서 어른 공룡이 잠재적 포식자로부터 그들을 보호하고 있었다는 것이 오늘날 널리 알려졌다)라는 것을 알 수 있다. 따라서 보기 (D)는 지문의 내용과 일치하므로 정답이다.

13

What was the significance of the adult skeleton mentioned in paragraph 3?

(A) It raised questions about the relationship between dinosaurs and reptiles.
(B) It proved that some dinosaurs abandoned their young after birth.
(C) It confirmed that some dinosaurs protected their babies after they hatched.
(D) It led to the proposal that some dinosaurs actively incubated their eggs.

3단락에서 언급된 어른 공룡의 뼈대의 의의는 무엇인가?

(A) 그것은 공룡과 파충류간의 관계에 대한 의문점을 제기했다.
(B) 그것은 일부 공룡들이 산란 후 그들의 새끼를 버렸다는 것을 증명했다.
(C) 그것은 일부 공룡들이 새끼들이 부화한 후 그들을 보호했다는 것을 보여줬다.
(D) 그것은 일부 공룡들이 활발하게 그들의 알을 부화했다는 제안으로 이어졌다.

Fact 문제의 키워드 adult skeleton(어른 공룡의 뼈대)이 언급된 부분의 주변을 지문에서 살펴보면, the dinosaur was in a brooding position with its arms spread, actively warming its eggs with direct body contact on the nest(공룡은 둥지에 직접 몸을 접촉하여 알을 적극적으로 따뜻하게 하며 팔을 뻗은 채로 알을 품고 있는 자세였다)라는 것을 알 수 있다. 따라서 보기 (D)는 지문의 내용과 일치하므로 정답이다.

14

The word "one" in the passage refers to

(A) record
(B) dinosaur
(C) young
(D) set

지문의 단어 "one"이 가리키는 것은?

(A) 기록
(B) 공룡
(C) 새끼
(D) 한 쌍

Reference 보기 중에서 지시어 one에 대입하여 해석했을 때 가장 자연스러운 단어는 set(한 쌍)이므로 정답은 (D)이다.

15

What does the author indicate about the fossil record in paragraph 4?

(A) Much of it is not usable because so many fossils become damaged over time.
(B) It is sufficient to make generalizations about the physical appearance of past organisms.
(C) Some of it is inaccurate but there is enough data to make comprehensive judgments.
(D) It gives incomplete information about how organisms actually behaved.

4단락에서 글쓴이가 화석 기록에 대해 시사한 것은?

(A) 시간이 흐르면서 너무 많은 화석들이 손상되었기 때문에 그것의 다수가 사용될 수 없다.
(B) 그것은 과거의 유기체들의 신체적 양상에 대해 일반화 하는 데 충분하다.
(C) 그것의 일부는 부정확하지만 종합적인 판단을 하는 데 충분한 자료가 있다.
(D) 그것은 유기체가 실제로 어떻게 행동했는지에 대한 불완전한 정보를 준다.

Fact 문제의 키워드 fossil(화석)이 언급된 부분을 지문에서 살펴보면, all of these conclusions amount to nothing more than inferences in the sense that fossils cannot truly give us much verifiable evidence about exact behavior(화석은 정확한 행동양식에 대해 증명할 수 있는 증거를 별로 정확히 제공하지 못한다는 점에서 이러한 결론들은 모두 추측에 불과하다)라는 것을 알 수 있다. 따라서 보기 (D)는 지문의 내용과 일치하므로 정답이다.

16

The word "speculated" in the passage is closest in meaning to

(A) denied
(B) expounded
(C) guessed
(D) interpreted

지문의 단어 "speculated"와 의미상 가장 유사한 것은?

(A) 부인했다
(B) 자세히 설명했다
(C) 추측했다
(D) 설명했다

Vocabulary 지문의 speculated(추측했다)는 guessed(추측했다)와 동의어이므로 정답은 (C)이다.

17

Which of the following can be inferred about birds and dinosaurs from paragraph 5?

(A) Their teeth stopped growing at some point prior to emerging from the shell.
(B) Young ones often had difficulty moving around due to underdeveloped pelvic ligaments.
(C) They shared obvious similarities in the methods they used to feed their young.
(D) Some of them may have ground their teeth during the embryonic development stage.

다음 중 새와 공룡에 대해 5단락으로부터 추론할 수 있는 것은?

(A) 그들의 이빨은 알의 껍질에서 나오기 전에 어느 순간 성장을 멈추었다.
(B) 미숙한 골반 인대 때문에 새끼들은 종종 움직이는 데 어려움을 겪었다.
(C) 그들은 새끼들에게 먹이를 주는 데 사용했던 방법에 있어서 분명한 공통점을 공유했다.
(D) 그들 중 일부는 배아 발달 단계 동안 그들의 이빨을 갈았을 것이다.

Inference 5단락을 살펴보면, Logically ~ teeth either get worn because of grinding or eating(논리적으로 이빨은 갈거나 먹어서 닳아진다)이라고 언급했고, modern birds ~ can have worn teeth at birth(오늘날의 새들은 태어났을 때 닳은 이빨을 가지고 있을 수 있다)라고 언급했다. 또한, birds and dinosaurs are closely connected because ~ anatomical evidence supportive of the evolutionary association between dinosaurs and birds(공룡과 새들 간의 진화적 연관성을 지지하는 해부학적 증거 때문에 새들과 공룡이 긴밀하게 연결되어 있다)라고 언급했다. 즉, 진화적으로 연관된 새와 공룡의 일부가 닳은 이빨을 가진 채로 태어날 수 있는데, 배아 발달 단계에서 먹이를 먹지는 않으므로 이빨을 갈아서 닳아졌을 것이라는 것을 추론할 수 있다. 따라서 정답은 (D)이다.

18

What is NOT mentioned in the passage as a possible form of parental care among dinosaurs?

(A) Incubation of eggs via body contact
(B) Covering of nests with soil
(C) Leading predators away from the nest
(D) Providing sustenance

공룡의 어버이 양육의 가능한 한 형태로 지문에서 언급되지 않은 것은?

(A) 신체 접촉을 통한 알의 부화
(B) 흙으로 둥지를 덮는 것
(C) 포식자를 둥지로부터 멀리 유인하는 것
(D) 먹이를 제공하는 것

Negative Fact 지문을 살펴보면 다음을 알 수 있다.
보기 (A)는 지문의 the dinosaur was in a brooding position with its arms spread, actively warming its eggs with direct body contact on the nest(공룡이 둥지에 직접 몸을 접촉하여 알을 적극적으로 따뜻하게 하며 팔을 뻗은 채로 알을 품고 있는 자세였다)와 일치한다.
보기 (B)는 지문의 some dinosaurs covered their eggs with a substrate such as sand(일부 공룡들이 그들의 알을 모래와 같은 하층토로 덮어놓았다)와 일치한다.
보기 (D)는 parental care in some species of dinosaur may have gone beyond simple nest guarding and feeding of their young(일부 공룡 종들의 어버이 양육은 단순한 둥지 보호와 새끼들에게 먹이를 주는 것 이상이었을지도 모른다)에서 알 수 있다.
따라서 보기 (A), (B), (D)는 지문의 내용과 일치하므로 오답이다. 그러나 보기 (C)는 지문에 언급되지 않은 내용이므로 정답이다.

Look at the four squares [■] that indicate where the following sentence could be added to the passage.

This classification was based on the assumption that the eggs were those of another dinosaur that was common in the area.

Where would the sentence best fit? 3rd ■

네 개의 네모[■]는 다음 문장이 삽입될 수 있는 부분을 나타내고 있다.

이러한 분류는 알이 그 지역에 흔했던 다른 공룡의 것이라는 가정에 근거했다.

이 문장은 어느 자리에 들어가는 것이 가장 적절한가? 세 번째 ■

Insertion 삽입 문장에서 정답의 단서는 This classification(이러한 분류)으로, 세 번째 ■ 앞에서 언급된 experts theorized that it was preying upon the eggs(전문가들은 그것이 알을 잡아먹고 있었다는 이론을 제시했다)를 가리킨다. 세 번째 ■에 삽입 문장을 넣어 보면, 전문가들은 오비랍토르가 알을 잡아먹고 있었다는 이론을 제시했는데, 이러한 분류는 알이 그 지역에 흔했던 다른 공룡의 것이라는 가정에 근거했다는 내용이 되어 글의 흐름이 자연스럽다. 따라서 정답은 세 번째 ■이다.

20

Directions: An introductory sentence for a brief summary of the passage is provided below. Complete the summary by selecting the THREE answer choices that express the most important ideas in the passage. Some sentences do not belong in the summary because they express ideas that are not presented in the passage or are minor ideas in the passage. **This question is worth 2 points.**

지시: 지문 요약을 위한 도입 문장이 아래에 주어져 있다. 지문의 가장 중요한 내용을 나타내는 보기 3개를 골라 요약을 완성하시오. 어떤 문장은 지문에 언급되지 않은 내용이나 사소한 정보를 담고 있으므로 요약에 포함되지 않는다. 이 문제는 2점이다.

Studies of dinosaur fossils indicate that some dinosaur species cared for their young instead of simply laying eggs and abandoning them.

- (B) Research conducted at multiple places have revealed that adult dinosaurs may have taken action to protect eggs and allow embryos to develop.
- (C) Although there is some controversy regarding whether and to what extent dinosaurs cared for their young, their close evolutionary relationship with birds is very apparent.
- (D) Based on the arrangement of fossil footprints, it is plausible that the parental duties of dinosaurs extended beyond the hatchling stage.

(A) According to at least one fossil site, some dinosaurs consumed the eggs of others, but it is not known if this behavior was common.

(E) Researchers know that dinosaurs and birds were closely related from an evolutionary perspective, but this does not mean that they had similar behaviors.

(F) The discovery of an adult dinosaur skeleton that originally appeared to be protecting its nest was disproven by looking at fossils elsewhere.

공룡 화석의 연구는 일부 공룡 종이 단순히 알을 낳고 내버려두는 대신 새끼를 양육했다는 것을 시사한다.

- (B) 다양한 장소에서 시행된 연구는 어른 공룡이 알을 보호하고 배아가 발달하도록 하기 위한 행동을 취했을지도 모른다는 것을 보여줬다.
- (C) 공룡이 새끼들을 양육했는지에 대한 여부와 얼마나 양육했는지의 정도에 관한 논란이 있음에도 불구하고, 공룡의 새들과의 밀접한 진화적 관계는 아주 분명하다.
- (D) 화석 발자국의 배치에 의하면, 공룡의 부모로서의 의무는 부화한 새끼 단계의 이후까지 이어졌다는 것이 타당하다.

(A) 적어도 한 곳의 화석 유적에 따르면, 일부 공룡은 다른 공룡의 알을 잡아먹었으나 이러한 행동이 일반적인지는 알려지지 않았다.

(E) 연구원들은 진화론적 관점에서 공룡과 새가 밀접하게 연관되어 있다는 것을 알지만, 이것은 그들의 행동양식이 비슷했다는 것을 의미하는 것은 아니다.

(F) 원래는 둥지를 보호하고 있는 것처럼 보였던 어른 공룡의 뼈대의 발견은 다른 곳의 화석을 살펴봄으로써 반증되었다.

Summary 지문의 중심 내용은 공룡의 어버이 양육을 보여주는 화석 연구 결과이다. 보기 (B)는 2~3단락의 중심 내용인 어버이 양육에 관한 다양한 장소에서의 연구 활동과 일치하고, 보기 (C)는 5단락의 중심 내용인 공룡과 새의 진화적 연관성과 일치하며, 보기 (D)는 4단락의 중심 내용인 공룡의 가족적인 양육 방식과 일치한다. 따라서 정답은 (B), (C), (D)이다.

TEST 08 지문의 단어 중 토플 필수 단어를 선별하여 정리하였습니다. 고득점을 위해 단어암기 음성파일을 들으며 꼭 암기하세요.

*해커스 동영상강의 포털 해커스인강(HackersIngang.com)에서 단어암기 음성파일을 무료로 다운로드할 수 있습니다.

☐ disparate[díspərət] 다른	☐ hegemony[hidʒéməni] 주도권
☐ replete[riplíːt] 풍부한	☐ dominate[dámənèit] 지배하다 (=control)
☐ mutual[mjúːtʃuəl] 상호의	☐ forfeit[fɔ́ːrfit] 잃다
☐ nascent[nǽsnt] 초기의 (=budding)	☐ preeminence[priémənəns] 명성
☐ contend[kənténd] 경쟁하다 (=struggle)	☐ vaunt[vɔːnt] 자랑하다
☐ eminence[émənəns] 명성 (=reputation)	☐ confine[kənfáin] 한정하다 (=limit)
☐ extravagance[ikstrǽvəgəns] 사치품 (=luxury)	☐ physiology[fìziálədʒi] 생리, 생리학
☐ manifestation[mæ̀nəfistéiʃən] 표명 (=reflection)	☐ unearth[ʌnə́ːrθ] 발굴하다 (=excavate)
☐ brittle[brítl] 깨지기 쉬운 (=breakable)	☐ primeval[praimíːvəl] 원시 시대의
☐ taxing[tǽksiŋ] 힘든	☐ fend[fend] 부양하다
☐ primitive[prímətiv] 원시적인 (=uncivilized)	☐ embryo[émbriòu] 배아
☐ surplus[sə́ːrplʌs] 잉여의	☐ raid[reid] 공격하다
☐ milieu[miljúː] 환경	☐ half-heartedly[hæ̀fháːrtidli] 아무렇게나
☐ barter[báːrtər] 교역하다 (=trade)	☐ epithet[épəθèt] 별칭
☐ conceive[kənsíːv] 일으키다, 시작하다	☐ camouflage[kǽməflàːʒ] 위장하다
☐ hand down 공표하다	☐ prolonged[prəlɔ́ːŋd] 장기간의 (=extended)
☐ ruling[rúːliŋ] 판결	☐ descendant[diséndənt] 후손
☐ mediate[míːdièit] 중재하다	☐ postnatal[pòustnéitl] 산후의
☐ incentive[inséntiv] 동기 (=motivation)	☐ juvenile[dʒúːvənàil] 미성숙한
☐ expertise[èkspərtíːz] 전문적 기술 (=mastery)	☐ verifiable[vérəfàiəbl] 증명할 수 있는
☐ prestigious[prestídʒəs] 고급의	☐ glaring[glɛ́əriŋ] 확연한
☐ ensue[insúː] 일어나다 (=result)	☐ speculate[spékjulèit] 추측하다 (=hypothesize)
☐ mount[maunt] 높아지다 (=rise)	☐ wander[wándər] 돌아다니다
☐ look to 의지하다	☐ call into question 의문을 제기하다
☐ assimilate[əsíməlèit] 흡수하다	☐ credibility[krèdəbíləti] 신빙성

Quiz

각 단어의 알맞은 뜻을 찾아 연결하시오.

01 prestigious	ⓐ 주도권
02 hegemony	ⓑ 고급의
03 disparate	ⓒ 잉여의
04 mutual	ⓓ 상호의
05 preeminence	ⓔ 다른
	ⓕ 명성
	ⓖ 잃다

각 단어의 알맞은 동의어를 찾아 연결하시오.

06 unearth	ⓐ extended
07 confine	ⓑ control
08 prolonged	ⓒ excavate
09 dominate	ⓓ limit
10 speculate	ⓔ hypothesize
	ⓕ struggle
	ⓖ breakable

01 ⓑ 02 ⓐ 03 ⓔ 04 ⓓ 05 ⓕ 06 ⓒ 07 ⓓ 08 ⓐ 09 ⓑ 10 ⓔ

TEST 09

SELF-CHECK LIST

이번 테스트는 어땠나요?
다음 체크리스트로 자신의 테스트 진행 내용을 점검해 볼까요?

---

1 나는 36분 동안 완전히 테스트에 집중하였다.   ☐ Yes   ☐ No
   집중하지 못했다면, 그 이유는?

2 나는 주어진 36분 동안 20문제를 모두 풀었다.   ☐ Yes   ☐ No
   문제를 모두 풀지 못했다면, 그 이유는?

3 유난히 어렵게 느껴지는 지문이 있었다.   ☐ Yes   ☐ No
   있었다면, 어려웠던 지문과 그 이유는? (글의 주제, 글의 흐름, 문법, 어휘 등)

4 유난히 어렵게 느껴지는 문제가 있었다.   ☐ Yes   ☐ No
   있었다면, 어려웠던 문제의 유형과 그 이유는?

5 이전 테스트에서 발견된 문제점이 모두 개선되었다.   ☐ Yes   ☐ No
   개선되지 않았다면, 그 이유는?

6 개선해야 할 점과 이를 위한 구체적인 학습 계획

ANSWER KEYS & 취약 유형 분석표

01	(C)	Vocabulary	11	(B) Vocabulary
02	(B)	Inference	12	(C) Sentence Simplification
03	(C)	Sentence Simplification	13	(C) Fact
04	(A)	Negative Fact	14	(D) Inference
05	(D)	Reference	15	(D) Vocabulary
06	(C)	Fact	16	(D) Negative Fact
07	(B)	Fact	17	(B) Rhetorical Purpose
08	(D)	Rhetorical Purpose	18	(C) Fact
09	3rd ■	Insertion	19	4th ■ Insertion
10	(B), (C), (E)	Summary	20	(A), (D), (E) Summary

■ 각 문제 유형별 맞힌 개수를 아래에 적어 보세요.

문제 유형	맞힌 답의 개수
Sentence Simplification	/ 2
Fact & Negative Fact	/ 6
Vocabulary	/ 3
Reference	/ 1
Rhetorical Purpose	/ 2
Inference	/ 2
Insertion	/ 2
Summary	/ 2
Total	**/20**

* 자신이 취약한 유형은 READING STRATEGIES(p.22)를 통해 다시 한번 점검하시기 바랍니다.

Synthetic Pesticides and their Effects | 합성 농약과 그 효과

INTRO	단락 1	합성 농약의 도입	
POINT 1	단락 2	DDT와 같은 농약 사용의 부작용	
	단락 3		
	단락 4		
	단락 5		
POINT 2	단락 6	농약 사용의 부작용에 대한 화학적 해결책	
POINT 3	단락 7	농약 사용의 부작용에 대한 유기적 해결책	

농약 살포

INTRO

단락 1

합성 농약
도입을 통한
해충 통제

1 With the advent of synthetic pesticides in the early twentieth century, humans made significant progress in their efforts to control insects, plant pathogens, and other pests that can drastically reduce the yield of agricultural crops and threaten human populations. In particular, early success with chemicals such as DDT (dichloro diphenyl trichloroethane), for which Swiss chemist Paul Müller won the 1948 Nobel Prize in Medicine, effectively diminished the number of harmful insects that had plagued humans for thousands of years.

20세기 초 합성 농약의 등장과 함께 인류는 농작물 수확량을 매우 크게 감소시켜 인구를 위협할 수 있는 곤충, 식물 병균, 그리고 다른 해충을 통제하려는 노력에 주목할 만한 진보를 이루었다. 특히, 스위스 화학자 파울 뮐러가 1948년에 노벨 의학상을 수상하게 해준 DDT(dichloro diphenyl trichloroethane)와 같은 화학 약품이 일찍이 성공하여 수천 년 동안 인류를 괴롭혀온 해충의 수를 효과적으로 줄였다.

POINT 1

단락 2

DDT 사용에
의한 농약
내성 발달

2 DDT was widely applied across the world throughout the middle of the twentieth century. ■ Its effectiveness against a range of arthropods was celebrated: it contributed to the reduction of malaria-carrying mosquitoes and other insect vectors, and was also used extensively to control pests that threatened agricultural crops. ■ However, shortly after the initial decline in pest populations, a noticeable drop in efficacy was observed, and consequently, agriculturists were forced to increase application rates to meet past levels of control. ■ **This attempt at a quick-fix solution failed, leaving farmers wondering what had gone**

DDT는 20세기 중반에 걸쳐 전 세계적으로 널리 사용되었다. 다양한 절지동물에 대한 DDT의 효과는 칭송을 받았는데 DDT는 말라리아를 옮기는 모기와 병원균 매개체가 되는 다른 곤충을 감소시키는 데 기여했고, 또한 농작물을 위협하는 해충을 통제하는 데 광범위하게 사용되었다. 그러나 초기에 해충 수가 감소된 후 곧 효력이 눈에 띄게 줄어드는 것이 관찰되었고, 결과적으로 농부들은 이전의 통제 수준을 유지하기 위해 어쩔 수 없이 농약 살포율을 높일 수 밖에 없었다. 이 응급 해결책에 의한 시도가 실패하자 농부들은 무엇이 잘못되었는지 궁

Vocabulary

1 **advent**[ǽdvent] 등장 (=emergence) **synthetic**[sinθétik] 합성의 (=artificial) **pesticide**[péstəsàid] 농약 **significant**[signífikənt] 주목할 만한
pathogen[pǽθədʒən] 병균 **drastically**[drǽstikəli] 매우 크게 **yield**[jiːld] 수확량 **diminish**[dimíniʃ] 줄이다 (=lessen)
plague[pleig] 괴롭히다
2 **arthropod**[άːrθrəpὰd] 절지동물 **celebrate**[séləbrèit] 칭송하다 (=commemorate) **vector**[véktər] 병원균 매개체
agriculturist[ὰgrikʌ́ltʃərist] 농부 **quick-fix**[kwíkfìks] 응급 처치의

wrong. Agronomists later determined that persistent use of the pesticide had resulted in its reduced effectiveness by killing off natural predators and generating more resistant pests. ■

단락 3
농약의 부작용
– 농약 내성
증가

3 When a broad-spectrum pesticide like DDT is applied to a crop, it usually kills the vast majority of target pests (along with many natural predators of the pests), but a naturally resistant portion of the pest population survives. Often, the net effect is a subsequent increase in the number of resistant pests, followed by increased resistance in successive generations.

단락 4
농약 내성
증가의 예
– 분홍 목화씨
벌레

4 An example can be seen in the cotton industry in the southwestern U.S., where [02B]pink bollworm (*Pectinophora gossypiella*) populations were successfully controlled by DDT in the early 1950s. Soon, however, their numbers exploded because naturally resistant survivors had no predators; area wasps that prey on the pests were virtually wiped out by DDT. Farmers responded by repeated applications of the pesticide to try to control the bollworm. Ironically, this created a cycle known as the "pesticide trap," where survivors pass on their intrinsic resistance, creating even stronger offspring genetically predisposed to successfully coping with the pesticide, a process that can occur rapidly among prolific reproducers. Accordingly, this human-induced resistance meant that farmers were devoting finances to a pesticide that was slowly ruining the regional cotton industry.

단락 5
농약의 부작용
– 생물 농축

5 Resistant populations, however, present just one of the adverse effects of using broad-spectrum pesticides like DDT. Misgivings soon developed among environmentalists over the effect such chemicals had on other organisms, such as birds, fish, and mammals. Moreover, concerned scientists began to realize that these chemicals were not only toxic at the point of source, but that [04B]the toxins could end up polluting lakes and rivers due to agricultural runoff. [04C]DDT, for example, was blamed for a pronounced decline in bird populations (most notably, raptors

금해졌다. 이후에 농학자들은 지속적인 농약 사용이 천적을 죽이고 농약에 더욱 내성이 있는 해충을 만들어내어 농약의 효과 감소를 초래하였다고 결론지었다.

DDT와 같이 효과가 광범위한 농약이 작물에 살포될 때 보통 대부분의 표적 해충(그 해충의 수많은 천적까지 함께)이 죽지만, 해충 개체군 중에서 자연적으로 농약에 내성이 있는 일부는 살아남는다. 종종, 최종적 결과로 내성이 있는 해충 수가 이후에 증가하고, 뒤이어 잇따르는 세대에서 내성이 더욱 강해진다.

미국 남서부의 목화 산업에서 한 예를 찾을 수 있는데 그곳에서 [02B]1950년대 초, 분홍 목화씨벌레(Pectinophora gossypiella)의 개체수가 DDT에 의해 성공적으로 통제되었다. 그러나 곧 그들의 개체수는 폭발적으로 늘어났는데, 이는 자연적으로 농약에 내성이 있는 생존자에게 포식자가 전혀 없었기 때문이었다. 분홍 목화씨벌레를 먹고 살던 그 지역의 말벌이 DDT에 의해 사실상 전멸되었던 것이다. 농부들은 목화씨벌레를 통제하기 위해 농약을 반복적으로 살포하며 대응하였다. 모순되게도, 이 때문에 '농약 함정'이라고 알려진 순환 과정이 생겨났는데, 이 과정에서 살아남은 해충이 내재된 내성을 물려주어 유전적으로 농약을 성공적으로 견뎌내는 성향이 있는 훨씬 더 강력한 후손을 만들어내며, 이는 다산하는 번식체 사이에서 급속하게 일어날 수 있는 과정이다. 따라서, 인간이 유발한 이러한 내성은 농부들이 지역 목화 산업을 서서히 파괴하던 농약에 자금을 쏟아부었다는 것을 의미했다.

그러나 내성이 있는 개체는 DDT와 같이 효과가 광범위한 농약 사용의 해로운 영향 중 하나만을 나타낼 뿐이다. 곧 환경론자 사이에서 그러한 농약이 조류, 어류, 포유류 같은 다른 생물에게 끼치는 영향에 대한 우려가 생겨났다. 더욱이, 염려하는 과학자들은 이런 농약이 살포 지점에서 유독할 뿐만 아니라, [04B]농사 유출수 때문에 독소가 호수와 강을 오염시키는 결과를 초래할 수 있다는 것을 자각하기 시작했다. [04C]예를 들어 DDT는 조류 개체군(가장 눈에 띄게는 물고기를 먹고 사는 독수리와 물수리 같은 맹금류)

Vocabulary

2 agronomist[əgrɑ́nəmist] 농학자   persistent[pərsístənt] 지속적인   resistant[rizístənt] 내성이 있는

3 broad-spectrum[brɑ̀ːdspéktrəm] 효과가 광범위한   net[net] 최종적인   subsequent[sʌ́bsikwənt] 그 이후의 (=successive)

4 bollworm[bóulwə̀ːrm] 목화씨벌레   virtually[və́ːrtʃuəli] 사실상 (=practically)   wipe out 전멸시키다 (=decimate)
  intrinsic[intrínsik] 내재된 (=inherent)   predisposed to ~하는 성향이 있는   prolific[prəlífik] 다산의 (=productive)
  induce[indʒúːs] 유발하다 (=tempt)

5 adverse[ædvə́ːrs] 해로운 (=negative)   moreover[mɔ̀ːróuvər] 더욱이   runoff[rʌ́nɔ̀ːf] 유출수 (=overflow)
  pronounced[prənáunst] 현저한 (=marked)

such as eagles and ospreys that feed on fish).©It was later learned that decades of spraying DDT had created ^{04D}toxic concentrations of chemicals in the tissues of higher organisms through biomagnification, a process where toxins occur at higher intensities as they move up the food chain. It increasingly seemed that its continued use was no longer justified. As a result, DDT was banned for most applications in the United States in 1972, and has since been regulated in many parts of the world.

의 현저한 감소 때문에 비난받았다. 수십 년에 걸친 DDT 살포로 생물 농축을 통해 ^{04D}상위 생물 조직에 농약의 독소가 농축되었다는 것이 이후에 알려지게 되었는데, 생물 농축이란 독소가 먹이 사슬을 따라 상위로 이동하면서 더욱 강해지는 과정이다. 점점 DDT를 계속 사용하는 것이 더 이상 합당해 보이지 않았다. 결과적으로, 1972년에 미국에서 대부분의 DDT 살포가 금지되었고, 이후로 전 세계 많은 지역에서 규제되었다.

POINT 2

단락 6
다양한 농약을
사용하는
다면 공격법

6 Numerous farmers were thus left without one of their most powerful pest-control tools, and agronomists were faced with stronger pests and the challenge of moving beyond reliance on a single broad-spectrum chemical. In many agricultural regions, a popular response has been to institute a method of pest control that utilizes a variety of different pesticides. The measured success of this multiple attack approach is contingent on the use of pesticides that employ dissimilar modes of action to attack pests in distinct ways. One technique to maximize the chance of success is ^{06C}to apply a mix of various pesticides at the same time, with the hypothesis that if one means of attack fails, another will work. Also, ^{06C}pesticides can be used in rotation or sequence. For instance, one insecticide can be designed to attack insect pests in the larval stage and another can be formulated to exterminate reproductive adults.©The idea is that pests will have greater difficulty developing resistance to multiple chemicals and that using them in combination or in turn will prevent any particular one from entering the environment on a large scale at a given time.

따라서 수많은 농부들의 가장 효과적인 해충 통제 도구 중 하나가 없어졌고, 농학자들은 더 강력한 해충과 효과가 광범위한 단 하나의 농약에 의지하는 것을 넘어서는 도전에 직면하였다. 많은 농업 지역에서 인기 있는 대응 방안은 여러 가지 다양한 농약을 이용하는 해충 통제 방법을 실시하는 것이었다. 이 다면 공격법의 확실한 성공은 해충을 서로 다른 방식으로 공격하는 다양한 실행 방식을 사용하는 농약의 사용에 달려 있다. 성공 가능성을 극대화 하는 한 가지 방법은 하나의 공격 방법이 실패한다면 다른 방법이 효과 있을 거라는 전제 하에 ^{06C}동시에 다양한 농약 혼합물을 사용하는 것이다. 또한, ^{06C}농약은 교대로 또는 순서대로 사용될 수 있다. 예를 들어, 한 살충제는 유충 단계의 해충을 공격하도록 설계될 수 있고, 다른 살충제는 생식 능력이 있는 성충을 몰살하도록 고안될 수 있다. 이는 해충이 다수의 농약에 대한 내성을 발달시키는 데 더 많은 어려움을 겪을 것이고, 농약을 조합하거나 순서대로 사용하면 특정한 농약이 주어진 시간에 대규모로 환경에 침입하는 것이 방지될 것이라는 생각이다.

POINT 3

단락7
유기적 방법을
사용하는
통합 해충
관리법

7 However, skeptics emphasize that this method also necessitates the continual application of artificial chemicals and that the cumulative effect of these chemicals on ecosystems as a whole is still poorly understood. They point to DDT as an example of a past solution that was ^{07B}originally believed to be sound, but which ultimately turned out to have unforeseen dangers. In reaction to these concerns, more and more agriculturalists have

그러나 회의론자들은 이 방법 또한 합성 농약의 계속적인 사용을 요하며, 전반적으로 생태계에 대한 이러한 농약의 누적된 영향은 여전히 제대로 인식되지 않고 있다고 강조한다. 그들은 ^{07B}처음에는 안전한 것으로 생각되었다가 궁극적으로는 예측하지 못한 위험을 가진 것으로 드러난 과거 해결책의 예로 DDT를 지적한다. 이러한 우려에 반응하여, 점점 더 많은 농학자들이 대안으로 통합 해충

Vocabulary

5 biomagnification[bàioumǽgnəfikéiʃən] 생물 농축   justified[dʒʌ́stəfàid] 합당한
6 reliance[rilàiəns] 의지   response[rispáns] 대응, 반응 (=reaction)   contingent[kəntíndʒənt] ~에 달린, 의존하는 (=conditional)
   dissimilar[dissímələr] 다양한   in rotation 교대로   in sequence 순서대로   larval[láːrvəl] 유충의   formulate[fɔ́ːrmjulèit] 고안해내다
   exterminate[ikstə́ːrmənèit] 몰살하다   resistance[rizístəns] 내성, 저항   combination[kàmbənéiʃən] 조합   on a large scale 대규모로
7 skeptic[sképtik] 회의론자   cumulative[kjúːmjulətiv] 누적된   unforeseen[ʌ̀nfɔːrsíːn] 예측하지 못한

turned to integrated pest management as an alternative. [08D]The integrated approach greatly reduces dependence upon chemical pesticides and draws upon biological, cultural, and mechanical controls. Introducing natural predators, such as ladybugs–beetles of the genus *Coccinella*–to prey upon unwanted insects; planting crops early in the season before pests reach peak numbers (e.g. the corn bollworm is more easily managed in early- to mid-summer); erecting physical barriers and placing insect traps; [08D]all of these represent organic forms of control that complement the use of chemicals, thus limiting detrimental ecological effects resulting from their use.

관리법에 주목했다. [08D]이 통합된 접근법은 화학 농약에 대한 의존도를 크게 줄이고 생물학적, 문화적, 기계적 통제를 이용한다. Coccinella 속의 딱정벌레인 무당벌레와 같은 천적을 도입하여 쓸모없는 해충을 잡아먹도록 하고, 해충의 수가 최고에 달하기 전 이른 시기에 작물을 심으며(예를 들어, 옥수수씨벌레는 초여름에서 한여름 사이에 더 쉽게 관리된다), 물리적 장애물을 설치하고 곤충 덫을 놓는다. [08D]이 모든 것이 농약 사용을 보완하여 농약 사용에 의해 초래되는 해로운 생태적 영향을 제한하는 유기적 통제 형태에 해당한다.

Sentence Analysis

◉ It was later learned / that decades of spraying DDT / had created toxic concentrations of chemicals /
　~라고 이후에 알려지게 되었다　　수십 년에 걸친 DDT 살포가　　　　농약의 독소가 농축되게 했다

in the tissues of higher organisms / through biomagnification, / a process where toxins occur at
　　상위 생물 조직에　　　　　　생물 농축을 통해　　　　　독소가 더욱 강해지는 과정

higher intensities / as they move up the food chain.
　　　　　그것들이 먹이 사슬을 따라 상위로 이동하면서

◉ The idea is / that pests will have greater difficulty / developing resistance to multiple chemicals /
　이 생각은　　해충이 더 많은 어려움을 겪을 것이라는 것이다　　다수의 농약에 대한 내성을 발달시키는 데

and that / using them in combination or in turn / will prevent any particular one from entering
그리고 ~라는 것이다　농약을 조합하거나 순서대로 사용하는 것이　　특정한 농약이 환경에 침입하는 것을 방지할

the environment / on a large scale at a given time.
　　　　　주어진 시간에 대규모로

Vocabulary

7 integrated[íntəgrèitid] 통합된　draw upon ~을 이용하다　mechanical[məkǽnikəl] 기계적인　ladybug[léidibʌ̀g] 무당벌레
beetle[bíːtl] 딱정벌레　genus[dʒíːnəs] 속　unwanted[ʌ̀nwɔ́ːntid] 쓸모없는　erect[irékt] 설치하다 (=build)
represent[rèprizént] 해당하다, 나타내다 (=stand for)　complement[kámpləmènt] 보완하다　detrimental[dètrəméntl] 해로운 (=harmful)

01

The word "drastically" in the passage is closest in meaning to

(A) unintentionally
(B) steadily
(C) strikingly
(D) willingly

지문의 단어 "drastically"와 의미상 가장 유사한 것은?

(A) 무의식 중에
(B) 꾸준히
(C) 두드러지게
(D) 기꺼이

Vocabulary 지문의 drastically(매우 크게)는 변화의 폭이 눈에 띌 만큼 매우 큼을 뜻하는 단어로, strikingly(두드러지게)와 동의어이다. 따라서 정답은 (C)이다.

02

What can be inferred from paragraph 4 about the pink bollworm in the southwestern U.S.?

(A) Prior to the 1950s, it was successfully controlled by natural means.
(B) It was not a significant threat to crops in the early 1950s.
(C) It was a problem for farmers of crops other than cotton.
(D) Before DDT was introduced, it had no natural predators.

미국 남서부의 분홍 목화씨벌레에 관하여 4단락으로부터 추론할 수 있는 것은?

(A) 1950년대 이전에는 자연적 방법에 의해 성공적으로 통제되었다.
(B) 1950년대 초에는 작물에 중대한 위협이 아니었다.
(C) 목화 외 다른 작물을 재배하는 농부에게 문제가 되었다.
(D) DDT가 도입되기 전에는 어떤 천적도 없었다.

Inference 4단락에서 문제의 키워드 pink bollworm(분홍 목화씨벌레)이 언급된 부분을 살펴보면, pink bollworm ~ populations were successfully controlled by DDT in the early 1950s(1950년대 초, 분홍 목화씨벌레의 개체수가 DDT에 의해 성공적으로 통제되었다)라고 언급했다. 즉, 분홍 목화씨벌레가 DDT에 의해 통제되었다는 것을 통해 1950년대 초에는 분홍 목화씨벌레가 작물에 중대한 위협이 아니었음을 추론할 수 있다. 따라서 정답은 (B)이다.

03

Which of the sentences below best expresses the essential information in the highlighted sentence in the passage? *Incorrect* choices change the meaning in important ways or leave out essential information.

(A) Farmers thus wasted scarce resources for pest control, which could otherwise have been used for raising cotton.
(B) At the same time, farmers produced cotton with lower market values because it was contaminated with harmful chemicals.
(C) Therefore, chemicals purchased to control pests resulted in increased resistance, gradually devastating area cotton farms.
(D) As a result, localized resistance caused by pesticides bought by some farmers began to affect the cotton in the whole region.

아래 문장 중 지문 속의 음영 표시된 문장의 핵심 정보를 가장 잘 표현하고 있는 것은 무엇인가? 오답은 문장의 의미를 현저하게 바꾸거나 핵심 정보를 빠뜨리고 있다.

(A) 그래서 농부는 목화를 기르는 데 사용될 수도 있었던 부족한 자금을 해충을 통제하기 위해 낭비했다.
(B) 동시에, 농부는 시장 가치가 낮은 목화를 생산했는데, 이는 목화가 해로운 화학 약품으로 오염되었기 때문이다.
(C) 그러므로 해충을 통제하기 위해 구입된 농약은 내성이 증가하는 결과를 초래했고, 서서히 지역 목화 농장을 파괴했다.
(D) 결과적으로, 일부 농부가 사들인 농약에 의해 야기된 국지적 내성은 전체 지역의 목화에 영향을 주기 시작했다.

Sentence Simplification 음영 표시된 문장 전체가 핵심 정보로서 Accordingly, this human-induced resistance meant that farmers were devoting finances to a pesticide(따라서, 인간이 유발한 이러한 내성은 농부들이 농약에 자금을 쏟아부었다는 것을 의미했다)를 Therefore, chemicals purchased to control pests resulted in increased resistance(그러므로 해충을 통제하기 위해 구입된 농약은 내성이 증가하는 결과를 초래했다)로, slowly ruining the regional cotton industry(지역 목화 산업을 서서히 파괴했다)를 gradually devastating area cotton farms(서서히 지역 목화 농장을 파괴했다)로 간략하게 바꾸어 표현한 보기 (C)가 정답이다.

04

According to paragraph 5, all of the following are true about broad-spectrum chemicals like DDT EXCEPT

(A) they proved more lethal to avian populations than to insects

(B) they can move away from farms and contaminate bodies of water

(C) they were responsible for a decline in the numbers of birds of prey

(D) they sometimes accumulate in the bodies of animals

5단락에 따르면, 다음 중 DDT와 같이 효과가 광범위한 농약에 대해 사실이 아닌 것은?

(A) 곤충보다 조류에게 더 치명적인 것으로 드러났다.

(B) 농장에서 이동하여 수역을 오염시킬 수 있다.

(C) 맹금류의 개체수 감소에 책임이 있다.

(D) 때때로 동물 몸 속에 축적된다.

Negative Fact 문제의 키워드 broad-spectrum chemicals like DDT(DDT와 같이 효과가 광범위한 농약)와 같은 의미인 broad-specrum pesticides like DDT(DDT와 같이 효과가 광범위한 농약)가 언급된 부분의 주변을 살펴보면 다음을 알 수 있다.
보기 (B)는 지문의 the toxins could end up polluting lakes and rivers due to agricultural runoff(농사 유출수 때문에 독소가 호수와 강을 오염시키는 결과를 초래할 수 있다)와 일치한다.
보기 (C)는 지문의 DDT, for example, was blamed for a pronounced decline in bird populations(예를 들어 DDT는 조류 개체군의 현저한 감소 때문에 비난받았다)와 일치한다.
보기 (D)는 지문의 toxic concentrations of chemicals in the tissues of higher organisms(상위 생물 조직에 농약의 독소가 농축)와 일치한다.
따라서 보기 (B), (C), (D)는 지문의 내용과 일치하므로 오답이다. 그러나 보기 (A)는 지문에 언급되지 않은 내용이므로 정답이다.

05

The word "another" in the passage refers to

(A) chance of success

(B) mix

(C) hypothesis

(D) means of attack

지문의 단어 "another"가 가리키는 것은?

(A) 성공 가능성

(B) 혼합물

(C) 전제

(D) 공격 방법

Reference 보기 중에서 지시어 another에 대입하여 해석했을 때 가장 자연스러운 단어는 means of attack(공격 방법)이므로 정답은 (D)이다.

06

Which of the following is true about the multi-attack approach to pest control described in paragraph 6?

(A) It will result in pests that are resistant to a wider range of chemicals.

(B) It can create more effective chemical reactions than previous methods.

(C) It may involve the application of different chemicals at different times.

(D) It can utilize a single chemical to control different types of pests.

다음 중 6단락에서 묘사된 다면 해충 통제법에 대해 사실인 것은?

(A) 더 넓은 범위의 농약에 대한 내성이 있는 해충이 생길 것이다.

(B) 이전 방법보다 더 효과가 있는 화학적 반응을 일으킬 수 있다.

(C) 다양한 시점에 다양한 농약의 사용을 수반할 수 있다.

(D) 다양한 유형의 해충을 통제하기 위해 단 하나의 농약을 사용할 수 있다.

Fact 문제의 키워드 approach to pest control(해충 통제법)과 같은 의미인 a method of pest control(해충 통제 방법)이 언급된 부분의 주변을 지문에서 살펴보면, to apply a mix of various pesticides at the same time(동시에 다양한 농약 혼합물을 사용하는 것이다)과 pesticides can be used in rotation or sequence(농약은 교대로 또는 순서대로 사용될 수 있다)라는 것을 알 수 있다. 따라서 보기 (C)는 지문의 내용과 일치하므로 정답이다.

07

According to paragraph 7, more people in agriculture have embraced integrated pest management because of

(A) concerns that traditional methods do more harm than good
(B) fears that chemicals can have unexpected consequences
(C) the ineffectiveness of other methods in killing highly resistant pests
(D) the stricter environmental regulations regarding artificial chemicals

7단락에 따르면, 많은 농업 종사자들이 _____ 때문에 통합 해충 관리법을 받아들였다.

(A) 기존의 방법이 백해무익하다는 걱정
(B) 농약이 예상하지 못한 결과를 가져올 수 있다는 우려
(C) 내성이 높은 해충을 죽이는 다른 방법이 효과가 없다는 것
(D) 합성 농약과 관련한, 더 엄격한 환경 규제

Fact 문제의 키워드 more people in agriculture have embraced integrated pest management(많은 농업 종사자들이 통합 해충 관리법을 받아들였다)와 같은 의미인 more and more agriculturalists have turned to integrated pest management as an alternative(점점 더 많은 농학자들이 대안으로 통합 해충 관리법에 주목했다)가 언급된 부분의 주변을 지문에서 살펴보면, originally believed to be sound, but which ultimately turned out to have unforeseen dangers. In reaction to these concerns(처음에는 안전한 것으로 생각되었다가 궁극적으로는 예측하지 못한 위험을 가진 것으로 드러났다. 이러한 우려에 반응하여 ~)라는 것을 알 수 있다. 따라서 보기 (B)는 지문의 내용과 일치하므로 정답이다.

08

Why does the author mention "ladybugs" in paragraph 7?

(A) To specify that beneficial insects can adapt to protect specific crops
(B) To show that natural products are more effective than synthetic chemicals
(C) To illustrate a kind of predator that is resistant to manmade chemicals
(D) To point out a case where organic methods can control pests

7단락에서 글쓴이는 왜 "ladybugs"를 언급하는가?

(A) 유익한 곤충이 특정 작물을 보호하도록 적응할 수 있다는 것을 명확히 하기 위해
(B) 자연적 상품이 합성 농약보다 더 효과적이라는 것을 보여주기 위해
(C) 인간이 만들어낸 농약에 내성이 있는 포식자의 예를 들기 위해
(D) 유기적 방법이 해충을 통제할 수 있는 경우를 지적하기 위해

Rhetorical Purpose 음영 문구 ladybugs(무당벌레)가 언급된 부분의 앞 문장을 살펴보면, The integrated approach greatly reduces dependence upon chemical pesticides and draws upon biological ~ controls(이 통합된 접근법은 화학 농약에 대한 의존도를 크게 줄이고 생물학적 통제를 이용한다)라고 언급했다. 뒷 부분을 살펴보면, all of these represent organic forms of control(이 모든 것이 유기적 통제 형태에 해당한다)이라고 언급했다. 즉, ladybugs는 유기적 해충 통제법의 한 경우로 언급된 것이다. 따라서 정답은 (D)이다.

09

Look at the four squares [■] that indicate where the following sentence could be added to the passage.

This attempt at a quick-fix solution failed, leaving farmers wondering what had gone wrong.

Where would the sentence best fit? 3rd ■

네 개의 네모[■]는 다음 문장이 삽입될 수 있는 부분을 나타내고 있다.

이 응급 해결책에 의한 시도가 실패하자 농부들은 무엇이 잘못되었는지 궁금해졌다.

이 문장은 어느 자리에 들어가는 것이 가장 적절한가? 세 번째 ■

Insertion 삽입 문장에서 정답의 단서는 a quick-fix solution(응급 해결책)으로, 세 번째 ■ 앞에서 언급된 increase application rates(농약 살포율을 높이다)를 가리킨다. 세 번째 ■에 삽입 문장을 넣어보면, 이전의 통제 수준을 유지하기 위해 농약 살포율을 높였지만 이러한 응급 해결책이 실패했다는 내용이 되어 글의 흐름이 자연스럽다. 따라서 정답은 세 번째 ■이다.

10

Directions: An introductory sentence for a brief summary of the passage is provided below. Complete the summary by selecting the THREE answer choices that express the most important ideas in the passage. Some sentences do not belong in the summary because they express ideas that are not presented in the passage or are minor ideas in the passage. **This question is worth 2 points.**

Artificial chemicals initially proved useful for pest control, but problems soon emerged, necessitating additional solutions.

- (B) DDT was merely partially beneficial because it led to a host of negative consequences, including tougher pests and environmental degradation.
- (C) Some agriculturists have made a conscious effort to employ techniques that do not harm the environment yet represent adequate modes of pest control.
- (E) Faced with the need for a new method of pest control, people in agriculture have resorted to the use of more than one chemical pesticide.

(A) Chemical runoff created excess toxicity in streams and rivers, adversely affecting organisms that rely upon aquatic animals for food.

(D) Highly-resistant pests can fend off persistent attacks from synthetic pesticides by reproducing in greater numbers and often in greater frequency.

(F) Chemical pesticides were initially developed in the twentieth century to combat the spread of disease by organisms like mosquitoes.

지시: 지문 요약을 위한 도입 문장이 아래에 주어져 있다. 지문의 가장 중요한 내용을 나타내는 보기 3개를 골라 요약을 완성하시오. 어떤 문장은 지문에 언급되지 않은 내용이나 사소한 정보를 담고 있으므로 요약에 포함되지 않는다. 이 문제는 2점이다.

인공 농약은 초기에는 해충 통제에 유용하다고 입증되었으나, 곧 문제점이 나타났고 부가적인 해결책이 필요하게 되었다.

- (B) DDT는 단지 부분적으로 유익했는데, 이는 더 강력한 해충과 환경 오염을 포함하는 수많은 부정적 결과를 초래했기 때문이다.
- (C) 일부 농부들은 환경에 해를 끼치지 않으면서 적절한 해충 통제법을 제시하는 기술을 사용하기 위한 의식적인 노력을 해왔다.
- (E) 새로운 해충 통제 방법의 필요에 직면한 농업 종사자들은 하나 이상의 화학 농약을 사용하는 수단을 썼다.

(A) 농약 유출수는 개울과 강에 과도한 독성을 야기해서 수생 동물을 먹이로 삼는 생물에 해로운 영향을 끼쳤다.

(D) 고도로 내성이 생긴 해충은 더 많이 그리고 종종 더 자주 번식함으로써 합성 농약의 지속적인 공격을 막아낼 수 있다.

(F) 화학 농약은 모기와 같은 생물에 의한 질병의 유포에 맞서기 위해 20세기에 처음 개발되었다.

Summary 지문의 중심 내용은 처음에는 효과가 있음이 증명되었던 농약의 부작용과 그에 대한 해결책이다. 보기 (B)는 2~5단락의 중심 내용인 DDT와 같은 농약 사용의 부작용과 일치하고, 보기 (C)는 7단락의 중심 내용인 농약 사용의 부작용에 대한 유기적 해결책과 일치하며, 보기 (E)는 6단락의 중심 내용인 농약 사용의 부작용에 대한 화학적 해결책과 일치한다. 따라서 정답은 (B), (C), (E)이다.

Scientific Management in the Twentieth Century | 20세기 과학적 관리법

과학적 관리법으로 운용되는 공장

INTRO

단락 1

산업 혁명 초기의 노동 관리 상황

1 Although the Industrial Revolution radically transformed the manner in which goods were manufactured, industrial restructuring was initially limited to the technological realm, and issues pertaining to corporate structure and labor management were not widely addressed. However, as conceptions of industry began to change through the latter half of the nineteenth century, there was an increasing awareness that neglecting management practices resulted in financial losses that, to some extent, offset the advantages of the mechanization of industry.

산업혁명은 상품이 생산되는 방식을 근본적으로 바꿨지만, 이 산업 혁신은 초기에 기술 영역에 한정되어 있었고 기업 구조 및 노동 관리와 관련된 쟁점은 크게 다뤄지지 않았다. 하지만 19세기 후반에 걸쳐 산업의 개념이 바뀌기 시작하면서 관리 기법을 등한시하는 것이 재정적 손실을 초래하고 어느 정도 산업기계화의 장점을 상쇄했다는 인식이 증가하였다.

단락 2

테일러에 의한 과학적 관리법 이론 창시

2 The problem was of great interest to Frederick Winslow Taylor, an American engineer who had spent almost 16 years in large factories in a variety of occupations, which not only enabled him to understand the essential aspects of the production process, but also provided him with the necessary insight to come up with a new method to organize and direct the labor force. Known as 'scientific management,' the theory presented several principles that were designed to rationalize corporate structure and increase worker efficiency.

미국인 기술자인 프레드릭 윈슬로 테일러는 이 문제에 큰 관심을 가졌는데, 그는 거의 16년 동안 큰 공장에서 다양한 직업에 종사하였고, 이는 그가 생산 과정의 본질적인 부분을 이해할 수 있도록 했을 뿐만 아니라 노동력을 조직하고 감독할 수 있는 새로운 방법을 생각해내는 데 필요한 통찰력을 주었다. '과학적 관리법'이라고 알려진 이 이론은 기업 구조를 합리화하고 노동자의 능률을 높이기 위해 고안된 몇 가지 원칙을 제시하였다.

Vocabulary

1 **radically**[rǽdikəli] 근본적으로 **restructuring**[rìːstrʌ́ktʃəriŋ] 혁신 **realm**[relm] 영역 **pertain**[pərtéin] 관련하다 **corporate**[kɔ́ːrpərət] 기업의 **address**[ədrés] 다루다, 대처하다 **neglect**[niglékt] 등한시하다 **to some extent** 어느 정도까지는 **offset**[ɔ́ːfsèt] 상쇄하다 (=compensate)

2 **occupation**[àːkjupéiʃən] 직업 (=job) **essential**[isénʃəl] 본질적인 (=fundamental) **come up with** 생각해내다 **labor force** 노동력 **rationalize**[rǽʃənəlàiz] 합리화하다

POINT 1
단락 3
관리자에게
노동자의 업무
방식에 대한
정보 제공

3 ¹³ᶜOne of the most fundamental limitations on the ability of management to directly intervene in the day-to-day operation of the factories was its ignorance of the practical elements of the production process. This was primarily due to the compartmentalization of the knowledge related to each individual stage of production. To bridge the information gap, Taylor drew upon his own employment experience in combination with extensive research to provide managers with a vast body of raw data regarding the methodology of the workers. ■ Not only did the additional knowledge allow administrators to gain valuable insight into elements of business that had previously been delegated to workers, but it also made apparent the haphazard nature of many manufacturing practices, which were usually determined by informal rules of thumb. ■

¹³ᶜ일상의 공장 운용에 직접 개입하려는 관리자의 능력에서 가장 근본적인 한계 중 하나는 생산 과정의 실제적인 부분에 대한 무지였다. 이것은 우선적으로 각각의 생산 단계와 관련된 지식의 구획화 때문이었다. 정보의 격차를 메우기 위해 테일러는 광범위한 조사와 함께 자신의 근무 경험을 이용하여 노동자 방법론에 관한 방대한 양의 가공되지 않은 자료를 관리자에게 제공하였다. 이 부가적인 지식은 관리자가 이전에는 노동자에게 위임되었던 업무 부분에 대한 유용한 통찰력을 얻을 수 있게 했을 뿐만 아니라 대개 비공식적인 경험으로 결정되었던 많은 생산 관행의 무작위성을 분명히 드러나게 하였다.

단락 4
현장 주임의
역할 변화

4 For systematic procedures and guidelines to be initiated, ¹⁴ᴰthe role of the foreman, a middleman who had traditionally served as a representative of the workers, had to be drastically changed. ■ A new form of management required a different kind of supervisor, a white-collar employee who dictated the division of labor, the methods employed, and the time frames for particular jobs, which removed the responsibility for planning and coordinating from those who implemented the actual tasks. ■ **Roles involving the theoretical aspects of business were thus completely severed from those responsible for their practical application.**

체계적인 절차와 지침이 시작되기 위해서 ¹⁴ᴰ전통적으로 노동자의 대변인 역할을 했던 중개자인 현장 주임의 역할이 대폭 바뀌어야 했다. 새로운 관리 형태는 화이트 칼라층의 직원인 다른 관리자의 형태를 필요로 했는데, 그는 특정 작업에 대한 업무의 분업, 사용되는 방법과 소요 시간을 지시하였고, 실제 그 업무를 수행했던 사람에게서 계획과 조정의 책임을 덜어주었다. 이리하여 경영의 이론적인 측면을 포함하는 직무는 그 이론의 실제적인 적용에 책임이 있는 직무와 완전히 분리되었다.

POINT 2
단락 5
삯일 체계에
따른 보수 지급

5 While the supervisory transition represented a massive power shift in favor of administration, it did little to improve efficiency of individual workers, a problem attributed primarily to the continued use of traditional formulas to determine compensation. In many cases, laborers were paid for each individual item they produced, a method known as piecework. Although it appeared to be a logical way to ensure productivity, the tendency to reduce piece rates as output increased limited the incentive of the labor force to function at its full capacity. Under the tenets of scientific management, owners were encouraged to maintain a stable piece rate, as the perceived benefits received from reducing rates were transitory.

이러한 관리의 변화는 경영에 유리한 엄청난 권력의 이동을 의미했지만, 이는 노동자 개개인의 능률을 증대시키지 못했으며, 이 문제는 주로 보상을 결정짓는 전통적 방식의 지속적인 사용에서 기인하였다. 많은 경우에 노동자는 생산한 제품 하나당 보수가 지급되었는데, 이는 삯일이라고 알려진 방식이다. 이것은 생산력을 보장하기 위한 논리적인 방법인 것처럼 보였지만, 산출량이 증가할수록 성과급을 낮추려는 경향은 가장 최상의 역량에서 일하려는 노동력의 동기를 제한하였다. 과학적 관리법의 원칙에 따라 사업주는 고정된 성과급을 지속하도록 장려되었는데, 이는 성과급을 줄이는 것으로부터 얻는 이익이 일시적이었기 때문이다.

Vocabulary

3 intervene[ìntərvíːn] 개입하다 (=interfere)   ignorance[ígnərəns] 무지   compartmentalization[kəmpɑ̀ːrtmèntəlizéiʃən] 구획화
delegate[déligèit] 위임하다   haphazard[hæphǽzərd] 무작위의 (=random)   by a rule of thumb 경험으로
4 foreman[fɔ́ːrmən] 현장 주임   drastically[drǽstikəli] 대폭, 과감하게   dictate[díkteit] 지시하다   implement[ímpləmənt] 수행하다
5 transition[trænzíʃən] 변화   compensation[kàmpənséiʃən] 보상   piecework[píːswə̀ːrk] 삯일   tenet[ténit] 원칙, 주의 (=doctrine)
transitory[trǽnsətɔ̀ːri] 일시적인

단락 6
개인의 성과에
바탕을 둔
보상 제도

6 Taylor's theory also addressed the issue of wages in factories that did not employ the piecework system, presenting [16C]the concept of remuneration based on individual performance rather than position held. [16A]Performance-based incentives such as individual raises and bonuses instilled a competitive atmosphere, wherein [16B]notable income disparities became possible among colleagues of equal responsibility and authority. Management was encouraged to implement an unequal salary system, a practice that would go a long way towards destroying labor solidarity, granting owners even greater control over their companies.

또한 테일러의 이론은 삯일 체계를 이용하지 않던 공장의 임금 문제를 다루었는데, 직위가 아닌 [16C]개개인의 성과에 바탕을 둔 보상 개념을 제시하였다. [16A]개인적인 임금 인상 및 보너스와 같은 성과를 기준으로 한 보상은 경쟁적인 환경을 서서히 주입시켰고 동등한 책임과 권위를 가진 [16B]직원 사이에 현저한 소득 차이가 생길 수도 있게 되었다. 관리자는 차별을 두는 월급 제도를 이행하도록 격려되었는데, 이 방법은 노동 연대를 파괴하고 사업주에게 자신의 기업에 대한 보다 큰 통제권을 부여하는 데 큰 도움이 되었다.

POINT 3

단락 7
테일러의
시간관리 연구

7 Monetary incentives proved to be an effective means to increase productivity; however, Taylor felt it could be enhanced further if new methods were incorporated to take advantage of the technological and structural changes to industry. Taylor was committed to the idea that out of all the possible methods for conducting a task, there was only one that was the most efficient. As a result, he conducted extensive time studies on the most effective means to conduct specific tasks. Taylor believed that no method of production was too trivial to be studied; [17B]he once spent an entire day trying to determine the optimal size of a shovelful of dirt to maximize the total amount shoveled in a day. He also closely scrutinized the mechanics and speed of workers when performing tasks, as well as their activities between tasks. For example, he recorded the average walking speed of workers who wheeled a loaded wheelbarrow to be three to four miles per hour. In contrast, once laborers dumped the load, their walking speed decreased to one mile per hour, therefore wasting valuable time.

금전적 보상은 생산력을 향상시키는 데 효과적인 방법으로 입증되었지만 테일러는 새로운 방법이 통합되어 산업의 기술적, 구조적 변화를 이용할 수 있다면 생산력이 더 증대될 수 있다고 생각했다. 테일러는 업무를 수행하는 모든 가능한 방법 중에 가장 효율적인 것은 한 가지 뿐이라는 생각에 몰두하였다. 그 결과 그는 특정 업무를 이행하는 데 있어 가장 효과적인 방법에 대한 방대한 시간연구를 진행하였다. 테일러는 어떤 생산 방법도 학습하기에 하찮은 것은 없다고 믿었고, 그리하여 [17B]그는 한때 하루에 삽으로 파는 총량을 극대화 하기 위한 흙 한 삽의 최적의 양이 얼마인지 결정하는 데 하루를 다 보낸 적도 있었다. 또한 그는 작업을 수행할 때 노동자의 방법과 속도는 물론 그들의 작업 간 활동에 대해 면밀히 조사하였다. 그 예로, 그는 짐을 실은 일륜차를 끄는 노동자의 평균 걸음 속도가 시간당 3~4마일이라고 기록하였다. 반대로, 노동자가 일단 짐을 내려놓으면 걸음 속도는 시간당 1마일로 감소하였고, 그 결과 소중한 시간을 낭비하고 있었다.

CONCLUSION

단락 8
과학적
관리법의 단점

8 While this form of micromanagement had some success, [18C]it severely curtailed worker involvement in decision-making, resulting in a rigid hierarchy with a strict division between the planning and operational components of companies. Critics argue that such extreme forms of scientific management ignore the role of human relations by viewing workers merely as vehicles

이러한 미시 관리 형태는 어느 정도 성공을 거두었지만 [18C]노동자의 의사결정 참여를 엄격하게 축소시켜, 기업의 계획과 작업 분야가 완전히 구분된 엄격한 계급제를 초래하였다. 비평가들은 그와 같은 과학적 관리법의 극단적인 형태가 노동자를 단순히 사실상 살아있는 기계와 같은 생산 수단으로 보면서, 인간 관계의 역할을 무시한다고 주장

Vocabulary

6 remuneration[rimjùːnəréiʃən] 보상 instill[instíl] 서서히 주입시키다, 스며들게 하다 notable[nóutəbl] 현저한 (=remarkable)
disparity[dispǽrəti] 차이, 불일치 solidarity[sàːlədǽrəti] 연대 grant[grænt] 부여하다

7 incorporate[inkɔ́ːrpərèit] 통합하다 (=combine) commit[kəmít] 몰두하다 trivial[tríviəl] 하찮은, 사소한 (=frivolous) optimal[áptəməl] 최적의
shovelful[ʃʌ́vəlfùl] 한 삽(의 분량) scrutinize[skrúːtənàiz] 면밀히 조사하다 (=examine) dump[dʌmp] 내려놓다, 버리다

8 curtail[kəːrtéil] 축소시키다 rigid[rídʒid] 엄격한 hierarchy[háiəràːrki] 계급제 vehicle[víːikl] (목적 달성의) 수단

of production—in effect, living machines. Though productive efficiency was enhanced by the application of scientific methods to business, some workers developed feelings of disenfranchisement and became increasingly dissatisfied with the work environment. Such labor unrest was partly responsible for the labor movements that established the first labor unions in the early twentieth century.

한다. 과학적 방법을 실무에 적용함으로써 생산 능률은 향상되었지만 일부 노동자는 박탈감을 느꼈고 점차 근무 환경에 불만족하게 되었다. 이러한 노동 불안은 20세기 초에 최초의 노동조합을 설립한 노동운동의 부분적인 원인이 되었다.

Sentence Analysis

◉ While the supervisory transition represented a massive power shift / in favor of administration, /
　　이러한 관리의 변화는 엄청난 권력의 이동을 의미했지만　　　　　　　　경영에 유리한

it did little to improve efficiency of individual workers, / a problem attributed primarily to /
이는 노동자 개개인의 능률을 증대시키지 못했다　　　　　　주로 ~에서 기인한 문제

the continued use of traditional formulas / to determine compensation.
전통적 방식의 지속적인 사용　　　　　　보상을 결정짓는

◉ While this form of micromanagement had some success, / it severely curtailed worker involvement /
이러한 미시 관리 형태는 어느 정도 성공을 거두었지만　　　　노동자의 참여를 엄격하게 축소시켰다

in decision-making, / resulting in a rigid hierarchy / with a strict division /
의사결정에의　　　엄격한 계급제를 초래하였다　　　완전히 구분된

between the planning and operational components of companies.
기업의 계획과 작업 분야 사이에

Vocabulary

8 in effect 사실상　disenfranchisement[dìsenfrǽntʃaizmənt] 박탈감　unrest[ʌ̀nrést] 불안

11

The word "realm" in the passage is closest in meaning to

(A) profession
(B) sphere
(C) interest
(D) specialty

지문의 단어 "realm"과 의미상 가장 유사한 것은?

(A) 직업
(B) 영역
(C) 이익
(D) 전공

Vocabulary 지문의 realm(영역)은 sphere(영역)와 동의어이므로 정답은 (B)이다.

12

Which of the sentences below best expresses the essential information in the highlighted sentence in the passage? *Incorrect* choices change the meaning in important ways or leave out essential information.

(A) Supervisory incompetence related to monetary matters resulted in a conscious effort to increase the efficiency of factories and led to an interval of significant change.
(B) The inability of business leaders to capitalize on the new technology relating to production ensured that the process of modernization occurred in a wasteful and chaotic manner.
(C) It became apparent during the transitional period that the economic benefits of technological innovations in manufacturing were counterbalanced by administrative inadequacies.
(D) As consciousness regarding the advantages of industrial automation increased, company executives were forced to consider the countervailing pecuniary ramifications of their actions.

아래 문장 중 지문 속의 음영된 문장의 핵심 정보를 가장 잘 표현하고 있는 것은 무엇인가? 오답은 문장의 의미를 현저히 왜곡하거나 핵심 정보를 빠뜨리고 있다.

(A) 금전 문제와 관련된 감독관의 무능은 공장의 효율성을 높이기 위한 의식적인 노력을 초래했고, 중대한 변화의 기간으로 이어졌다.
(B) 기업 지도자가 생산과 관련된 새로운 기술을 사용할 능력이 없는 것은 근대화 과정이 비경제적이고 무질서한 방식으로 생겨나게 했다.
(C) 제조 기술 혁신 덕분에 얻은 경제적 이익이 불충분한 경영에 의해 상쇄되었다는 것이 전환기에 명백해졌다.
(D) 산업 자동화의 이점에 대한 의식이 증가하면서 기업의 경영 간부는 그들의 행동이 가져오는 재정 결과의 상태를 고려할 것을 강요당했다.

Sentence Simplification 음영 표시된 문장 전체가 핵심 정보로서 as conceptions of industry began to change through the latter half of the nineteenth century, there was an increasing awareness(19세기 후반에 걸쳐 산업의 개념이 바뀌기 시작하면서 인식이 증가하였다)를 It became apparent during the transitional period(전환기에 명백해졌다)로, neglecting management practices resulted in financial losses that, to some extent, offset the advantages of the mechanization of industry(관리 기법을 등한시하는 것이 재정적 손실을 초래하고 어느 정도 산업기계화의 장점을 상쇄했다)를 the economic benefits of technological innovations in manufacturing were counterbalanced by administrative inadequacies(제조 기술 혁신 덕분에 얻은 경제적 이익이 불충분한 경영에 의해 상쇄되었다)로 간략하게 바꾸어 표현한 보기 (C)가 정답이다.

13

According to paragraph 3, what prevented management from efficiently supervising factory operations?

(A) A lack of administrators with experience in the field
(B) A hostile relationship with the delegates representing factory workers
(C) An incomplete understanding of the different stages of production
(D) An undertrained and unproductive labor force

3단락에 따르면, 관리자가 효과적으로 공장 운용 관리를 하지 못하게 한 것은?

(A) 이 분야에 경험이 있는 관리자의 부족
(B) 공장 노동자를 대변하는 대표와의 적대적 관계
(C) 생산의 다른 단계에 대한 불완전한 이해
(D) 숙련되지 않은 비생산적인 노동력

Fact 문제의 키워드 prevented management(관리자가 ~을 하지 못하게 했다)와 같은 의미인 limitations on the ability of management(관리자의 능력 한계)가 언급된 부분을 지문에서 살펴보면, One of the most fundamental limitations on the ability of management ~ was its ignorance of the practical elements of the production process. This was primarily due to the compartmentalization of the knowledge related to each individual stage of production(관리자의 능력에서 가장 근본적인 한계 중 하나는 생산 과정의 실제적인 부분에 대한 무지였다. 이것은 우선적으로 각각의 생산 단계와 관련된 지식의 구획화 때문이었다)이라는 것을 알 수 있다. 따라서 보기 (C)는 지문의 내용과 일치하므로 정답이다.

14

What can be inferred about the new kind of supervisor mentioned in paragraph 4?

(A) He was able to create new policies.
(B) He was a participant in the manual labor.
(C) He was a laborer prior to his promotion.
(D) He was loyal to management.

4단락에서 새로운 관리자 형태에 대해 추론할 수 있는 것은?

(A) 새로운 정책을 만들 수 있었다.
(B) 육체 노동에 참여하였다.
(C) 승진되기 이전에 노동자였다.
(D) 관리 업무에 충실하였다.

Inference 4단락에서 문제의 키워드 the new kind of supervisor(새로운 관리자 형태)와 같은 의미인 a different kind of supervisor(다른 관리자의 형태)가 언급된 부분을 살펴보면, the role of the foreman, a middleman who had traditionally served as a representative of the workers, had to be drastically changed. A new form of management required a different kind of supervisor, a white-collar employee who dictated the division of labor, the methods employed, and the time frames for particular jobs(전통적으로 노동자의 대변인 역할을 했던 중개자인 현장 주임의 역할이 대폭 바뀌어야 했다. 새로운 관리 형태는 화이트 칼라층의 직원인 다른 관리자의 형태를 필요로 했는데, 그는 특정 작업에 대한 업무의 분업, 사용되는 방법과 소요 시간을 지시하였다)라고 언급했다. 즉, 이전에는 노동자 대변인 역할을 했던 중개자가 새로운 관리 형태에서는 업무 분업, 사용된 방법, 작업 소요 시간 지시와 같은 관리 업무를 하는 새로운 관리자 형태로 바뀌었다는 것을 통해 이 새로운 관리자 형태는 노동 관련 업무보다는 관리 관련 업무에 충실하였다는 것을 추론할 수 있다. 따라서 정답은 (D)이다.

15

The word "transition" in the passage is closest in meaning to

(A) ability
(B) conjecture
(C) velocity
(D) shift

지문의 단어 "transition"과 의미상 가장 유사한 것은?

(A) 능력
(B) 추측
(C) 속도
(D) 변화

Vocabulary 지문의 transition(변화)은 shift(변화)와 동의어이므로 정답은 (D)이다.

16

According to paragraph 6, all of the following were aspects of Taylor's remuneration policy EXCEPT

(A) bonuses for higher productivity
(B) variances in compensation rates
(C) wages determined by achievement
(D) payments distributed at regular intervals

6단락에 따르면, 다음 중 테일러의 보상 정책에 관한 내용이 아닌 것은?

(A) 더 높은 생산력을 위한 상여금
(B) 보상 임금의 차이
(C) 성과에 의한 임금
(D) 일정 기간마다 지급되는 임금

Negative Fact 문제의 키워드 remuneration policy(보상 정책)와 같은 의미인 the concept of remuneration(보상 개념)이 언급된 부분의 주변을 지문에서 살펴보면 다음을 알 수 있다.
보기 (A)는 지문의 Performance-based incentives such as individual raises and bonuses instilled a competitive atmosphere(개인적인 임금 인상 및 보너스와 같은 성과를 기준으로 한 보상은 경쟁적인 환경을 서서히 주입시켰다)와 일치한다.
보기 (B)는 지문의 notable income disparities became possible among colleagues(직원 사이에 현저한 소득 차이가 생길 수도 있게 되었다)와 일치한다.
보기 (C)는 지문의 the concept of remuneration based on individual performance(개개인의 성과에 바탕을 둔 보상 개념)와 일치한다.
따라서 보기 (A), (B), (C)는 지문의 내용과 일치하므로 오답이다. 그러나 보기 (D)는 지문에서 언급되지 않은 내용이므로 정답이다.

17

Why does the author mention studies involving a shovel in paragraph 7?

(A) To emphasize the effectiveness of a type of research
(B) To demonstrate the thoroughness of a type of research
(C) To provide a typical example of a type of research
(D) To illustrate the subject matter of a type of research

7단락에서 글쓴이는 왜 삽에 관한 연구를 언급하는가?

(A) 연구의 효율성을 강조하기 위해
(B) 연구의 철저함을 보여주기 위해
(C) 연구의 전형적인 예를 제공하기 위해
(D) 연구의 주제를 설명하기 위해

Rhetorical Purpose 7단락을 살펴보면, he once spent an entire day trying to determine the optimal size of a shovelful of dirt to maximize the total amount shoveled in a day(그는 한때 하루에 삽으로 파는 총량을 극대화 하기 위한 흙 한 삽의 최적의 양이 얼마인지 결정하는 데 하루를 다 보낸 적도 있었다)라고 언급하였고, 이를 통해 연구가 철저하게 이루어졌다는 것을 알 수 있다. 즉, 글쓴이는 연구의 철저함을 보여주기 위해 삽에 관한 연구를 언급하였다. 따라서 정답은 (B)이다.

18

According to paragraph 8, what were the drawbacks of micromanagement?

(A) It led to uncertainty regarding company structure.
(B) It limited the effectiveness of corporate strategy.
(C) It created a fissure between management and labor.
(D) It resulted in discord between different types of employees.

8단락에 따르면, 미시 관리의 단점은 무엇이었는가?

(A) 기업 구조에 관한 불확실성으로 이어졌다.
(B) 기업 전략의 효율성을 제한하였다.
(C) 관리와 노동 간의 균열을 형성하였다.
(D) 다른 종류의 근로자 간의 불화를 초래했다.

Fact 문제의 키워드 micromanagement(미시 관리)가 언급된 부분의 주변을 지문에서 살펴보면, it severely curtailed worker involvement in decision-making, resulting in a rigid hierarchy with a strict division between the planning and operational components of companies(노동자의 의사결정 참여를 엄격하게 축소시켜, 기업의 계획과 작업 분야가 완전히 구분된 엄격한 계급제를 초래하였다)라는 것을 알 수 있다. 따라서 보기 (C)는 지문의 내용과 일치하므로 정답이다.

19

Look at the four squares [■] that indicate where the following sentence could be added to the passage.

Roles involving the theoretical aspects of business were thus completely severed from those responsible for their practical application.

Where would the sentence best fit? 4th ■

네 개의 네모[■]는 다음 문장이 삽입될 수 있는 부분을 나타내고 있다.

이리하여 경영의 이론적인 측면을 포함하는 직무는 그 이론의 실제적인 적용에 책임이 있는 직무와 완전히 분리되었다.

이 문장은 어느 자리에 들어가는 것이 가장 적절한가? 네 번째 ■

Insertion 삽입 문장에서 정답의 단서는 thus(이리하여)로, 이를 통해 삽입 문장 앞에는 그것의 원인이 되는 내용이 와야 한다는 것을 알 수 있다. 네 번째 ■ 앞에서 언급된 A new form of management required a different kind of supervisor ~ removed the responsibility for planning and coordinating from those who implemented the actual tasks(새로운 관리 형태는 다른 관리자의 형태를 필요로 했는데 실제 그 업무를 수행했던 사람에게서 계획과 조정의 책임을 덜어주었다)는 삽입 문장의 Roles involving the theoretical aspects of business were ~ completely severed from those responsible for their practical application(경영의 이론적인 측면을 포함하는 직무는 그 이론의 실제적인 적용에 책임이 있는 직무와 완전히 분리되었다)의 원인이다. 네 번째 ■에 삽입 문장을 넣어보면, 다른 관리자의 형태는 실제 그 업무를 했던 사람에게서 계획과 조정의 책임을 덜어주었으며 따라서 경영의 이론적인 측면을 포함하는 직무는 그 이론의 실제적인 적용에 책임이 있는 직무와 완전히 분리되었다는 내용이 되어 글의 흐름이 자연스럽다. 따라서 정답은 네 번째 ■이다.

20

Directions: An introductory sentence for a brief summary of the passage is provided below. Complete the summary by selecting the THREE answer choices that express the most important ideas in the passage. Some sentences do not belong in the summary because they express ideas that are not presented in the passage or are minor ideas in the passage. **This question is worth 2 points.**

지시: 지문 요약을 위한 도입 문장이 아래에 주어져 있다. 지문의 가장 중요한 내용을 나타내는 보기 3개를 골라 요약을 완성하시오. 어떤 문장은 지문에 언급되지 않은 내용이나 사소한 정보를 담고 있으므로 요약에 포함되지 않는다. 이 문제는 2점이다.

> **The theory of scientific management addressed several inadequacies in labor management practices.**
>
> - (A) Workplace procedures were systematized to allow supervisors to exert greater control over the production process.
> - (D) Employee activities were scrutinized to determine the most effective way to perform tasks.
> - (E) Employee compensation was altered to include incentives for individual performance.

(B) The role of labor organizations was increased to ensure that employee motivation remained high.

(C) Detailed studies to improve productivity interrupted employees' daily work.

(F) Piecework was abandoned in favor of a salary scheme designed according to individual positions.

> 과학적 관리법 이론은 노동 관리 관습의 몇 가지 부적절성을 제기하였다.
>
> - (A) 관리자가 생산과정에 더 큰 통제력을 가질 수 있도록 작업장 절차가 체계화되었다.
> - (D) 업무를 수행하는 데 있어 가장 효율적인 방법을 결정하기 위해 피고용인의 활동이 면밀히 조사되었다.
> - (E) 피고용인의 보상은 개인적인 성과에 대한 보상을 포함하는 방향으로 바뀌었다.

(B) 피고용인의 동기를 높게 유지시키기 위해서 노동조합의 역할이 증가되었다.

(C) 생산력을 향상시키기 위한 자세한 연구는 피고용인의 일상 작업을 방해하였다.

(F) 개인의 지위에 따라 고안된 임금 체계를 위하여 삯일은 이용되지 않았다.

Summary 지문의 중심 내용은 테일러의 과학적 관리법 이론에 따른 관리 방식의 변화이다. 보기 (A)는 3~4단락의 중심 내용인 과학적 관리법에서의 관리자 역할 변화와 일치하고, 보기 (D)는 7단락의 중심 내용인 테일러의 시간 관리 연구와 일치하며, 보기 (E)는 5~6단락의 중심 내용인 과학적 관리법의 보상 제도와 일치한다. 따라서 정답은 (A), (D), (E)이다.

TEST 09 지문의 단어 중 토플 필수 단어를 선별하여 정리하였습니다. 고득점을 위해 단어암기 음성파일을 들으며 꼭 암기하세요.

* 해커스 동영상강의 포털 해커스인강(HackersIngang.com)에서 단어암기 음성파일을 무료로 다운로드할 수 있습니다.

☐ advent[ǽdvent] 등장 (=emergence)	☐ radically[rǽdikəli] 근본적으로
☐ synthetic[sinθétik] 합성의 (=artificial)	☐ restructuring[rì:strʌ́ktʃəriŋ] 혁신
☐ yield[ji:ld] 수확량	☐ realm[relm] 영역
☐ diminish[dimíniʃ] 줄이다 (=lessen)	☐ offset[ɔ́:fsèt] 상쇄하다 (=compensate)
☐ celebrate[séləbrèit] 칭송하다 (=commemorate)	☐ essential[isénʃəl] 본질적인 (=fundamental)
☐ persistent[pərsístənt] 지속적인	☐ rationalize[rǽʃənəlàiz] 합리화하다
☐ subsequent[sʌ́bsikwənt] 그 이후의 (=successive)	☐ intervene[ìntərví:n] 개입하다 (=interfere)
☐ virtually[və́:rtʃuəli] 사실상 (=practically)	☐ ignorance[ígnərəns] 무지
☐ wipe out 전멸시키다 (=decimate)	☐ delegate[déligèit] 위임하다
☐ intrinsic[intrínsik] 내재된 (=inherent)	☐ haphazard[hæphǽzərd] 무작위의 (=random)
☐ predisposed to ~하는 성향이 있는	☐ dictate[díkteit] 지시하다
☐ prolific[prəlífik] 다산의 (=productive)	☐ transitory[trǽnsətɔ̀:ri] 일시적인
☐ induce[indʝú:s] 유발하다 (=tempt)	☐ remuneration[rimjù:nəréiʃən] 보상
☐ adverse[ædvə́:rs] 해로운 (=negative)	☐ instill[instíl] 스며들게 하다
☐ pronounced[prənáunst] 현저한 (=marked)	☐ notable[nóutəbl] 현저한 (=remarkable)
☐ response[rispáns] 대응, 반응 (=reaction)	☐ disparity[dispǽrəti] 불일치
☐ contingent[kəntíndʒənt] 의존하는 (=conditional)	☐ trivial[tríviəl] 사소한 (=frivolous)
☐ formulate [fɔ́:rmjulèit] 고안해내다	☐ optimal[áptəməl] 최적의
☐ exterminate[ikstə́:rmənèit] 몰살하다	☐ scrutinize[skrú:tənàiz] 면밀히 조사하다 (=examine)
☐ cumulative[kjú:mjulətiv] 누적된	☐ rigid[rídʒid] 엄격한
☐ draw upon ~을 이용하다	☐ hierarchy[háiərà:rki] 계급제
☐ erect[irékt] 설치하다 (=build)	☐ vehicle[ví:ikl] (목적 달성의) 수단
☐ represent[rèprizént] 해당하다, 나타내다 (=stand for)	☐ in effect 사실상
☐ complement[kámpləmènt] 보완하다	☐ disenfranchisement[dìsenfrǽntʃaizmənt] 박탈감
☐ detrimental[dètrəméntl] 해로운 (=harmful)	☐ unrest[ʌnrést] 불안

Quiz

각 단어의 알맞은 뜻을 찾아 연결하시오.

01 pronounced	ⓐ 사실상
02 dictate	ⓑ 위임하다
03 virtually	ⓒ 줄이다
04 delegate	ⓓ 지시하다
05 transitory	ⓔ 현저한
	ⓕ 일시적인
	ⓖ 지속적인

각 단어의 알맞은 동의어를 찾아 연결하시오.

06 offset	ⓐ interfere
07 scrutinize	ⓑ fundamental
08 intervene	ⓒ harmful
09 essential	ⓓ remarkable
10 haphazard	ⓔ random
	ⓕ examine
	ⓖ compensate

ⓔ 01 ⓓ 02 ⓐ 03 ⓑ 04 ⓕ 05 ⓖ 06 ⓕ 07 ⓐ 08 ⓑ 09 ⓔ 10

MEMO

고득점을 위한 토플 마무리 실전서

HACKERS TOEFL
ACTUAL TEST READING

개정 4판 2쇄 발행 2024년 12월 9일
개정 4판 1쇄 발행 2023년 6월 30일

지은이	해커스 어학연구소
펴낸곳	(주)해커스 어학연구소
펴낸이	해커스 어학연구소 출판팀

주소	서울특별시 서초구 강남대로61길 23 (주)해커스 어학연구소
고객센터	02-537-5000
교재 관련 문의	publishing@hackers.com
동영상강의	HackersIngang.com

ISBN	978-89-6542-602-8 (13740)
Serial Number	04-02-01

외국어인강 1위,
해커스인강(HackersIngang.com)

ⓣ해커스인강

- 실전 감각을 극대화하는 **iBT 리딩 실전모의고사**
- 효과적인 리딩 학습을 돕는 **단어암기&지문녹음 MP3**
- 해커스 토플 스타강사의 **본 교재 인강**

전세계 유학정보의 중심,
고우해커스(goHackers.com)

ⓣ고우해커스

- **토플 보카 외우기, 토플 스피킹/라이팅 첨삭 게시판** 등 무료 학습 콘텐츠
- 고득점을 위한 **토플 공부전략 강의**
- **국가별 대학 및 전공별 정보, 유학 Q&A 게시판** 등 다양한 유학정보

[외국어인강 1위] 헤럴드 선정 2018 대학생 선호브랜드 대상 '대학생이 선정한 외국어인강' 부문 1위

전세계 유학정보의 중심
고우해커스

goHackers.com

HACKERS

TOEFL

ACTUAL TEST

READING

TOEFL iBT
최신출제경향
반영

문제집

HACKERS

TOEFL
ACTUAL TEST
READING

문제집

해커스 어학연구소

HACKERS TOEFL ACTUAL TEST READING

CONTENTS

TEST 01

테스트 전 확인사항

☐ 실전에 유용한 독해 전략(p.23)을 숙지하였습니다.

☐ 휴대전화의 전원을 껐습니다.

☐ 노트테이킹할 종이와 연필을 준비하였습니다.

☐ 시간을 체크할 시계를 준비하였습니다.

☐ 목표 점수(20개 중 _____개)를 정하였습니다.

☐ 시험 시작 시간은 _____시 _____분이며,
　 종료 시간은 36분 뒤인 _____시 _____분입니다.

Reading Section Directions

The TOEFL iBT Reading Section tests your ability to comprehend English academic passages. You will have 36 minutes to read two passages and respond to questions about them. The amount of time you have for this assignment will be tracked by a clock at the top of the screen.

You may skip a question and return to it later, provided there is time remaining. To move on to the next question, click **Next**. To return to a question, click **Back**.

The review screen will show which questions have been answered and which have not been answered. You may go directly to any previous question from the review screen. To access this screen, click **Review Questions**.

The Reading section will now begin.

Click **Continue** to proceed.

Next 버튼을 이용하여 다음 문제로 이동하고 Back 버튼을 이용하여 이전 문제로 이동할 수 있습니다. 문제에 답을 하지 않더라도 다음 문제로 이동할 수 있으며, Review Questions 버튼을 이용하여 각 문제 별로 답을 체크했는지 여부를 확인할 수 있습니다. 36분 동안 지문을 읽고 문제에 답을 하세요.

The Architecture of Termite Mounds

1 → In termites, as with all terrestrial insects, the physical transfer of respiratory gases between internal tissues and the atmosphere occurs directly, without the use of lungs or a closed circulatory system. Respiration is accomplished through tracheal movements that expel carbon dioxide out of the body via respiratory tubes. Mechanical ventilation due to abdominal movement also plays a role when insects are active, as small openings in the exoskeleton called spiracles provide the ventilation points. The spiracles may be opened to let in oxygen or closed by muscular valves to regulate both gaseous exchange and internal moisture.

2 → External moisture regulation is crucial to subterranean and mound-building worker termites (soldiers and reproductive members of the nest have thicker, protective skin), because as soft-bodied organisms, their thin cuticles make them particularly prone to desiccation. This anatomical feature in part dictates the configuration of termite mounds, which are carefully designed and constructed by the workers to regulate the humidity of the interior nests, or termitaries. The most impressive of intact termite structures are the colossal (up to 30 meters wide and 7 meters tall) mounds that dot the landscape in parts of South America, Africa, and Australia.

3 → The architecture of termite mounds is complex and specially adapted to the environments they inhabit. Construction of the mound is carried out using termite excreta, semi-digested wood, and soil, collectively referred to as carton. Carton, once dry, creates a hard and impervious barrier, offering protection against invaders and minimizing humidity loss from evaporation. The concoction contains a higher percentage of organic matter than surrounding soils and thus retains moisture within the termitary during periods of drought. While the walls of carton

01 According to paragraph 1, terrestrial insects transfer respiratory gases between their bodies and the atmosphere by

(A) contracting the internal organs that are attached to blood vessels
(B) controlling the relative moisture levels of their exoskeletons
(C) forcing air through internal conduits and holes in their body covering
(D) moving air back and forth between the trachea and abdomen

Paragraph 1 is marked with an arrow [→].

02 Why does the author include comments about the anatomy of worker termites in paragraph 2?

(A) To indicate the diversity of termite body types within the colony
(B) To give an example of why some termites build such large mounds
(C) To suggest a reason why moisture conservation is necessary in the nest
(D) To show that termites have developed diverse physical traits in different regions

Paragraph 2 is marked with an arrow [→].

03 According to paragraph 3, the termite mound's walls serve all of the following functions EXCEPT

(A) limiting access by harmful species
(B) assuring the edifice does not collapse
(C) facilitating the circulation of air
(D) reducing the possibility of dehydration

Paragraph 3 is marked with an arrow [→].

protect the interior and prevent the mound from caving in, the freely draining mineral soils beyond the mound help control moisture levels during rainy periods, as poorly drained soils could create boggy conditions that would be toxic to the mound's residents. The setting and structure of the mounds thus combine to help maintain relatively stable internal humidity levels. However, the structure must be able to conserve moisture while simultaneously allowing for proper ventilation.

4 ➡ Although individual termites do not consume large volumes of oxygen, termites within a particular colony often number in the millions, resulting in a collective demand that is substantial. In order to make certain that adequate oxygen and carbon dioxide levels are maintained, termite mounds include a complex system of channels and ducts through which air circulation is facilitated. The entire structure is the result of a homeostatic process, wherein termites work together to balance the metabolic oxygen exchange with the ventilation oxygen exchange, the former representing oxygen consumed within the nest and the latter, atmospheric oxygen replacing it.

5 Termites must continually make adjustments to the configuration of the mound to account for changes in air quality resulting from variations in both outside weather conditions and the activities within the colony. Scientists estimate that termites incorporate approximately one cubic meter of soil into the mound annually, with natural erosion accounting for an equivalent amount lost during the same period. The nature of the ongoing construction is determined by the requirements of the colony; if there is insufficient air circulation, or if oxygen demands have increased, the insects extend the mound higher to enable a greater volume of air to enter the structure. Near the top of the windward face, a series of openings provide access to fresh air, while similar ports on the bottom of the leeward side allow for the expulsion of carbon

04 Which of the following can be inferred from paragraph 3 about the habitat in which termites live?

(A) Its climate sometimes produces storms that threaten the survival of the colony.
(B) It is characterized by impermeable ground where standing water can accumulate.
(C) Its soils have a low nutrient value due to the lack of organic content.
(D) It experiences varying amounts of precipitation throughout the year.

Paragraph 3 is marked with an arrow [➡].

05 According to paragraph 4, the construction of channels and ducts by the termites results in

(A) an equilibrium between the supply and consumption of oxygen in the nest
(B) an increased rate of respiration among members of the colony
(C) a reduction in the amount of atmospheric carbon dioxide entering the mound
(D) a concentration of oxygen within the nest that inhibits population growth

Paragraph 4 is marked with an arrow [➡].

06 Which of the sentences below best expresses the essential information in the highlighted sentence in the passage? *Incorrect* choices change the meaning in important ways or leave out essential information.

(A) Discrepancies between weather and interior mound conditions change the air quality, causing termites to adjust their behaviurs.
(B) Fluctuations in external and internal conditions necessitate ongoing structural modification of the mound to preserve air quality.
(C) Periodic alterations of the mound's air quality are a response to the termites' activities both inside and outside the colony.
(D) Divergences between the air currents within the mound and the surrounding environment affect the quality of the structure.

dioxide. Because wind speed generally increases with altitude, the great height of the structure guarantees that the pressure of the incoming air is sufficient to circulate oxygen throughout the nest.

6 ➡ Efforts to ensure adequate oxygen levels must be balanced against the need to maintain a consistent temperature range within the termitary, on average somewhere between 25°C and 35°C throughout the year. Some thermoregulation is achieved through biotic processes, perhaps the most significant of which is the heat generated by the termites' own metabolism. Some termites, such as *Macrotermes* species, also benefit from symbiotic fungi. ■ Located in the lowest portion of the nest, these organisms produce heat through the continual fermentation of plant matter, which the termites then ingest. As the warm air rises, it gradually fills the rest of the termitary until it is eventually forced up through a large corridor that runs vertically through the center of the nest, serving as a chimney. ■ Thermoregulation may also be reinforced through the solar orientation of the mound: Compass Termites (*Amitermes meridionalis*) of Australia construct mounds that are thinner along the north-south axis (minimizing the exposure to solar energy in summer) and thicker along the east-west axis. ■ The thicker walls maximize the thermal energy the structure receives in winter, when the sun is at a low angle. ■

7 The thermoregulation of the mound is closely connected to the ventilation system used to maintain air quality and humidity, with adjustments to one affecting the function of the others. Scientists have found it useful to conceptualize the termite mound as a process, and have recently begun to consider whether the aspects of this structure that result in stable climatic conditions may be incorporated into human buildings.

07 According to paragraph 6, how do fungi contribute to the thermoregulation of the nest?

(A) They insulate the nest by increasing the amount of vegetation.
(B) They raise the body temperatures of the termites by providing food.
(C) They force warm air to ascend by emitting a type of gas.
(D) They generate warmth by breaking down organic substances.

Paragraph 6 is marked with an arrow [➡].

08 The word "incorporated" in the passage is closest in meaning to

(A) integrated
(B) interspersed
(C) intertwined
(D) interconnected

09 Look at the four squares [■] that indicate where the following sentence could be added to the passage.

As a primary corridor, it plays an essential role in heat distribution by connecting to smaller ventilation passages in the mound.

Where would the sentence best fit?

Click on a square [■] to add the sentence to the passage.

10 **Directions**: An introductory sentence for a brief summary of the passage is provided below. Complete the summary by selecting the THREE answer choices that express the most important ideas in the passage. Some sentences do not belong in the summary because they express ideas that are not presented in the passage or are minor ideas in the passage. **This question is worth 2 points.**

Drag your answer choices to the spaces where they belong. To remove an answer choice, click on it. To review the passage, click on **View Text**.

The mound provides a stable environment in which termites can work and live.

-
-
-

Answer Choices

(A) Maintenance of optimal humidity levels within the nest is essential to termite survival, and is reflected in the design and placement of the mound.

(B) The external walls ensure that harmful species are unable to enter and threaten the colony or damage the nest.

(C) The strategic placement of ventilation passages ensures the diffusion of gases and that air is able to circulate correctly within the mound.

(D) Temperature regulation of the nest is achieved by the physical processes of the residents and the orientation of the mound.

(E) The height of the mound structure limits the force of the air entering the nest, thus protecting the termites from strong winds.

(F) Some features of termite mounds are very efficient, but they are not applicable to climate-control functions in human residences.

Dadaism as a Revolutionary Art Movement

1 ➡ The origins of the Dada movement can be traced back to the establishment of Cabaret Voltaire, a Zurich-based club owned by German poet and exile Hugo Ball. Because of its free-spirited atmosphere and positioning in accessible Switzerland, the club attracted a wide range of people, many of whom had fled their native countries to escape persecution prior to the First World War. When regular poetry readings began there in the early 1900s, the events brought together a loosely organized group comprising visual artists and performers who were experimenting with bizarre art forms and dedicated to expanding the definition and the understanding of art itself.

2 As numbers visiting the club swelled, Ball quickly decided that the group needed to find a name that would identify themselves to other artists across the continent and entice others to join. Although there are several stories about how the name of the group was chosen, the most likely account is that Ball chose it at random from a copy of the German dictionary by stabbing the book with a knife. The tip of the knife landed on the German word *dada*, meaning "hobby," a serendipitous choice that aptly reflected the purposefully amateurish works associated with the club.

3 The Dada philosophy represented a break from cultural and educational standards that were prevalent at the time; adherents even went so far as to challenge the very foundations and institutions that make up human society. In fact, this sense of nihilistic idealism and rebellion against proper education was the overarching theme that characterized Dadaism, which promoted dissent from the conventions of modern art.

11 According to paragraph 1, Cabaret Voltaire drew a wide array of patrons because

(A) its owner was a celebrated author and refugee
(B) its activities appealed to those interested in composing strange texts
(C) it offered an unconstrained environment in a convenient location
(D) it provided a place for many artists to collaborate

Paragraph 1 is marked with an arrow [➡].

12 The word "prevalent" in the passage is closest in meaning to

(A) habitual
(B) ascendant
(C) common
(D) valuable

4 ➡ Even prior examples of experimental art styles – such as the cubist and surrealist art that arose around the turn of the century – were not immune to Dadaist criticisms. Some fringe members of the Dada movement derided the commercial success of other modern artists, such as the cubist Pablo Picasso, accusing them of "selling out." Accomplished modern artists were alleged to be self-absorbed, greedy, and preoccupied with fame, and accused of abandoning their creative integrity. Dadaists viewed them as unauthentic examples of revolutionaries and began to stress "antiart" as a way to combat the confines of modern art; a true Dadaist represented everything that was opposite to art. Aesthetics were ignored, interpretation was left solely in the hands of the viewer, and concerns for mainstream ideas were entirely abandoned. The group strove to offend, rather than placate, in order to combat what they believed was the commercialization of the creative process. This desire was perhaps best explained by one of the group's central figures, Marcel Duchamp, who once stated, "Dada is the nonconformist spirit that has existed in every century, every period since man is man."

5 ➡ Duchamp, for instance, made a name for himself by recreating cherished pieces of art and distorting them to show the absurdity of tradition. The most famous example of this is his Mona Lisa postcard, where he drew a moustache and goatee on the face of the celebrated subject. According to Duchamp, it poked fun at the institution of art. This image has since become a symbol of anarchistic art, and one of the more famous examples of the Dada movement.

13 According to paragraph 4, all of the following are aspects of Dadaism EXCEPT

(A) a focus on abstract subjects
(B) a critical stance toward the commerce of art
(C) a hostility toward conventional tastes
(D) a disregard for beauty

Paragraph 4 is marked with an arrow [➡].

14 According to paragraph 5, Marcel Duchamp created the Mona Lisa postcard because

(A) he felt that it would make a humorous piece of art
(B) he wanted to illustrate the silliness of prevalent customs
(C) he took great pleasure in the Mona Lisa
(D) he wanted to become famous

Paragraph 5 is marked with an arrow [➡].

15 The word "them" in the passage refers to

(A) Gatherings
(B) artists
(C) illustrations
(D) sidewalks

6 ➡ The Dadaists also employed a previously unexplored art form, the performance, which involved an act that was designed to draw attention from the public. Many historians describe this concept as an offshoot of the poetry readings that took place at Cabaret Voltaire, but as the influence of Dada spread outward to Paris, the performance adapted to the styles and talents of those involved, whether it was spoken word, visual art, or an alternative. Members literally took their work to the streets, taking over public spaces even at the risk of being arrested by the authorities. Gatherings of sketch artists would draw intricate chalk illustrations on the sidewalks, only to have the rain wash them away, and shops found their windows covered by Dada works displaying images of banal or mundane objects. The key to a successful performance was to act spontaneous, to do something outrageous, and to involve the audience as much as possible. Hence, the boundaries between art and life were stripped away.

7 ➡ Within a few years, talk of these performances inspired many European artists to explore Dada, but the movement did not reach America until Duchamp relocated to New York City in 1915. ■ Upon landing, he met another artist, Man Ray, who was experimenting with innovative camera techniques, and the two formed an immediate friendship. ■ While Man Ray's photographs showed the juxtaposition of the human figure with everyday objects – a woman's hips and a violin, for example – Duchamp continued to focus on the mundane objects themselves, such as in his famous *Fountain*, an ordinary manufactured urinal placed on its side and signed "R. Mutt 1917." ■ Despite its simplicity, the object remains one of his most famous works and is still heralded as a breakthrough in the discipline. ■ Duchamp, Man Ray, and other burgeoning artists frequently exhibited their work, garnering both critical and popular acclaim from fellow New Yorkers, and managed to stimulate an entire generation of artists to test the boundaries of art, as well as Dadaist self-identity.

16 The word "spontaneous" in the passage is closest in meaning to

(A) in unison
(B) convulsive
(C) unsophisticated
(D) without planning

17 What can be inferred about the Dada performances mentioned in paragraph 6?

(A) Performers sought to bring art into the everyday realm.
(B) Participation was limited to those who could draw.
(C) Contributors lacked a true understanding of fashion.
(D) Spectators enjoyed partaking in them.

Paragraph 6 is marked with an arrow [➡].

18 Why does the author mention "*Fountain*" in paragraph 7?

(A) To provide an example of a piece of Dadaist art that revolutionized the art world
(B) To illustrate how Marcel Duchamp earned respect by employing commonplace items
(C) To demonstrate how the Dada philosophy did not require the artist to be skilled
(D) To show how most of Duchamp's pieces were intrinsically elementary

Paragraph 7 is marked with an arrow [➡].

19 Look at the four squares [■] that indicate where the following sentence could be added to the passage.

Ironically, an art movement that originated as a reaction to mainstream culture began to increasingly find public acceptance.

Where would the sentence best fit?

Click on a square [■] to add the sentence to the passage.

20 **Directions**: An introductory sentence for a brief summary of the passage is provided below. Complete the summary by selecting the THREE answer choices that express the most important ideas in the passage. Some sentences do not belong in the summary because they express ideas that are not presented in the passage or are minor ideas in the passage. **This question is worth 2 points.**

Drag your answer choices to the spaces where they belong. To remove an answer choice, click on it. To review the passage, click on **View Text**.

The Dada movement, which began in the early twentieth century, involved a number of artists who challenged the long-held traditions of art.

-
-
-

Answer Choices

(A) Friendships among artists were based on similar ideas, exploration of cutting-edge methods, and showcasing pieces at shared displays.

(B) Followers of the movement fought against the conventions of art by purposefully creating works that violated these traditions.

(C) Acclaimed pieces of art were damaged to bring about a greater awareness of the nonsensical nature of customs.

(D) The name of the group was chosen arbitrarily by using a knife to stab a German dictionary.

(E) Artists working in New York collaborated to introduce Dadaist principles and presented normal objects as art.

(F) Participation in public shows involving random forms of dissent was intended to blur the lines between creativity and everyday experiences.

You have viewed all of the Reading Section questions, and you have time left for review. While there is time remaining, you may check your work.

Click **Return** to continue working.
Click **Review** to access the review screen.
Click **Continue** to proceed to the next section.

Once you have exited the Reading Section, you CANNOT return to it.

이제 리딩 섹션이 끝났습니다.

Continue 버튼을 누르면 다시 문제를 검토할 수 없으므로 유의하세요.   정답·해석·해설 **p.47**

HACKERS TOEFL ACTUAL TEST READING

TEST 02

테스트 전 확인사항

☐ 휴대전화의 전원을 껐습니다.

☐ 노트테이킹할 종이와 연필을 준비하였습니다.

☐ 시간을 체크할 시계를 준비하였습니다.

☐ 목표 점수(20개 중 _____개)를 정하였습니다.

☐ 시험 시작 시간은 _____시 _____분이며,
   종료 시간은 36분 뒤인 _____시 _____분입니다.

Reading Section Directions

The TOEFL iBT Reading Section tests your ability to comprehend English academic passages. You will have 36 minutes to read two passages and respond to questions about them. The amount of time you have for this assignment will be tracked by a clock at the top of the screen.

You may skip a question and return to it later, provided there is time remaining. To move on to the next question, click **Next**. To return to a question, click **Back**.

The review screen will show which questions have been answered and which have not been answered. You may go directly to any previous question from the review screen. To access this screen, click **Review Questions**.

The Reading section will now begin.

Click **Continue** to proceed.

Next 버튼을 이용하여 다음 문제로 이동하고 Back 버튼을 이용하여 이전 문제로 이동할 수 있습니다. 문제에 답을 하지 않더라도 다음 문제로 이동할 수 있으며, Review Questions 버튼을 이용하여 각 문제 별로 답을 체크했는지 여부를 확인할 수 있습니다. 36분 동안 지문을 읽고 문제에 답을 하세요.

The Theory of Ecological Succession

1 ➡ The composition of any group of interacting organisms living together in a specific habitat is neither permanent nor rigid. The species structure of a particular ecological community changes over time, and the sequence in which it occurs is most apparent after a disturbance, such as the movement of glaciers or a volcanic eruption, strips away the soil. Transitions in species composition of a disturbed area represent a process called ecological succession.

2 ➡ The process is termed primary succession if it is initiated when pioneer species, namely moss and lichen, begin to colonize an area previously devoid of vegetation, such as the moraine left behind by glaciers or on newly formed volcanic islands. Some opportunistic grasses and scrub also flourish in these austere conditions, and if the climate allows, larger shrubs and hardwood trees may gradually move in. ■ The vascular plants that first appear in the early stages of succession—often as a result of seed deposited by animals—frequently suffer from poor growth due to insufficient nitrogen in the soil, which causes their leaves to yellow. ■ Some plants, such as alder(*Alnus*) and locust(*Robinia*), have nitrogen-fixing bacteria that convert atmospheric nitrogen to earth-bound ammonium and nitrates. ■ The expansion of these populations of substratum microorganisms accelerates biotic growth and encourages more complex flora to invade by stimulating pedogenesis, the process of converting virtually lifeless substrate material into fertile soil containing decomposed matter. ■ As more plants take root in the improving habitat, they attract a range of organisms, such as pollinators and herbivores, which then appeal to a host of omnivorous and carnivorous creatures.

3 ➡ Biodiversity increases under these optimized conditions, and in time, mixed forest ecosystems, complete with diverse flora and fauna, may develop.

01 According to paragraph 1, what can be inferred about the composition of organisms in a particular habitat?

(A) It changes according to regular temporal sequences.
(B) It remains constant as long as the soil is not disturbed.
(C) It is directly influenced by the presence or absence of soil.
(D) It is only affected by external geological disturbances.

Paragraph 1 is marked with an arrow [➡].

02 In paragraph 2, what does the author say about the process of primary succession?

(A) It is marked by the presence of resilient species of grass and scrub.
(B) It is initiated by the movement of glaciers and volcanic activity.
(C) It gradually slows when large shrubs and trees shade out the undergrowth.
(D) It begins when organisms like moss and lichen start to grow on bare ground.

Paragraph 2 is marked with an arrow [➡].

Questions 03~05 of 20

Review Questions
Help
Back
Next

Hide Time   00:31:30

Ecological communities may go through additional adjustments to correct for any instability due to, for example, an imbalance between predators and prey, or excess competition for limited resources. These intermediate phases, called seres, allow biotic life in the region to adapt to the changing conditions of the habitat, and those that cannot retreat or die out. Therefore, biodiversity eventually decreases, but the robustness of the community increases. The culmination of these developmental stages occurs once the biological community of plants and animals has achieved equilibrium.

4 ➡ This phase is known as ecological climax, and the term "climax community," coined by botanist and ecological pioneer Frederic Clements in 1916, refers to the group of flora that successfully coexist within the boundaries of a designated habitat. Furthermore, in his writings, Clements conceived of the climax as the idealized endpoint of the process of succession, in which not only are all species able to survive individually, but more importantly, they can function as a cohesive community. Clements assumed that observed population deviations in nature were representative of communities moving toward an ideal state. Another important aspect of Clements' analysis was the simile that communities are like organisms, and species within communities are bound tightly together in a relationship similar to that of organs, tissues, and cells within the body. Collectively, the species within a defined community were seen as working cooperatively to avoid the possibility of decline.

5 ➡ A fundamentally opposing view of succession was presented in 1926 by botanist Henry Gleason, who argued that communities could not be defined strictly in space and time. Instead, they were dynamic and random associations of individual species whose presence in a particular area was determined by environmental conditions. That is, a climax community

03 Which of the sentences below best expresses the essential information in the highlighted sentence in the passage? *Incorrect* choices change the meaning in important ways or leave out essential information.

(A) Due to limited resources, competition may develop when members of a community attempt to adjust to the instability.
(B) Communities within ecosystems may adjust to counter changes that result from imbalances.
(C) Periodically, groups of organisms will undergo massive changes, which lead to imbalances related to community biodiversity.
(D) Ecological communities may become unbalanced when excessive competition occurs among predators and prey.

04 According to paragraph 3, what transition occurs during the seres?

(A) The variety of organisms in the community is reduced.
(B) The amount of food sources is radically diminished.
(C) The number of predatory animals is increased.
(D) The diversity of vegetation is enhanced.

Paragraph 3 is marked with an arrow [➡].

05 What is the purpose of paragraph 4 in relation to the overall discussion of ecological succession?

(A) To emphasize the biotic diversity of a particular region
(B) To introduce an important stage in the evolution of species
(C) To illustrate a theoretical model that was later abandoned
(D) To demonstrate the longevity of a widely accepted hypothesis

Paragraph 4 is marked with an arrow [➡].

is not the ultimate stage in the process, but one in a cyclical pattern of succession, degradation, and renewal.

6 ➡ In the middle of the twentieth century, ecologist Robert Whittaker witnessed this phenomenon while researching the effects of the 1883 Krakatoa eruption in Indonesia. His observations support the theory that the ecological community of the region was in a climax state, prior to its devastation by lava flow and had since undergone succession again to achieve equilibrium. Therefore, the species that dominate the site in a given period represent the pinnacle of succession that will continue to exist only until it is interrupted again. Further, Whittaker applied empirical methods to analyze the variables, or environmental gradients, responsible for the relative abundance of particular plant species within communities. He determined that species distributions were greatly influenced by temperature, availability of water, light, and nutrient content of the soil. If any of these gradients shift significantly, it could severely impact the composition of species in a particular area.

7 Modern ecologists concur that the rate of disturbances, whether natural or human-made, is often too great to support equilibrium indefinitely. As such, the more appropriate model for understanding ecosystems stresses the role of contingencies in the evolution of a community and discounts the notion that climax is the ultimate condition. The shift has prompted many people, both scientists and laypeople, to seriously consider how human interference can contribute to the decline of ecosystem diversity.

06 According to paragraph 5, Gleason believed that species within communities were not defined strictly by space and time but that

(A) their occurrence in a specific area was governed by environmental circumstances
(B) they were able to form lasting associations during all stages of succession
(C) they developed in stages according to cyclical reproductive patterns
(D) their presence in a particular ecosystem was determined by competitive fitness

Paragraph 5 is marked with an arrow [➡].

07 According to paragraph 6, Whittaker's research on the effects of the Krakatoa eruption supports which of the following statements?

(A) The level of biodiversity that existed prior to the eruption is impossible to achieve again.
(B) The composition of species during the climax stage lasts only until a disruption occurs.
(C) The devastation caused by the eruption led to the extinction of once-dominant species.
(D) The equilibrium in climax stages is made possible by periodic shifts in environmental gradients.

Paragraph 6 is marked with an arrow [➡].

08 The word "stresses" in the passage is closest in meaning to

(A) emphasizes
(B) includes
(C) evaluates
(D) legitimizes

09 Look at the four squares [■] that indicate where the following sentence could be added to the passage.

In addition, fallen leaves from plants degrade and form a layer of nutritive compost, which can support an even greater variety of vegetation.

Where would the sentence best fit?

Click on a square [■] to add the sentence to the passage.

10 Directions: An introductory sentence for a brief summary of the passage is provided below. Complete the summary by selecting the THREE answer choices that express the most important ideas in the passage. Some sentences do not belong in the summary because they express ideas that are not presented in the passage or are minor ideas in the passage. **This question is worth 2 points.**

Drag your answer choices to the spaces where they belong. To remove an answer choice, click on it. To review the passage, click on **View Text**.

Ecological succession is the process by which the structure of a biological community evolves over time.

-
-
-

Answer Choices

(A) After a major disturbance like a volcanic eruption, subsequent climax communities are less affected by environmental factors.

(B) Some plants suffer from malnutrition during the early stages of colonization following a major ecological disturbance.

(C) The climax stage was once viewed as permanent, but subsequent research suggests that it is just one part of an ongoing cyclical process.

(D) At some point, the ecological community stabilizes, resulting in what has been called a climax community.

(E) After the initial colonization, more complex communities develop, and biodiversity increases before eventually decreasing.

(F) Activities like deforestation pose a potent threat to all life forms in climax communities.

Predicting Volcanic Eruptions

1 Prior to modern volcanology, people had an extremely limited understanding of geomorphic processes. Causal explanations for volcanic activity ranged from the work of gods to the rays of the sun penetrating the Earth, and the ability to foresee volcanic events was confined to directly witnessing warning signals such as the ground's movement and smoke rising from a crater. ■

2 In contrast, modern geophysics has produced a vast storehouse of information related to volcanic formation and its causes, allowing scientists to better understand the interactions between the Earth's inner layers and surface. ■ Unfortunately, however, while some volcanoes seem to operate according to consistent cycles, others do not follow a set pattern and may lie dormant for centuries before erupting violently and without notice, putting people's lives in danger. ■ In order to better understand the timing and intensity of eruptive processes, research in the field is now primarily focused on the characteristic indicators that signal an impending eruption. ■

3 In most cases, a volcanic eruption is heralded by a period of heightened seismic activity, with earthquakes becoming increasingly frequent, leading up to the actual event. The phenomenon is caused by the ascension of magma and volcanic gas through fissures in the Earth's crust, as pressure variances disturb underground rock formations, interfering with existing stress distributions. With the strategic placement of seismometers, geophysicists can trace the path of these earthquakes as they move along with molten rock and gas toward the surface.

4 ➡ During active periods, scientists monitor seismic waves around the clock to detect subtle yet significant differences in the type and intensity of seismic activity. Vibrations are classified into three broad categories:

11 The word "limited" in the passage is closest in meaning to

(A) fixed
(B) narrow
(C) locked
(D) typical

12 The word "dormant" in the passage is closest in meaning to

(A) ineffective
(B) unnoticed
(C) inactive
(D) unprovoked

13 The word "they" in the passage refers to

(A) rock formations
(B) seismometers
(C) geophysicists
(D) earthquakes

14 According to paragraph 4, an eruption is often immediately preceded by

(A) a dramatic increase in the rate of flow and amount of rising magma
(B) a blockage of the ventilation holes that allow gas and magma to escape
(C) a rise in the force exerted by volcanic gases within the chamber
(D) a cyclical alternation between long-period and harmonic seismic events

Paragraph 4 is marked with an arrow [➡].

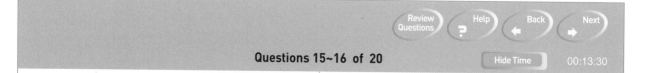
short-period, long-period, and harmonic. The first of these are high-frequency shocks similar to those found near faults along tectonic plates and represent the initial collapse of material in the bedrock. If these weak signals amplify and begin to oscillate over greater durations, they may be taken over by long-period waves, a reliable sign that seismic activity is generating energy within the volcanic conduit or along its walls. Harmonic tremors, continuous low-frequency vibrations that are sometimes audible on the surface, are generally associated with the sustained underground movement of magma. A dramatic proliferation of long-period or harmonic events represents the most worrisome scenario, as this can indicate increased gas pressure within the volcanic chamber, often a direct precursor to an eruption.

5 ➡ One of the most obvious features of this upward movement of magma and gas, and volcanism in general, is the presence of heat. As molten rock and gas accumulate in the center of a volcano, some of the thermal energy generated is transferred to the surface. Scientists can therefore monitor fluctuations in temperatures to detect the presence of volcanic activity below the surface. The simplest way to accomplish this is to send researchers with thermometers to nearby lakes, or to the rim of the volcano to measure air and water temperatures. Though effective, this method puts scientists in danger of exposure to poisonous gases like sulfur dioxide, and also places them in the direct proximity of a potential explosive event. In addition, it is a challenge for field researchers to access volcanoes regularly, particularly those located in remote regions.

6 ➡ To overcome these obstacles, volcanologists have turned to remote-sensing equipment to help them monitor volcanic activity. Infrared thermometers can measure radiation in various wavelengths, making direct contact with the volcano's surface unnecessary. In addition, some sensors can represent thermal

15 According to paragraph 5, one of the disadvantages of direct temperature measurement is that

(A) researchers lack the resources necessary for frequent travel to rural areas

(B) physical proximity to noxious fumes can threaten the health of researchers

(C) movement by researchers at the summit can trigger volcanic explosions

(D) conditions at the summit can distort the data collected by researchers

Paragraph 5 is marked with an arrow [➡].

16 In paragraph 6, what does the author say about the remote-sensing instrument ASTER?

(A) It is able to aid scientists in charting volcanic temperature gradients.

(B) It can help prevent volcanic activities that threaten surrounding populations.

(C) It can detect structural shifts occurring near a volcano's summit with infrared imagery.

(D) It is able to determine the minimum temperatures necessary to create visible signals.

Paragraph 6 is marked with an arrow [➡].

Review
Questions
Help
?
Back
Next
Questions 17~19 of 20
Hide Time   00:09:00

radiation as images. One such imaging instrument, ASTER (Advanced Spaceborne Thermal Emission and Reflector Radiometer), is capable of transmitting infrared images at regular intervals that can help scientists map changes in volcanic thermal patterns. In 2003, for example, ASTER helped detect thermal anomalies and a small plume of steam emanating from the summit of Mt. Shishaldin in Alaska, precursors to an eruption more than two months later that shot ash thousands of meters into the air.

7 ➡ The measurement of ground deformation is another helpful tool for researchers, as the area around an active volcano often swells, deflates, or shifts as magma moves in and out of its underground plumbing system. The distribution and rate of ground deformation provide clues about processes occurring within the volcano. Swelling at the summit of Mauna Loa in Hawaii, for example, occurs as magma moves into and expands the summit magma chamber. Such deformations are generally subtle and can only be detected with precise surveying techniques or sensitive tilt and strain meters. Ground movements of several meters can occur during a large earthquake or when magma forces its way to the surface along a rift zone. An increased rate of swelling, especially if accompanied by an increase in sulfur dioxide emissions and seismic tremors, is a sign of the high probability of an impending event.

8 ➡ Still, advances in predicting volcanic eruptions do not always result in success. In 1999, local residents were forced to evacuate their homes repeatedly due to official alerts of a pending eruption of Ecuador's Tungurahua volcano. When no cataclysmic event occurred, the people lost faith in the predictions and returned to their homes. The forecasting failures also led to inconsistent monitoring, and when consecutive eruptions occurred in July and August of 2006, nearby residents fled the area with little or no advance warning.

17 Which of the following can be inferred from paragraph 7 about ground deformation in the area around a volcano?

(A) It results in a reverse in the direction of flowing magma.
(B) It cannot usually be seen with the naked eye.
(C) It occurs most often in rift zones below the summit.
(D) It sometimes results in a collapse of the magma chamber.

Paragraph 7 is marked with an arrow [➡].

18 Paragraph 8 suggests which of the following statements about Ecuador's Tungurahua volcano?

(A) It would have caused much devastation in 1999 without official alerts.
(B) It consistently ranks among the world's most difficult volcanoes to predict.
(C) Its eruptions are so infrequent that it was previously thought to be extinct.
(D) It probably had no major eruptions between 1999 and 2006.

Paragraph 8 is marked with an arrow [➡].

19 Look at the four squares [■] that indicate where the following sentence could be added to the passage.

Technological innovations have also helped pave the way for advanced measurement and monitoring.

Where would the sentence best fit?

Click on a square [■] to add the sentence to the passage.

TEST
1
2
3
4
5
6
7
8
9

HACKERS TOEFL ACTUAL TEST READING

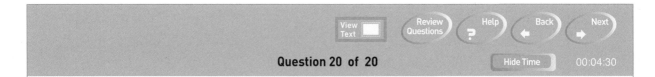

20 **Directions**: An introductory sentence for a brief summary of the passage is provided below. Complete the summary by selecting the THREE answer choices that express the most important ideas in the passage. Some sentences do not belong in the summary because they express ideas that are not presented in the passage or are minor ideas in the passage. **This question is worth 2 points.**

Drag your answer choices to the spaces where they belong. To remove an answer choice, click on it. To review the passage, click on **View Text**.

The prediction of volcanic eruptions is based on the observation of associated natural phenomena.

-
-
-

Answer Choices

(A) A long-period tremor is a clear indication that volcanic gases are pressurizing under the surface.

(B) The gaseous discharge near the rim of a volcano directly reflects the relative dangers involved in volcanic research.

(C) Scientists employ a variety of methods to keep track of surface temperature changes in and around volcanoes.

(D) Distortion of volcanic land is a sign that molten material is beginning to push its way through the surface.

(E) Imprecision in volcanic monitoring has led to prediction failures, resulting in tremendous loss of human life.

(F) Subterranean seismic patterns provide scientists with clues regarding pre-eruptive volcanic activity.

You have viewed all of the Reading Section questions, and you have time left for review. While there is time remaining, you may check your work.

Click **Return** to continue working.
Click **Review** to access the review screen.
Click **Continue** to proceed to the next section.

Once you have exited the Reading Section, you CANNOT return to it.

이제 리딩 섹션이 끝났습니다.

Continue 버튼을 누르면 다시 문제를 검토할 수 없으므로 유의하세요.   정답·해석·해설 **p.67**

TEST 03

테스트 전 확인사항

☐ 휴대전화의 전원을 껐습니다.

☐ 노트테이킹할 종이와 연필을 준비하였습니다.

☐ 시간을 체크할 시계를 준비하였습니다.

☐ 목표 점수(20개 중 _____개)를 정하였습니다.

☐ 시험 시작 시간은 _____시 _____분이며,
　　종료 시간은 36분 뒤인 _____시 _____분입니다.

Reading Section Directions

The TOEFL iBT Reading Section tests your ability to comprehend English academic passages. You will have 36 minutes to read two passages and respond to questions about them. The amount of time you have for this assignment will be tracked by a clock at the top of the screen.

You may skip a question and return to it later, provided there is time remaining. To move on to the next question, click **Next**. To return to a question, click **Back**.

The review screen will show which questions have been answered and which have not been answered. You may go directly to any previous question from the review screen. To access this screen, click **Review Questions**.

The Reading section will now begin.

Click **Continue** to proceed.

Next 버튼을 이용하여 다음 문제로 이동하고 Back 버튼을 이용하여 이전 문제로 이동할 수 있습니다. 문제에 답을 하지 않더라도 다음 문제로 이동할 수 있으며, Review Questions 버튼을 이용하여 각 문제 별로 답을 체크했는지 여부를 확인할 수 있습니다. 36분 동안 지문을 읽고 문제에 답을 하세요.

The American Constitution

1 Comprised of documents that define the very architecture of legal systems and spell out the rules, according to which the exercise of governmental power is carried out, constitutions ultimately reflect the political foundations of their nations. The Constitution of the United States of America, for example, consists of a single document that was created in a relatively brief interval of time in response to specific politico-historical situations.

2 ➡ Formulated in the period following the conclusion of the American Revolution, the Constitution was intended to function as a blueprint that would clearly dictate the legislative and political mechanisms of a new nation. The legislature had become a focal point for dissenting opinions and visions regarding the political and legal structure of the new government, with tensions between the proponents of the rights of the states, the central government, and the individual citizen each playing an important role. It was the need to satisfy these conflicting interests that eventually led to the adoption of the Constitution, but only after a decade of failed efforts resulting from the limited power of the young government.

3 During the Revolutionary War, the only collective governing body was the Continental Congress (1774-1781), which was little more than a de facto association binding the colonies together against Britain. A monumental early attempt to create an overarching legal framework for the nation was the ratification of the Articles of Confederation in 1781, which bound the original thirteen states into a loose league of semi-independent political entities. The provisions represented a triumph for those who advocated the prerogatives of the component states, because the powers of government under the Articles (i.e., the Congress of the Confederation) were mostly limited to foreign relations and management of the

01 The word "their" in the passage refers to

(A) documents
(B) systems
(C) rules
(D) constitutions

02 According to paragraph 2, the eventual adoption of the Constitution stemmed from the need

(A) to censure politicians who expressed dissenting views
(B) to establish new laws restricting national citizenship
(C) to further extend the legal rights of individual states
(D) to appease the opposing demands of several groups

Paragraph 2 is marked with an arrow [➡].

03 The word "monumental" in the passage is closest in meaning to

(A) new but temporary
(B) promising
(C) great and significant
(D) surprising

western territories. Such restrictions were viewed as appropriate by the supporting delegates, most of whom considered the primary function of the national government to lie in presenting a unified symbolic and military front when dealing with the European powers.

4 Weaknesses in the confederate political system were soon made apparent, however, because the national government was unable to exert any significant authority over the sovereignty of the states. Of particular concern was the fact that national authorities lacked any general power of taxation, necessitating continual requests to individual states for funds (which were seldom granted). Each state functioned in many respects as an independent nation, effectively holding veto power over any amendments proposed by the Congress. Consequently, because any changes to the Articles of Confederation required the unanimous support of all thirteen states, substantial modifications to the contents were almost impossible. ■

5 Once it had become apparent that the Articles contained inherent weaknesses, it was acknowledged that a new constitutional document was needed, and in 1787 the Constitutional Convention convened, where delegates quickly voted to abandon the Articles of Confederation entirely. ■ After extensive debate, representatives of the thirteen political bodies eventually ratified the Constitution of the United States of America, a document that represented a compromise between the rights of the states and the need for a strong centralized system of governance. ■ On March 4, 1789, this need was realized when the federal government of the United States began operations under the new constitution. ■

6 One of the major obstacles to the ratification of the new constitution was reaching an agreement upon the formula to be used to determine state representation in the legislature, with larger, more populous states

04 The word "substantial" in the passage is closest in meaning to

(A) expedient
(B) extraneous
(C) extensive
(D) extreme

05 Which of the sentences below best expresses the essential information in the highlighted sentence in the passage? *Incorrect* choices change the meaning in important ways or leave out essential information.

(A) In order to appease the concerns of legislators, it was necessary to ensure that an appropriate number of delegates would represent each state.
(B) Although the majority of states supported the recently created set of laws, several demanded substantial changes to the proceedings of the legislature.
(C) The issue of deciding the ratio of legislators from each state was a challenge that had to be overcome before the document could be accepted.
(D) In order for the legislature to function properly, it was necessary to ensure that representatives from each state, whether large or small, would participate.

demanding a proportional division and the smaller ones desiring equal representation. To accommodate the considerations of all member states, a bicameral legislature (the Congress of the United States) was established, made up of the House of Representatives and the Senate. It was decided that the number of state delegates sent to the House of Representatives would be determined by population, while each state, regardless of size, would send an equal number to the Senate. Consequentially, the U.S. Constitution endows the House of Representatives with a much larger delegation than that of the Senate.

7 ➡ While the first five articles delineated the responsibilities of the various branches of government and the amendment process, Article Six established the U.S. Constitution as the supreme law of the land, requiring that all legislators, judicial members, and executive officers—whether state or federal—swear an oath of allegiance to the Constitution. In addition, it explicitly commands that state law not be in contradiction to federal law, and that in such cases, state adjudicators are bound to uphold the sovereignty of federal law. However, to satisfy the rights of the states, the Constitution also asserts that all powers not granted to the federal government remain under the purview of the state governments.

8 ➡ Subsequently, the rights of individual citizens were addressed by the ten amendments that collectively came to be known as the Bill of Rights, which launched a new era of freedom and guaranteed a wide range of liberties, including freedom of speech, religion, and the press. The amendments also addressed the judiciary process by granting the right to a fair trial for those citizens charged with crimes. Eventually, these provisions would be incorporated into the constitutions of the various states, ensuring that all American citizens have certain inalienable rights regardless of their area of residence; some, however, such as the right to bear arms, remain controversial even today.

06 What is the purpose of paragraph 7 in the overall discussion of the U.S. constitution?

(A) To demonstrate the compliance of states to the new regulations

(B) To illustrate the extent of the document's authority

(C) To provide an example of structural flaws in the legal system

(D) To explain why previous state laws had been abandoned

Paragraph 7 is marked with an arrow [➡].

07 According to paragraph 8, the individual rights given to citizens included all of the following EXCEPT

(A) guarantees of freedom with regard to open discourse, spiritual beliefs, and mass media

(B) protections for citizens who choose to peacefully assemble in public places

(C) the assurance that criminal suspects would be treated impartially in court proceedings

(D) the pledge that individual citizens would be allowed to own and possess guns

Paragraph 8 is marked with an arrow [➡].

08 According to paragraph 8, what can be inferred about the legal rights of individuals in the United States?

(A) They were not safeguarded nationally prior to the Bill of Rights.

(B) They were protected under the original constitutional document.

(C) They were not guaranteed to residents who traversed state lines.

(D) They were immediately observed by the various individual states.

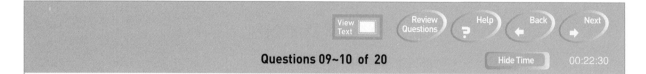
09 Look at the four squares [■] that indicate where the following sentence could be added to the passage.

The transformation away from a confederate form of organization was complete.

Where would the sentence best fit?

Click on a square [■] to add the sentence to the passage.

---

10 Directions: An introductory sentence for a brief summary of the passage is provided below. Complete the summary by selecting the THREE answer choices that express the most important ideas in the passage. Some sentences do not belong in the summary because they express ideas that are not presented in the passage or are minor ideas in the passage. **This question is worth 2 points.**

Drag your answer choices to the spaces where they belong. To remove an answer choice, click on it.
To review the passage, click on **View Text**.

The need to balance a variety of conflicting interests influenced the development of the American Constitution.

-
-
-

Answer Choices

(A) The constitutions of the individual states were abandoned in favor of the new national legal structure.

(B) Recognizing flaws in the existing legal structure, representatives convened and adopted a constitutional government based on a new legislative system.

(C) The Articles of Confederation made it possible for foreign relations to be conducted in an efficient manner.

(D) The Constitution provided protections for the rights of individual citizens.

(E) The first attempts at establishing an American government provided a legal and political framework weighed too heavily in favor of the states.

(F) It was determined that demographics would play a role in the number of delegates sent to Congress.

Weather Forecasting

1 ➡ The old adage "red sky at night, sailor's delight; red sky in morning, sailor's warning" encapsulates the dominant form of weather forecasting prior to the advent of modern methods. Such received wisdom, or "weather lore," represented little more than a haphazard collection of proverbs derived from stories of personal experience. Although the accuracy of these sayings was not very high, their core element of utilizing observed information as a basis for prediction is still an essential part of contemporary weather forecasting.

2 ➡ The modern science of meteorology traces its roots to the invention of the telegraph, as this technology made the rapid exchange of local observations between distant stations possible for the first time. ■ The subsequent development of synoptic charts, which use a complex symbology for weather-related phenomena and make use of tools like isobars and isotherms, allowed an array of data to be consolidated to create a coherent layout depicting the patterns of wind, pressure, temperature, and precipitation for a large geographic area at a specific time. ■ Although this represented an important breakthrough in the field, it was not until the middle of the twentieth century that forecasters began to develop a comprehensive understanding of global climate dynamics with some degree of precision. ■ As new technologies and methods became available to meteorologists, their ability to collect data, create exact models of current conditions, and predict the development of weather patterns expanded. ■

3 ➡ In order to accumulate the vast volumes of data required to create an accurate picture of the weather, contemporary meteorologists employ a wide range of devices. One of the longest-serving and most frequently used mechanisms for measuring specific upper-atmospheric conditions is the helium-filled weather balloon. Attached to each balloon is a device

11 According to paragraph 1, weather lore can be defined as

(A) an unsystematic body of data used to predict atmospheric conditions
(B) an innovative process employed to monitor climatic developments
(C) an unreliable method utilized to document meteorological fluctuations
(D) a precise technique developed to record observable celestial events

Paragraph 1 is marked with an arrow [➡].

12 According to paragraph 2, which of the following is true about synoptic charts?

(A) They include a substantial amount of conjecture about actual data.
(B) They reduce the time required to determine weather conditions.
(C) They limit the number of necessary meteorological symbols.
(D) They combine a wide range of information in an orderly arrangement.

Paragraph 2 is marked with an arrow [➡].

known as a radiosonde, which transmits information about temperature, barometric pressure, and relative humidity to weather stations. Radiosondes may also be affixed with various types of apparatus to measure ozone levels. Balloons are launched and tracked by radar, which makes it possible for scientists to calculate wind speeds at different altitudes up to 40km above the earth's surface, greatly expanding the information available for analysis (e.g., for use in synoptic charts). However, the ability to collect data over a wide area is hampered because a typical launch lasts only a couple of hours and covers an equivalent ground distance of no more than 200km.

4 ➡ The application of space and military research satellites to meteorological tasks during the second half of the twentieth century provided a complement to the information furnished by weather balloons and enabled scientists to gather data for the first time about entire weather systems forming over the planet's surface. Satellites situated over the poles (polar-orbiting) and over the equator (geostationary) are capable of transmitting thermal or infrared images of any spot on earth to weather stations. Satellites are also used to monitor the hole in the ozone layer over Antarctica, and are even well-equipped to provide localized data, such as visual information related to forest fires, urban smog, or the height of oceanic waves—all in high resolution. The combined use of tools like weather balloons and meteorological satellites makes it possible to formulate a comprehensive view of the global atmospheric situation.

5 ➡ Such improvements in data-collection capacity coincided with the development of the computer, a technology that has had great significance in the field of weather modeling. Much like synoptic charts, computers make use of the data collected from all sources to create a simulated image of current conditions; unlike charts, however, computers can be used along with animation software and satellite

13 The word "apparatus" in the passage is closest in meaning to

(A) equipment
(B) intelligence
(C) software
(D) evidence

14 According to paragraph 3, which of the following is correct about the weather balloon?

(A) It is retrieved once it has reached a certain altitude so that it can be used again.
(B) It is not utilized by meteorologists who have access to data gathered by satellites.
(C) It is restricted to gathering temporary climatic data over a limited geographical range.
(D) It is dependent on the assistance of ground-based guidance technology to function.

Paragraph 3 is marked with an arrow [➡].

15 Which of the following can be inferred from paragraph 4 about satellites in the twentieth century?

(A) They were found to be ineffective in curbing the spread of wildfires and pollution.
(B) They were originally invented for purposes other than investigating the weather.
(C) They were used to reduce ground-level ozone pollution that occurs in urban areas.
(D) They were only capable of conveying images from polar and equatorial regions.

Paragraph 4 is marked with an arrow [➡].

Glossary

radiosonde: An airborne instrument used to send meteorological date back to earth by radio

imagery to visually demonstrate the actual movement of weather systems such as the circular rotation of hurricanes or the convergence of large air masses. Perhaps the best example is the NEC Earth Simulator, a Japanese supercomputer designed to create a virtual Earth that is identical to the original in nearly every way. Information from satellites, radiosondes, and weather stations around the planet is continually input into the simulator, ensuring that computer models reflect recent changes to match immediate global conditions.

6 Regardless of the accuracy of computer models with respect to the state of the atmosphere, they would be of limited value without some means to estimate future weather patterns based on the information. To achieve this, meteorologists attempt to represent the physical dynamics of the atmosphere with mathematical equations (usually those of governing physical laws, e.g., thermodynamics) that can be processed as algorithms by supercomputers, a process known as numerical weather prediction (NWP). Once an initial atmospheric state is calculated and its boundary conditions set, additional states may be enumerated indefinitely. The rate of change, or "time steps," between different states is then considered and approximations of future states can be projected. NWP methodology allows meteorologists to generate reasonably accurate short-, mid-, and long-range projections about future weather patterns. In the case of the NEC Earth Simulator, similar methods have been used to determine potential global climatic changes over the course of several decades.

7 However, despite the increased role of technology in the field of meteorology, human forecasters still play a significant role. Of utmost importance is the fact that the information produced by the computer simulation must be interpreted and presented in such a manner that it may be used in the wide range of human activities that depend on such forecasts.

16 Which of the following is mentioned in paragraph 5 as an example of the computer's impact on weather modeling?

(A) Previously used instruments for weather measurement were rendered obsolete.
(B) Methods for duplicating static images of weather phenomena were realized.
(C) The capacity to gather data from the atmospheric environment was greatly improved.
(D) The ability to dynamically portray up-to-the-minute weather events was actualized.

Paragraph 5 is marked with an arrow [➡].

17 Why does the author mention "the NEC Earth Simulator"?

(A) To illustrate a technical innovation
(B) To explain a theoretical concept
(C) To compare two methodologies
(D) To suggest an alternative technique

18 Which of the sentences below best expresses the essential information in the highlighted sentence in the passage? *Incorrect* choices change the meaning in important ways or leave out essential information.

(A) The ability to include information related to existing atmospheric conditions would increase the significance of the computer-produced maps.
(B) The precision of the computer reproductions would be dependent on the existence of deductive methodologies to explain climate change.
(C) The lack of a method to forecast weather would render the precise data generated by computerized simulations of little use.
(D) The computer representations would be more exact with the inclusion of a method to infer subsequent atmospheric developments.

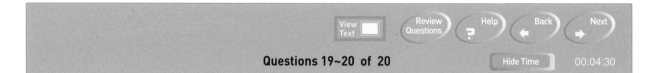
19 Look at the four squares [■] that indicate where the following sentence could be added to the passage.

Prior to this, knowledge about the conditions in other regions was limited to long-term weather patterns.

Where would the sentence best fit?

Click on a square [■] to add the sentence to the passage.

20 Directions: An introductory sentence for a brief summary of the passage is provided below. Complete the summary by selecting the THREE answer choices that express the most important ideas in the passage. Some sentences do not belong in the summary because they express ideas that are not presented in the passage or are minor ideas in the passage. **This question is worth 2 points.**

Drag your answer choices to the spaces where they belong. To remove an answer choice, click on it. To review the passage, click on **View Text**.

> **The accuracy of meteorological science has dramatically increased since the midpoint of the twentieth century.**
>
> ●
> ●
> ●

Answer Choices

(A) Advanced software programs enabled the creation of detailed and accurate depictions of existing weather patterns.

(B) High-altitude observation platforms were utilized for the first time, although they were unable to observe all areas of the planet.

(C) The need for human forecasters was eliminated by the development of complex computer representations of the climate.

(D) The ability to collect atmospheric information was augmented by a variety of technologies.

(E) Radiosondes equipped with radar allowed for the continual observation of the state of the upper atmosphere.

(F) Methodologies to accurately calculate and predict potential behaviors of atmospheric systems were developed.

You have viewed all of the Reading Section questions, and you have time left for review. While there is time remaining, you may check your work.

Click **Return** to continue working.
Click **Review** to access the review screen.
Click **Continue** to proceed to the next section.

Once you have exited the Reading Section, you CANNOT return to it.

TEST 04

테스트 전 확인사항

☐ 휴대전화의 전원을 껐습니다.

☐ 노트테이킹할 종이와 연필을 준비하였습니다.

☐ 시간을 체크할 시계를 준비하였습니다.

☐ 목표 점수(20개 중 ＿＿＿＿개)를 정하였습니다.

☐ 시험 시작 시간은 ＿＿＿＿시 ＿＿＿＿분이며,
　종료 시간은 36분 뒤인 ＿＿＿＿시 ＿＿＿＿분입니다.

Reading Section Directions

The TOEFL iBT Reading Section tests your ability to comprehend English academic passages. You will have 36 minutes to read two passages and respond to questions about them. The amount of time you have for this assignment will be tracked by a clock at the top of the screen.

You may skip a question and return to it later, provided there is time remaining. To move on to the next question, click **Next**. To return to a question, click **Back**.

The review screen will show which questions have been answered and which have not been answered. You may go directly to any previous question from the review screen. To access this screen, click **Review Questions**.

The Reading section will now begin.

Click **Continue** to proceed.

Next 버튼을 이용하여 다음 문제로 이동하고 Back 버튼을 이용하여 이전 문제로 이동할 수 있습니다. 문제에 답을 하지 않더라도 다음 문제로 이동할 수 있으며, Review Questions 버튼을 이용하여 각 문제 별로 답을 체크했는지 여부를 확인할 수 있습니다. 36분 동안 지문을 읽고 문제에 답을 하세요.

Avian Vocalization and Communication

1 Birds possess a relatively complex physiology that allows them to communicate not only with visual signals but also with vocalization, a feat that is rare in the animal kingdom. Avian sounds are produced in the y-shaped syrinx, a vocal organ located between the trachea and the lungs. As the muscles in the walls of this cartilaginous forked tube vibrate, air is exhaled and passed over the vibrating walls, creating a complex range of pitched notes. Some avian species can control each fork independently, allowing them to produce more than one sound simultaneously.

2 ➡ This adeptness manifests itself in a number of techniques, the most familiar of which is the birdsong, primarily used by males to attract mates or to establish and defend territory. Because of its beauty and similarity to musical melody, the birdsong has received the most attention from ornithologists and is commonly mimicked by humans in the form of whistles. It is generally characterized by its length and overall complexity.

3 ➡ Other vocalizations are equally prevalent, the vast majority being bird calls that have altogether less complexity and duration than the birdsong. The familiar caw of the American crow (*Corvus brachyrhynchos*), for instance, is a shrill alarm call emitted when the nest or territory is in jeopardy. It serves to alert other crows in the area of approaching danger and to ward off potential predators. Birds also make use of more subtle calls; a sporadic series of soft location notes is often heard between pairs of birds in a flock to communicate their respective flight positions.

01 The word "simultaneously" in the passage is closest in meaning to

(A) in a rhythmic series
(B) in consecutive bursts
(C) at regular intervals
(D) at the same time

02 According to paragraphs 2 and 3, all of the following are true about bird vocalization EXCEPT

(A) it is invoked by males to mimic the sounds of their reproductive competitors
(B) it is used by birds to convey their positions while traveling through the air
(C) it provides a means to communicate that a threatening presence is nearby
(D) it represents a tool males can use to draw attention from potential female partners

Paragraphs 2 and 3 are marked with arrows [➡].

03 What is the purpose of paragraph 3 in relation to the overall discussion on bird communication?

(A) To describe the utterances made by threatened birds
(B) To emphasize the limited range of bird noises
(C) To introduce additional forms of bird vocalization
(D) To point out that birds are rarely vocal

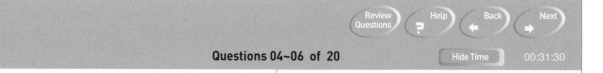
4 ➡ In the 1960s and 70s, ornithologists working with endangered bird populations began to show an increased interest in the communication between parents and recently-hatched chicks. Scrutiny revealed that parents made several different calls around the nest, for instance, calls signaling the arrival of food. In turn, baby birds learn to increase the intensity of their cheeps to demonstrate hunger. It may seem surprising that parents would make calls to stimulate begging when approaching the nest given that increased noise would seem to attract the attention of predators, thus placing the brood in potential danger. In order to deal with this, adults also announce danger to their young through alarm calls, and nestlings gradually (studies have shown that neonatal birds do not have the ability to appropriately respond to alarm calls) acquire the ability to alter their vocalizations in the face of potential predation. Older nestlings often reduce the decibel levels of their cheeps or cease making any noise in response to parental alarm calls.

5 Yet some fledglings choose to cheep loudly even when they are full. Their incessant begging coaxes parents into providing them with additional nourishment, which they can, in turn, convert into the energy necessary to grow. As a result, more aggressive nestlings gain an advantage at the risk of jeopardizing their siblings' chances for survival. The practice is supported by the parents, who instinctively focus rearing efforts on the offspring that demonstrate the greatest potential to survive long enough to reproduce and, thus, carry on the lineage. It is believed that this parental instinct in part explains why adults signal their offspring when approaching the nest with food; the begging of nestlings requires a great deal of energy and therefore it provides parents with an assessment of the overall fitness of the brood, as well as that of individual nestlings.

04 According to paragraph 4, what can be inferred about baby birds?

(A) Their continual cheeping places them in danger of acute malnourishment.
(B) They are more susceptible to predators if they modify their acoustical intensity.
(C) Their initial inability to understand arrival signals has major ill-effects on their survival.
(D) They are unable to adjust their calls in response to possible danger immediately after birth.

Paragraph 4 is marked with an arrow [➡].

05 The word "convert" in the passage is closest in meaning to

(A) adjust
(B) believe
(C) transform
(D) influence

06 According to paragraph 6, what method was used to discover the correlation between modifications in call frequencies and bird habitat?

(A) Nests were replaced with fake ones and recorded sounds of chicks were played to see if parents would return.
(B) Devices were installed near fake nests that could record the sounds emitted by young birds in response to predators.
(C) Differences between vocalization strategies on the ground and in trees were measured by taking recordings of nestlings.
(D) Fake nests were distributed and predators were monitored for their reactions to broadcasted cheeping sounds.

Paragraph 6 is marked with an arrow [➡].

6 ➡ Some species have developed the ability to modulate their sounds to maximize their chances of survival. ■ This avian adaptive mechanism was investigated in a major research project conducted in 1995 during which scientists who studied the vocalizations of ground-nesting ovenbirds and tree-nesting warblers discovered that frequency levels are acutely related to a species' distinct microenvironment. ■ The scientists discovered this correlation by placing mock nests—each nest with a speaker playing a prerecorded loop of begging calls—among the brush on the ground. They then observed predator responses to the sounds. ■ Most ground nests were discovered rapidly when the low-frequency vocalizations of tree-nesting warblers were played; on the other hand, only a few nests were discovered in response to the playback of high-frequency ground-nesting ovenbird calls. It was concluded that the vocalization of ground-nesting ovenbirds, although not one hundred percent safe, is specifically adapted to the particular acoustics of their normal brooding habitat. ■

7 ➡ Such adaptive vocalization techniques also prove useful in habitats with high levels of ambient noise. In a region inhabited by humans, for example, where the potential for low-frequency noise pollution is quite high, birds invoke high-pitched songs during short-range communication. A Clemson University study of *Mimus polyglottos*, the Northern Mockingbird, revealed that members of the species living in cities had higher minimum frequency levels than their counterparts in rural or heavily forested areas. To avoid their efforts being masked by immediate background noise, the birds always produce songs at pitches higher than those of the normal traffic of trains and cars, or that of passing airplanes. Decibel levels were also found to be higher in urban birds, while song duration tended to be less prolonged. It remains unclear, however, whether voice adaptations of urban populations have a genetic basis or whether they are simply learned through mimicry.

07 Which of the sentences below best expresses the essential information in the highlighted sentence in the passage? *Incorrect* choices change the meaning in important ways or leave out essential information.

(A) On the other hand, it is still unknown whether birds are able to imitate man-made sounds because of genetic evolution, or if it is learned.
(B) Still, in order to adapt, it is essential that birds living in urban areas learn to mimic the sounds of others around them.
(C) It is still not known if imitation or heredity is the driving force behind vocal modifications among city birds.
(D) It is still not obvious how inherited traits in birds allow them to adapt to urban life and communicate.

08 According to paragraph 7, birds adapt their songs to noisy habitats because

(A) individualizing songs distinguishes their vocalizations from those of other birds
(B) combining songs with background noise better avoids detection by people
(C) without it their songs might not be long enough to be heard above the roar of traffic
(D) otherwise their songs would be covered up by the sounds of the local environment

Paragraph 7 is marked with an arrow [➡].

09 Look at the four squares [■] that indicate where the following sentence could be added to the passage.

The surveillance quickly revealed that predation is directly influenced by sound frequency.

Where would the sentence best fit?

Click on a square [■] to add the sentence to the passage.

10 **Directions**: An introductory sentence for a brief summary of the passage is provided below. Complete the summary by selecting the THREE answer choices that express the most important ideas in the passage. Some sentences do not belong in the summary because they express ideas that are not presented in the passage or are minor ideas in the passage. **This question is worth 2 points.**

Drag your answer choices to the spaces where they belong. To remove an answer choice, click on it. To review the passage, click on **View Text**.

Birds have developed a complex system of vocalization that aids in their survival.

-
-
-

Answer Choices

(A) Adaptive communication techniques allow birds to deal with environmental pressures, such as those brought on by predators and urban noise.

(B) The communication between parents and nestlings play a key role in the survival of the family and its ability to produce future generations.

(C) Few aspects of avian vocalization strategies have been systematically studied outside of mating songs and those between parents and their offspring.

(D) Birds are capable of producing a variety of simple and complicated sounds in order to effectively communicate with one another.

(E) Songs are often obscured by noise pollution in man-made settings, making it unlikely for birds to succeed despite adaptations.

(F) Due to their complex physiology, birds are able to communicate even in flight to convey their relative positions to other members of the group.

Mineral Scarcity

1 A mineral is defined as an inorganic homogeneous material with a definite chemical composition and a distinctive internal crystal structure that develops as the result of natural processes. Mineral formation is determined by the geological environment, with a variety of factors, including heat and pressure, playing an important role in the final configuration of the substance. The endowment of minerals in the Earth's crust is finite; therefore, excessive extraction of rare or exhaustible minerals could lead to future scarcity problems.

2 ➡ An explosion in the use of mineral resources occurred during the rapid industrialization of the Western world associated with the Industrial Revolution, a period characterized by the transition of affected societies from an agrarian economy to one dominated by manufacturing. Not only did this necessitate the acquisition of significant mineral reserves to create the machinery of production, but the quantity and diversity of goods generated using the new methods also created an unprecedented demand for mineral resources.

3 As the populations in industrialized societies continue to rise, and developing nations begin the process of industrialization, the need to locate and exploit mineral deposits has risen tremendously. Initially, the rate at which minerals were extracted was limited by the high costs associated with mining. However, technological improvements in the industry, combined with significant reductions in the expenses associated with transport, have made it possible to remove these commodities more efficiently and at a much lower cost, resulting in an extraction rate that many experts consider to be unsustainable. Since the 1970s, a broad spectrum of scientists, environmentalists, and economists has advocated the position that the depletion of accessible minerals is the most probable

11 Why does the author mention "the Industrial Revolution" in paragraph 2?

(A) To indicate the results of an economic trend
(B) To provide an example of a production technique
(C) To demonstrate the importance of an economic region
(D) To suggest a cause for the increase in consumption of a resource

Paragraph 2 is marked with an arrow [➡].

12 According to paragraph 2, all the following are aspects of industrialization that created demand for minerals EXCEPT

(A) the construction of industrial equipment
(B) the lowered output of agricultural areas
(C) the increased capacity to make merchandise
(D) the manufacture of a wide variety of products

TEST

1 2 3 4 5 6 7 8 9

HACKERS TOEFL ACTUAL TEST READING

Questions 13~15 of 20

Review Questions

Help ?

Back

Next

Hide Time   00:13:30

outcome of current resource management policies.

4 ➡ Apprehension regarding the future availability of mineral resources is not universal, however, and recent research suggests that a range of factors may contribute to the overall sustainability of the mineral industry. Companies and governments continue to devote a tremendous amount of research to developing novel approaches to exploit less accessible deposits; as new deposits are found and extracted, scarcity issues may be alleviated.

5 ➡ Much of the research in this regard is conducted for the purpose of discovering and accessing untapped mineral resources. An example of a recent success in dealing with supply woes has been in the field of offshore mining, whereby the continental shelves — which constitute an area almost fifty percent as large as existing landmasses — are mined using an array of methods, including the use of draglines that remove the surface material on the ocean's floor, as well as hydraulic dredges attached to offshore platforms to reach deeper deposits. Many scientists are optimistic about the resource potential of the continental shelves, as early tests indicate that they have a mineral composition comparable to the adjacent land areas.

6 These solutions have worked in some parts of the world. ■ In the United States, for instance, the combination of technological improvements and new reserves has resulted in the growth of mineral commodity supplies at a rate greater than historical increases in demand ■ However, recent consumption trends are staggering: according to the U.S. Geological Survey, the quantity of new materials produced has continued to rise each year, and of all the mineral resources used in the twentieth century, over half were consumed in the last quarter of the century — an astonishing realization. ■ The continued upswing not only fuels the debate about the adequacy of future supplies, it also has environmentalists

13 According to paragraph 4, the belief that mineral resources may not be available in the future is called into question because

(A) scientists have recently discovered unlimited deposits of minerals
(B) research indicates that new deposits could reduce supply pressures
(C) companies and governments are relying less on mineral exploitation
(D) industries have begun to use extraction methods that are sustainable

Paragraph 4 is marked with an arrow [➡].

14 According to paragraph 5, the recent success in the field of offshore mining

(A) created the realization that minerals exist in greater abundance in the continental shelves than on land
(B) was made possible due to the utilization of methods employed in conventional mining
(C) led to a positive outlook among scientists regarding the mineral content of the continental shelves
(D) can be attributed to new technologies capable of measuring the mineral content of the ocean floor

Paragraph 5 is marked with an arrow [➡].

15 The word "astonishing" in the passage is closest in meaning to

(A) surprising
(B) intriguing
(C) promising
(D) yearning

distressed over a related issue beyond physical scarcity, that of the capacity of the planet's geologic, hydrological, and atmospheric systems to handle the wastes associated with mineral extraction for use in manufacturing materials. ■

7 Even if mineral resources exist in inexhaustible amounts, their extraction frequently leads directly to water pollution. When mines are stripped of their reserves, soil is displaced, which can end up in surface water, leading to increased salinity in lakes and rivers, and ores left behind can also pollute groundwater, as rain leeches toxic chemicals and acids when it passes through rock crevices. Therefore, environmentalists advocate recycling pre-produced materials, claiming that it offers a two-fold solution: recycling would eliminate the pollution associated with extraction of raw materials while preserving minerals in situ for future use.

8 ➡ Recycling can provide the means to increase the amount of mineral resources available for human consumption. Particularly with regards to ferrous (e.g. iron and steel) and nonferrous (e.g. aluminum and copper) metals, there have already been dramatic improvements to the efficiency and cost-effectiveness of material recovery and reprocessing. As a result, these substances are now considered to be infinitely recyclable, meaning that the material is not significantly degraded or modified by the process, effectively creating a reserve of sustainable mineral products to be drawn upon to meet the collective needs of humanity.

9 In addition, the stock of "materials-in-use" on Earth is vast, and includes buildings, machines, roads, and numerous other man-made structures and materials. A substantial number of mineral-containing resources also exist unused as waste in landfills in the form of cast-off bricks, asphalt, and drywall, and these previously manufactured items could be of use in the future as potential resources.

16 Which of the following was provided as an outcome of the recent increase in the consumption of minerals?

(A) Expert estimate that mineral consumption will completely exhaust global supplies by the end of this century.
(B) The controversy over whether there will be enough available supplies in the future has heated up.
(C) The total quantity of minerals produced is declining rapidly because resources are becoming scarcer.
(D) A number of prominent environmental activists are calling for all mineral consumption to cease.

17 The word "it" in the passage refers to

(A) soil
(B) salinity
(C) groundwater
(D) rain

18 It can be inferred from paragraph 8 that the author likely believes which of the following about the problem of mineral scarcity?

(A) Mineral scarcity will be avoided if people change their consumption patterns.
(B) Mineral scarcity will become an irreversible problem that will affect humankind.
(C) Governments throughout the world will act quickly to deal with mineral scarcity.
(D) Factors influencing mineral scarcity are cyclical and will revert to historic levels.

Paragraph 8 is marked with an arrow [➡].

19 Look at the four squares [■] that indicate where the following sentence could be added to the passage.

This created a downward trend in prices, even among minerals that had traditionally been particularly costly.

Where would the sentence best fit?

Click on a square [■] to add the sentence to the passage.

---

20 Directions: An introductory sentence for a brief summary of the passage is provided below. Complete the summary by selecting the THREE answer choices that express the most important ideas in the passage. Some sentences do not belong in the summary because they express ideas that are not presented in the passage or are minor ideas in the passage. **This question is worth 2 points.**

Drag your answer choices to the spaces where they belong. To remove an answer choice, click on it.
To review the passage, click on **View Text**.

> **Mineral scarcity is an important issue that scientists are currently addressing.**
> - ●
> - ●
> - ●

Answer Choices

(A) Efforts to harvest mineral formations previously considered unsuitable are a response to rising prices.

(B) Mining costs have declined substantially in the recent past, contributing to the sustainability of the industry.

(C) The historical increase in demand for minerals led to concerns over future availability.

(D) In some countries, mineral supplies have outpaced demand, eliminating concerns over increased extraction rates.

(E) Reusing previously manufactured products could help forestall mineral depletion.

(F) Research and new methodologies have allowed for the extraction of minerals from previously untapped deposits.

You have viewed all of the Reading Section questions, and you have time left for review. While there is time remaining, you may check your work.

Click **Return** to continue working.
Click **Review** to access the review screen.
Click **Continue** to proceed to the next section.

Once you have exited the Reading Section, you CANNOT return to it.

이제 리딩 섹션이 끝났습니다.

Continue 버튼을 누르면 다시 문제를 검토할 수 없으므로 유의하세요.

정답·해석·해설 **p.107**

HACKERS TOEFL ACTUAL TEST READING

TEST 05

테스트 전 확인사항

☐ 휴대전화의 전원을 껐습니다.

☐ 노트테이킹할 종이와 연필을 준비하였습니다.

☐ 시간을 체크할 시계를 준비하였습니다.

☐ 목표 점수(20개 중 _____개)를 정하였습니다.

☐ 시험 시작 시간은 _____시 _____분이며,
종료 시간은 36분 뒤인 _____시 _____분입니다.

Reading Section Directions

The TOEFL iBT Reading Section tests your ability to comprehend English academic passages. You will have 36 minutes to read two passages and respond to questions about them. The amount of time you have for this assignment will be tracked by a clock at the top of the screen.

You may skip a question and return to it later, provided there is time remaining. To move on to the next question, click **Next**. To return to a question, click **Back**.

The review screen will show which questions have been answered and which have not been answered. You may go directly to any previous question from the review screen. To access this screen, click **Review Questions**.

The Reading section will now begin.

Click **Continue** to proceed.

Next 버튼을 이용하여 다음 문제로 이동하고 Back 버튼을 이용하여 이전 문제로 이동할 수 있습니다. 문제에 답을 하지 않더라도 다음 문제로 이동할 수 있으며, Review Questions 버튼을 이용하여 각 문제 별로 답을 체크했는지 여부를 확인할 수 있습니다. 36분 동안 지문을 읽고 문제에 답을 하세요.

Review Questions

Help
?

Back

Next

Questions 01~03 of 20

Hide Time   00:36:00

Stellar Evolution

1 An individual star may exist for billions or even trillions of years and during the course of its lifetime will undergo a sequence of radical changes that affect its density, mass, and intensity. Referred to as stellar evolution, the process occurs at an infinitesimal rate, making it impossible to observe directly. Instead, astrophysicists rely on data gleaned from the examination of hundreds of stars, each representing different stages of the stellar evolution.

2 ➡ Myriads of observable stars are found in the universe, and they frequently occur in vast clouds of dust and gas called nebulae, which function as stellar nurseries. Within these molecular clouds are regions of concentrated interstellar matter. As the density of these regions increases, often due to centrifugal rotation, some areas collapse under their own weight, creating cores of even greater density accompanied by higher temperatures. The light emitted by these central points, or protostars, remain obscured from the naked eye by thick areas of dust and gas except in infrared wavelengths, and they often produce magnificent infrared spectacles as their emission of radiation is absorbed by surrounding materials within the molecular fog. It is only after the protostar produces enough radiation of its own to disperse the matter in its immediate vicinity that it becomes directly observable in the visible spectrum.

3 ➡ As the protostar gathers more and more material, it begins to spin faster and faster, further intensifying its density and temperature and ultimately setting off nuclear reactions signaling the birth of a star. These reactions are essential to a star's survival, and sustained atomic thermonuclear fusion of lighter elements into heavier ones provides the energy source for all stars. The further evolution of a young star is marked by the perpetual fusion of hydrogen atoms into helium in its core, a process requiring

01 The word "magnificent" in the passage is closest in meaning to

(A) grand
(B) sharp
(C) clear
(D) vivid

02 The word "spectrum" in the passage is closest in meaning to

(A) system
(B) limit
(C) range
(D) category

03 What can be inferred from paragraph 2 about the light emitted by protostars?

(A) It cannot be measured because it is concealed by dust and gas.
(B) Special equipment is sometimes required for humans to observe it.
(C) It can absorb much of the nearby matter, making it invisible to people on Earth.
(D) Simultaneous expulsion of gases reduces its rate of dispersal.

Paragraph 2 is marked with an arrow [➡].

Review
Questions
Help
?
Back
Next

Questions 04~06 of 20

Hide Time   00:31:30

the high velocity collision of protons at temperatures greater than five million degrees. Stars live out most of their lives converting hydrogen into helium in a stage referred to as the main sequence. ∎

4 ➡ Main sequence stars exhibit a state of relative stability characterized by hydrogen core fusion. Because there are divergent temperatures in the core and the photosphere, or surface, energy is transported outward. ∎ In the interior, energy transfer is accomplished through convection, whereby hot plasma rises and cooler plasma sinks under conditions with steep temperature gradients. Once the energy reaches the photosphere, it is expelled by radiation. ∎ As this nuclear fusion radiates energy into the universe, the star is simultaneously contracting, exemplifying a celestial tug-of-war that generates increasing core temperatures within the star. ∎ The never-ending battle between the forces of gas pressure flowing out and gravity pulling in continues throughout the life of a star over billions of years. Main sequence stars are characterized by similar forces of pressure and gravity, resulting in a state of hydrostatic equilibrium. The length of time a star remains in main sequence is governed by the availability of hydrogen fuel within the core and the rate of radiation at the surface. For stars to remain in equilibrium, the energy generated at the core must be equal to or greater than surface radiation.

5 Although massive stars have more available energy at their disposal than smaller stars, they do not necessarily last longer. In stellar objects with masses less than 0.5 times that of the Sun, for example, the main sequence stage alone can last for trillions of years. Stars having masses similar to that of the Sun can burn out much quicker. This is because their rate of energy exchange is sometimes greater than that of smaller stars. Of primary importance is the opacity of the gaseous material the radiation must traverse. The more transparent the gases near the surface, the

04 According to paragraph 3, which of the following statements is true of the birth of a star?

(A) It is initiated by nuclear reactions resulting from high heat and density.
(B) It is signaled by the conversion of heavy elements into lighter ones.
(C) It is marked by atomic collisions occurring at ever increasing speed.
(D) It is caused by the separation of hydrogen and helium atoms.

Paragraph 3 is marked with an arrow [➡].

05 The word "collision in the passage is closest in meaning to

(A) gleam
(B) friction
(C) crash
(D) tension

06 According to paragraph 4, main sequence stars exhibit a state of hydrostatic equilibrium because

(A) the outward force of gas pressure is similar to the pull of gravity
(B) the temperatures fluctuate between the core and the photosphere
(C) nuclear fusion expedites the rate at which energy is radiated into space
(D) cool plasma is more dense than the hotter plasma near the core

Paragraph 4 is marked with an arrow [➡].

Review Questions

Help
?

Back

Next

Questions 07~09 of 20

Hide Time   00:27:00

greater the efficiency of radiation. When the hydrogen available in the core is extinguished, contraction creates temperatures high enough to convert helium to carbon, causing the outer shell to expand in order to conserve energy. This transition in nuclear capacity signals the beginning of the red giant stage of stellar evolution. The subsequent gradual cooling and expanding of the outer gas layers increase luminosity, making the celestial objects appear large and red.

6 ➡ The red giant phase symbolizes the final ten percent of the stellar lifespan. The masses of these giant stars range from just under that of the Sun to ten times that of the Sun. Red giants of low to middle mass exhaust most of their energy rapidly and lose their outer shells due to energy pulsations. These stars will inevitably collapse, leaving a remnant that marks the endpoint of all but the most massive stars. Known as a white dwarf, this remaining planet-sized celestial body is extremely compact, with a mass on average 200,000 times greater than that of Earth. Its luminosity will gradually decrease as it cools, until it ceases to emit visible light. Giant stars of high mass are classified as red supergiants, and rather than collapsing to form white dwarfs, these extremely rare stellar bodies disintegrate in a supernova, or death explosion, resulting in the scattering of fundamental elements produced by nucleosynthesis within the core. Supernovae are the primary suppliers of heavy elements like iron in the universe.

07 According to the passage, one of the characteristics that distinguish red giants from younger stars is their ability to

(A) efficiently fuse hydrogen atoms into helium
(B) produce core temperatures above five million degrees
(C) convert helium into carbon
(D) radiate energy away from the outer surface

08 All of the following are included in paragraph 6 as aspects of the red giant phase EXCEPT

(A) the disintegration of a giant star of high mass
(B) the loss of an outer shell of a giant star of high mass
(C) the increasing compactness of a star of low to middle mass
(D) the diminishing of brightness of a star of low to middle mass

Paragraph 6 is marked with an arrow [➡].

09 Look at the four squares [■] that indicate where the following sentence could be added to the passage.

In the case of the Sun, this stage is estimated to last a total of ten billion years.

Where would the sentence best fit?

Click on a square [■] to add the sentence to the passage.

10 **Directions**: An introductory sentence for a brief summary of the passage is provided below. Complete the summary by selecting the THREE answer choices that express the most important ideas in the passage. Some sentences do not belong in the summary because they express ideas that are not presented in the passage or are minor ideas in the passage. **This question is worth 2 points.**

Drag your answer choices to the spaces where they belong. To remove an answer choice, click on it. To review the passage, click on **View Text**.

From their inception within stellar nurseries to their eventual demise, stars undergo a variety of changes during their protracted lives.

-
-
-

Answer Choices

(A) The longest stage of stellar evolution occurs during main sequence, when energy outflow is balanced with gravitational pull.

(B) Stars are born from areas of dense matter, which generate their own energy over time.

(C) Cooling and expanding of outer layers generates greater luminosity in red giants.

(D) Stellar evolution ends either through internal collapse or a high-energy blast.

(E) Scientists get most of their information regarding stellar evolution by observing the myriads of main sequence stars in space.

(F) Small stars outlive more massive stars because the amount of energy they radiate from the photosphere is much greater.

Trade and the Byzantine Empire

1 ➡ During the period corresponding to the Dark Ages in Europe, the Byzantine Empire flourished both economically and culturally, and represented a coalescence of two worlds, East and West. The greatest contribution to the success of the empire was the strength of its economy, which, although subject to periodic cycles of recession and expansion, was one of the most robust in the world, far outperforming those of the neighboring kingdoms of Europe.

2 ➡ Bounded on the east by Asia and the west by Europe, the empire was centered on its capital of Constantinople, which enjoyed a favorable geographical position. Conveniently situated on the isthmus separating the Black Sea and the Sea of Marmara, the city provided the only land passage between Europe and Asia south of the Russian steppes. This position gave Constantinople significant control over the flow of goods that moved between the two continents.

3 ➡ Constantinople's economic success was greatly enhanced by its position at the western terminus of the Silk Road, an extensive series of interconnected trade routes traversing over eight thousand kilometers of the Eurasian landmass to connect China, India, and the Middle East. As its name implies, the road was often utilized for importing Chinese silk, which was widely used throughout the medieval world to produce textiles. The entire process involved merchants who imported raw silk, weavers and dressers who processed and cleaned the silk, and clothiers who turned the woven silk into fabrics. By the seventh century, the Byzantines were cultivating their own silk locally and producing it in several varieties, the finest grades of which were infused with purple dye for the exclusive use of the imperial family.

4 ➡ The Silk Road did not exist solely for the exchange of silk, as the commodities involved ranged from precious metals to exotic spices to works of

11 Why does the author mention "the neighboring kingdoms of Europe" in paragraph 1?

(A) To stress the extent of fiscal rivalry between the Byzantine empire and the West
(B) To emphasize the longevity of the relations between the Europeans and Byzantines
(C) To explain the occasional fluctuations within the Byzantine financial system
(D) To illustrate the relative prosperity of the Byzantine empire in comparison to Europe

Paragraph 1 is marked with an arrow [➡].

12 According to paragraph 2, the location of the Byzantine capital was favorable because

(A) it allowed easy access to ports along important sea routes
(B) it was situated in a position that was easily defendable
(C) it provided the only land access to the fertile Russian steppes
(D) it was situated on the sole regional land route bridging two continents

Paragraph 2 is marked with an arrow [➡].

13 What can be inferred about the purple-dyed silk mentioned in paragraph 3?

(A) It was unavailable on the open market.
(B) It was worn by all public officials.
(C) It was sold to foreign monarchs.
(D) It was fashionable among wealthy merchants.

Paragraph 3 is marked with an arrow [➡].

art, all of which were destined for the luxury market as great profits were required to justify the expense and danger associated with the arduous journey. In addition, tradable goods arrived in Constantinople from the South, North, and West. Egyptian wheat, European slaves, and Scandinavian furs all found their way into the empire, where they were either traded abroad or peddled locally. Some raw materials were refined or combined for manufacture and later sale. The ultimate diffusion of these goods—both primary and secondary—served as the economic cornerstone of Constantinople's prosperity.

5 ➡ The Byzantine government realized such a geographical position offered a strategic advantage for facilitating economic exchanges, and its selective regulation of commerce created a congenial environment for profitable business ventures. The affluence of the realm was in part attributable to these sound fiscal policies that allowed some unregulated market activity, while at the same time providing for state intervention to avoid excessive accumulation of wealth by individuals or egregious exploitation of consumers by merchants, all in the hopes of creating a restrained yet secure environment conducive to trade.

6 State intervention in the market primarily consisted of duties assessed on the movement of goods, taxes on the sale of commodities, and control over the exchange of valuable materials like silk and gems. It was these luxury items for which Constantinople was famous, and the government regularly dispatched representatives to border areas as official entrepreneurs on behalf of the empire specifically to purchase precious goods and prevent them from being transported beyond its borders. The result was that the flow of wealth-generating commodities through the empire was centrally controlled.

7 ➡ Within the capital, the primary beneficiaries of the policies were the guilds, formal commercial

14 Which of the sentences below best expresses the essential information in the highlighted sentence in the passage? *Incorrect* choices change the meaning in important ways or leave out essential information.

(A) While a number of products were traded on the Silk Road, silk remained the primary exchange item due to the route's perilous conditions.

(B) Due to the risks inherent with traveling the Silk Road, merchants carried an assortment of trade goods to offset any financial losses they incurred on their trip.

(C) As the market for valuable materials was volatile, the items conveyed by traders on the Silk Road were sold at inflated prices to generate revenue.

(D) Because of the costs and hazards associated with the journey, traders who utilized the Silk Road limited their merchandise to high-value goods to ensure substantial earnings.

15 According to paragraph 4, which of the following is true of goods imported by the Byzantines?

(A) They were used to manufacture products in foreign factories.

(B) They were combined with local materials to create finished products.

(C) They were prevented from being transported outside the empire.

(D) They were exchanged overseas or utilized in local markets.

Paragraph 4 is marked with an arrow [➡].

unions composed of groups of craftsmen-merchants. Guild members worked together in intimate master-apprentice relationships, ensuring that each participant was highly skilled in a given business sector. Guilds were especially common in those areas of commerce that the government had interest in regulating—often involving high-value goods—and in which guild participation was compulsory. Such a strict system of organization was implemented to encourage proper management and investment. Despite these constraints, guild membership offered a distinct advantage: non-members were barred from conducting equivalent business activities, and therefore, guild members had no real competition.

8 The guilds served the purpose of promoting the capital's economy and welfare through encouraging price stability, and by establishing a controlled atmosphere limiting the development of monopolistic enterprises. ■ They also generated local employment opportunities and value-added products by transforming imported raw materials into complex works of craftsmanship. ■ The mastery with which the works were manufactured is a testament to the expertise generated by the guild system, and this craftsmanship is evident in the guild members' work, which included elaborate ivory carvings and incredible ornamentation adorning the interiors of the empire's architecture. ■ This beautiful work inspired awe in visitors, and as word of the city's cultural diversity and brilliance spread, Constantinople developed a bustling tourist industry to supplement its manufacturing and trade. ■

9 Abroad, the wealthy city-states of Italy were avaricious consumers of the luxury items available only from the markets of Constantinople. Mercantile centers such as Genoa and Venice played a subsidiary role, in effect serving as regional distribution centers on the outer fringes of Byzantine influence, and aiding in the diffusion of goods throughout the West.

16 According to paragraph 5, the Byzantine government instituted fiscal policies designed to

(A) protect the interests of wealthy individuals at the expense of others
(B) promote stable conditions favorable to the activities of buyers and sellers
(C) encourage established businesses to engage in more rewarding occupations
(D) counter the claims of merchants that customers had exploited them

Paragraph 5 is marked with an arrow [➡].

17 According to paragraph 7, why was the formation of certain guilds in the capital city compulsory?

(A) It helped unify loose associations of unskilled laborers.
(B) It reduced the number of government-controlled sectors in commerce.
(C) It promoted responsible supervision and use of financial resources.
(D) It offered a solution to the excessive competition among groups of craftsmen.

Paragraph 7 is marked with an arrow [➡].

18 The word "elaborate" in the passage is closest in meaning to

(A) radiant
(B) costly
(C) detailed
(D) ancient

19 Look at the four squares [■] that indicate where the following sentence could be added to the passage.

For example, rough gems could be cut and refined for use in a number of items, including jewelry, clothing, and art.

Where would the sentence best fit?

Click on a square [■] to add the sentence to the passage.

20 **Directions**: An introductory sentence for a brief summary of the passage is provided below. Complete the summary by selecting the THREE answer choices that express the most important ideas in the passage. Some sentences do not belong in the summary because they express ideas that are not presented in the passage or are minor ideas in the passage. **This question is worth 2 points.**

Drag your answer choices to the spaces where they belong. To remove an answer choice, click on it. To review the passage, click on **View Text**.

The preeminent position of Constantinople in regional trade facilitated economic opportunities both locally and abroad.

-
-
-

Answer Choices

(A) The privileged position of the guilds afforded them opportunities to contribute to the economic strength of the empire.

(B) Careful state regulation of commerce protected local interests by controlling the transport of valuable goods.

(C) The Byzantine government facilitated economic growth by encouraging merchants to send valuable raw materials overseas.

(D) The range of imported materials was limited to luxury items due to difficulties in transporting them along the Silk Road.

(E) The Silk Road resulted in an influx of commodities from abroad, providing a catalyst to the Byzantine economy.

(F) Silk produced in the capital was superior to similar products manufactured abroad.

You have viewed all of the Reading Section questions, and you have time left for review. While there is time remaining, you may check your work.

Click **Return** to continue working.
Click **Review** to access the review screen.
Click **Continue** to proceed to the next section.

Once you have exited the Reading Section, you CANNOT return to it.

이제 리딩 섹션이 끝났습니다.
Continue 버튼을 누르면 다시 문제를 검토할 수 없으므로 유의하세요.　　　　　정답·해석·해설 **p.127**

TEST 06

Reading Section Directions

The TOEFL iBT Reading Section tests your ability to comprehend English academic passages. You will have 36 minutes to read two passages and respond to questions about them. The amount of time you have for this assignment will be tracked by a clock at the top of the screen.

You may skip a question and return to it later, provided there is time remaining. To move on to the next question, click **Next**. To return to a question, click **Back**.

The review screen will show which questions have been answered and which have not been answered. You may go directly to any previous question from the review screen. To access this screen, click **Review Questions**.

The Reading section will now begin.

Click **Continue** to proceed.

Next 버튼을 이용하여 다음 문제로 이동하고 Back 버튼을 이용하여 이전 문제로 이동할 수 있습니다. 문제에 답을 하지 않더라도 다음 문제로 이동할 수 있으며, Review Questions 버튼을 이용하여 각 문제 별로 답을 체크했는지 여부를 확인할 수 있습니다. 36분 동안 지문을 읽고 문제에 답을 하세요.

Representative Government in Britain and the Colonies

1 Waves of people from diverse ethnic backgrounds have migrated to America throughout the centuries. In the colonial period, however, it was British Americans— whether English, Scottish, Welsh, or Scotch-Irish—who dominated immigration to America. These "Americans" did not initially view themselves as distinctly different from the British, and brought along with them the basic political and legal values of their homeland. As the colonies evolved, however, regional differences became apparent, and local legislatures developed under conditions far removed from their British heritage.

2 ➡ Britain's model of representative government had its origins in the practice of medieval English kings enlisting the advice of a small group of confidants concerning their "subjects' wishes." British monarchs recognized the role of consultation in garnering support from the people, and in turn, their obeisance. The parliamentary system that subsequently developed was composed of an upper and lower house, the House of Lords and House of Commons, respectively. The House of Lords was founded as a hereditary body for the clergy and nobility, and the House of Commons was comprised of elected members from administrative districts called boroughs. Yet both houses were ultimately dominated by aristocratic interests, and general elections were based on rigid constituencies unreflective of the changing demographic shifts in Great Britain at the time, a system resulting in an electorate of a minute portion of the population. Consequently, politically influential self-governing townships whose populations had dissipated—essentially making them ghost towns—could elect two members of parliament, the same number afforded to cities with large populations. These electoral districts with disproportionate representation became known as rotten boroughs,

01 Which of the sentences below best expresses the essential information in the highlighted sentence in the passage? *Incorrect* choices change the meaning in important ways or leave out essential information.

(A) Regional differences notwithstanding, colonies evolved according to conditions bound up with their British heritage.
(B) Even though local legislatures were beyond British influence, they were able to keep their heritage despite regional differences.
(C) Regional differences became evident during colonial development, and local legislatures arose outside of the British tradition.
(D) By removing themselves far away from Britain, the colonies were able to evolve according to their differences.

02 According to paragraph 2, monarchs met with advisors concerning their subjects' wishes in order to

(A) counter the waning support for the royal family
(B) discuss plans for developing a legislative system
(C) reveal which groups were disloyal to the throne
(D) gather endorsement from a dutiful populace

Paragraph 2 is marked with an arrow [➡].

03 The word "dissipated" in the passage is closest in meaning to

(A) dispersed
(B) exploded
(C) emigrated
(D) congregated

Review
Questions

Help

Back

Next

Questions 04~06 of 20

Hide Time
00:31:30

and some of them had fewer than ten voters.

3 ➡ A related issue was the fact that these boroughs could effectively be controlled by a single patron or small group of wealthy aristocrats. Large landowners sometimes owned several boroughs and could therefore nominate two representatives to the House of Commons for each borough. Bribery and corruption were often rampant, and hopeful representatives would bestow gifts or proffer promises upon patrons for votes, or simply purchase the borough outright for handsome sums. These practices created a voting process that resembled pre-ordained consensus rather than democracy. The problem was exacerbated by the fact that no secret balloting existed, and influential individuals could therefore ascertain which voters cast ballots for whom; such a circumstance opened opportunities for direct bribery, or even coercion, of the voters themselves. Many people felt the system was absurd, and occasionally petitions were filed; however, the government often simply washed its hands of the issue by suggesting that the system offered a level of social stability, and that it contributed greatly to prosperity in the country.

4 ➡ The situation differed dramatically across the Atlantic: the manner in which the legislative assemblies arose in the colonies was not governed by a need to address social hierarchy, but rather, the particular needs of regional and local communities. Since colonial charters allowed, but did not require, representative government, the assemblies of individual colonies developed under conditions of relative heterogeneity, resulting in a plurality of legislative atmospheres. The town meetings of New England, though known for their commitment to egalitarianism, developed a reputation for strict morality and ethnocentrism. ■ In the Mid-Atlantic colonies, legislative concerns were indicative of the regional population's diversity, both ethnic and religious. ■ Competing interests within the region

04 The author's description of the voting process in paragraph 3 mentions which of the following?

(A) Ballots were distributed to the public by the landowners.
(B) Votes cast by individuals were not kept confidential.
(C) Voting sometimes entailed giving presents to hopeful candidates.
(D) Candidates caught bribing voters were punished under the law.

Paragraph 3 is marked with an arrow [➡].

05 It can be inferred from paragraph 3 that complaints made about the electoral system in Britain

(A) contributed to social instability
(B) were usually ineffective
(C) initiated a series of legal reforms
(D) were only filed by the lower class

06 All of the following were mentioned in paragraph 4 as regional characteristics of colonies in America EXCEPT

(A) the presence of ethnic and religious diversity
(B) the occurrence of high average salaries
(C) the development of political interest groups
(D) the establishment of permanent moral standards

Paragraph 4 is marked with an arrow [➡].

Review
Questions
?
Help
Back
Next

Questions 07~09 of 20

Hide Time   00:27:00

reflected this diversity, and fostered the establishment of long-term partisan politics in places like New York and Pennsylvania earlier than in other areas. ■ In the South, the assemblies reflected the agricultural and commercial interests of a region with relatively high per capita incomes. ■ The legislative bodies thus arose not to address the concerns of an entire country or empire, but those of separate aggregates of people.

5 ➡ In addition, the assemblies were not merely representative of a particular stratum of society; therefore, they were fairly diverse and egalitarian in their system of representation. Though upper-class whites held as much as fifty percent of the total value of property—mostly in the form of lucrative plantations—land in America was plentiful, and land ownership widespread. As a result, this allowed most white males to meet suffrage requirements, which were largely based on property ownership and religious affiliation. Colonists viewed property ownership as a means for social mobility and believed it gave them a stake in political decisions. Landholders frequently used their positions as leverage to petition legislators to act on behalf of local interests. It was these petitions levied by a politically active citizenry that became the major driver of legislative activity in the American colonies. Petitions offered legislators a clear indication of the issues and laws that were of particular concern to their constituents, and approximately half of all laws enacted by colonial assemblies in the eighteenth century originated as appeals for legal solutions to deal with problems at the local level.

6 ➡ As revolutionary ideas swept through the colonies in the eighteenth century, and more people began to argue that government derived its legitimacy from the governed, colonies adopted policies designed to extend voting rights to white males who paid taxes, to those willing to serve in the military, and eventually, by the end of the eighteenth century, to all white men regardless of religious affiliation.

07 According to paragraph 5, which of the following is true of property in the American colonies?

(A) Its ownership was confined to upper class whites.
(B) It was largely split between plantations and religious communities.
(C) It provided owners with a tool for influencing politics.
(D) Its purchase and sale were designed to promote local interests.

Paragraph 5 is marked with an arrow [➡].

08 According to paragraph 6, what was one of the changes that occurred in the voting process during the eighteenth century in Colonial America?

(A) Voting rights were further restricted along religious lines.
(B) Voters were required to submit proof of military service prior to voting.
(C) The privilege to vote was extended based on the payment of taxes.
(D) Land ownership became a universal prerequisite for voting.

Paragraph 6 is marked with an arrow [➡].

09 Look at the four squares [■] that indicate where the following sentence could be added to the passage.

As such, the legislative models in these colonies were precursors to the modern legislative system, with its emphasis on lobbyists and party affiliation.

Where would the sentence best fit?

Click on a square [■] to add the sentence to the passage.

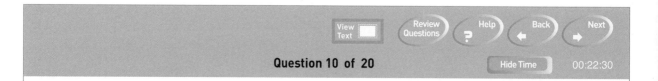
10 **Directions**: Select the appropriate phrases from the answer choices and match them to the type of government to which they relate. TWO of the answer choices will NOT be used. **This question is worth 3 points.**

Drag your answer choices to the spaces where they belong. To remove an answer choice, click on it.
To review the passage, click on **View Text**.

Answer Choices	British Government
(A) Legislative procedures were primarily dictated by the upper class.	●
(B) Ownership of property provided a means for individuals to sway political outcomes.	●
(C) Legislative bodies were established to deal with matters on a local level.	**Colonial Government**
(D) Individual votes were cast in secret to thwart attempts to influence voters.	●
(E) Unequal representation across districts created opportunities for corruption.	●
(F) Factional infighting delayed the establishment of legislative assemblies.	**Both Governments**
(G) Petitions filed on behalf of citizens led to more direct methods of representation.	●

The History of Eye Makeup

1 ➡ The "evil eye" is an element of many folklore traditions found throughout the world, and while the exact nature of its meaning varies from one culture to another, it is generally thought to represent the sin of coveting, or jealousy. According to many legends, a person who is envious can unintentionally harm another by gazing at him or her with desire.

2 ➡ Archaeologists believe that this superstition is tied to the origins of eye makeup. ■ In Ancient Egypt, for example, protective measures against the evil eye involved painting the eyes with kohl, a mixture of soot and minerals. ■ Soothsayers usually prepared this compound for men, but women were known to make their own kohl using special, and at times secret, ingredients that held spiritual meaning. ■ It was applied in a circle or oval around the eyes using a small stick, so the wearer appeared to have thick black lines around the eyelids. ■ Tomb paintings portray pharaohs as having black lines around their eyes, drawn outward from the middle of the bottom lid, and ending in an upward whorl on the cheek. Over time, the practice was even incorporated into hieroglyphics as the Eye of Horus, a hieroglyph representing the Egyptian sky god in the form of a falcon who symbolized protection and power.

3 ➡ This is perhaps the first documented use of eye makeup in history; however, the Egyptians were not the only civilization to develop this kind of protective response to real or perceived threats. In Ancient Greece, the use of cosmetics around the eye developed independently in the first century as a form of apotropaic magic, a ritual observance that was intended to ward off evil. Both men and women lined their eyes with lampblack – a black pigment produced by burning oil in shallow pans – and occasionally darkened their eyebrows as a superstition. Archaeologists have uncovered sixth-century black-

11 According to paragraph 1, the evil eye is an element in traditional folklore representing the belief that

(A) sins all derive from the common root of jealousy
(B) covetous people can accidentally cause injury
(C) auspicious events can lead to disaster
(D) envy is a failing that cannot easily be prevented

Paragraph 1 is marked with an arrow [➡].

12 Why does the author mention "the Eye of Horus" in paragraph 2?

(A) To provide an example of how the practice of wearing makeup was documented
(B) To illustrate the profound impact that the belief in the evil eye had on Egyptian culture
(C) To demonstrate one method employed by the Egyptians to shield them from an envious glance
(D) To show how hieroglyphics represent features of daily life in Ancient Egypt

Paragraph 2 is marked with an arrow [➡].

13 According to paragraph 3, which of the following is true about lampblack in Ancient Greece?

(A) It was used as makeup and also to decorate pottery.
(B) It was borrowed from the Egyptians and changed to suit local needs.
(C) It was applied as a component in superstitious practices.
(D) It was used in apotropaic rituals for curing certain illnesses.

Paragraph 3 is marked with an arrow [➡].

Review
Questions

Help
?

Back

Next

Questions 14~16 of 20

Hide Time   00:13:30

figured drinking vessels painted with apotropaic eyes, which they believe were drawn to protect the user from ingesting poison.

4 ➡ The use of cosmetics was so common in and around the Mediterranean that they found their way into other facets of society, initially as a theatrical device, and later as fashion. On stage, for example, actors employed masks to symbolize archetypical characters, and these were painted to intensify the desired features. This was due, in part, to the necessity of making the face visible to a large audience, but at the same time, it was a means to move away from realist facial appearances and convey a sense of the fantastic. These characters, after all, were mostly gods and heroes, not ordinary humans. As theater grew into an entrenched cultural tradition and actors became more famous, the custom of wearing eye makeup directly on the face for theater was echoed by some members of high society, particularly during parties or social gatherings. By the start of the Christian era, Roman women of nobility began to use lampblack not just around their eyes, but also on their eyelashes to make them more prominent, as was trendy at the time. In addition, the range of pigmentation and types of cosmetics grew, and colorful paint, glitter, and sheen began to increasingly adorn the eyes of performers and laypersons alike.

5 Eye makeup has also been a factor in movies, and ultimately it was the far-reaching popularity of makeup-wearing performers in the entertainment industry that launched the spread of eye makeup among the population at large. The application of cosmetics to the eye region in modern society sometimes serves the function of making particular groups of people stand out from the masses. As such, it is employed as a fashion statement that may be viewed as combining both the elements of aesthetics and theatrical performance. An example of this can be seen in recent Goth fashion, which integrates attributes popular in

14 According to paragraph 4, the use of masks on stage in Mediterranean cultures achieved all of the following EXCEPT

(A) exaggerating the features of prototypical characters
(B) expressing the face in an extraordinary way
(C) improving actors' ability to be seen
(D) encouraging active audience participation

Paragraph 4 is marked with an arrow [➡].

15 The word "prominent" in the passage is closest in meaning to

(A) considerable
(B) conspicuous
(C) unmistakable
(D) darkened

16 According to the passage, what can be inferred about Goth fashion?

(A) It is closely based upon the style of a particular historical period.
(B) It is a subversive reaction to trends in the fashion industry.
(C) It was initially created as a movement among screen actors.
(D) It was introduced to popular culture through Victorian era films.

Review Questions

Help ?

Back

Next

Questions 17~19 of 20

Hide Time   00:09:00

Victorian times into a modern look that portrays a dark, almost morbid, stylistic appearance. Goths imitate the somber appearance of famous actors such as Theda Bara, who often played the part of the femme fatale in early silent films. A peculiar feature of this subculture is the heavy use of dark eyeliner to set off the eyes from the very pale face indicative of Goth style. False eyelashes may be used to exaggerate the effect, and the look is often accompanied by the use of black dye in the hair and black fingernail polish, along with the wearing of black clothes.

6 Modern cosmetics such as eye shadow and mascara have transformed into a means of highlighting the eyes for everyday occasions. Applied on the eyelids or under the eyebrows, eye makeup draws in the observer and adds depth and dimension to the eye region. Moreover, it can be used to conceal wrinkles around the eyes, a practice that is believed to make a person appear younger and more attractive. Applying makeup to the face and eyes has become a daily ritual across the globe among many women, and even some men, who seek to enhance their physical beauty.

17 Which of the sentences below best expresses the essential information in the highlighted sentence in the passage? *Incorrect* choices change the meaning in important ways or leave out essential information.

(A) The extension of eye cosmetics to the overall population mainly resulted from the influence of popular entertainers.

(B) Although eye makeup was frequently used in movies, it was not until people in the entertainment industry distributed it to the population at large that it spread.

(C) The popularity of movies made it possible for many people to learn about makeup, which ultimately led to its use among the majority of the population.

(D) Eye cosmetics factored in the popularity of entertainers, helping to launch their careers and spread eye makeup among the public.

18 The word "enhance" in the passage is closest in meaning to

(A) rectify
(B) improve
(C) extend
(D) accept

19 Look at the four squares [■] that indicate where the following sentence could be added to the passage.

The typical concoction included some combination of copper, ash, lead, and ocher, a yellow-brown pigment derived from iron oxide.

Where would the sentence best fit?

Click on a square [■] to add the sentence to the passage.

20 **Directions**: An introductory sentence for a brief summary of the passage is provided below. Complete the summary by selecting the THREE answer choices that express the most important ideas in the passage. Some sentences do not belong in the summary because they express ideas that are not presented in the passage or are minor ideas in the passage. **This question is worth 2 points.**

Drag your answer choices to the spaces where they belong. To remove an answer choice, click on it. To review the passage, click on **View Text**.

> **The use of eye makeup arose from folklore beliefs and over time was extended to a broad sector of society.**
>
> •
> •
> •

Answer Choices

(A) The spiritual use of eye makeup was appropriated by some cultures as protection against detrimental influences.

(B) The propensity for wearing makeup only for pleasure occurred for the first time in the modern era.

(C) The functional use of eye cosmetics in the modern world evolved to include both trendsetting styles and everyday glamour.

(D) Kohl was used to draw thick, dark lines around the upper and lower lids, resulting in a blackened eye area that could protect against the covetous looks of others.

(E) The practice of wearing eye makeup was adopted into theatrical customs and later mimicked by socialites.

(F) In addition to makeup, some people have used additional elements such as false eyelashes to heighten the visual effect.

You have viewed all of the Reading Section questions, and you have time left for review. While there is time remaining, you may check your work.

Click **Return** to continue working.
Click **Review** to access the review screen.
Click **Continue** to proceed to the next section.

Once you have exited the Reading Section, you CANNOT return to it.

이제 리딩 섹션이 끝났습니다.

Continue 버튼을 누르면 다시 문제를 검토할 수 없으므로 유의하세요.

정답·해석·해설 **p.147**

TEST 07

테스트 전 확인사항

- ☐ 휴대전화의 전원을 껐습니다.
- ☐ 노트테이킹할 종이와 연필을 준비하였습니다.
- ☐ 시간을 체크할 시계를 준비하였습니다.
- ☐ 목표 점수(20개 중 _____개)를 정하였습니다.
- ☐ 시험 시작 시간은 _____시 _____분이며,
  종료 시간은 36분 뒤인 _____시 _____분입니다.

Reading Section Directions

The TOEFL iBT Reading Section tests your ability to comprehend English academic passages. You will have 36 minutes to read two passages and respond to questions about them. The amount of time you have for this assignment will be tracked by a clock at the top of the screen.

You may skip a question and return to it later, provided there is time remaining. To move on to the next question, click **Next**. To return to a question, click **Back**.

The review screen will show which questions have been answered and which have not been answered. You may go directly to any previous question from the review screen. To access this screen, click **Review Questions**.

The Reading section will now begin.

Click **Continue** to proceed.

Next 버튼을 이용하여 다음 문제로 이동하고 Back 버튼을 이용하여 이전 문제로 이동할 수 있습니다. 문제에 답을 하지 않더라도 다음 문제로 이동할 수 있으며, Review Questions 버튼을 이용하여 각 문제 별로 답을 체크했는지 여부를 확인할 수 있습니다. 36분 동안 지문을 읽고 문제에 답을 하세요.

Groundwater

1 Under the surface of the planet exists an abundant supply of moisture that permeates both soil and rock formations and can be found in almost any ecosystem, including deserts, mountains, and plains, among others. The total volume of groundwater is estimated to be over 100 times greater than that of all surface streams, rivers, and lakes combined—second only to icecaps and glaciers in total fresh water volume.

2 ➡ Groundwater occurs anywhere below the surface where soil and rock are completely saturated with water. The top of this saturated zone is referred to as the water table, immediately above which is a region of unsaturated rock situated below the soil layer where the roots of plants grow. The unsaturated earth zone represents the main gateway for precipitation and melting snow to enter the soil and percolate slowly toward the water table, a process known as groundwater recharge.

3 ➡ As water from the surface enters the subsurface rock, the pace of its movement is greatly determined by the geological composition of the materials it encounters. The ease with which water can move through pore spaces or rock fractures is known as hydraulic conductivity. Sand, gravel, and porous limestone formations tend to allow water to flow relatively unimpeded, as moisture is drawn down vertically in the direction of the Earth's core by the force of gravity. Alternatively, percolating water may come up against firmly packed clay or granite, which can be virtually impervious. The permeability of strata closer to the Earth's core is generally low as the weight from the rocks above compresses them, making deeper bedrock layers increasingly dense; therefore, most of the groundwater on Earth is located in crevices in the upper layer of bedrock, within a few kilometers of the surface. Once its vertical movement is stopped, the water must either remain stationary or move horizontally.

01 The word "abundant" in the passage is closest in meaning to

(A) scarce
(B) reachable
(C) unlimited
(D) plentiful

02 According to paragraph 2, which of the following can be inferred about the unsaturated region?

(A) It has a very high water retention capacity.
(B) It is too deep for the roots of plants to penetrate.
(C) It transports soil and rocks away from the surface.
(D) It is wettest right after periods of heavy precipitation.

Paragraph 2 is marked with an arrow [➡].

03 According to paragraph 3, the pace of the movement of subsurface water is affected by the materials it encounters because

(A) geological formations have varying degrees of porosity
(B) gravity becomes stronger in strata near the Earth's core
(C) pore spaces in rock only allow for vertical infiltration
(D) crevices near the surface are constantly changing

Paragraph 3 is marked with an arrow [➡].

Questions 04~06 of 20

Review Questions

Help

Back

Next

Hide Time   00:31:30

4 Groundwater that moves horizontally sometimes encounters other porous strata, which results in additional vertical movement. In such cases, groundwater may eventually move so deep that it remains in the subterranean environment for thousands of years. Impediment to groundwater movement can result when water enters a confined aquifer, a water-bearing stratum restricted by an impermeable geological formation called an aquitard. The only porous layer of confined aquifers occurs at the recharge zone, which is the area where the groundwater enters the confining structure, and this also provides the only possible point of exit. Large bodies of water in the saturated zone that flow with relative ease are known as unconfined aquifers, and the measure of how much water can move through an aquifer horizontally – aquifer transmissivity – fluctuates according to rising and falling water table levels. The volumetric flow rate – for example, cubic meters per second – ultimately determines the rate of discharge.

5 ➡ Much of the groundwater in the saturated zone will eventually resurface at natural discharge points, most commonly occurring as seepage into swamps, lakes, and streams. Above-ground springs and geysers represent visible points of groundwater discharge, and the flow of discharge is continuous as long as sufficient groundwater is present and the water table is at a higher elevation than the discharge point. Long-term flow is possible if the local rate of outflow is balanced with the rate of recharge. In the case of geysers, groundwater surfaces intermittently as it is heated to the boiling point under significant pressure by geothermal activity. Additionally, some terrestrial groundwater exits directly into the sea. In this submarine form of groundwater effluence, the oscillating ebb and flow of tides allows some seawater intrusion, creating pockets of brackish groundwater in coastal and estuarine aquifers.

04 The word "Impediment" in the passage is closest in meaning to

(A) Relation
(B) Propulsion
(C) Obstruction
(D) Emission

05 **Select the TWO answer choices** in paragraph 5 that describe necessary conditions for groundwater to move continuously from below ground to the surface environment. **To receive credit, you must select TWO answers.**

(A) The presence of bodies of water
(B) A plentiful groundwater supply
(C) A visible discharge point above the surface
(D) A discharge point below the water table

Paragraph 5 is marked with an arrow [➡].

06 Why does the author mention "the oscillating ebb and flow of tides" in paragraph 5?

(A) To explain the process by which coastal aquifers are formed
(B) To contrast terrestrial groundwater from that found beneath the sea
(C) To give an example of a force that influences groundwater composition
(D) To describe how fresh water beneath the surface can dilute salty sea water

Review
Questions
Help
?
Back
Next

Questions 07~09 of 20

Hide Time   00:27:00

6 Not all discharge points are natural; some groundwater outflows are a direct result of human activity and consumption. The extraction of groundwater from aquifers is an important source of moisture for the communities that border them, and they are continually exploited for a wide range of uses. Access to groundwater is accomplished through the construction of wells. In some confined aquifers, the enclosure of the formation generates a high level of hydraulic pressure, exceeding that which is required to bring the liquid to the surface. As a result, when these aquifers are accessed by drilling, groundwater will often gush through the opening without the need to use pumps to raise the water level, creating what is known as an artesian well. On the other hand, drilling into an unconfined aquifer produces a well with a water level equal to that of the water table. ■ Often, a single deposit of groundwater can service the agricultural, industrial, recreational, and domestic needs of an entire population, particularly if it is located in an arid or semi-arid climate poor in surface water resources. ■

7 ➡ One such example, found in southern Texas, is the Edwards Aquifer, which is the primary source of water for a population of over two million people, and was responsible for making the initial settlement of the region feasible. ■ Concerns over its usage have arisen, however, as extraction rates are estimated to be double the recharge rate, and the growing recognition of the delicate nature of the aquifer has resulted in the implementation of programs intended to assure that the exploitation of the resource is conducted in a manner that is sustainable. ■

07 Which of the sentences below best expresses the essential information in the highlighted sentence in the passage? *Incorrect* choices change the meaning in important ways or leave out essential information.

(A) Therefore, drilling into confined aquifers allows water to be pumped into reservoirs near the surface known as artesian wells.
(B) Raising the water levels in confined aquifers results in an artesian well, and this does not require the use of pumps.
(C) Water gushing through the surface from confined aquifers can be caused by artesian wells without the need for pumps or drilling.
(D) Consequently, drilling into confined aquifers creates an artesian well, which is capable of discharging water without pumps.

08 According to paragraph 7, concerns over usage patterns of the Edwards Aquifer have arisen because

(A) programs designed to protect it have proven to be ineffective
(B) the amount of water withdrawn is greater than the amount replenished
(C) extraction of water has led to instability within the geological structure
(D) the population in the region has reached an unsustainable rate of growth

Paragraph 7 is marked with arrows [➡].

09 Look at the four squares [■] that indicate where the following sentence could be added to the passage.

Without it, the number of residents living in the region would be significantly lower.

Where would the sentence best fit?

Click on a square [■] to add the sentence to the passage.

10 **Directions**: An introductory sentence for a brief summary of the passage is provided below. Complete the summary by selecting the THREE answer choices that express the most important ideas in the passage. Some sentences do not belong in the summary because they express ideas that are not presented in the passage or are minor ideas in the passage. **This question is worth 2 points.**

Drag your answer choices to the spaces where they belong. To remove an answer choice, click on it. To review the passage, click on **View Text**.

Groundwater is an important resource that is usually found in geological formations known as aquifers.

-
-
-

Answer Choices

(A) Some groundwater flows out of the ground through various discharge points.

(B) Since groundwater is continually recharged, extraction of it will not lead to depletion of groundwater within aquifers.

(C) Most of the moisture that enters the soil never reaches the water table to become groundwater.

(D) Water from precipitation moves through porous rock beneath the surface, recharging the Earth's groundwater.

(E) Humans rely on groundwater for many purposes, for which they construct wells that influence aquifer flow.

(F) Arid and semi-arid areas can only support large settlements if they contain large aquifers.

Mating Calls of the Túngara Frog

1 ➡ The túngara frog, *Engystomops pustulosis*, is a small amphibian indigenous to parts of Central America and the northern regions of South America, where it is found in a number of different types of ecosystems, including marshes, forests, and grasslands. Túngara frogs are fascinating research subjects for biologists because of the intricate nature of the male's mating calls. Though vocalization is common in frogs, the high degree of intraspecific variance in túngara communications is quite unusual. Male túngara frogs gather in shallow pools of water at night and make a number of calls to announce their presence, and they often produce a specific call or set of specific calls that are believed to have a central role in attracting females during mating season. According to this theory, a nearby female will select a mate based on the desirability of its vocalizations, after which the mating pair will build a floating foam nest into which the female will lay eggs that are then fertilized by the male.

2 ➡ The most fundamental of the túngara mating vocalizations is a descending, high-frequency sweep referred to as a whine. Simple calls consist of a whine only, and they are probably sufficient to attract a female when the caller does not face significant competition from other males. However, when many frogs concentrated in one area are contending for a mate, these types of calls are often insufficient. Thus, male túngara frogs have developed a second type of vocalization that they can add in an attempt to stand out from the crowd. These grunts, often called chucks, are made possible by the presence of large, fibrous masses in the frogs' larynxes. A male generates a chuck by moving air in and out of its vocal sac, a process that creates a series of ripples in the water, and these aquatic vibrations may also aid in making it easier for females to locate their prospective mates.

11 According to paragraph 1, how are the vocalizations of túngara frogs different from those of other frog species?

(A) They are produced with greater intensity.
(B) They have an exceptional amount of variety.
(C) They consist of a single repetitive sound.
(D) They are initiated by the calls of females.

Paragraph 1 is marked with an arrow [➡].

12 Which of the following is stated about simple calls in paragraph 2?

(A) They are helpful when males want to stand out against background noise.
(B) They are usually inadequate when competing males are present.
(C) They create ripples in the water that are attractive to females.
(D) They generate sound waves that are inaudible to females.

Paragraph 2 is marked with an arrow [➡].

13 Why does the author mention "large, fibrous masses"?

(A) To explain how a túngara frog is able to produce chucks
(B) To emphasize the impressive size of the vocal organs of túngara frogs
(C) To highlight an anatomical characteristic that is absent in young males
(D) To point out a physical feature that is attractive to females

3 ➡ According to scientific studies, calls that include at least one chuck on average are five times more appealing to females than calls that do not, and calls with multiple chucks seem to be more attractive than those with just one. Therefore it is sexually advantageous for male frogs to make more elaborate calls. ■ Moreover, researchers have discovered that females prefer chucks that are low in frequency, perhaps because these sounds tend to be produced by males with larger bodies. ■ Large male frogs are likely to be of superior genetic quality, and they achieve higher rates of egg fertilization since females tend to be bigger than males and fertilization rates are correlated with similarity in size between the two members of a mating pair. ■ Still, some researchers have taken issue with the idea that females prefer these males because they are better mates, and they contend that the females are selecting these mates simply because they are easier to find due to the fact that they emit a greater number of clearly audible calls. ■ Even if this is correct, however, it is plausible that the females are still gaining a selective advantage if this same trait – the tendency to use multiple chucks – is passed on through heredity to her offspring as they too would have a higher likelihood of finding a mate and passing on their genes.

4 ➡ Of particular interest to scientists is the mechanism by which the calling behavior of male túngara frogs evolved. Two competing explanations have been posited: one is that the female preference for chucks evolved jointly with the male's production of them, and the other is that the male túngara frogs exploited a preexisting bias of females to chucks. Preliminary experimental results support the latter proposal. In a groundbreaking test, scientists recorded calls of *Engystomops pustulosis* and played them to females of the same species as well as female members of two other species in the genus, *E. coloradorum* and *E. enesefae*, whose males are

14 According to paragraph 3, what is a possible explanation for why female túngara frogs prefer low-frequency sounds?

(A) They demonstrate that the male is larger than the female.
(B) They communicate that the male wishes to mate.
(C) They are indicative of the caller's body size.
(D) They signal that many frogs are present in one place.

Paragraph 3 is marked with an arrow [➡].

15 The word "jointly" in the passage is closest in meaning to

(A) independently
(B) together
(C) in rapid succession
(D) in isolation

16 What can be inferred about frogs in the genus *Engystomops* from paragraph 4?

(A) *E. coloradorum* and *E. enesefae* have a similar reaction to the calls of *E. pustulosis*.
(B) *E. pustulosis* is able to perfectly reproduce the calls of *E. coloradorum* and *E. enesefae*.
(C) *E. pustulosis* and *E. coloradorum* are more closely related to each other than to *E. enesefae*.
(D) *E. enesefae* shows a stronger interest in the males of *E. pustulosis* than those of *E. coloradorum*.

Paragraph 4 is marked with an arrow [➡].

not known to produce chucks. Researchers used calls with no chucks, one chuck, two chucks, three chucks, and four chucks and then documented the responses of females to each. Interestingly, the females of *E. pustulosis* and *E. coloradorum* both showed a strong attractiveness to the addition of chucks, while *E. enesefae* showed no increased interest. This suggests that *E. pustulosis* and *E. coloradorum* share a more recent common genetic ancestor whose females had a favorable predisposition toward chucks and that *E. pustulosis* males have taken advantage of this while males of *E. coloradorum* have not.

5 ➡ Yet despite its apparent usefulness in mating, using chucks poses a potentially dangerous tradeoff. Experts have discovered that the addition of chucks to calls increases the túngara frog's risk of being preyed upon by predators. In particular, the fringe-lipped bat relishes túngara frogs, which it detects using its echolocation abilities. These bats are eavesdropping hunters, meaning they actively listen for the amphibians and home in on the sounds they generate, and they have developed a special skill in this regard. Although most bats are sensitive only to sounds that match the high frequency of their echolocation signals, fringe-lipped bats have developed the ability to pick up on noises at the lower frequencies that are associated with the chucks of túngara frogs. Thus, the male frog must maintain a delicate compromise, producing a call that is capable of attracting a female yet inconspicuous enough to avoid predation.

17 According to paragraph 5, there is a tradeoff in males using the most attractive calls because producing them

(A) requires the frogs to fully extend their heads above the water

(B) attracts other male competitors from the surrounding area

(C) uses up valuable energy needed for mating with females

(D) makes the frogs more vulnerable to detection by predators

Paragraph 5 is marked with an arrow [➡].

18 The word "they" in the passage refers to

(A) bats

(B) hunters

(C) amphibians

(D) sounds

19 Look at the four squares [■] that indicate where the following sentence could be added to the passage.

This explanation has some value because, in general, low-frequency sounds indeed travel further than ones that are higher in frequency.

Where would the sentence best fit?

Click on a square [■] to add the sentence to the passage.

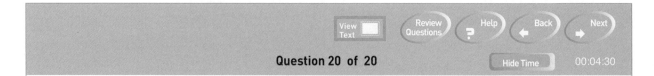
20 **Directions**: An introductory sentence for a brief summary of the passage is provided below. Complete the summary by selecting the THREE answer choices that express the most important ideas in the passage. Some sentences do not belong in the summary because they express ideas that are not presented in the passage or are minor ideas in the passage. **This question is worth 2 points.**

Drag your answer choices to the spaces where they belong. To remove an answer choice, click on it. To review the passage, click on **View Text**.

Túngara frogs produce complex mating calls that are of great interest to biologists.

-
-
-

Answer Choices

(A) A predatory species of bat is able to detect the peculiar calls of male túngara frogs, forcing them to balance survival and reproductive success.

(B) Researchers recently proved that the preference of female túngara frogs for low-frequency sounds was inherited from an ancestral species that went extinct.

(C) Calls that include chucks and are made at a lower frequency hold more appeal for female frogs, though the explanation for this is not without controversy.

(D) It has been well documented that females have greater rates of fertilization when mating with large frogs than with smaller ones.

(E) Experiments have revealed that the mating calls in túngara frogs have a complex evolution that sheds light on the broader genus.

(F) To minimize the risk of attack by their primary predators, túngara frogs have evolved to produce chucks when no fringe-lipped bats are present in the vicinity.

You have viewed all of the Reading Section questions, and you have time left for review. While there is time remaining, you may check your work.

Click **Return** to continue working.
Click **Review** to access the review screen.
Click **Continue** to proceed to the next section.

Once you have exited the Reading Section, you CANNOT return to it.

이제 리딩 섹션이 끝났습니다.

Continue 버튼을 누르면 다시 문제를 검토할 수 없으므로 유의하세요.   정답·해석·해설 **p.167**

TEST 08

테스트 전 확인사항

☐ 휴대전화의 전원을 껐습니다.

☐ 노트테이킹할 종이와 연필을 준비하였습니다.

☐ 시간을 체크할 시계를 준비하였습니다.

☐ 목표 점수(20개 중 _____개)를 정하였습니다.

☐ 시험 시작 시간은 _____시 _____분이며,
종료 시간은 36분 뒤인 _____시 _____분입니다.

Reading Section Directions

The TOEFL iBT Reading Section tests your ability to comprehend English academic passages. You will have 36 minutes to read two passages and respond to questions about them. The amount of time you have for this assignment will be tracked by a clock at the top of the screen.

You may skip a question and return to it later, provided there is time remaining. To move on to the next question, click **Next**. To return to a question, click **Back**.

The review screen will show which questions have been answered and which have not been answered. You may go directly to any previous question from the review screen. To access this screen, click **Review Questions**.

The Reading section will now begin.

Click **Continue** to proceed.

Next 버튼을 이용하여 다음 문제로 이동하고 Back 버튼을 이용하여 이전 문제로 이동할 수 있습니다. 문제에 답을 하지 않더라도 다음 문제로 이동할 수 있으며, Review Questions 버튼을 이용하여 각 문제 별로 답을 체크했는지 여부를 확인할 수 있습니다. 36분 동안 지문을 읽고 문제에 답을 하세요.

Ancient Sumer and Near Eastern Civilization

1 ➡ The rise of Sumerian civilization in Southern Mesopotamia during the fourth millennium BC coincided with a broader regional pattern, a phenomenon where socioeconomic and political mechanisms began to influence the lives of people living in disparate areas, often hundreds, or even thousands, of kilometers apart. It was in this period that increasingly complex interactions established an interdependent web of societies in the Ancient Near East, from the Mediterranean lands of Egypt to Persia in the east. This emerging global network derived from the realization among societies that other regions offered environments replete with unique natural resources, and that it was to their mutual advantage to establish exchange mechanisms to satisfy demand for foreign goods. Across the region, the economic and social evolution was not only a consequence of material necessities but also the nascent rivalry among urban elites who contended for eminence through the accumulation of exotic extravagances, believing such luxuries were manifestations of power. Ancient Sumer is reflective of this evolving regional interconnectedness.

2 ➡ A combination of environmental and social elements gave rise to the Sumerian civilization. For example, the lower Tigris-Euphrates river valley in which the Sumerians lived was characterized by wide, marshy plains. The plains were excellent for agriculture because rivers brought fertile soil to the alluvial valleys from the highlands, and people farmed the land by diverting river water into canals to irrigate their crops. However, the region was not rich in natural resources: the timber that was abundant in the hills of northern Mesopotamia was scarce in Sumer, and although the Sumerians were able to produce surpluses of barley, wheat, and dates, valuable gemstones were relatively absent in the area, and they were forced to trade for these and other items

01 What can be inferred from paragraph 1 about Ancient Near Eastern societies prior to the advent of Sumerian civilization?

(A) They were more socially integrated and economically advanced.
(B) They were less connected to other societies in the region.
(C) They were impoverished because of limited resources.
(D) They were ruled by a small group of hereditary elites.

Paragraph 1 is marked with an arrow [➡].

02 Which of the sentences below best expresses the essential information in the highlighted sentence in the passage? *Incorrect* choices change the meaning in important ways or leave out essential information.

(A) Additional natural resources were found in neighboring regions, and it was inevitable that societies would join together in a global network to satisfy their mutual demands.
(B) This emerging global network placed increasing demands on the resources in the region, making foreign products more attractive to neighboring societies.
(C) Societies soon realized that exchanging local products for foreign goods could help balance the demand for resources regionally.
(D) As societies became aware that abundant natural resources in other regions could meet local demand and that trade could provide reciprocal benefits, a global network emerged.

like frankincense and limestone. Trade, which was facilitated by the construction of docks where sea and river craft could unload cargo, was tightly controlled by Sumerian rulers, and consisted primarily of agricultural products and textiles made of linen and wool. The two great rivers, the Tigris and Euphrates, linked Sumer with ports on the Persian Gulf, from which Sumerians could conduct trade with societies as distant as India.

3 ➡ Sumerians were among the first people to make bronze alloy, a technological innovation that was of great use to an agricultural people. The alloy was strong and far less brittle than iron, and it was especially useful for taxing jobs. It was applied to agriculture by way of the metal-tipped plow, an instrument that was durable enough to handle repeated use and could be pulled by oxen to turn the soil in a fraction of the time necessary with antecedent technologies, such as primitive handheld hoes and sharpened wooden sticks. Combined with irrigation canals, these plows drastically expanded agricultural production capacity, leading to sizable yields. More grains and fruits meant that larger populations could be supported, and the abundance also provided the opportunity for rulers of Sumer's city-states to regulate the exchange of surplus yields abroad to generate local wealth.

4 ➡ One of the central aspects shaping the dynamic milieu of individuals within the community and that of the relations between city-states was the role of the temple-palaces as administrative mechanisms for economic and legal matters. In particular, these public institutions provided standardized accounting practices to replace what had previously existed only as a system of informal bartering for goods and services. This involved internal record keeping of accounts and the establishment of prices to be adopted for transactions in the community at large. A written system of contracts was also conceived, and loans were distributed at interest. The unit system for

03 According to paragraph 2, the Sumerian civilization lacked all of the following EXCEPT

(A) timber
(B) limestone
(C) grain
(D) precious gems

Paragraph 2 is marked with an arrow [➡].

04 The word "taxing" in the passage is closest in meaning to

(A) turbulent
(B) rigid
(C) arduous
(D) pathetic

05 According to paragraph 3, what did Sumerians use to turn the soil before the arrival of the plow?

(A) Handheld hoes made with bronze
(B) Wooden sticks affixed with iron handles
(C) Simple hoes and sharpened sticks
(D) Pumps that ejected water from irrigation canals

Paragraph 3 is marked with an arrow [➡].

06 The word "incentive" in the passage is closest in meaning to

(A) opportunity
(B) motivation
(C) capability
(D) intelligence

Review
Questions
? Help
← Back
→ Next

Questions 07~09 of 20

Hide Time   00:27:00

standard prices was based on measured weights of silver, and these financial policies were often handed down by formal rulings. By mediating the flow of raw materials to the community, as well as regulating specialized production and trade, the temple-palaces created a monetized market exchange within their walls, and gave rise to a specialized group of merchants who had the incentive to develop expertise in handicrafts, metal working, and the manufacture of prestigious textiles. Trade in items like copper and lapis lazuli, a semi-precious stone, thus increased as more and more administrative districts tapped into the profitable global system.

5 As a consequence, long-distance trade increased significantly, and in turn, competition for precious resources ensued. ■ Skirmishes sometimes broke out as tensions mounted, and people looked to military leaders for protection. ■ City-states that could raise strong armies had an obvious advantage in this race to control the region's raw materials and access to precious water resources and valuable trade routes. ■ Despotic kings emerged, claiming authority from the gods for their rule, and those that were able to successfully defend the city from invasion sometimes derived enough political strength to assimilate neighboring regions under their control. ■ Some of these city-states, such as Ur, Uruk, and Lagash, experienced periods of stability, fortune, and hegemony in the region; however, no single power could dominate the realm for long, and each forfeited its short-lived preeminence.

6 → Still, some leaders vaunted the vast expanse of their rule. Sargon of Akkad took over the area of Sumer and claimed to rule the entire landmass from the Mediterranean to the Persian Gulf. However, historians dispute Sargon's claim. In retrospect, it is likely that his dominion was mainly confined to the cities connecting the overland trade routes.

07 According to paragraph 4, all of the following are true of the Sumerian economy EXCEPT

(A) financial policies were governed by temple-palaces
(B) money was loaned at interest
(C) accounting methods were standardized
(D) administrators ignored the global market

Paragraph 4 is marked with an arrow [→].

08 Paragraph 6 suggests that the Akkadian leader Sargon probably

(A) controlled the entire landmass from the Mediterranean to the Persian Gulf
(B) ruled only a few city-states around the Persian Gulf
(C) controlled only the municipalities important to terrestrial trade routes
(D) ruled Sumerian cities crucial to seafaring trade in the region

Paragraph 6 is marked with an arrow [→].

09 Look at the four squares [■] that indicate where the following sentence could be added to the passage.

This resulted in disputes and a period of general unrest between neighboring states.

Where would the sentence best fit?

Click on a square [■] to add the sentence to the passage.

View Text

Review Questions

? Help

◄ Back

► Next

Question 10 of 20

Hide Time   00:22:30

10 **Directions**: An introductory sentence for a brief summary of the passage is provided below. Complete the summary by selecting the THREE answer choices that express the most important ideas in the passage. Some sentences do not belong in the summary because they express ideas that are not presented in the passage or are minor ideas in the passage. **This question is worth 2 points.**

Drag your answer choices to the spaces where they belong. To remove an answer choice, click on it. To review the passage, click on **View Text**.

Sumerian Civilization was indicative of a broader pattern of emerging interconnectedness among societies in the Ancient Near East.

-
-
-

Answer Choices

(A) Sumerians competed for power in urban areas by accumulating luxury goods as symbols of their wealth.

(B) The Sumerians developed a complex financial system, which was overseen by administrators in the temple-palaces.

(C) A few Sumerian monarchs were able to conquer their neighbors, and remained in power until the decline of the Sumerian Civilization.

(D) Although the region lacked many important raw materials, Sumerians were able to trade surplus agricultural items for products from abroad.

(E) Prior to the time in which Sumerian Civilization arose, other equally complex societies existed throughout the ancient world.

(F) As competition for valuable resources intensified, armed battles played a key role in the political restructuring of the region.

Parental Care in Dinosaurs

1 Although the great dinosaurs of the Mesozoic are no longer extant, there are clues about their physiology and behavior, and even though fossils – whether footprints, bones, or nests and eggs – are rare, those unearthed in the past two centuries or so have revealed much about these primeval beasts. Among the more recent discoveries was reasonably clear evidence that some dinosaurs cared for their eggs and young in some capacity, much like crocodiles and birds do today. Parental care obviously has its tradeoffs. Leaving the offspring to fend for themselves is the most efficient approach, but this leaves them extremely vulnerable to predation both before and after hatching. If modern-day sea turtle hatchlings, for instance, survive the egg stage, they must make a mad dash to the sea as soon as they hatch because of the relentless assault awaiting them in the form of a variety of hungry mammals and birds. Correspondingly, dinosaurs with no parental care would have faced serious threats to their individual and collective survival, perhaps giving them a disadvantage in biological fitness.

2 ➡ The America Museum expeditions to Mongolia in the 1920s revealed a treasure trove of dinosaur fossils, and the most significant find was a fossilized dinosaur nest, complete with the first fossil dinosaur eggs ever discovered. ■ More importantly, an adult dinosaur skull was found lying on top of the eggs, which were arranged in concentric circles. ■ This organism was named *Oviraptor*, which means "egg thief," because at the time experts theorized that it was preying upon the eggs with its large parrot-like beak. ■ Yet later, in the 1990s, it was confirmed that an embryo in one of the eggs was a young Oviraptor. ■ Thus it is now widely believed that the adults were not raiding the nests but rather protecting them from potential predators. Interestingly, the paleontologist who first described Oviraptor seems to have half-

11 Why does the author discuss sea turtles in the passage?

(A) To show that the evidence supporting parental care in dinosaurs is lacking

(B) To point out the disadvantage of not caring for young in animals

(C) To provide an example of a modern reptile that provides parental care

(D) To illustrate that survival is rare among animals with no parental care

12 According to paragraph 2, what changed the opinions of experts about *Oviraptor*?

(A) They discovered contradictory evidence about its eating habits.

(B) They compared the fossil remains with those of an avian species.

(C) They recognized that its beak was not suited for consuming eggs.

(D) They verified that the skull and eggs were of the same species.

Paragraph 2 is marked with an arrow [➡].

Review Questions

? Help

← Back

→ Next

Questions 13~15 of 20

Hide Time   00:13:30

heartedly named it and apparently did not mean it literally, explaining in his report that the creature was named due to the close proximity of the skull to the eggs and admitting that its epithet may be completely misleading with regard to its actual feeding habits and ultimate identity.

3 ➡ Subsequent findings at a site in Montana indicated that some dinosaurs covered their eggs with a substrate such as sand, perhaps to camouflage and protect them and to create a favorable microclimate for incubation. In addition, an adult skeleton was found in the vicinity atop a clutch of eggs. A published report of the findings contended that the dinosaur was in a brooding position with its arms spread, actively warming its eggs with direct body contact on the nest, as in birds, and that, due to their configuration in the nest, the eggs were laid over a prolonged period as in avian species. This is not to say that all dinosaurs cared for their nests, and the manner in which they constructed their nests and interacted with hatchlings probably varied substantially from species to species, from genus to genus, and from family to family. Looking at some of their most direct descendants may provide some clues as certainly there is variation among reptiles, for instance. Some scientists have observed that in modern reptiles, eggs laid in simple holes and covered are likely to be abandoned while mounded nests, such as those of crocodiles, are likely to involve parental protection or care both before and after hatching. Thus it is plausible that similar variations existed among dinosaurs and that some of the nesting behavior and postnatal care that we see in modern birds and reptiles probably have primitive evolutionary roots.

4 ➡ What the paleontological record also suggests is that parental care in some species of dinosaur may have gone beyond simple nest guarding and feeding of their young. For example, dinosaur tracks in Maryland show a set of juvenile footprints along

13 What was the significance of the adult skeleton mentioned in paragraph 3?

(A) It raised questions about the relationship between dinosaurs and reptiles.

(B) It proved that some dinosaurs abandoned their young after birth.

(C) It confirmed that some dinosaurs protected their babies after they hatched.

(D) It led to the proposal that some dinosaurs actively incubated their eggs.

Paragraph 3 is marked with an arrow [➡].

14 The word "one" in the passage refers to

(A) record

(B) dinosaur

(C) young

(D) set

15 What does the author indicate about the fossil record in paragraph 4?

(A) Much of it is not usable because so many fossils become damaged over time.

(B) It is sufficient to make generalizations about the physical appearance of past organisms.

(C) Some of it is inaccurate but there is enough data to make comprehensive judgments.

(D) It gives incomplete information about how organisms actually behaved.

Paragraph 4 is marked with an arrow [➡].

with a mature one of the same species heading in the same direction together, implying that these animals had something akin to a familial culture. Of course all of these conclusions amount to nothing more than inferences in the sense that fossils cannot truly give us much verifiable evidence about exact behavior, but looking generally at theropods, which were bipedal dinosaurs that walked upright and, in some cases, had feathers, not unlike their closest living relatives, ostriches, there are too many similarities to discount the theory that dinosaurs indeed provided at least some form of primitive parental care.

5 ➡ In other words, it is the evolutionary connections themselves that offer the strongest support that some dinosaurs engaged in care of their young. Critics have tried to claim that there are holes in the theory by focusing on some problematic research. In one glaring example, researchers speculated that the presence of worn teeth in fossil remains of young dinosaurs indicated that they were feeding while still in the nest. Logically this made sense because teeth either get worn because of grinding or eating. Likewise, they pointed to underdeveloped pelvic ligaments in dinosaur hatchlings as evidence that they were unable to wander far from the nest after hatching, and hence, they must have been fed in their nests. Both of these conclusions have been called into question by observations of modern birds, such as ducks, which can have worn teeth at birth and can move around easily after hatching with immature pelvic ligaments. Yet the very criticism itself lends credibility to the notion that birds and dinosaurs are closely connected because it highlights anatomical evidence supportive of the evolutionary association between dinosaurs and birds.

16 The word "speculated" in the passage is closest in meaning to

(A) denied
(B) expounded
(C) guessed
(D) interpreted

17 Which of the following can be inferred about birds and dinosaurs from paragraph 5?

(A) Their teeth stopped growing at some point prior to emerging from the shell.
(B) Young ones often had difficulty moving around due to underdeveloped pelvic ligaments.
(C) They shared obvious similarities in the methods they used to feed their young.
(D) Some of them may have ground their teeth during the embryonic development stage.

Paragraph 5 is marked with an arrow [➡].

18 What is NOT mentioned in the passage as a possible form of parental care among dinosaurs?

(A) Incubation of eggs via body contact
(B) Covering of nests with soil
(C) Leading predators away from the nest
(D) Providing sustenance

19 Look at the four squares [■] that indicate where the following sentence could be added to the passage.

This classification was based on the assumption that the eggs were those of another dinosaur that was common in the area.

Where would the sentence best fit?

Click on a square [■] to add the
sentence to the passage.

TEST

1 2 3 4 5 6 7 8 9

HACKERS TOEFL ACTUAL TEST READING

20 Directions: An introductory sentence for a brief summary of the passage is provided below. Complete the summary by selecting the THREE answer choices that express the most important ideas in the passage. Some sentences do not belong in the summary because they express ideas that are not presented in the passage or are minor ideas in the passage. **This question is worth 2 points.**

Drag your answer choices to the spaces where they belong. To remove an answer choice, click on it. To review the passage, click on **View Text**.

Studies of dinosaur fossils indicate that some dinosaur species cared for their young instead of simply laying eggs and abandoning them.

-
-
-

Answer Choices

(A) According to at least one fossil site, some dinosaurs consumed the eggs of others, but it is not known if this behavior was common.

(B) Research conducted at multiple places have revealed that adult dinosaurs may have taken action to protect eggs and allow embryos to develop.

(C) Although there is some controversy regarding whether and to what extent dinosaurs cared for their young, their close evolutionary relationship with birds is very apparent.

(D) Based on the arrangement of fossil footprints, it is plausible that the parental duties of dinosaurs extended beyond the hatchling stage.

(E) Researchers know that dinosaurs and birds were closely related from an evolutionary perspective, but this does not mean that they had similar behaviors.

(F) The discovery of an adult dinosaur skeleton that originally appeared to be protecting its nest was disproven by looking at fossils elsewhere.

You have viewed all of the Reading Section questions, and you have time left for review. While there is time remaining, you may check your work.

Click **Return** to continue working.
Click **Review** to access the review screen.
Click **Continue** to proceed to the next section.

Once you have exited the Reading Section, you CANNOT return to it.

이제 리딩 섹션이 끝났습니다.

Continue 버튼을 누르면 다시 문제를 검토할 수 없으므로 유의하세요.   정답·해석·해설 **p.187**

TEST 09

Reading Section Directions

The TOEFL iBT Reading Section tests your ability to comprehend English academic passages. You will have 36 minutes to read two passages and respond to questions about them. The amount of time you have for this assignment will be tracked by a clock at the top of the screen.

You may skip a question and return to it later, provided there is time remaining. To move on to the next question, click **Next**. To return to a question, click **Back**.

The review screen will show which questions have been answered and which have not been answered. You may go directly to any previous question from the review screen. To access this screen, click **Review Questions**.

The Reading section will now begin.

Click **Continue** to proceed.

Next 버튼을 이용하여 다음 문제로 이동하고 Back 버튼을 이용하여 이전 문제로 이동할 수 있습니다. 문제에 답을 하지 않더라도 다음 문제로 이동할 수 있으며, Review Questions 버튼을 이용하여 각 문제 별로 답을 체크했는지 여부를 확인할 수 있습니다. 36분 동안 지문을 읽고 문제에 답을 하세요.

Synthetic Pesticides and their Effects

1 With the advent of synthetic pesticides in the early twentieth century, humans made significant progress in their efforts to control insects, plant pathogens, and other pests that can drastically reduce the yield of agricultural crops and threaten human populations. In particular, early success with chemicals such as DDT (dichloro diphenyl trichloroethane), for which Swiss chemist Paul Müller won the 1948 Nobel Prize in Medicine, effectively diminished the number of harmful insects that had plagued humans for thousands of years.

2 DDT was widely applied across the world throughout the middle of the twentieth century. ■ Its effectiveness against a range of arthropods was celebrated: it contributed to the reduction of malaria-carrying mosquitoes and other insect vectors, and was also used extensively to control pests that threatened agricultural crops. ■ However, shortly after the initial decline in pest populations, a noticeable drop in efficacy was observed, and consequently, agriculturists were forced to increase application rates to meet past levels of control. ■ Agronomists later determined that persistent use of the pesticide had resulted in its reduced effectiveness by killing off natural predators and generating more resistant pests. ■

3 When a broad-spectrum pesticide like DDT is applied to a crop, it usually kills the vast majority of target pests (along with many natural predators of the pests), but a naturally resistant portion of the pest population survives. Often, the net effect is a subsequent increase in the number of resistant pests, followed by increased resistance in successive generations.

4 ➡ An example can be seen in the cotton industry in the southwestern U.S., where pink bollworm (*Pectinophora gossypiella*) populations were

01 The word "drastically" in the passage is closest in meaning to

(A) unintentionally
(B) steadily
(C) strikingly
(D) willingly

02 What can be inferred from paragraph 4 about the pink bollworm in the southwestern U.S.?

(A) Prior to the 1950s, it was successfully controlled by natural means.
(B) It was not a significant threat to crops in the early 1950s.
(C) It was a problem for farmers of crops other than cotton.
(D) Before DDT was introduced, it had no natural predators.

Paragraph 4 is marked with an arrow [➡].

Review
Questions

？ Help

Back

Next

Questions 03~04 of 20

Hide Time   00:31:30

successfully controlled by DDT in the early 1950s. Soon, however, their numbers exploded because naturally resistant survivors had no predators; area wasps that prey on the pests were virtually wiped out by DDT. Farmers responded by repeated applications of the pesticide to try to control the bollworm. Ironically, this created a cycle known as the "pesticide trap," where survivors pass on their intrinsic resistance, creating even stronger offspring genetically predisposed to successfully coping with the pesticide, a process that can occur rapidly among prolific reproducers. Accordingly, this human-induced resistance meant that farmers were devoting finances to a pesticide that was slowly ruining the regional cotton industry.

5 ➡ Resistant populations, however, present just one of the adverse effects of using broad-spectrum pesticides like DDT. Misgivings soon developed among environmentalists over the effect such chemicals had on other organisms, such as birds, fish, and mammals. Moreover, concerned scientists began to realize that these chemicals were not only toxic at the point of source, but that the toxins could end up polluting lakes and rivers due to agricultural runoff. DDT, for example, was blamed for a pronounced decline in bird populations (most notably, raptors such as eagles and ospreys that feed on fish). It was later learned that decades of spraying DDT had created toxic concentrations of chemicals in the tissues of higher organisms through biomagnification, a process where toxins occur at higher intensities as they move up the food chain. It increasingly seemed that its continued use was no longer justified. As a result, DDT was banned for most applications in the United States in 1972, and has since been regulated in many parts of the world.

6 ➡ Numerous farmers were thus left without one of their most powerful pest-control tools, and agronomists were faced with stronger pests and the challenge of moving beyond reliance on a single broad-spectrum

03 Which of the sentences below best expresses the essential information in the highlighted sentence in the passage? *Incorrect* choices change the meaning in important ways or leave out essential information.

(A) Farmers thus wasted scarce resources for pest control, which could otherwise have been used for raising cotton.
(B) At the same time, farmers produced cotton with lower market values because it was contaminated with harmful chemicals.
(C) Therefore, chemicals purchased to control pests resulted in increased resistance, gradually devastating area cotton farms.
(D) As a result, localized resistance caused by pesticides bought by some farmers began to affect the cotton in the whole region.

04 According to paragraph 5, all of the following are true about broad-spectrum chemicals like DDT EXCEPT

(A) they proved more lethal to avian populations than to insects
(B) they can move away from farms and contaminate bodies of water
(C) they were responsible for a decline in the numbers of birds of prey
(D) they sometimes accumulate in the bodies of animals

Paragraph 5 is marked with an arrow [➡].

chemical. In many agricultural regions, a popular response has been to institute a method of pest control that utilizes a variety of different pesticides. The measured success of this multiple attack approach is contingent on the use of pesticides that employ dissimilar modes of action to attack pests in distinct ways. One technique to maximize the chance of success is to apply a mix of various pesticides at the same time, with the hypothesis that if one means of attack fails, another will work. Also, pesticides can be used in rotation or sequence. For instance, one insecticide can be designed to attack insect pests in the larval stage and another can be formulated to exterminate reproductive adults. The idea is that pests will have greater difficulty developing resistance to multiple chemicals and that using them in combination or in turn will prevent any particular one from entering the environment on a large scale at a given time.

7 ➡ However, skeptics emphasize that this method also necessitates the continual application of artificial chemicals and that the cumulative effect of these chemicals on ecosystems as a whole is still poorly understood. They point to DDT as an example of a past solution that was originally believed to be sound, but which ultimately turned out to have unforeseen dangers. In reaction to these concerns, more and more agriculturalists have turned to integrated pest management as an alternative. The integrated approach greatly reduces dependence upon chemical pesticides and draws upon biological, cultural, and mechanical controls. Introducing natural predators, such as ladybugs—beetles of the genus *Coccinella*—to prey upon unwanted insects; planting crops early in the season before pests reach peak numbers (e.g. the corn bollworm is more easily managed in early- to mid-summer); erecting physical barriers and placing insect traps; all of these represent organic forms of control that complement the use of chemicals, thus limiting detrimental ecological effects resulting from their use.

05 The word "another" in the passage refers to

(A) chance of success
(B) mix
(C) hypothesis
(D) means of attack

06 Which of the following is true about the multi-attack approach to pest control described in paragraph 6?

(A) It will result in pests that are resistant to a wider range of chemicals.
(B) It can create more effective chemical reactions than previous methods.
(C) It may involve the application of different chemicals at different times.
(D) It can utilize a single chemical to control different types of pests.

Paragraph 6 is marked with an arrow [➡].

07 According to paragraph 7, more people in agriculture have embraced integrated pest management because of

(A) concerns that traditional methods do more harm than good
(B) fears that chemicals can have unexpected consequences
(C) the ineffectiveness of other methods in killing highly resistant pests
(D) the stricter environmental regulations regarding artificial chemicals

Paragraph 7 is marked with an arrow [➡].

08 Why does the author mention "ladybugs" in paragraph 7?

(A) To specify that beneficial insects can adapt to protect specific crops
(B) To show that natural products are more effective than synthetic chemicals
(C) To illustrate a kind of predator that is resistant to manmade chemicals
(D) To point out a case where organic methods can control pests

Paragraph 7 is marked with an arrow [➡].

09 Look at the four squares [■] that indicate where the following sentence could be added to the passage.

This attempt at a quick-fix solution failed, leaving farmers wondering what had gone wrong.

Where would the sentence best fit?

> Click on a square [■] to add the sentence to the passage.

---

10 Directions: An introductory sentence for a brief summary of the passage is provided below. Complete the summary by selecting the THREE answer choices that express the most important ideas in the passage. Some sentences do not belong in the summary because they express ideas that are not presented in the passage or are minor ideas in the passage. **This question is worth 2 points.**

> Drag your answer choices to the spaces where they belong. To remove an answer choice, click on it.
> To review the passage, click on **View Text**.

> **Artificial chemicals initially proved useful for pest control, but problems soon emerged, necessitating additional solutions.**
>
> -
> -
> -

Answer Choices

(A) Chemical runoff created excess toxicity in streams and rivers, adversely affecting organisms that rely upon aquatic animals for food.

(B) DDT was merely partially beneficial because it led to a host of negative consequences, including tougher pests and environmental degradation.

(C) Some agriculturists have made a conscious effort to employ techniques that do not harm the environment yet represent adequate modes of pest control.

(D) Highly-resistant pests can fend off persistent attacks from synthetic pesticides by reproducing in greater numbers and often in greater frequency.

(E) Faced with the need for a new method of pest control, people in agriculture have resorted to the use of more than one chemical pesticide.

(F) Chemical pesticides were initially developed in the twentieth century to combat the spread of disease by organisms like mosquitoes.

Scientific Management
in the Twentieth Century

1 Although the Industrial Revolution radically transformed the manner in which goods were manufactured, industrial restructuring was initially limited to the technological realm, and issues pertaining to corporate structure and labor management were not widely addressed. However, as conceptions of industry began to change through the latter half of the nineteenth century, there was an increasing awareness that neglecting management practices resulted in financial losses that, to some extent, offset the advantages of the mechanization of industry.

2 The problem was of great interest to Frederick Winslow Taylor, an American engineer who had spent almost 16 years in large factories in a variety of occupations, which not only enabled him to understand the essential aspects of the production process, but also provided him with the necessary insight to come up with a new method to organize and direct the labor force. Known as 'scientific management,' the theory presented several principles that were designed to rationalize corporate structure and increase worker efficiency.

3 ➡ One of the most fundamental limitations on the ability of management to directly intervene in the day-to-day operation of the factories was its ignorance of the practical elements of the production process. This was primarily due to the compartmentalization of the knowledge related to each individual stage of production. To bridge the information gap, Taylor drew upon his own employment experience in combination with extensive research to provide managers with a vast body of raw data regarding the methodology of the workers. ■ Not only did the additional knowledge allow administrators to gain valuable insight into elements of business that had previously been

11 The word "realm" in the passage is closest in meaning to

(A) profession
(B) sphere
(C) interest
(D) specialty

12 Which of the sentences below best expresses the essential information in the highlighted sentence in the passage? *Incorrect* choices change the meaning in important ways or leave out essential information.

(A) Supervisory incompetence related to monetary matters resulted in a conscious effort to increase the efficiency of factories and led to an interval of significant change.
(B) The inability of business leaders to capitalize on the new technology relating to production ensured that the process of modernization occurred in a wasteful and chaotic manner.
(C) It became apparent during the transitional period that the economic benefits of technological innovations in manufacturing were counterbalanced by administrative inadequacies.
(D) As consciousness regarding the advantages of industrial automation increased, company executives were forced to consider the countervailing pecuniary ramifications of their actions.

13 According to paragraph 3, what prevented management from efficiently supervising factory operations?

(A) A lack of administrators with experience in the field
(B) A hostile relationship with the delegates representing factory workers
(C) An incomplete understanding of the different stages of production
(D) An undertrained and unproductive labor force

Paragraph 3 is marked with an arrow [➡].

Questions 14~16 of 20

Review
Questions

Help

Back

Next

Hide Time   00:13:30

delegated to workers, but it also made apparent the haphazard nature of many manufacturing practices, which were usually determined by informal rules of thumb. ■

4 ➡ For systematic procedures and guidelines to be initiated, the role of the foreman, a middleman who had traditionally served as a representative of the workers, had to be drastically changed. ■ A new form of management required a different kind of supervisor, a white-collar employee who dictated the division of labor, the methods employed, and the time frames for particular jobs, which removed the responsibility for planning and coordinating from those who implemented the actual tasks. ■

5 While the supervisory transition represented a massive power shift in favor of administration, it did little to improve efficiency of individual workers, a problem attributed primarily to the continued use of traditional formulas to determine compensation. In many cases, laborers were paid for each individual item they produced, a method known as piecework. Although it appeared to be a logical way to ensure productivity, the tendency to reduce piece rates as output increased limited the incentive of the labor force to function at its full capacity. Under the tenets of scientific management, owners were encouraged to maintain a stable piece rate, as the perceived benefits received from reducing rates were transitory.

6 ➡ Taylor's theory also addressed the issue of wages in factories that did not employ the piecework system, presenting the concept of remuneration based on individual performance rather than position held. Performance-based incentives such as individual raises and bonuses instilled a competitive atmosphere, wherein notable income disparities became possible among colleagues of equal responsibility and authority. Management was encouraged to implement an unequal salary system, a

14 What can be inferred about the new kind of supervisor mentioned in paragraph 4?

(A) He was able to create new policies.
(B) He was a participant in the manual labor.
(C) He was a laborer prior to his promotion.
(D) He was loyal to management.

Paragraph 4 is marked with an arrow [➡].

15 The word "transition" in the passage is closest in meaning to

(A) ability
(B) conjecture
(C) velocity
(D) shift

16 According to paragraph 6, all of the following were aspects of Taylor's remuneration policy EXCEPT

(A) bonuses for higher productivity
(B) variances in compensation rates
(C) wages determined by achievement
(D) payments distributed at regular intervals

Paragraph 6 is marked with an arrow [➡].

practice that would go a long way towards destroying labor solidarity, granting owners even greater control over their companies.

7 ➡ Monetary incentives proved to be an effective means to increase productivity; however, Taylor felt it could be enhanced further if new methods were incorporated to take advantage of the technological and structural changes to industry. Taylor was committed to the idea that out of all the possible methods for conducting a task, there was only one that was the most efficient. As a result, he conducted extensive time studies on the most effective means to conduct specific tasks. Taylor believed that no method of production was too trivial to be studied; he once spent an entire day trying to determine the optimal size of a shovelful of dirt to maximize the total amount shoveled in a day. He also closely scrutinized the mechanics and speed of workers when performing tasks, as well as their activities between tasks. For example, he recorded the average walking speed of workers who wheeled a loaded wheelbarrow to be three to four miles per hour. In contrast, once laborers dumped the load, their walking speed decreased to one mile per hour, therefore wasting valuable time.

8 ➡ While this form of micromanagement had some success, it severely curtailed worker involvement in decision-making, resulting in a rigid hierarchy with a strict division between the planning and operational components of companies. Critics argue that such extreme forms of scientific management ignore the role of human relations by viewing workers merely as vehicles of production—in effect, living machines. Though productive efficiency was enhanced by the application of scientific methods to business, some workers developed feelings of disenfranchisement and became increasingly dissatisfied with the work environment. Such labor unrest was partly responsible for the labor movements that established the first labor unions in the early twentieth century.

17 Why does the author mention studies involving a shovel in paragraph 7?

(A) To emphasize the effectiveness of a type of research
(B) To demonstrate the thoroughness of a type of research
(C) To provide a typical example of a type of research
(D) To illustrate the subject matter of a type of research

Paragraph 7 is marked with an arrow [➡].

18 According to paragraph 8, what were the drawbacks of micromanagement?

(A) It led to uncertainty regarding company structure.
(B) It limited the effectiveness of corporate strategy.
(C) It created a fissure between management and labor.
(D) It resulted in discord between different types of employees.

Paragraph 8 is marked with an arrow [➡].

19 Look at the four squares [■] that indicate where the following sentence could be added to the passage.

Roles involving the theoretical aspects of business were thus completely severed from those responsible for their practical application.

Where would the sentence best fit?

Click on a square [■] to add the sentence to the passage.

TEST 1 2 3 4 5 6 7 8 9 HACKERS TOEFL ACTUAL TEST READING

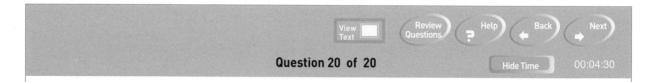

20 Directions: An introductory sentence for a brief summary of the passage is provided below. Complete the summary by selecting the THREE answer choices that express the most important ideas in the passage. Some sentences do not belong in the summary because they express ideas that are not presented in the passage or are minor ideas in the passage. **This question is worth 2 points.**

Drag your answer choices to the spaces where they belong. To remove an answer choice, click on it. To review the passage, click on **View Text**.

The theory of scientific management addressed several inadequacies in labor management practices.

-
-
-

Answer Choices

(A) Workplace procedures were systematized to allow supervisors to exert greater control over the production process.

(B) The role of labor organizations was increased to ensure that employee motivation remained high.

(C) Detailed studies to improve productivity interrupted employees' daily work.

(D) Employee activities were scrutinized to determine the most effective way to perform tasks.

(E) Employee compensation was altered to include incentives for individual performance.

(F) Piecework was abandoned in favor of a salary scheme designed according to individual positions.

You have viewed all of the Reading Section questions, and you have time left for review. While there is time remaining, you may check your work.

Click **Return** to continue working.
Click **Review** to access the review screen.
Click **Continue** to proceed to the next section.

Once you have exited the Reading Section, you CANNOT return to it.

이제 리딩 섹션이 끝났습니다.
Continue 버튼을 누르면 다시 문제를 검토할 수 없으므로 유의하세요.   정답·해석·해설 p.207

이로써 교재에서 제공되는 테스트 9회분이 모두 끝났습니다.
TEST 10은 실전모의고사 프로그램으로 제공되니, 실전과 동일한 환경에서 최종 마무리 연습을 해보시기 바랍니다.
* 해커스인강(HackersIngang.com)에서 이용하실 수 있습니다.

ANSWER KEYS

TEST 01

p.233

01 (C) Fact
02 (C) Rhetorical Purpose
03 (C) Negative Fact
04 (D) Inference
05 (A) Fact
06 (B) Sentence Simplification
07 (D) Fact
08 (A) Vocabulary
09 2nd ■ Insertion
10 (A), (C), (D) Summary

11 (C) Fact
12 (C) Vocabulary
13 (A) Negative Fact
14 (B) Fact
15 (C) Reference
16 (D) Vocabulary
17 (A) Inference
18 (A) Rhetorical Purpose
19 4th ■ Insertion
20 (B), (E), (F) Summary

TEST 02

p.245

01 (C) Inference
02 (D) Fact
03 (B) Sentence Simplification
04 (A) Fact
05 (C) Rhetorical Purpose
06 (A) Fact
07 (B) Fact
08 (A) Vocabulary
09 4th ■ Insertion
10 (C), (D), (E) Summary

11 (B) Vocabulary
12 (C) Vocabulary
13 (D) Reference
14 (C) Fact
15 (B) Fact
16 (A) Fact
17 (B) Inference
18 (D) Fact
19 2nd ■ Insertion
20 (C), (D), (F) Summary

TEST 03

p.257

01 (D) Reference
02 (D) Fact
03 (C) Vocabulary
04 (C) Vocabulary
05 (C) Sentence Simplification
06 (B) Rhetorical Purpose
07 (B) Negative Fact
08 (A) Inference
09 4th ■ Insertion
10 (B), (D), (E) Summary

11 (A) Fact
12 (D) Fact
13 (A) Vocabulary
14 (C) Fact
15 (B) Inference
16 (D) Fact
17 (A) Rhetorical Purpose
18 (C) Sentence Simplification
19 1st ■ Insertion
20 (A), (D), (F) Summary

p.269

01 (D) Vocabulary
02 (A) Negative Fact
03 (C) Rhetorical Purpose
04 (D) Inference
05 (C) Vocabulary
06 (D) Fact
07 (C) Sentence Simplification
08 (D) Fact
09 3rd ■ Insertion
10 (A), (B), (D) Summary

11 (D) Rhetorical Purpose
12 (B) Negative Fact
13 (B) Fact
14 (C) Fact
15 (A) Vocabulary
16 (B) Fact
17 (D) Reference
18 (A) Inference
19 2nd ■ Insertion
20 (C), (E), (F) Summary

p.281

01 (A) Vocabulary
02 (C) Vocabulary
03 (B) Inference
04 (A) Fact
05 (C) Vocabulary
06 (A) Fact
07 (C) Fact
08 (B) Negative Fact
09 1st ■ Insertion
10 (A), (B), (D) Summary

11 (D) Rhetorical Purpose
12 (D) Fact
13 (A) Inference
14 (D) Sentence Simplification
15 (D) Fact
16 (B) Fact
17 (C) Fact
18 (C) Vocabulary
19 2nd ■ Insertion
20 (A), (B), (E) Summary

p.293

01 (C) Sentence Simplification
02 (D) Fact
03 (A) Vocabulary
04 (B) Fact
05 (B) Inference
06 (D) Negative Fact
07 (C) Fact
08 (C) Fact
09 3rd ■ Insertion
10 British Government - (A), (E)

   Colonial Government - (C), (G)

   Both Governments - (B) Category Chart

11 (B) Fact
12 (B) Rhetorical Purpose
13 (C) Fact
14 (D) Negative Fact
15 (B) Vocabulary
16 (A) Inference
17 (A) Sentence Simplification
18 (B) Vocabulary
19 2nd ■ Insertion
20 (A), (C), (E) Summary

01 (D) Vocabulary
02 (D) Inference
03 (A) Fact
04 (C) Vocabulary
05 (B), (D) Fact
06 (C) Rhetorical Purpose
07 (D) Sentence Simplification
08 (B) Fact
09 3rd ■ Insertion
10 (A), (D), (E) Summary

11 (B) Fact
12 (B) Fact
13 (A) Rhetorical Purpose
14 (C) Fact
15 (B) Vocabulary
16 (C) Inference
17 (D) Fact
18 (C) Reference
19 4th ■ Insertion
20 (A), (C), (E) Summary

01 (B) Inference
02 (D) Sentence Simplification
03 (C) Negative Fact
04 (C) Vocabulary
05 (C) Fact
06 (B) Vocabulary
07 (D) Negative Fact
08 (C) Fact
09 1st ■ Insertion
10 (B), (D), (F) Summary

11 (B) Rhetorical Purpose
12 (D) Fact
13 (D) Fact
14 (D) Reference
15 (D) Fact
16 (C) Vocabulary
17 (D) Inference
18 (C) Negative Fact
19 3rd ■ Insertion
20 (B), (C), (D) Summary

01 (C) Vocabulary
02 (B) Inference
03 (C) Sentence Simplification
04 (A) Negative Fact
05 (D) Reference
06 (C) Fact
07 (B) Fact
08 (D) Rhetorical Purpose
09 3rd ■ Insertion
10 (B), (C), (E) Summary

11 (B) Vocabulary
12 (C) Sentence Simplification
13 (C) Fact
14 (D) Inference
15 (D) Vocabulary
16 (D) Negative Fact
17 (B) Rhetorical Purpose
18 (C) Fact
19 4th ■ Insertion
20 (A), (D), (E) Summary

1위 해커스어학원
260만이 선택한 해커스 토플

단기간 고득점 잡는 해커스만의 체계화된 관리 시스템

01 토플 무료 배치고사
현재 실력과 목표 점수에 딱 맞는
학습을 위한 무료 반배치고사 진행!

토플 Trial Test
02
월 2회
월 2회 실전처럼 모의테스트 가능한
TRIAL test 응시기회 제공!

03 1:1 개별 첨삭시스템
채점표를 기반으로 약점파악 및 피드백,
1:1 개인별 맞춤 첨삭 진행!

해커스 빡센 관리 받고
1달 만에 토플 고득점 졸업 go ▶